ABC der Tiere 3

Handbuch Lesebuch

Herausgegeben von

Klaus Kuhn

Erarbeitet von

Stefanie Drecktrah, Klaus Kuhn

Illustriert von

Heike Treiber

Mildenberger

Inhaltsverzeichnis
I. Konzeption

Zum Lehrgang gehören

Materialien für Schülerinnen und Schüler – Normalausgabe	**Bestell-Nr.**
Lesebuch, 208 S., vierf., FeEbd	3405-90
Arbeitsheft zum Lesebuch, 80 S., vierf., Gh	3405-92
Sprachbuch, 160 S., vierf., Br., mit Schutzumschlag	3405-91
Arbeitsheft zum Sprachbuch, 80 S., vierf.	3405-93
Wortkarten, DIN-A8-Karten, vierf., in 5-Fächer-Lernbox	3405-96

Materialien für Schülerinnen und Schüler – Silbierte Ausgabe	
Lesebuch, 208 S., vierf., FeEbd	3405-80
Arbeitsheft zum Lesebuch, 80 S., vierf., Gh	3405-82
Sprachbuch, 160 S., vierf., Br., mit Schutzumschlag	3405-81
Arbeitsheft zum Sprachbuch, 80 S., vierf., Gh	3405-83
Wortkarten, DIN-A8-Karten, vierf., in 5-Fächer-Lernbox	3405-96

Materialien für Lehrerinnen und Lehrer	
Handbuch zum Lesebuch, methodisch-didaktische Kommentare, Kopiervorlagen, differenzierende Arbeitsblätter, Lösungen, Ringbuch	3405-70
Handbuch zum Sprachbuch, methodisch-didaktische Kommentare, Kopiervorlagen, differenzierende Arbeitsblätter, Lösungen, Ringbuch	3405-71
Folien zum Sprachbuch (3405-91), inkl. CD-ROM mit den Folien als PDF, Ringbuch	3405-75
Musik-CD, Lieder zu 3405-91 und 4405-91 sowie Sequenzen zu Kontrastpaaren	3405-76
Arbeitsblätter zur individuellen Förderung und Differenzierung, Ringbuch	3405-77
Lernkontrollen als Word- und PDF-Dateien, Einzellizenz, CD-ROM in DVD-Box	3405-78
Lernkontrollen als Word- und PDF-Dateien, Schullizenz, CD-ROM in DVD-Box	3405-79

Bezugsmöglichkeiten

Alle Titel des Mildenberger Verlags erhalten Sie unter: www.mildenberger-verlag.de oder im Buchhandel. Jede Buchhandlung kann alle Titel direkt über den Mildenberger Verlag beziehen.
Ausnahmen kann es bei Titeln mit Lösungen geben: Hinweise hierzu finden Sie in unserem aktuellen Gesamtprogramm.

Impressum

Bestell-Nr. 3405-70 · ISBN 978-3-619-34570-0

erarbeitet von Stefanie Drecktrah und Klaus Kuhn nach den Ausgaben „ABC der Tiere 3 – Handbuch Lesebuch“ (3402-70) von Katrin Herter, Klaus Kuhn, Christine May und „ABC der Tiere 3 – Handbuch Lesebuch“ (3402-34) von Klaus Kuhn und Kerstin Mrowka-Nienstedt

Auflage 4 3 2 1
Jahr 2020 2019 2018 2017

www.mildenberger-verlag.de

Illustration: Heike Treiber, 79199 Kirchzarten
Achim Schulte, 44263 Dortmund
Titel (Kinder/Weltkugel)
Redaktion: Stefanie Alender
Grafik: Mildenberger Verlag GmbH
Druck: Straub Druck + Medien AG, 78713 Schramberg

Gedruckt auf umweltfreundlichen Papieren

Bildquellen Ringbuch (Rückseite): Schmetterling © fovito – Fotolia.com; Labrador © jagodka – Fotolia.com; Wellensittich © Denis Tabler – Fotolia.com; Aquarium © rcfotostock – Fotolia.com; Hase © Photo-SD – Fotolia.com; Katze © Werner Fellner – Fotolia.com; Meerschweinchen © Vasily – Fotolia.com

Inhalt

Inhalt

II. Kommentare zum Lesebuch

✸ Texte mit Stern: Diese Texte sind etwas schwerer.

Schule ist unsere Welt – und in der ganzen Welt ist Schule

Ich bin glücklich

Uhren zeigen die Zeit an – früher und heute

Inhalt

Vom Schlaraffenland

Die Heinzelmännchen

„Wie das Auto auf die Straße kam“ oder „Die Kutsche ohne Pferd“

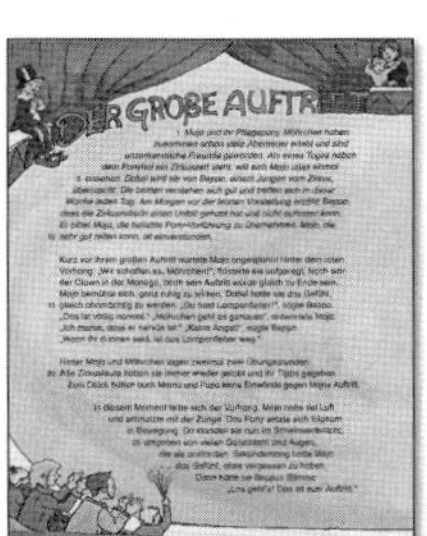

Über die Erde

Inhalt

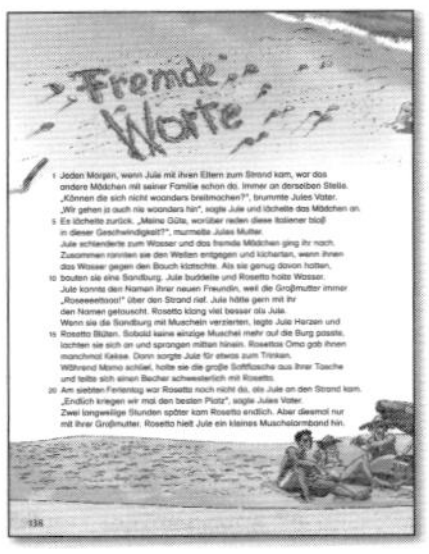

I. ABC der Tiere 3: Konzeption

ABC der Tiere 3: Konzeption

1. Zum Lehrgang ABC der Tiere 3 gehören

Materialien für Schülerinnen und Schüler – Normalausgabe	Bestell-Nr.
Lesebuch, 208 S., vierf., FeEbd	3405-90
Arbeitsheft zum Lesebuch, 80 S., vierf., Gh	3405-92
Sprachbuch, 160 S., vierf., Br., mit Schutzumschlag	3405-91
Arbeitsheft zum Sprachbuch, 80 S., vierf.	3405-93
Wortkarten, DIN-A8-Karten, vierf., in 5-Fächer-Lernbox	3405-96

Materialien für Schülerinnen und Schüler – Silbierte Ausgabe	
Lesebuch, 208 S., vierf., FeEbd	3405-80
Arbeitsheft zum Lesebuch, 80 S., vierf., Gh	3405-82
Sprachbuch, 160 S., vierf., Br., mit Schutzumschlag	3405-81
Arbeitsheft zum Sprachbuch, 80 S., vierf., Gh	3405-83
Wortkarten, DIN-A8-Karten, vierf., in 5-Fächer-Lernbox	3405-96

Materialien für Lehrerinnen und Lehrer	
Handbuch zum Lesebuch, methodisch-didaktische Kommentare, Kopiervorlagen, differenzierende Arbeitsblätter, Lösungen, Ringbuch	3405-70
Handbuch zum Sprachbuch, methodisch-didaktische Kommentare, Kopiervorlagen, differenzierende Arbeitsblätter, Lösungen, Ringbuch	3405-71
Folien zum Sprachbuch (3405-91), inkl. CD-ROM mit den Folien als PDF, Ringbuch	3405-75
Musik-CD, Lieder zu 3405-91 und 4405-91 sowie Sequenzen zu Kontrastpaaren	3405-76
Arbeitsblätter zur individuellen Förderung und Differenzierung, Ringbuch	3405-77
Lernkontrollen als Word- und PDF-Dateien, Einzellizenz, CD-ROM in DVD-Box	3405-78
Lernkontrollen als Word- und PDF-Dateien, Schullizenz, CD-ROM in DVD-Box	3405-79

Hinweis

Aus Platzgründen und zur leichteren Lesbarkeit wird im Folgenden in allen Texten die männliche Form zur Benennung von Lehrern und Schüler verwendet. Selbstverständlich sind damit Lehrerinnen und Lehrer sowie Schülerinnen und Schüler angesprochen.

2. ABC der Tiere – Jedes Kind kann lesen und schreiben lernen

Silbenmethode ABC der Tiere ist der Lehrgang nach der Silbenmethode. Im Jahr 2000 erschien die erste Silbenfibel® des Lehrgangs und seither wurden und werden die Materialien kontinuierlich weiterentwickelt.

Konsequente Umsetzung ABC der Tiere überzeugt immer mehr Lehrer. In anderen Lehrgängen werden fragmentarisch Elemente der Silbenmethode übernommen. Allein ABC der Tiere bietet das komplette Konzept, das die Vorteile der Silbenmethode – und zwar für das Lesen und das Rechtschreiben – sowohl für die Lernenden als auch für die Lehrenden vollständig erschließt.

Kontinuität ABC der Tiere 3 schließt an die Materialien von ABC der Tiere 1 und 2 an und baut auf diesen auf. Ein Einstieg in Klasse 3 ist aber sehr gut möglich.

Fördern und fordern Die Materialien von ABC der Tiere fördern und fordern die Kinder auf dem Weg des Lesen- und Schreibenlernens. Dabei eröffnen sich für starke Schüler viele Möglichkeiten zum freien und individuellen Arbeiten – schwächere Kinder erhalten so viel strukturierte Angebote, wie sie benötigen, um ebenfalls im Unterricht erfolgreich zu sein.

Erfolgreich lernen und lehren Der Lehrgang ABC der Tiere bietet allen Kindern die Chance, sich zu „flüssigen Lesern“ und „sicheren Schreibern“ zu entwickeln. Lehrer finden ein breites Angebot, um erfolgreich zu unterrichten.

3. ABC der Tiere 3 – Konzeption

3.1 Lesebuch und Sprachbuch im Verbund

Lesebuch und Sprachbuch im Verbund

ABC der Tiere 3 besteht aus dem Lesebuch und dem Sprachbuch. Zu beiden Werken liegt je ein Handbuch und ein Arbeitsheft vor. Lesebuch und Sprachbuch sind thematisch aufeinander abgestimmt, was die integrative Gesamtkonzeption deutlich hervorhebt.

Beim Einsatz beider Werke ist das Sprachbuch das Leitmedium.

3.2 Kompetenzorientierung im Lesebuch

Das ABC der Tiere 3 – Lesebuch stellt eine thematisch gruppierte Textsammlung dar, die im Verbund mit dem Arbeitsheft, dem Sprachbuch 3, dem Arbeitsheft Sprachbuch 3 und den Arbeitsblättern als Kopiervorlagen im Handbuch den Anforderungen des Deutschunterrichts der dritten Klasse in voller Breite entspricht.

Kompetenzen

In jedem Themenbereich werden im Sinne eines verbundenen Deutschunterrichts folgende Kompetenzen gefördert:
- Sprechen und Zuhören
- Lesen – mit Texten und Medien umgehen
- Texte schreiben
- Sprache untersuchen – Grammatik
- Texte richtig schreiben – Orthografie

Die Kopiervorlagen zum Kompetenzbereich „Lesen – mit Texten und Medien umgehen“ beziehen sich direkt auf die Texte. Die Arbeitsblätter zum Kompetenzbereich „Sprache untersuchen“ knüpfen an geeignete Lesetexte an.
Der Kompetenzbereich „Richtig schreiben“ ist sowohl an den Kompetenzbereich „Texte schreiben“ als auch an dafür geeignete Lesetexte angeschlossen.

Lesen – mit Texten und Medien umgehen

Mit dem Lesebuch und den dazugehörenden Arbeitsmaterialien werden alle Bildungsstandards im Kompetenzbereich „Lesen – mit Texten und Medien umgehen“ erfüllt.

Die Schüler können
- einfache Fragen zum Text beantworten;
- in kurzen Texten gezielt Informationen finden;
- einfache Arbeitsanweisungen selbstständig lesen und ausführen;
- einen Text fortspinnen;
- Sachtexte gezielt nutzen;
- in handlungs- und produktionsorientierten Verfahren kreativ mit Texten umgehen und sie auf diese Weise durchdringen und verarbeiten.

Weitere Differenzierung der Kompetenzen:

Die Schüler können
- lebendige Vorstellungen zu Texten entwickeln;
- Erzähltexte, lyrische und szenische Texte unterscheiden;
- Kinderliteratur nennen: Werke, Autoren, Figuren, Handlungen;
- sich in einer Bibliothek orientieren;
- sich eine erste Orientierung über einen Text verschaffen;
- gezielt einzelne Informationen suchen;

- Texte genau lesen;
- bei Verständnisschwierigkeiten nachfragen und Wörter nachschlagen;
- Texte mit eigenen Worten wiedergeben;
- wichtige Aussagen eines Textes erfassen und wiedergeben;
- Aussagen auf Textstellen beziehen;
- zu Texten Stellung nehmen und mit anderen über Texte sprechen;
- Sensibilität und Verständnis für Gedanken und Gefühle der Personen eines Textes entwickeln;
- Texte zum Vorlesen vorbereiten und sinngestaltend vorlesen;
- Gedichte und Dialoge auswendig vortragen;
- ein Kinderbuch selbst auswählen und vorstellen.

3.2.1 Kompetenzorientierte Aufgaben

Sichtbare Niveaustufen

Einem kompetenzorientierten Unterricht wird durch drei unterschiedliche Anforderungsniveaus in den Aufgaben des Lesebuchs und im Arbeitsheft in besonderem Maße Rechnung getragen. Diese orientieren sich an den Anforderungsniveaus der Bildungsstandards und Lehrpläne der einzelnen Bundesländer.

Sowohl im Lesebuch als auch im Arbeitsheft sind die drei Anforderungsbereiche durch farbige Aufgabenziffern kenntlich gemacht.

Anforderungsbereich 1: Wiedergeben (blau)
Die Schüler geben bekannte Informationen wieder und wenden grundlegende Verfahren und Routinen an.

Anforderungsbereich 2: Zusammenhänge herstellen (grün)
Die Schüler bearbeiten vertraute Sachverhalte, indem sie erworbenes Wissen und bekannte Methoden anwenden und miteinander verknüpfen.

Anforderungsbereich 3: Reflektieren und beurteilen (rot)
Die Schüler bearbeiten für sie neue Problemstellungen, die eigenständige Beurteilungen und eigene Lösungsansätze erfordern.

3.2.2 Lerntagebuch

Selbst- und Fremdeinschätzung der Schüler

Zusammen mit den kompetenzorientierten Aufgabenstellungen ist das Lerntagebuch ein wesentliches Element des kompetenzorientierten Unterrichts. Analog zum Lerntagebuch im Sprachbuch ermöglicht das Lerntagebuch im Lesebuch am Ende eines jeden Kapitels die Selbst- und Fremdeinschätzung der Schüler. Das Führen eines Lerntagebuchs ist auf den Seiten „Lesetraining – Lesen auf 3 Stufen“ sowie der Aufgabensammlung „Mit Texten umgehen“ integriert und hat eine größere Transparenz des Lernprozesses zum Ziel.

Mit dem besonderen Augenmerk auf die Kompetenz „Lesen – mit Texten und Medien umgehen“ ist das Lerntagebuch im Lesebuch somit ein wichtiges Diagnose-Element für die Klasse 3.

In einem Lerntagebuch können die Schüler ihre Gedanken, Erfolge und Schwierigkeiten bei der Erledigung ihrer Aufgaben schriftlich festhalten. Diese Eintragungen helfen nicht nur, den Lernfortschritt der Schüler einzuschätzen, sondern liefern auch wertvolle Information für Lernentwicklungsgespräche, die wiederum die Basis für die Erstellung individueller Förder- und Fordermaßnahmen sind.

Die Schüler können sich nach der Textlektüre folgende Fragen stellen:
- Konnte ich den Text flüssig lesen?
- Habe ich den Text verstanden? Worum geht es darin?
- Ist mir das Lernen leichtgefallen?
- Was kann ich noch nicht so gut? Was will ich noch üben?

Möglichkeiten der Darstellung sind z. B. das Ampelmodell mit grünen, gelben und roten Kreisen, Smileys oder andere vereinbarte Zeichen, die eine Bewertung und Selbsteinschätzung in drei Stufen ausdrücken.
Im Werkstatt-Teil des Lesebuchs (LB-Seite 197) finden die Schüler Hilfestellung, ihre Selbsteinschätzung und Bewertung in einem Lerntagebuch einzutragen.

Einbindung des Lerntagebuchs in den Unterricht

Lerntagebuch im Unterricht

Als „Kommunikationsmittel“ zwischen Schüler und Lehrer lässt sich das Lerntagebuch individuell in den Unterricht einbinden. Für die Schüler sollte es im Lauf des Schuljahres selbstverständlich sein, den Eintrag in ihr Lerntagebuch nach der Lektüre eines Lesebuch-Textes bzw. nach der Arbeit mit dem Sprachbuch vorzunehmen.

Für die Besinnung und den Eintrag können den Kindern auch nach der zu beobachtenden Arbeitsphase (z. B. Freiarbeit, Gruppenarbeit, Übungsarbeit) oder am Ende des Schultages einige Minuten Zeit eingeräumt werden.
Jedes Kind überlegt, wie es sich verhalten oder was es gelernt hat. Es ist auch möglich, dass zwei Kinder sich über ihre Selbstbeobachtung austauschen und dann mithilfe der Einschätzung des Partners zur Selbstbeurteilung kommen.
Am Ende der Woche kommt die Wocheneinschätzung dazu.

Es empfiehlt sich, zu Beginn des Schuljahres ein eigenes Heft oder einen Ordner für das Führen eines Lerntagebuchs anzulegen. Manchem Schüler wird evtl. auch ein vorstrukturiertes Formular helfen.

3.3 Sozialformen im Unterricht

Neben Sozialformen wie Einzelarbeit, Partnerarbeit und Gruppenarbeit sind auch „Ich – Du – Wir“-Aufgaben im Lesebuch fest verankert. An geeigneten Stellen wird die entsprechende Sozialform vorgeschlagen – es kann natürlich immer an die Situation in der Klasse angepasst eine andere Sozialform gewählt werden.

Selbstständiges Arbeiten

Insbesondere die Aufgaben, die mit den Icons „Ich – Du – Wir“, „Partner- oder Gruppenarbeit“ und „Über Lernen sprechen“ gekennzeichnet sind, ermöglichen das selbstständige Arbeiten der Schüler und fördern deren prozessbezogenen Kompetenzen. Die Herausforderung für die Schüler liegt vor allem darin, sich mit der Sicht des anderen auseinanderzusetzen und verschiedene Ansichten oder Lösungsvorschläge anzunehmen.

Ich – Du – Wir

Die Methode „Ich – Du – Wir“ ist in drei Phasen gegliedert:

1) Einzelarbeit, 2) Partnerarbeit / Gruppenarbeit und 3) Präsentation in der Klasse.
Diese Organisationsform ist insbesondere zur Lösungsfindung von Aufgaben geeignet, die ein gewisses Maß an Offenheit besitzen.

Die Dauer jeder Phase wird vor Beginn der Arbeit festgelegt und den Schülern mitgeteilt. Während der Arbeit wird das Ende jeder Phase vorher angekündigt.

Arbeitsphasen

1. „Ich-Phase"
Während der „Ich-Phase" beschäftigt sich jeder Schüler alleine und selbstständig in Ruhe mit der Aufgabe. Es gilt, auf eine ruhige Lernatmosphäre zu achten.

2. „Du-Phase"
Während der „Du-Phase" tauschen sich die Schüler mit einem oder mehreren anderen zur vorgegebenen Aufgabe aus. Ergebnisse oder offene Fragen werden festgehalten. Auf ein Signal hin beginnen die Partner ihre Gesprächsführung und auf ein weiteres Zeichen beenden sie diese auch wieder.

3. „Wir-Phase"
Während der „Wir-Phase" werden die Ergebnisse der „Du-Phase" im Klassenverband gemeinsam besprochen. Dabei können von einem oder mehreren Paaren / Gruppen die Ergebnisse präsentiert und mit den Ergebnissen der anderen verglichen werden. Auch mögliche Unklarheiten werden hier besprochen.

Voraussetzung für eine gelingende Gruppenarbeit ist, dass die Schüler gelernt haben, mit einem Partner zusammenzuarbeiten. Auch die Gesprächsregeln und der Flüsterton müssen bei allen Beteiligten eingespielt sein.

3.4 Lesebuch und Handbuch

Zum Lesebuch und zum Sprachbuch liegt je ein Lehrerhandbuch vor.
Sowohl Lesebuch als auch Sprachbuch können mit dem jeweiligen Handbuch für sich eingesetzt werden. Empfehlenswert ist aber der Einsatz beider Werke. Lesebuch und Sprachbuch sind aufeinander abgestimmt. Beim Einsatz beider Werke ist das Sprachbuch das Leitmedium.

Textangebot

Das Lesebuch stellt, in 12 Themenfelder gegliedert, Texte als Angebot zur Verfügung. Entsprechend der Situation der Klasse und der veranschlagten Zeit ist also eine Auswahl zu treffen.

Im Handbuch sind Arbeitsblätter zu allen Texten enthalten. Sie sollen eine tiefergehende Auseinandersetzung mit dem Text ermöglichen. Zur selbstständigen Textarbeit, unabhängig oder parallel zum Unterricht, werden im Anschluss an jedes Kapitel im Lesebuch Texterschließungsfragen angeboten.

3.4.1 Die Kommentare im Handbuch

Das Handbuch zum Lesebuch enthält zu jedem Text und zu jedem Gedicht einen Kommentar und ein oder mehrere Arbeitsblätter als Kopiervorlagen.

Gliederung der Kommentare

Jeder Kommentar enthält folgende Gliederungspunkte:

- **Kompetenzbereiche:** abgedeckt durch den Text und die Arbeitsblätter
- **Autor:** biografische Hinweise zum Verfasser, falls es keine eigenen Beiträge sind
- **Inhalt und Thematik:** thematische Einordnung der Texte, Hintergrund- und weiterführende Informationen
- **Hinweise zum Unterricht:** Hinführung, Impulse etc.
- **Kopiervorlagen:** Arbeitsblätter werden mit Seitenverweis auf die Lösungen vorgestellt. Falls die Arbeitsblätter in a- und b-Niveau vorliegen, wird mithilfe eines Symbols darauf hingewiesen.

3.4.2 Arbeitsblätter/Kopiervorlagen

Methoden-vielfalt

Die Arbeitsblätter sind methodisch vielfältig ausgearbeitet. Ausgewählte Arbeitsblätter liegen in zwei Versionen vor. Version a gibt wesentlich mehr Hilfestellungen zur Bearbeitung als Version b. So können die Arbeitsblätter individuell und differenziert für jedes einzelne Kind der Klasse eingesetzt werden.

Die Methode wird durch die Symbole vor den Arbeitsaufträgen dargestellt:

Klassengespräch

Über Lernen sprechen

Partner- oder Gruppenarbeit

Ich – Du – Wir

1. Diese Aufgabe kannst du zusätzlich bearbeiten.

3.4.3 Lösungen zu den Abeitsblättern/Kopiervorlagen

Lösungs-vorschläge

Für die Korrektur oder die Selbstkontrolle sind die Lösungen zu den Arbeitsblättern im Handbuch enthalten. Lösungen im Fach Deutsch können nicht so eindeutig sein wie in Mathematik. Es können also auch Abweichungen zu den eingetragenen Lösungen richtig sein. Die eingetragenen Lösungen sind als Lösungsvorschläge zu sehen.
Solange die Kinder ihre Antworten aus dem Text begründen können, gilt ihre Lösung als korrekt.

Lösungstypen

Es gibt folgende Lösungstypen:

Eindeutige Lösungen, wie z. B. bei Zuordnungen, Wörterrätseln und Aufgaben mit Wörterpool. Hier ist die Lösung eindeutig vorgegeben.

Eindeutige Lösungen mit Varianten, z. B. durch Formulierungen, Generalisierungen, Zusammenfassungen etc. Hier ist die Lösung in einer Variante als Lösungsvorschlag eingetragen.

Mehrere Lösungen sind möglich, weil z. B. die Fragestellung aus dem Text heraus mehrere Antworten zulässt. Die jeweilige Antwort muss sich aus dem Text begründen lassen. Hier ist die Lösung als Lösungsvorschlag eingetragen mit dem Hinweis: „Mehrere Lösungen sind möglich."

Offene Lösung, weil z. B. die Fragestellung die subjektive Erfahrung, Einschätzung oder Meinung des einzelnen Kindes abruft. Hier ist kein Lösungsvorschlag eingetragen. Sie sind mit dem Hinweis „individuelle Lösung" gekennzeichnet.

Korrektur und Selbst-kontrolle

Die Arbeitsblätter liegen verkleinert auf DIN A5 mit eingetragenen Lösungen vor. Diese können sowohl für die Korrektur wie auch zur Selbstkontrolle herangezogen werden. Zur Selbstkontrolle empfiehlt es sich, die Vorlagen beim Kopieren auf DIN A4 zu vergrößern. Falls die Lösung farbiges Ausmalen verlangt, muss dies noch in die Lösungsvorlage eingetragen werden.

Weitere Hinweise finden Sie im **Kapitel III. Lösungen** auf Seite 273.

3.4.4 Lernkontrollen

Viele Arbeitsblätter eignen sich direkt zur Durchführung einer Lernkontrolle. Sie gibt Rückmeldung über den Erfolg des Unterrichts und den Lernstand des Kindes in verschiedenen Schwierigkeitsgraden.

Hier finden Sie einige Vorschläge:

Einfach

Angefangen von **einfachen Fragestellungen** nach Inhalten
- Kopiervorlage „Der Sprung ins Wasser – 1“, KV 20, S. 69
- Kopiervorlagen „Hunger in der Welt – 1 und – 2“, KV 43, 44, S. 109, 110
- Kopiervorlage „Der Klettverschluss – 1“, KV 63, S. 146
- Kopiervorlage „Wie ein Supermarkt in der Wüste“, KV 71, S. 159

Mittel

über einen **mittleren Schwierigkeitsgrad** in
- Kopiervorlage „In der neuen Klasse – 1“, KV 3 b, S. 32
- Kopiervorlage „Der Sprung ins Wasser – 2“, KV 21, S. 70
- Kopiervorlage „Die Neuen – 1“, KV 22 b, S. 73
- Kopiervorlage „Die Neuen – 2“, KV 23 b, S. 75
- Kopiervorlagen „Die Zeit – 1 und – 2“, KV 37, 38, S. 99, 100

Schwer

bis zu **schwierigeren Aufgaben**, die das Verständnis des Textzusammenhanges einfordern,
- Kopiervorlage „Heiliges Wasser“, KV 12 b, S. 51
- Kopiervorlagen „Die Möhre – 1 und – 2“, KV 45, 46, S. 112, 113
- Kopiervorlage „Zimmerer – ein Beruf mit Tradition ...“, KV 52 b, S. 125
- Kopiervorlagen „Samira Bologna – 1 und – 2“, KV 55 b, 56 b, S. 131, 132
- Kopiervorlage „Sechs Punkte – damit die Hände ...“, KV 66, S. 150
- Kopiervorlage „Romulus und Remus“, KV 75 b, S. 168

sind viele Überprüfungsmöglichkeiten zum Textverständnis möglich.

Lesetraining – Lesen auf 3 Stufen

Darüber hinaus bieten die Kopiervorlagen mit den Multiple-Choice-Fragen zu den Lesetraining-Seiten die Möglichkeit, das Leseverständnis der Kinder zu überprüfen – unabhängig, ob das Kind die Lesetexte auf Lesestufe 1, 2 oder 3 liest. Wer auf Lesestufe 1 bzw. 2 liest, kann durch nachhaltiges Üben dazu angeregt werden, auch die nächste Lesestufe zu bewältigen. Zur Selbstkontrolle gibt es immer ein Lösungswort.

Kopiervorlagen „Lesetraining – Lesen auf 3 Stufen“:
- „Mit Büchern Brücken bauen“, KV 9, S. 44
- „Unwetter“, KV 18, S. 64
- „Nur die, die keine Angst haben“, KV 28, S. 84
- Tagebucheinträge, KV 39, S. 102
- Rezepte, KV 49, S. 118
- „Christian, der Taxifahrer“, KV 60, S. 140
- „Die Erfinderin Mary Anderson“, KV 68, S. 154
- „Mowgli“, KV 76, S. 170
- „Honig vom Dach“, KV 85, S. 188
- „Im Hallenbad“, KV 97, S. 208
- „Moderne Medien – Unterhaltung und Lernen“, KV 110, S. 234

4. Das Material im Einzelnen

ABC der Tiere 3 besteht im Wesentlichen aus:
- Lesebuch und Arbeitsheft
- Handbuch zum Lesebuch mit Kopiervorlagen
- Sprachbuch und Arbeitsheft
- Handbuch zum Sprachbuch mit Kopiervorlagen

4.1 Das Lesebuch (3405-90 und 3405-80)

Das Lesebuch soll den Sprung aus dem Klassenzimmer hinaus in die Kinderzimmer schaffen und dort zu einem von den Schülern gern aufgeschlagenen Geschichtenbuch werden. Die Illustrationen wollen die Schüler auf den jeweiligen Text neugierig machen und zusätzliche Informationen bieten.

Um das Interesse für ein Thema zu unterstützen, wird zur weitergehenden Lektüre und selbstständigen Recherche in Bibliothek und Internet motiviert Nicht alle Texte können ausführlich innerhalb des Unterrichts gelesen und besprochen werden. Die Auswahl trifft der Lehrer unter Berücksichtigung der Klassensituation und eventueller Schwerpunkte bei Projekten.

Viele Kinder lesen die Texte, bevor sie im Unterricht besprochen werden, was in jedem Fall zu begrüßen ist. Das selbstständige Lesen und Verstehen wird durch die Erschließungsfragen im Anschluss an jedes Kapitel angeregt und überprüft. Neun Lesetipps unterstützen die systematische Vermittlung von Lesestrategien. Diese werden auf den LB-Seiten 190 – 196 genauer vorgestellt.

Das Lesen im Unterricht soll in möglichst vielen Facetten (vorlesen, leise lesen, laut vortragen, lesen in verteilten Rollen etc.) erlebt werden.

Grafische Gestaltung

Das Format des Lesebuchs erlaubt eine großzügige grafische Gestaltung. Dies lockert die Seiten auf und macht sie überschaubarer. Die individuelle zeichnerische Handschrift der Illustratoren unterstützt die emotionale Aussagekraft der Texte und lässt jede Doppelseite abwechslungsreich erscheinen.

Die typografische Gestaltung variiert je nach Text und grafischer Gestaltung. Die Schüler sollen in Klasse 3 in der Lage sein, Texte mit verschiedenen Schrifttypen flüssig zu lesen.

Für Kinder, die in Klasse 3 erstmals mit der Silbenmethode lernen und die noch Schwierigkeiten beim Lesen haben, wird das Lesebuch auch in einer silbierten Version angeboten. Alle Texte sind mit dem farbigen Silbentrenner ausgestattet. Beide Ausgaben sind inhaltsgleich und können parallel verwendet werden.

4.1.1 Zielsetzung des Lesebuchs

Zielsetzung

Das ABC der Tiere 3 – Lesebuch möchte den Leseprozess der Schüler im dritten Schuljahr begleiten, indem
- das flüssige Lesen weiter gefördert und so die Grundlage für das sinnerfassende Lesen gelegt wird,
- die Entwicklung der Lesekompetenz durch das Erlernen von elementaren Lesestrategien gesichert und
- ein tieferes Durchdringen und Verarbeiten der Texte durch handlungs- und produktionsorientierte Verfahren erreicht wird.

ABC der Tiere 3: Konzeption

Das Lesebuch hat folgende zentrale Zielsetzungen im Blick:

- Aufbauen der Lesemotivation,
- spontanes, flüssiges Lesen neuer Texte,
- Entwicklung der Lesekompetenz durch das Erlernen von elementaren Lesestrategien (Lesetipps),
- Kennenlernen eines vielfältigen Textangebotes, aktuelle Kinderliteratur eingeschlossen, und
- Einführung in den handlungs- und produktionsorientierten Umgang mit Texten.

4.1.2 Differenzierung

Differenzierte Lesetexte

Das Lesebuch unterstützt die kompetenzorientierte Unterrichtsgestaltung, indem es ein großes Angebot an Texten in unterschiedlicher Länge und in unterschiedlichen Sprachniveaus bereithält:

- Es gibt Leseangebote mit unterschiedlichen Schriftgrößen und Schrifttypen.
- Schwierigere Texte sind mit einem Stern markiert.
- Auf den Seiten „Lesetraining – Lesen auf 3 Stufen“ sind die Texte dreifach differenziert: Mindeststandard (Lesestufe 1), Regelstandard (Lesestufe 2), Expertenstandard (Lesestufe 3) – siehe unten.

Drei Anforderungsbereiche

Durchgängig werden im Lesebuch Angebote zur Differenzierung gemacht, indem die Aufgaben zu den Lesetexten in drei Anforderungsbereichen (siehe Seite 9) angeboten werden, die mit einem Farbsystem gekennzeichnet sind und sich an den Anforderungsniveaus der Bildungsstandards und Lehrpläne der Bundesländer orientieren.

Differenzierte Kopiervorlagen

Zudem stehen ausgewählte Kopiervorlagen in zweifacher Version (a/b) zur Verfügung. In der a-Version werden Hilfen zu den Antworten gegeben – in Form von Zeilenhinweisen bei den Fragen oder mittels Formulierungen von Satzanfängen. So wird die „Eingangshürde“ zur Bearbeitung der Kopiervorlagen gesenkt.

Es liegt im Ermessen des Lehrers, wann er Inhalte in Freiarbeit oder geführtem Unterricht im Klassenrahmen erarbeiten lässt.

4.1.3 Lesetraining – Lesen auf 3 Stufen

An die Lesetexte schließt sich am Ende eines Kapitels immer eine Doppelseite an, mit der die Kinder das Lesen trainieren können. Jedes Kind kann entsprechend seines Lernstands ein passendes Leseangebot aus den drei inhaltsgleichen Texten auswählen. Das Anforderungsniveau der Texte ist auf den Seiten zum Lesetraining mit einem Punktesystem markiert:

Drei Leseniveaus

- • Stufe 1: Mindeststandard
- •• Stufe 2: Regelstandard
- ••• Stufe 3: Expertenstandard

Die drei Leseniveaus unterscheiden sich in der Schriftgröße, Textlänge sowie Komplexität der Sätze. Durch die zweifarbige Kennzeichnung der einzelnen Silben im Text auf Lesestufe 1 werden die Kinder beim Lesen unterstützt.

Ein Lerntagebuch bzw. Lerngespräch mit den Schülern dient dazu, die Selbstreflexion der Kinder über ihre Lernprozesse anzuregen und Gedanken, Erfolge und Schwierigkeiten beim Lesen / Vorlesen der Texte (schriftlich) festzuhalten.

Die Fragen, die sich an den Text auf Lesestufe 3 anschließen, geben den Kindern Impulse, Eintragungen in ihrem Lerntagebuch vorzunehmen.
Hilfen zum Führen eines Lerntagebuchs werden im Lesebuch, Werkstatt-Teil, Seite 197 angeboten.

Überprüfung des Leseverständnisses

Die Kopiervorlagen bzw. Arbeitsblätter im Arbeitsheft bieten mit den Multiple-Choice-Fragen zu den Lesetraining-Seiten die Möglichkeit, das Leseverständnis der Kinder zu überprüfen. Lässt sich eine Frage auf Lesestufe 1 nicht beantworten, kann das Kind zum Lesen von Lesestufe 2 motiviert werden. Zur Selbstkontrolle gibt es immer ein Lösungswort.

Lautes Lesen mit einem Partner

Förderung der Leseflüssigkeit

Die Doppelseite „Lesetraining – Lesen auf 3 Stufen“ hat zum Ziel, die Leseflüssigkeit zu trainieren. Mit der Förderung der Leseflüssigkeit wird gleichzeitig auch das Leseverständnis verbessert. Denn: Wer nicht fähig ist, Wörter zu dekodieren, kann weder einzelne Wörter noch den Satzzusammenhang verstehen.

Bei unzureichend ausgeprägter Lesekompetenz verweigern Kinder oft die Lektüre, wodurch weiterer Frust entsteht. Übungsmethoden wie das Lautlese-Training, bei denen Texte laut bzw. halblaut gelesen werden, lassen die „technische“ Seite des Lesens in einem für die Kinder motivierenden Rahmen sichtbar werden. Dabei lernen die Schüler die Wörter im Text richtig zu entschlüsseln, auszusprechen und zu betonen. Durch das Erkennen der Zusammengehörigkeit von Wörtern bzw. Wortgruppen wird für die Kinder der Satzzusammenhang deutlich

Lautlese-Training

Das Lautlese-Training verbindet Elemente des wiederholenden Lautlesens mit Elementen des begleitenden Lautlesens. Wer schon gut lesen kann, schließt sich mit einem leseschwächeren Kind als Tandem zusammen und unterstützt seinen Lesepartner beim flüssigen Lesen.

Folgende Vorgehensweise hat sich beim Tandem-Lesen bewährt:
- Die Kinder wählen einen der drei Texte, passend zu ihrem Lernstand, aus.
- Sie beginnen, den Text gleichzeitig zu lesen und achten dabei auf ein gemeinsames Lesetempo.
- Wer unsicher ist, gibt seinem Partner mit einem leisen Klopfen auf dem Tisch zu verstehen, dass es Hilfe beim Lesen braucht. Das Partnerkind liest den Satz noch einmal langsam vor. Dann wiederholen die Kinder den Satz gemeinsam und lesen zusammen den Text weiter.
- Die Kinder lesen Satz für Satz bzw. Abschnitt für Abschnitt gemeinsam und verbessern sich gegenseitig freundlich.
- Nach dem synchronen Lesen wird der Text nun ein zweites und drittes Mal vorgelesen – jetzt im Wechsel, z. B. nach Sätzen oder ganzen Abschnitten.
- Nach Ende eines Durchgangs schätzen die Kinder ihr Vorlesen ein.
  Die Einschätzungen können in einer Übersicht (Kopiervorlage, Seite 17) eingetragen werden.
- Lesen die Kinder denselben Text zu einem späteren Zeitpunkt noch einmal, ist ein direkter Vergleich zur ersten Beurteilung möglich.

Eine Trainingseinheit dauert ca. 20 bis 30 Minuten. Um effektiv zu sein, sollte das Verfahren mindestens zweimal wöchentlich über einen längeren Zeitraum durchgeführt werden.

Lesetraining – Lautes Lesen mit einem Partner

Name: ____________________________________

Datum: ______	die meisten Wörter werden flüssig vorgelesen	gutes Vorlesetempo (nicht zu schnell und nicht zu langsam)	passende Pausen (bei Kommas und am Satzende)	treffende Betonung
Selbsteinschätzung	☺ 😐 ☹	☺ 😐 ☹	☺ 😐 ☹	☺ 😐 ☹
Partnereinschätzung	☺ 😐 ☹	☺ 😐 ☹	☺ 😐 ☹	☺ 😐 ☹

Datum: ______	die meisten Wörter werden flüssig vorgelesen	gutes Vorlesetempo (nicht zu schnell und nicht zu langsam)	passende Pausen (bei Kommas und am Satzende)	treffende Betonung
Selbsteinschätzung	☺ 😐 ☹	☺ 😐 ☹	☺ 😐 ☹	☺ 😐 ☹
Partnereinschätzung	☺ 😐 ☹	☺ 😐 ☹	☺ 😐 ☹	☺ 😐 ☹

Datum: ______	die meisten Wörter werden flüssig vorgelesen	gutes Vorlesetempo (nicht zu schnell und nicht zu langsam)	passende Pausen (bei Kommas und am Satzende)	treffende Betonung
Selbsteinschätzung	☺ 😐 ☹	☺ 😐 ☹	☺ 😐 ☹	☺ 😐 ☹
Partnereinschätzung	☺ 😐 ☹	☺ 😐 ☹	☺ 😐 ☹	☺ 😐 ☹

Datum: ______	die meisten Wörter werden flüssig vorgelesen	gutes Vorlesetempo (nicht zu schnell und nicht zu langsam)	passende Pausen (bei Kommas und am Satzende)	treffende Betonung
Selbsteinschätzung	☺ 😐 ☹	☺ 😐 ☹	☺ 😐 ☹	☺ 😐 ☹
Partnereinschätzung	☺ 😐 ☹	☺ 😐 ☹	☺ 😐 ☹	☺ 😐 ☹

Datum: ______	die meisten Wörter werden flüssig vorgelesen	gutes Vorlesetempo (nicht zu schnell und nicht zu langsam)	passende Pausen (bei Kommas und am Satzende)	treffende Betonung
Selbsteinschätzung	☺ 😐 ☹	☺ 😐 ☹	☺ 😐 ☹	☺ 😐 ☹
Partnereinschätzung	☺ 😐 ☹	☺ 😐 ☹	☺ 😐 ☹	☺ 😐 ☹

4.1.4 Mit Texten umgehen

Aufgaben zu den Lesetexten

Jeweils am Ende eines Kapitels finden sich auf den Seiten „Mit Texten umgehen“ Aufgaben zu allen Inhalten des Lesebuchs. Entsprechende Seitenverweise sind in der Fußzeile am Ende jedes Lesetextes platziert – verbunden mit der Aufforderung, die dazugehörenden Aufgaben und den entsprechenden Eintrag im Lerntagebuch vorzunehmen.

Die Aufgaben werden durch kleine Trainingseinheiten zum Lesen aufgelockert. Hier können die Schüler ihre Lesefähigkeit unter Beweis stellen und das flüssige Lesen je nach Bedarf üben.

Im Lesebuch kommen verschiedene Textsorten und Sprachspiele zum Einsatz:
- Schlangenwörter fehlerfrei lesen (LB-Seite 51)
- kurze Texte lesen, bei denen etwas verloren gegangen ist (LB-Seite 68)
- Rätsel lösen (LB-Seite 69)
- zusammengesetzte Wörter lesen (LB-Seite 101)
- Witze lesen (LB-Seite 127)
- Teekesselchen spielen (LB-Seite 127)
- Zungenbrecher schnell und fehlerfrei lesen (LB-Seite 153)
- Treppenwörter schnell und fehlerlos sprechen (LB-Seite 189)

4.1.5 Werkstatt-Teil Lesen

Der Werkstatt-Teil Lesen (LB-Seite 190 – 203) umfasst zwei Bereiche:
- Lesetipps im Überblick
- Hilfen zum Lesen und Verstehen von Texten

Die Lesetipps sind am Ende des Lesebuchs zusammengefasst und jeweils an einem Beispiel erklärt (LB-Seite 190 – 196):

Lesetipps im Überblick

Lesetipp 1: Genaues Lesen
Lesetipp 2: Gedichte laut lesen
Lesetipp 3: Stichwörter notieren
Lesetipp 4: Überschrift beachten
Lesetipp 5: Bilder zum Text beachten
Lesetipp 6: Eigene Kenntnisse einbringen
Lesetipp 7: Einen Text gliedern
Lesetipp 8: Ein Gedicht auswendig lernen
Lesetipp 9: Tipps zum Vorlesen

Zu Beginn jedes Lesetextes wird auf den Lesetipp in der Fußnote hingewiesen, der beim Lesen dieses Lesetextes berücksichtigt werden soll.

Hilfen zum Lesen und Verstehen

Im Lesebuch finden sich über die Lesetipps hinaus noch weitere Hilfen zum Lesen und Verstehen von Texten (LB-Seite 197 – 203):
- Ein Lerntagebuch führen
- Eine Lesekonferenz durchführen
- Ein Lesetagebuch führen
- Ein Buch vorstellen
- Texte umsetzen
- Texte vorlesen und aufführen
- Lesen trainieren

4.1.6 Autoren-Übersicht und Fachwörter-Lexikon

Autoren Auf LB-Seite 204 und 205 werden sieben bekannte Autorinnen und Autoren vorgestellt, die im Lesebuch mit ihren Texten vertreten sind und eine wichtige Rolle in der deutschen Kinder- und Jugendbuchlandschaft einnehmen.

Fachwörter Alle Fachwörter, die innerhalb des Lesebuchs genannt werden, werden am Ende nochmals übersichtlich zusammengestellt und kindgerecht erklärt.
Die Fachbegriffe reichen von Textgliederungsbegriffen (Abschnitt, Kapitel, Spalte ...) bis zu Gattungsbegriffen (Fabel, Gedicht, Märchen ...).

4.1.7 Gliederung und thematische Einheiten

Gliederung Das Lesebuch 3 ist in folgende Themenbereiche gegliedert:

- Wir sind in Klasse 3
- Wetter, Wasser, Wind
- Manchmal fühle ich mich ...
- Im Lauf der Zeit
- Essen und Trinken
- Arbeit und Beruf
- Erfinder verändern die Welt
- Von Kindern und Tieren
- Natur erleben und entdecken
- Orte – nah und fern
- Medien
- Jahreszeiten

Thematische Einheiten Die Themenbereiche enthalten Texte, die an die Interessen und Erfahrungen der Kinder anknüpfen, aber auch darüber hinausführende Denkanstöße geben. Die Themen entstammen dem unmittelbaren Erfahrungsraum der Schüler.

Die Texte sind meist auf einer Doppelseite mit individueller grafischer Gestaltung platziert. Um den Gesamteindruck einer Seite nicht zu stören, finden sich die Texterschließungsfragen immer im Anschluss an das jeweilige Kapitel.

Wir sind in Klasse 3

⇢ Kapitel II.1 im Handbuch Die eigene Rolle, das Zusammenleben in der neuen Klasse und Schule in anderen Ländern rückt in das Blickfeld der Schüler. Der Umgang mit äußeren und inneren Nöten und Gefühlen wird thematisiert, darüber hinaus steht eine Hilfsaktion mit Büchern im Vordergrund.

Wetter, Wasser, Wind

⇢ Kapitel II.2 im Handbuch Wetterbeobachtung, Wasserkreislauf, dramatische Erfahrung der Naturgewalten in Gedichten und einer Reportage werden geschildert. Ebenso wird die Bedeutung von Wasser in den fünf großen Weltreligionen im Kapitel herausgestellt.

Manchmal fühle ich mich ...

⇢ Kapitel II.3 im Handbuch Viele alltägliche Ereignisse und Herausforderungen lösen unterschiedliche Gefühle bei den Betroffenen aus. Sympathie, Streit, Angst, Selbstbehauptung und Selbstüberwindung sind Themen dieser Einheit. Auch die Integration von Kindern ausländischer Herkunft wird thematisiert.

Im Lauf der Zeit

→ Kapitel II.4 im Handbuch

Die Entwicklung der Uhr von der Sonnenuhr bis hin zur heutigen Armbanduhr, die Lebensgeschichte einer Märchenfigur sowie Menschen und ihre Lebensumstände in vergangener Zeit spannen den Zeithorizont auf. Ein Gedicht bringt Erfahrungen mit dem schwierigen Begriff „Zeit“ zur Sprache. Drei Tagebucheinträge bieten Einblicke in den Alltag von drei Mädchen zu unterschiedlichen Momenten der Zeitgeschichte.

Essen und Trinken

→ Kapitel II.5 im Handbuch

Ausgehend von der romantischen Überflussfantasie des Schlaraffenlandes und über die Geschichte vom Pfannekuchen kommt der Mangel an Nahrungsmitteln in Afrika zur Sprache. Ursachen und Auswirkungen der Notlage werden durch zwei Tabellen verdeutlicht. Eine Geschichte, die Hunger im Zweiten Weltkrieg thematisiert, und eine Ermutigung zum „Selberkochen“ schließen das Kapitel ab.

Arbeit und Beruf

→ Kapitel II.6 im Handbuch

Die Heinzelmännchen waren fantastische Helfer, wenn jemandem die Arbeit zur erdrückenden Last wurde. Darüber hinaus wird der im Wandel begriffene Beruf des Zimmerers thematisiert sowie das Thema Arbeitslosigkeit:
Der Traum vom neuen Fahrrad ist ausgeträumt, wenn nach der Kündigung des Vaters für die Familie weniger Geld zur Verfügung steht. Wer die passende Beschäftigung findet, kann viel Selbstwertgefühl aus seiner Arbeit gewinnen, so z. B. in einem unbezahlten Ehrenamt oder in einer vielseitigen Tätigkeit als Koch.

Erfinder verändern die Welt

→ Kapitel II.7 im Handbuch

Erfinder müssen von der Idee bis zur Realisation und Akzeptanz in der Gesellschaft oft einen langen Weg zurücklegen. Häufig sind neue Ideen ihrer Zeit voraus und setzen sich erst nach dem Tod des Erfinders durch. In diesem Kapitel werden verschiedene Erfinder und deren Erfindungen vorgestellt, darunter das Auto, die Blindenschrift, der Klettverschluss und der Scheibenwischer.

Von Kindern und Tieren

→ Kapitel II.8 im Handbuch

Tiere können dem Menschen unentbehrliche Helfer und Nahrungsquelle sein. Zum Zeichen ihrer Besonderheit und Bestimmung wird immer wieder erzählt, dass verlassene und todgeweihte Kinder – wie etwa Romulus und Remus sowie Mowgli – von wilden Tieren gerettet werden. Umgekehrt setzen sich Menschen für bedrohte oder in Not geratene Tiere ein. Mitunter ist überraschend von Tieren die Rede, wenn eigentlich menschliches Handeln gemeint ist.

Natur erleben und entdecken

→ Kapitel II.9 im Handbuch

Das Gedicht „Über die Erde“ lädt dazu ein, einen Zugang zur Natur zu finden. Die Beobachtung des Naturphänomens „Ameisenstraße“ kommt ebenso zur Sprache wie die Bedeutung eines Kapokbaums für das Leben von Mensch und Tier. Während ein Gedicht die bemerkenswerten Fähigkeiten von Tieren thematisiert, beschäftigt sich das andere mit dem Schicksal einer Biene, die sich in ein Zimmer verirrt hat. Auch das Hobby rund um Imkern in der Stadt wird vorgestellt.

Orte – nah und fern

⇢ **Kapitel II.10 im Handbuch**

Ferien im Ausland, Zelten auf dem Balkon oder Streifzüge in ferne Galaxien werden durch intensive Begegnungen mit Menschen zu einer erfüllten Zeit. Darüber hinaus enthält das Kapitel eine traumhafte Fantasiereise als Gedicht sowie einen Auszug aus einem in Briefform geschriebenen Kinderbuch, welches einen Teppich zur Quelle der Inspiration werden lässt. Wie die Integration eines Migrantenkindes gelingen kann, wird abschließend vor Augen geführt.

Medien

⇢ **Kapitel II.11 im Handbuch**

Kinder verbringen heute viel Zeit vor dem Fernseher und Computer. Vor diesem Hintergrund ist das selbstbestimmte Lesen von Zeitschriften und Büchern umso bedeutsamer. Schule und Bibliothek als Orte der Leseförderung erfüllen hierbei eine wichtige Funktion. Das Kapitel stellt „Lippels Traum" als Beispiel für eine Buchverfilmung in den Vordergrund und geht darauf ein, welche Aufgaben Autor, Schauspieler, Regisseur und Kameramann erfüllen.
Darüber hinaus wird der Frage nachgegangen, inwieweit moderne Medien zur Unterhaltung und zum Lernen beitragen.

Jahreszeiten

⇢ **Kapitel II.12 im Handbuch**

Diese Einheit zu den vier Jahreszeiten vereint Gedichte, Erzähl- und Sachtexte sowie ein Hirtenspiel und eine Sage. Es werden Themen wie Natur, Wetter, Stimmungen und wichtige Feste angesprochen. Bräuche, Bastelanleitungen und Lieder finden sich im entsprechenden Kapitel des Sprachbuchs.

4.2 Das Arbeitsheft Lesebuch (3405-92 und 3405-82)

Das Arbeitsheft enthält viele Kopiervorlagen aus dem Handbuch zum Lesebuch. Zu nahezu jedem Text sind im Arbeitsheft ein oder mehrere Arbeitsblätter enthalten. Verschiedene Übungsformate – von einfachen Varianten zur Wiederholung bis zu selbstdifferenzierten Aufgaben zur individuellen Förderung – sind umgesetzt.

Die Seiten „Lesetraining – Lesen auf 3 Stufen" bieten jedem Kind die Möglichkeit, sein Lesevermögen selbst einzuschätzen. Zur Selbstkontrolle gibt es am Ende einer solchen Seite immer ein Lösungswort. Der Lesetraining-Pass auf der hinteren Umschlagseite dient dazu, die Selbsteinschätzung schriftlich festzuhalten.

In der silbierten Version sind alle Texte mit farbigem Silbentrenner ausgestattet.

4.3 Das Sprachbuch (3405-91 und 3405-81)

Das Sprachbuch begleitet die Schüler im dritten Schuljahr chronologisch.
Es enthält zwölf Kapitel, die identisch mit dem Lesebuch sind. Jedes Kapitel wird mit einer Doppelseite als Bild- und Gesprächsimpuls eröffnet.
Ein Werkstatt-Kapitel fasst die sprachlichen Themen von Klasse 3 zusammen.

Das Sprachbuch bietet eine große methodische Vielfalt zur Erarbeitung der verschiedenen Themen. Das schafft Motivation und erhält die Konzentration für ein umfassendes Lernen mit allen Sinnen. Für die Korrektur und Selbstkontrolle der Aufgaben liegt dem Sprachbuch ein 8-seitiges Lösungsheft bei.

In der silbierten Version sind alle Texte mit farbigem Silbentrenner ausgestattet.

4.4 Das Arbeitsheft Sprachbuch (3405-93 und 3405-83)

Das Arbeitsheft enthält eine Auswahl der Kopiervorlagen aus dem Handbuch zum Sprachbuch. Zu jedem Kapitel sind mehrere Arbeitsblätter enthalten.

Mit den Arbeitsblättern werden alle Bildungsstandards in den Kompetenzbereichen „Sprechen und Zuhören“, „Lesen – mit Texten und Medien umgehen“, „Sprache untersuchen“ sowie „Texte richtig schreiben“ abgedeckt.

In der silbierten Version sind alle Texte mit farbigem Silbentrenner ausgestattet.

4.5 Das Handbuch zum Sprachbuch (3405-71)

Das Handbuch ist auf das Sprachbuch abgestimmt. Jede Seite des Sprachbuchs wird kommentiert, der Stundenverlauf ist als Vorschlag aufgeführt. Die zusätzlichen Übungen, wie z. B. Lernkontrollen, Diktate oder der Einsatz der Kopiervorlagen als wiederholende Übungen, sind als Orientierungshilfe zu verstehen. Lösungsblätter erleichtern die Arbeit mit dem Sprachbuch und Arbeitsheft.

4.6 Die Folien zum Sprachbuch (3405-75)

Die Folien zum Sprachbuch erleichtern das Klassengespräch und dienen der Verdeutlichung und Visualisierung von Inhalten. Alle Folien sind für den Einsatz am Whiteboard auf der beiliegenden CD-ROM auch als PDF enthalten.

4.7 Die Lieder und Kontrastpaare (3405-76)

ABC der Tiere 3 und 4 – Lieder und Kontrastpaare umfasst auf 2 CDs Lieder und Sequenzen zu den Sprachbüchern von ABC der Tiere 3 und 4 (3405-91 und 4405-91). Die Titel liegen als Vokal- und Instrumentalversion vor. So können die Lieder und Kontrastpaare geübt und mit Musik-Begleitung in der Klasse gesungen werden.

4.8 Wortkarten – eine Wörterkartei zum Üben (3405-96)

Die Wortkarten in der 5-Fächer-Lernbox sind die ideale Übungsergänzung zum Lehrgang ABC der Tiere – besonders für Kinder, denen es hilft, sich die Wörter unabhängig vom Kontext öfter anzusehen und zu üben. Mithilfe der Karten und der 5-Fächer-Lernbox wiederholen und festigen die Kinder die im Verlauf von Klasse 3 eingeführten Wörter in zum Lernstand passenden Portionen.

4.9 Arbeitsblätter zur individuellen Förderung und Differenzierung (3405-77)

Die Arbeitsblätter dienen der individuellen Förderung in Klasse 3. Sie fügen sich nahtlos in das Materialangebot des Lehrgangs ABC der Tiere an und bieten über Lese- und Sprachbuch sowie Arbeitshefte hinaus Material für den täglichen Einsatz. Die angebotenen Übungen ermöglichen allen Kindern, die in Klasse 3 Schwierigkeiten beim Lesen und Schreiben haben, erfolgreich die notwendigen Grundlagen zu legen.

5. Informationsangebote: Webseite – Newsletter

5.1 www.abc-der-tiere.de

Unter **www.abc-der-tiere.de** finden Sie:
- alle Informationen zum Lehrgang
- aktuelle Beiträge
- kostenlose Downloads
- Videos und Präsentationen
- viele methodische Anregungen
- ein Forum für Ihre Fragen und den Austausch mit Kolleginnen und Kollegen

5.2 Newsletter zur Silbenmethode

Newsletter Silbenmethode –
Neues aus der Welt der Silben!

Lehrgang, Tipps und kostenlose Downloads

In diesem Newsletter stellen wir Ihnen anhand von Originalmaterial aus dem Lehrgang „ABC der Tiere" die Silbenmethode vor.

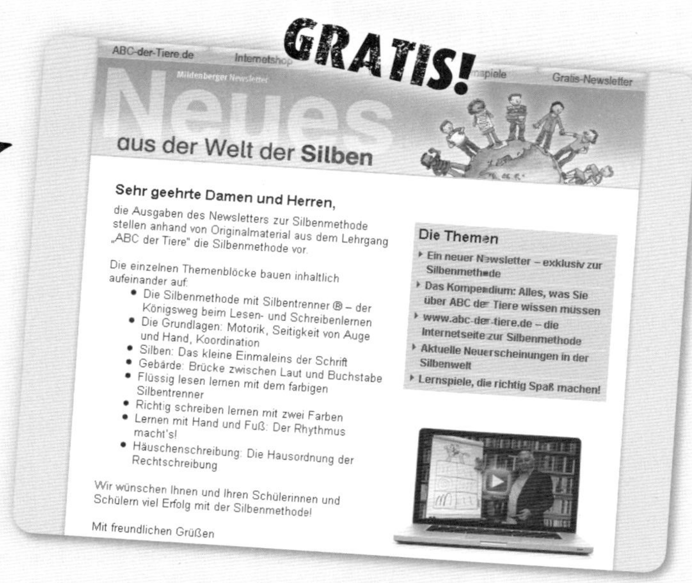

Direkt zur Newsletter-Anmeldung

Anmeldung unter: www.mildenberger-verlag.de/news

Videos, Präsentationen, Informationen: www.abc-der-tiere.de

6. Zuordnung der Inhalte zu den Jahreszeiten und Feiertagen

Im Blick auf die speziellen Lernvoraussetzungen der Klasse entscheidet der Lehrer, welcher Textfundus für die Klasse geeignet ist. Viele Texte können auch zur Differenzierung eingesetzt werden.

Folgende Texte haben einen jahreszeitlichen Schwerpunkt bzw. bieten sich an, zu einem bestimmten Zeitpunkt gelesen zu werden:

Jahreszeit/Zeitpunkt	**Textbeitrag**	**Seite im Lesebuch**
Schulbeginn/ Spätsommer	Schule ist unsere Welt	6
	In der neuen Klasse	8
	Die Neuen	38
Herbst	Hilfe! Wir versinken im Meer!	22
	Geschichte vom Wind	26
	Der fliegende Robert	27
	Hertha hat Geburtstag	60
	Die vier Jahreszeiten – Herbst	171
	Herbst	172
	Halloween	173
Winter	Die vier Jahreszeiten – Winter	171
Vorweihnachtszeit/ Weihnachten	Herbergssuche	174
	Kleines Hirtenspiel	176
Silvester	Uhren zeigen die Zeit an – früher und heute	52
	Die Zeit	63
	Tipps fürs neue Jahr	178
Frühling	Das Wasser	19
	Die vier Jahreszeiten – Frühling	170
	Der Maibaum	184
Ostern	Das ist ein Osterei	180
Frühsommer	Über die Erde	128
	Ameisen	129
	Die Biene am Fenster	133
Mutter- und Vatertag	Kleine Sympathiegedichte	35
	Meine liebe Mutter du / Supermann	182
Sommer	Der Sprung ins Wasser	36
	Wie ein Supermarkt in der Wüste	116
	Lebensraum Wüste	117
	Fremde Worte	138
	Inselferien	140
	Die vier Jahreszeiten – Sommer	170
	Gewitter	179
	Schwimmbad	185

II. 1. Wir sind in Klasse 3

LB-Seite	Text	Autor	HB-Seite	Kopiervorlagen
6	Schule ist unsere Welt		25	KV 1 a/b, 2 a/b
8	In der neuen Klasse	Paul Maar	30	KV 3 a/b, 4 a/b
10	Jakob und der große Junge	Paul Maar	35	KV 5, 6
13	Leute	Günter Kunert	38	KV 7 a/b, 8 a/b
14	Lesetraining – Lesen auf 3 Stufen		43	KV 9

Illustrationen

Kopiervorlagen:	Heike Treiber, 79199 Kirchzarten
Lesebuch Seite 8, 9, 13:	Susanne von Poblotzki, 40625 Düsseldorf
Lesebuch Seite 10 – 12:	Christiane Ruth Franke, 8071 Grambach, Österreich

Bildquellen

KV 9, Seite 44:	Büchertransport / Kinder mit Büchern © BOOKBRIDGE

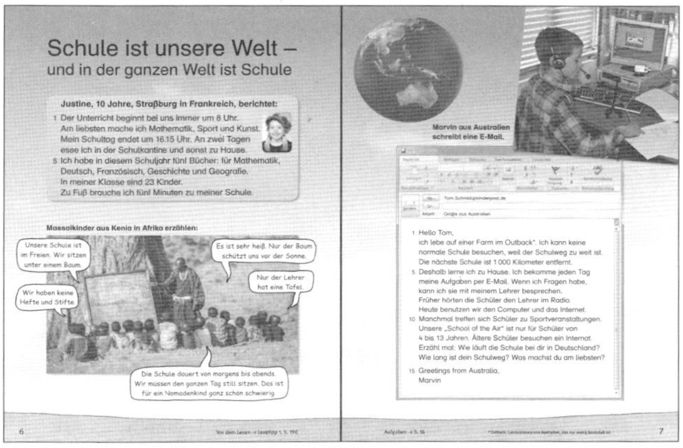
Schule ist unsere Welt –
und in der ganzen Welt ist Schule

Justine, 10 Jahre, Straßburg in Frankreich, berichtet:

Der Unterricht beginnt bei uns immer um 8 Uhr. Am liebsten mache ich Mathematik, Sport und Kunst. Mein Schultag endet um 16.15 Uhr. An zwei Tagen esse ich in der Schulkantine und sonst zu Hause. Ich habe in diesem Schuljahr fünf Bücher: für Mathematik, Deutsch, Französisch, Geschichte und Geografie. In meiner Klasse sind 23 Kinder. Zu Fuß brauche ich fünf Minuten zu meiner Schule.

Massaikinder aus Kenia in Afrika erzählen:

Marvin aus Australien schreibt eine E-Mail.

Tom.Schmidt@kinderpost.de
Grüße aus Australien

Hello Tom,
ich lebe auf einer Farm im Outback*. Ich kann keine normale Schule besuchen, weil der Schulweg zu weit ist. Die nächste Schule ist 1 000 Kilometer entfernt. Deshalb lerne ich zu Hause. Ich bekomme jeden Tag meine Aufgaben per E-Mail. Wenn ich Fragen habe, kann ich sie mit meinem Lehrer besprechen. Früher hörten die Schüler den Lehrer im Radio. Heute benutzen wir den Computer und das Internet. Manchmal treffen sich Schüler zu Sportveranstaltungen. Unsere „School of the Air" ist nur für Schüler von 4 bis 13 Jahren. Ältere Schüler besuchen ein Internat. Erzähl mal: Wie läuft die Schule bei dir in Deutschland? Wie lang ist dein Schulweg? Was machst du am liebsten?
Greetings from Australia,
Marvin

6 Vor dem Lesen → Lesetipp 1, S. 190 Aufgaben → S. 16 7

Kompetenzbereiche

Texte verstehen / Umgangsformen mit Texten

Inhalt und Thematik

Schulkinder aus Europa, Afrika und Australien geben einen Einblick in ihren Schulalltag. Sie sind im Grundschulalter und leben in Frankreich, Kenia sowie im Outback in Australien. Wie zu erwarten ist, unterscheidet sich ihr Schulleben und ist abhängig von den jeweils besonderen Umständen.

Justines Schulalltag in einer Stadtschule in Straßburg erinnert die Kinder an ihren eigenen Tagesablauf. Auf Interesse und Verwunderung wird das Beispiel der Massaikinder stoßen. Die „School of the Air", eine spezielle Schulform in den dünn besiedelten Regionen Australiens, imponiert sicherlich allen Computernutzern in der Klasse – nicht zuletzt deshalb, weil Schüler von der Vorschule bis zur unteren Sekundarstufe I mittels Internet im Fernunterricht unterrichtet werden. Der Begriff „School of the Air" ist zu erklären.

Bei der Bearbeitung der Doppelseite wird die Aufmerksamkeit der Schüler auf die großen Unterschiede des jeweiligen Schulalltages in Abhängigkeit der besonderen Umstände des Schulortes gerichtet. Justines Gegebenheiten in der Schule wird die Kinder an ihre eigene Schule erinnern. Die Schule der Massaikinder „im Freien" mag den Schülern zunächst attraktiv erscheinen, wird aber bei näherer Betrachtung auch in ihrer Kargheit und Einschränkung wahrgenommen. Marvin muss nicht früh am Morgen aufstehen, um die Schule zu besuchen, da er zu Hause lernt. Ihm fehlt allerdings der unmittelbare Kontakt zu seinen Klassenkameraden.

Hinweise zum Unterricht

Ziel dieser Texteinheit ist, das Thema „Schule" auf interessante Weise zu vermitteln. Es gibt Länder, in denen Kinder Schulbildung nur unter großen Entbehrungen oder mit technischem Aufwand erfahren können.

Lesetipp 1 zielt darauf hin, schriftliche Informationen genau zu lesen und sich eine Vorstellung zum Inhalt zu machen. Mit Blick auf die Situation der Massaikinder in Kenia empfiehlt sich die Internetrecherche zur Lebenswelt der Kinder, zur Schulsituation sowie zur Länge des Schulweges.

Tipp

Lesetipp 1 – Genaues Lesen
Lies nicht zu schnell. Stelle dir nach jedem Satz vor, was geschieht. Frage nach, wenn du etwas nicht verstehst. Du kannst dich auch in Büchern oder im Internet informieren.

··→ Fragen zum Text: LB-Seite 16

Arbeitsheft / Kopiervorlagen

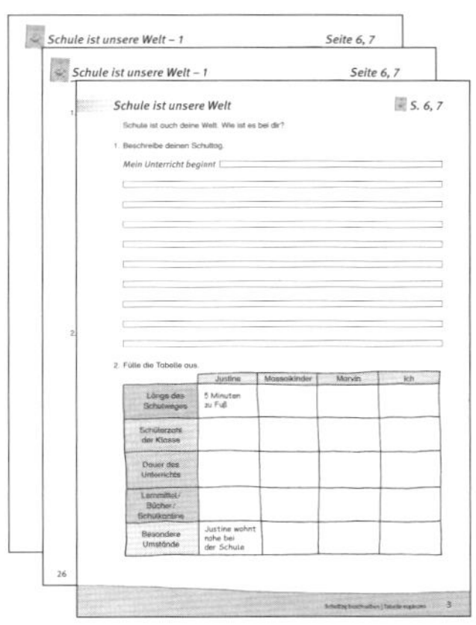
Schule ist unsere Welt – 1 Seite 6, 7

AH LB S. 3
KV 1a/b
Lösungen S. 275

Schule ist unsere Welt – 1

Auf dem Arbeitsblatt **Schule ist unsere Welt – 1** schildern die Schüler zunächst ihren eigenen Schultag, ehe sie die Tabelle mit Angaben aus dem Text ergänzen. Das Arbeitsblatt liegt in zwei Schwierigkeitsgraden vor.

(D) In der Variante KV 1a ist eine komplette Tabellenspalte als Muster ausgefüllt.

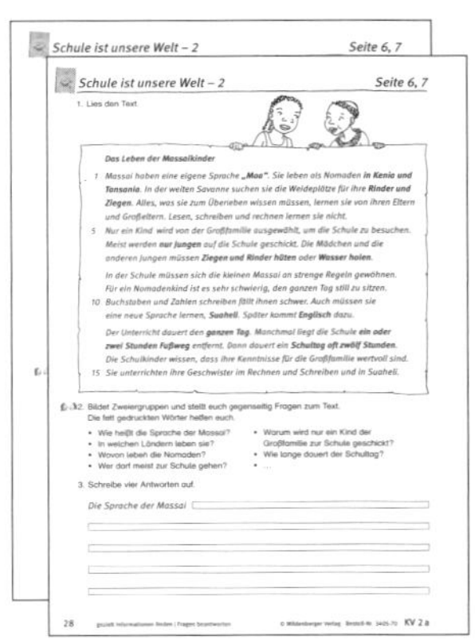
Schule ist unsere Welt – 2 Seite 6, 7

KV 2a/b
Lösungen S. 275

Schule ist unsere Welt – 2

Mithilfe des Arbeitsblatts **Schule ist unsere Welt – 2** vertiefen die Kinder ihr Wissen zum Leben der Massai und entwickeln Verständnis für die Lebenswelt anderer. Das Arbeitsblatt liegt in zwei Schwierigkeitsgraden vor.

(D) In der Variante KV 2a unterstützt der Fettdruck von Begriffen das Lesen und Leseverständnis.

Schule ist unsere Welt – 1 Seite 6, 7

Schule ist auch deine Welt. Wie ist es bei dir?

1. Beschreibe deinen Schultag.

Mein Unterricht beginnt

2. Fülle die Tabelle aus.

	Justine	Massaikinder	Marvin	ich
Länge des Schulweges	5 Minuten zu Fuß			
Schülerzahl der Klasse	23			
Dauer des Unterrichts	von 8.00 bis 16.15 Uhr			
Lernmittel/ Bücher/ Schulkantine	5 Bücher/ warme Mahlzeit			
Besondere Umstände	Justine wohnt nahe bei der Schule			

Schule ist auch deine Welt. Wie ist es bei dir?

1. Beschreibe deinen Schultag.

2. Fülle die Tabelle aus.

	Justine	Massaikinder	Marvin	ich
Länge des Schulweges	5 Minuten zu Fuß			
Schülerzahl der Klasse				
Dauer des Unterrichts				
Lernmittel/ Bücher/ Schulkantine				
Besondere Umstände	Justine wohnt nahe bei der Schule			

Schule ist unsere Welt – 2 Seite 6, 7

1. Lies den Text.

Das Leben der Massaikinder

*Massai haben eine eigene Sprache **„Maa“**. Sie leben als Nomaden **in Kenia und Tansania**. In der weiten Savanne suchen sie die Weideplätze für ihre **Rinder und Ziegen**. Alles, was sie zum Überleben wissen müssen, lernen sie von ihren Eltern und Großeltern. Lesen, schreiben und rechnen lernen sie nicht. Nur ein Kind wird von der Großfamilie ausgewählt, um die Schule zu besuchen. Meist werden **nur Jungen** auf die Schule geschickt. Die Mädchen und die anderen Jungen müssen **Ziegen und Rinder hüten** oder **Wasser holen**.*

*In der Schule müssen sich die kleinen Massai an strenge Regeln gewöhnen. Für ein Nomadenkind ist es sehr schwierig, den ganzen Tag still zu sitzen. Buchstaben und Zahlen schreiben fällt ihnen schwer. Auch müssen sie eine neue Sprache lernen, **Suaheli**. Später kommt **Englisch** dazu.*

*Der Unterricht dauert den **ganzen Tag**. Manchmal liegt die Schule **ein oder zwei Stunden Fußweg** entfernt. Dann dauert ein **Schultag oft zwölf Stunden**. Die Schulkinder wissen, dass ihre Kenntnisse für die Großfamilie wertvoll sind. Sie unterrichten ihre Geschwister im Rechnen und Schreiben und in Suaheli.*

2. Bildet Zweiergruppen und stellt euch gegenseitig Fragen zum Text.
   Die fett gedruckten Wörter helfen euch.

- Wie heißt die Sprache der Massai?
- In welchen Ländern leben sie?
- Wovon leben die Nomaden?
- Wer darf meist zur Schule gehen?
- Warum wird nur ein Kind der Großfamilie zur Schule geschickt?
- Wie lange dauert der Schultag?
- …

3. Schreibe vier Antworten auf.

Die Sprache der Massai ____________________

Schule ist unsere Welt – 2 Seite 6, 7

1. Lies den Text.

Das Leben der Massaikinder

Massai haben eine eigene Sprache „Maa“. Sie leben als Nomaden in Kenia und Tansania. In der weiten Savanne suchen sie die Weideplätze für ihre Rinder und Ziegen. Alles, was sie zum Überleben wissen müssen, lernen sie von ihren Eltern und Großeltern. Lesen, schreiben und rechnen lernen sie nicht. Nur ein Kind wird von der Großfamilie ausgewählt, um die Schule zu besuchen. Meist werden nur Jungen auf die Schule geschickt. Die Mädchen und die anderen Jungen müssen Ziegen und Rinder hüten oder Wasser holen.

In der Schule müssen sich die kleinen Massai an strenge Regeln gewöhnen. Für ein Nomadenkind ist es sehr schwierig, den ganzen Tag still zu sitzen. Buchstaben und Zahlen schreiben fällt ihnen schwer. Auch müssen sie eine neue Sprache lernen, Suaheli. Später kommt Englisch dazu.

Der Unterricht dauert den ganzen Tag. Manchmal liegt die Schule ein oder zwei Stunden Fußweg entfernt. Dann dauert ein Schultag oft zwölf Stunden. Die Schulkinder wissen, dass ihre Kenntnisse für die Großfamilie wertvoll sind. Sie unterrichten ihre Geschwister im Rechnen und Schreiben und in Suaheli.

2. Bildet Zweiergruppen und stellt euch gegenseitig Fragen zum Text.

- Wie heißt die Sprache der Massai?
- In welchen Ländern leben sie?
- Wovon leben die Nomaden?
- Wer darf meist zur Schule gehen?
- Warum wird nur ein Kind der Großfamilie zur Schule geschickt?
- Wie lange dauert der Schultag?
- …

3. Schreibe vier Antworten auf.

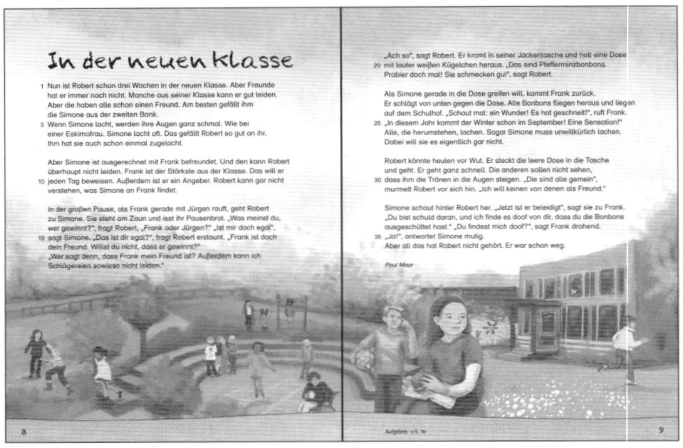

In der neuen Klasse

Nun ist Robert schon drei Wochen in der neuen Klasse. Aber Freunde hat er immer noch nicht. Manche aus seiner Klasse kann er gut leiden. Aber die haben alle schon einen Freund. Am besten gefällt ihm die Simone aus der zweiten Bank. Wenn Simone lacht, werden ihre Augen ganz schmal. Wie bei einer Eskimofrau. Simone lacht oft. Das gefällt Robert so gut an ihr. Ihm hat sie auch schon einmal zugelacht.

Aber Simone ist ausgerechnet mit Frank befreundet. Und den kann Robert überhaupt nicht leiden. Frank ist der Stärkste aus der Klasse. Das will er jeden Tag beweisen. Außerdem ist er ein Angeber. Robert kann gar nicht verstehen, was Simone an Frank findet.

In der großen Pause, als Frank gerade mit Jürgen rauft, geht Robert zu Simone. Sie steht am Zaun und isst ihr Pausenbrot. „Was meinst du, wer gewinnt?", fragt Robert, „Frank oder Jürgen?" „Ist mir doch egal", sagt Simone. „Das ist dir egal?", fragt Robert erstaunt. „Frank ist doch dein Freund. Willst du nicht, dass er gewinnt?" „Wer sagt denn, dass Frank mein Freund ist? Außerdem kann ich Schlägereien sowieso nicht leiden."

„Ach so", sagt Robert. Er kramt in seiner Jackentasche und holt eine Dose mit lauter weißen Kügelchen heraus. „Das sind Pfefferminzbonbons. Probier doch mal! Sie schmecken gut", sagt Robert.

Als Simone gerade in die Dose greifen will, kommt Frank zurück. Er schlägt von unten gegen die Dose. Alle Bonbons fliegen heraus und liegen auf dem Schulhof. „Schaut mal: ein Wunder! Es hat geschneit!", ruft Frank. „In diesem Jahr kommt der Winter schon im September! Eine Sensation!" Alle, die herumstehen, lachen. Sogar Simone muss unwillkürlich lachen. Dabei will sie es eigentlich gar nicht.

Robert könnte heulen vor Wut. Er steckt die leere Dose in die Tasche und geht. Er geht ganz schnell. Die anderen sollen nicht sehen, dass ihm die Tränen in die Augen steigen. „Die sind alle gemein", murmelt Robert vor sich hin. „Ich will keinen von denen als Freund."

Simone schaut hinter Robert her. „Jetzt ist er beleidigt", sagt sie zu Frank. „Du bist schuld daran, und ich finde es doof von dir, dass du die Bonbons ausgeschüttet hast." „Du findest mich doof?", sagt Frank drohend. „Ja!", antwortet Simone mutig. Aber all das hat Robert nicht gehört. Er war schon weg.

Paul Maar

Kompetenzbereiche

Texte verstehen / Umgangsformen mit Texten

Autor

Paul Maar, geb. 1937 in Schweinfurt, Bayern, ist ein deutscher Kinderbuchautor. Er arbeitet außerdem als Illustrator, Übersetzer, Drehbuch- und Theaterautor.

Inhalt und Thematik

Hauptfigur des Textes ist ein empfindsamer, eher zurückhaltender Schüler, dem es schwerfällt, Anschluss in seiner neuen Klasse zu finden, und dessen erster Versuch, Kontakt aufzunehmen, scheitert.

Obwohl Robert schon einige Zeit in der neuen Klasse ist, findet er keinen Freund, denn alle haben schon einen. Die Mitschülerin Simone gefällt ihm besonders, aber auch bei ihr sieht er keine Chance. Er glaubt, sie sei mit Frank, dem ihm unsympathischen „Macho" der Klasse, befreundet. Trotzdem fängt Robert in der Pause ein Gespräch mit Simone an und erfährt, dass seine Annahme nicht stimmt. Er bietet ihr nun Pfefferminzbonbons aus einer Dose an. Simone will gerade zugreifen, als Frank zu den beiden tritt. Er schlägt von unten gegen die Dose, die weißen Bonbons spritzen hoch und fallen zu Boden. Franks gespielte Überraschung, es habe geschneit, belustigt die umherstehenden Schüler. Auch Simone lacht im ersten Moment. Robert wehrt sich nicht, sondern geht schnell weg, denn vor Schmach und Enttäuschung kommen ihm Tränen und das soll keiner sehen. Der Junge will keinen Freund mehr in der Klasse suchen. Wegen seiner Flucht erfährt Robert nicht, dass Simone zu ihm steht und Frank deutlich kritisiert und abweist.

Hinweise zum Unterricht

Der Text enthält Gefühle und Gedanken, die viele Schüler kennen: bei eigener Schüchternheit, bei der Suche nach Kontakten, bei einer Beleidigung und Beschämung etc.

Überlegungen zu der Rolle der beteiligten Personen im Konflikt wecken Verständnis und eröffnen die Möglichkeit, alternative Handlungen vorzuschlagen.

···> Fragen zum Text: LB-Seite 16

Arbeitsheft / Kopiervorlagen

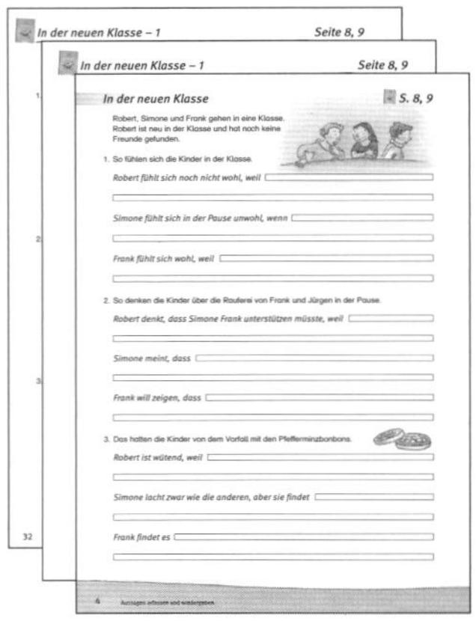

AH LB S. 4
KV 3 a/b
Lösungen S. 276

In der neuen Klasse – 1

Auf dem Arbeitsblatt **In der neuen Klasse – 1** werden die Geschehnisse der Geschichte mit den Gefühlen der drei Hauptpersonen in Verbindung gebracht. Die Schüler geben diese in eigenen Worten wieder. Das Arbeitsblatt liegt in zwei Schwierigkeitsgraden vor.

Ⓓ In der Variante KV 3 a helfen Zeilenangaben, die Fragen zu beantworten.

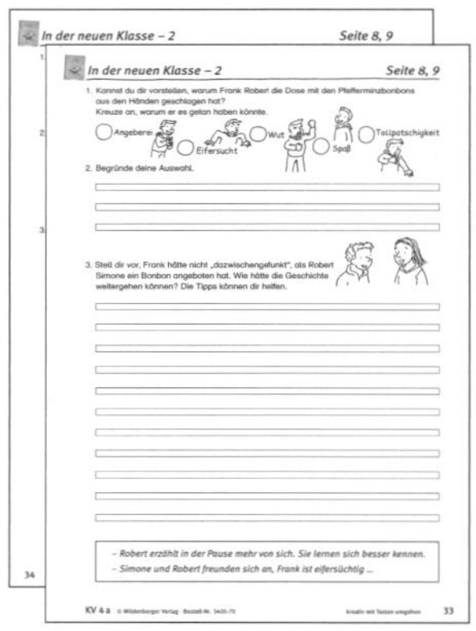

KV 4 a/b
Lösungen S. 276

In der neuen Klasse – 2

Das Arbeitsblatt **In der neuen Klasse – 2** vertieft die Auseinandersetzung mit der Gefühlswelt der Protagonisten und ein alternatives Ende der Geschichte wird geschrieben. Das Arbeitsblatt liegt in zwei Schwierigkeitsgraden vor.

Ⓓ In der Variante KV 4 a ist die Fragestellung vereinfacht und Tipps helfen bei der Fortführung der Geschichte.

In der neuen Klasse – 1

Robert, Simone und Frank gehen in eine Klasse. Robert ist neu in der Klasse und hat noch keine Freunde gefunden.

1. So fühlen sich die Kinder in der Klasse.

(Z. 1, 2) Robert fühlt sich noch nicht wohl, weil ______

(Z. 12 – 18) Simone fühlt sich in der Pause unwohl, wenn ______

(Z. 9) Frank fühlt sich wohl, weil ______

2. So denken die Kinder über die Rauferei von Frank und Jürgen in der Pause.

(Z. 15, 16) Robert denkt, dass Simone Frank unterstützen müsste, weil ______

(Z. 14 – 17) Simone meint, dass ______

(Z. 9, 10) Frank will zeigen, dass ______

3. Das halten die Kinder von dem Vorfall mit den Pfefferminzbonbons.

(Z. 26, 27) Robert ist wütend, weil ______

(Z. 33, 34) Simone lacht zwar wie die anderen, aber sie findet ______

(Z. 24, 25) Frank findet es ______

  · Bestell-Nr. 3405-70

In der neuen Klasse – 1

Seite 8, 9

Robert, Simone und Frank gehen in eine Klasse. Robert ist neu in der Klasse und hat noch keine Freunde gefunden.

1. So fühlen sich die Kinder in der Klasse.

Robert fühlt sich noch nicht wohl, weil

Simone fühlt sich in der Pause unwohl, wenn

Frank fühlt sich wohl, weil

2. So denken die Kinder über die Rauferei von Frank und Jürgen in der Pause.

Robert denkt, dass Simone Frank unterstützen müsste, weil

Simone meint, dass

Frank will zeigen, dass

3. Das halten die Kinder von dem Vorfall mit den Pfefferminzbonbons.

Robert ist wütend, weil

Simone lacht zwar wie die anderen, aber sie findet

Frank findet es

1. Kannst du dir vorstellen, warum Frank Robert die Dose mit den Pfefferminzbonbons aus den Händen geschlagen hat?
   Kreuze an, warum er es getan haben könnte.

2. Begründe deine Auswahl.

3. Stell dir vor, Frank hätte nicht „dazwischengefunkt“, als Robert Simone ein Bonbon angeboten hat. Wie hätte die Geschichte weitergehen können? Die Tipps können dir helfen.

– Robert erzählt in der Pause mehr von sich. Sie lernen sich besser kennen.
– Simone und Robert freunden sich an, Frank ist eifersüchtig ...

In der neuen Klasse – 2

1. Kannst du dir vorstellen, warum Frank Robert die Dose mit den Pfefferminzbonbons aus den Händen geschlagen hat?
   Kreuze an, warum er es getan haben könnte.

○ Angeberei  ○ Eifersucht  ○ Wut  ○ Spaß  ○ Tollpatschigkeit 

2. Begründe deine Auswahl.

3. Stell dir vor, Frank hätte nicht „dazwischengefunkt“.
   Wie hätte die Geschichte weitergehen können? Erzähle.

Jakob und der große Junge

„Man nimmt den Hut ab, wenn man grüßt!", sagt der große Junge, reißt Jakob die Mütze vom Kopf und wirft sie auf den Boden. „Lass meine Mütze!", ruft Jakob.

„Lass meine Mütze", äfft der große Junge ihn nach. „Heb sie doch auf!" Als Jakob sich bücken will, hält ihn der große Junge an den Haaren fest. „Au, das tut weh!", ruft Jakob.

„Warum hebst du sie denn nicht auf, deine schöne Mütze?", fragt der große Junge höhnisch. Jakob antwortet nicht. Die Tränen stehen ihm in den Augen. Er beißt die Zähne zusammen. Er wird nicht weinen. Nicht vor diesem Jungen.

Der große Junge hebt die Mütze selbst auf und hängt sie an einen Zaunpfahl. „Hol sie dir doch!", sagt er. Aber Jakob hat sich schon umgedreht und ist weggerannt. „He, was ist mit deiner Mütze?", ruft ihm der große Junge nach. „Komm her und hol sie!" Jakob antwortet nicht und rennt weiter. „Warte nur, morgen krieg ich dich!", ruft der große Junge. „Da rennst du mir nicht einfach davon! Bring morgen gleich 5 Euro mit!"

Am nächsten Tag sieht Jakob auf seinem Heimweg ein großes Mädchen und fragt, ob er mit ihr gehen kann. Dann wäre er nicht allein, wenn der große Junge auf ihn wartet.

„Mitkommen, nicht nachschleichen!", sagt das große Mädchen. „Dann sieht er mich aber", sagt Jakob. „Na und? Soll er doch", antwortet das Mädchen. „Wir sind doch zu zweit, oder nicht?" „Aber ..." „Was: aber?!", fragt sie. „Aber du bist doch ein Mädchen!", sagt Jakob. „Gut beobachtet, Kleiner!", sagt sie und geht neben ihm weiter.

Der große Junge steht hinter einer Hausecke. „Hast du mein Geld?", fragt er sofort. Jakob schüttelt den Kopf. „Dann kannst du was erleben!" Der große Junge fasst nach ihm.

„He, lass den Stöpsel gefälligst in Ruhe, ja?!", sagt das Mädchen.

„Du hältst dich da raus. Zisch ab! Das ist nichts für Mädchen", sagt der große Junge.

„Du lässt ihn sofort los!", sagt das Mädchen.

10 11

Kompetenzbereiche

Texte verstehen / Umgangsformen mit Texten

Autor

Paul Maar, geb. 1937 in Schweinfurt, Bayern, ist ein deutscher Kinderbuchautor. Er arbeitet außerdem als Illustrator, Übersetzer, Drehbuch- und Theaterautor.

Inhalt und Thematik

Der Text „Jakob und der große Junge" besteht aus zwei Auszügen aus dem gleichnamigen Kinderbuch, das sich mit dem Thema „Schule und Gewalt" befasst. Ein Jugendlicher schikaniert fast täglich einen jüngeren Schüler auf dem Schulweg und erpresst ihn schließlich. Nur einem glücklichen Umstand ist zu verdanken, dass es dem Schüler gelingt, ein Ende dieser täglichen Bedrohung herbeizuführen.

Überblick über den gesamten Inhalt des Buchs:
Jakob geht nicht mehr gerne in die Schule. Seine Mutter bemerkt, dass ihn etwas bedrückt, aber Jakob will ihr keine Sorgen machen und erzählt nicht, dass er auf dem Heimweg von der Schule sehr oft von einem größeren Jungen drangsaliert wird. Jakob kennt ihn nicht und nennt ihn deshalb nur den „großen Jungen".
Jakob vertraut sich seinem Klassenkameraden und Freund Mehmet an. Keine ihrer Überlegungen führt zu einer Lösung: Die Lehrerin kann auf dem Schulweg nicht eingreifen; der Versuch sich zu verkleiden schlägt fehl; der Mann, hinter dem sich Jakob auf dem Heimweg versteckt, jagt ihn weg; Mehmet wird, nachdem er seinen Freund Jakob nach Hause begleitete und sie den großen Jungen zu zweit forttreiben konnten, von diesem verprügelt. Auch Jakobs Mutter, die von dem Problem erfährt, als Jakob um Geld erpresst wird, kann nichts ausrichten, denn der große Junge vermeidet die Begegnung mit ihr.
Eine überraschende Lösung ergibt sich, als sich Jakob auf dem Heimweg einem größeren Mädchen anschließt. Das Mädchen wehrt den großen Jungen ab, als er von Jakob das Erpresser-Geld fordert, und schleudert ihn mit festem Griff zu Boden. Die Niederlage einem Mädchen gegenüber empfindet der große Junge als äußerst beschämend. Als er sich am nächsten Tag an Jakob rächen will, droht dieser, allen von seiner Niederlage zu erzählen, und hat Erfolg damit. Der große Junge bedroht Jakob nicht mehr.

Der erste Auszug im Text des Lesebuchs zeigt die Bedrohung Jakobs durch den großen Jungen, der zweite enthält die Aktion des Mädchens und endet mit der Ermutigung an Jakob, sich nicht „unterkriegen" zu lassen.

Hinweise zum Unterricht

Die Schüler erfahren, wie schwierig es sein kann, sich gegen Mobbing zu wehren. Das Problem sollte thematisiert werden, um Gewaltausübung dieser Art zu ächten und um Betroffene zu ermutigen, die Suche nach Hilfe nicht aufzugeben.

···➢ Fragen zum Text: LB-Seite 17

Kopiervorlagen

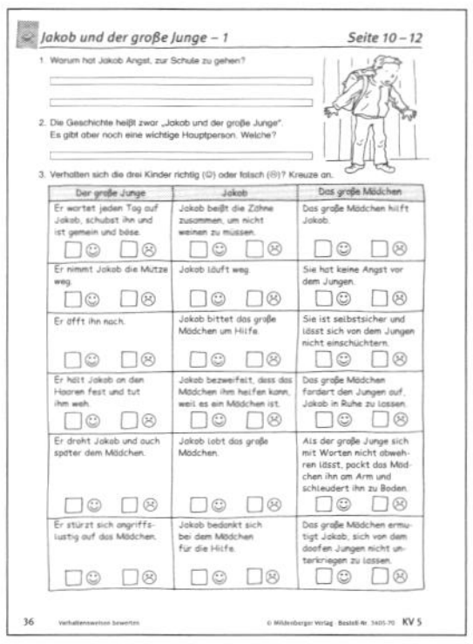

Jakob und der große Junge – 1   Seite 10 – 12

KV 5
Lösungen S. 277

Jakob und der große Junge – 1
Mithilfe des Arbeitsblatts **Jakob und der große Junge – 1** können die Verhaltensweisen der Charaktere eingeschätzt und später besprochen werden.

Jakob und der große Junge – 2   Seite 10 – 12

KV 6
Lösungen S. 277

Jakob und der große Junge – 2
Das Arbeitsblatt **Jakob und der große Junge – 2** dient der Auseinandersetzung mit dem Thema Mobbing.

Jakob und der große Junge – 1

Seite 10 – 12

1. Warum hat Jakob Angst, zur Schule zu gehen?

____

____

2. Die Geschichte heißt zwar „Jakob und der große Junge“. Es gibt aber noch eine wichtige Hauptperson. Welche?

____

3. Verhalten sich die drei Kinder richtig (☺) oder falsch (☹)? Kreuze an.

Der große Junge	Jakob	Das große Mädchen
Er wartet jeden Tag auf Jakob, schubst ihn und ist gemein und böse. ☐ ☺ ☐ ☹	Jakob beißt die Zähne zusammen, um nicht weinen zu müssen. ☐ ☺ ☐ ☹	Das große Mädchen hilft Jakob. ☐ ☺ ☐ ☹
Er nimmt Jakob die Mütze weg. ☐ ☺ ☐ ☹	Jakob läuft weg. ☐ ☺ ☐ ☹	Sie hat keine Angst vor dem Jungen. ☐ ☺ ☐ ☹
Er äfft ihn nach. ☐ ☺ ☐ ☹	Jakob bittet das große Mädchen um Hilfe. ☐ ☺ ☐ ☹	Sie ist selbstsicher und lässt sich von dem Jungen nicht einschüchtern. ☐ ☺ ☐ ☹
Er hält Jakob an den Haaren fest und tut ihm weh. ☐ ☺ ☐ ☹	Jakob bezweifelt, dass das Mädchen ihm helfen kann, weil es ein Mädchen ist. ☐ ☺ ☐ ☹	Das große Mädchen fordert den Jungen auf, Jakob in Ruhe zu lassen. ☐ ☺ ☐ ☹
Er droht Jakob und auch später dem Mädchen. ☐ ☺ ☐ ☹	Jakob lobt das große Mädchen. ☐ ☺ ☐ ☹	Als der große Junge sich mit Worten nicht abwehren lässt, packt das Mädchen ihn am Arm und schleudert ihn zu Boden. ☐ ☺ ☐ ☹
Er stürzt sich angriffslustig auf das Mädchen. ☐ ☺ ☐ ☹	Jakob bedankt sich bei dem Mädchen für die Hilfe. ☐ ☺ ☐ ☹	Das große Mädchen ermutigt Jakob, sich von dem doofen Jungen nicht unterkriegen zu lassen. ☐ ☺ ☐ ☹

4. Bildet Zweiergruppen und vergleicht, was ihr auf KV 5 angekreuzt habt.

5. Wie sollte man sich am besten verhalten, wenn man von anderen gehänselt, geärgert oder belästigt wird? Kreuze an und sprich mit einem Partner darüber.

Man sollte …

- ☐ lieber gar nichts tun und abwarten. Irgendwann hören sie schon wieder auf.
- ☐ sich jemandem anvertrauen.
- ☐ jemanden um Hilfe bitten.
- ☐ sich mit den Fäusten wehren.
- ☐ mit Kleineren genau das Gleiche tun.
- ☐ versuchen, mit ihnen zu sprechen.

6. Hast du andere Vorschläge, wie man sich in einer solchen Situation verhalten könnte?

7. Hast du auch schon so etwas erlebt?

Leute

Kleine Leute, große Leute
gab es gestern, gibt es heute,
wird es sicher immer geben,
über, unter, hinter, neben

dir und mir und ihm und ihr:
Kleine, Große sind wie wir.
Größer als ein Großer kann
aber sein ein kleiner Mann.

Klein und groß sagt gar nichts aus,
sondern nur, was einer draus
für sich selbst und alle macht.
Darum habe darauf acht:

Wer den andern hilft und stützt
und sich nicht nur selber nützt,
hat das richtige Format –
ob ein Zwerg er oder grad

lang wie eine Latte ist
oder einen Meter misst.
Kleine Leute, große Leute
gab es gestern, gibt es heute.

Günter Kunert

Kompetenzbereiche

Texte verstehen / Umgangsformen mit Texten

Autor

Günter Kunert, geb. 1929 in Berlin, ist ein deutscher Schriftsteller. Er arbeitet auch als Maler und Zeichner.

Inhalt und Thematik

Das Gedicht kann als ein Appell verstanden werden, das Wesentliche nicht aus den Augen zu verlieren, nämlich miteinander ‚menschlich' umzugehen, sozial, hilfsbereit, sich gegenseitig unterstützend.

Es sind, wie in den ersten beiden Strophen beschrieben, alle Menschen angesprochen, gleichgültig, ob sie groß oder klein, bedeutend oder unbedeutend sind. Diese Unterschiede sind unwichtig, so heißt es in Strophe 3. Es kommt darauf an, was man „für sich selbst und alle macht". Als Maßstab gilt allein das soziale Verhalten der Menschen, wie in Strophe 4 ausgeführt.
Ein „richtiges Format" passt in ein größeres Ganzes – ein sich sozial verhaltender Mensch ist ein wohlpassender Part in der Gemeinschaft.

Der Text lässt sich flüssig lesen. Eine kleine Verständnisschwierigkeit besteht durch den Zeilensprung zwischen Strophe 1 und 2 bzw. Strophe 4 und 5. Wenn der Text zu zweit vorgelesen wird, erfordern diese Stellen besondere Aufmerksamkeit und ein Zusammenspiel der Partner.

Hinweise zum Unterricht

Das Gedicht ist geeignet, zu Beginn eines neuen Schuljahrs dazu aufzufordern, miteinander fair und kameradschaftlich umzugehen. Es bezieht alle ein, gleichgültig welche Rolle der Einzelne in der Klasse spielt.

Tipp 2

Lesetipp 2 – Gedichte laut lesen
Lies jedes Gedicht laut. Erst dann bemerkst du deutlich, wie es klingt und was es sagen will. Du kannst selbst weitere Strophen schreiben.

··› Fragen zum Text: LB-Seite 17

Arbeitsheft / Kopiervorlagen

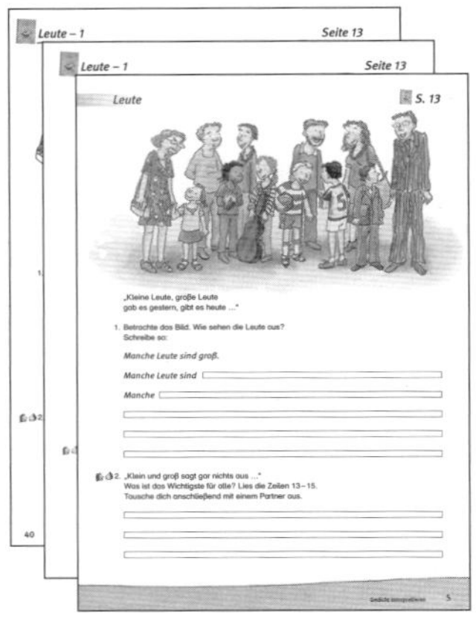

AH LB S. 5
KV 7 a/b
Lösungen S. 278

Leute – 1

Das Arbeitsblatt **Leute – 1** dient der Interpretation der Kernaussage des Gedichts „Leute". Es liegt in zwei Schwierigkeitsgraden vor.

Ⓓ In der Variante KV 7 a wird ein Wörterpool angeboten.

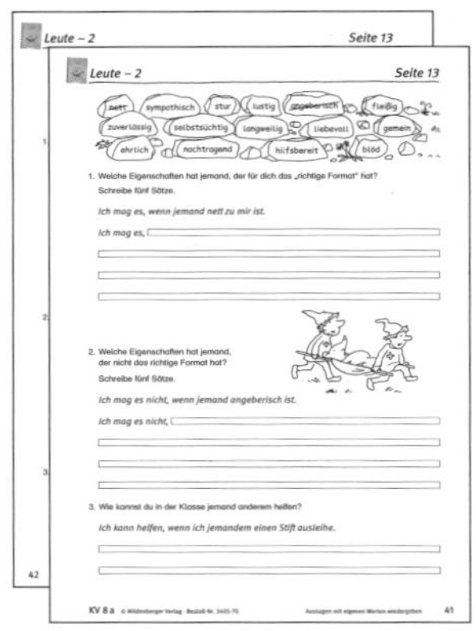

KV 8 a/b
Lösungen S. 278

Leute – 2

Auf dem Arbeitsblatt **Leute – 2** werden Aussagen aus der Ich-Perspektive formuliert. Auch regt es an, über positive und negative Charaktereigenschaften zu reflektieren. Das Arbeitsblatt liegt in zwei Schwierigkeitsgraden vor.

Ⓓ In der Variante KV 8 a unterstützen vorgegebene Beispielsätze und Satzanfänge.

Kleine Leute, große Leute
gab es gestern, gibt es heute …

dick	*bärtig*
dünn	*musikalisch*
sportlich	*freundlich*
alt	*klein*
jung	~~*groß*~~

1. Betrachte das Bild. Wie sehen die Leute aus?
   Die Wörter im Kasten helfen dir dabei. Schreibe so:

Manche Leute sind groß.

Manche Leute sind ______

Manche ______

______

______

______

2. „Klein und groß sagt gar nichts aus …"
   Was ist das Wichtigste für alle? Lies die Zeilen 13–15.
   Tausche dich anschließend mit einem Partner aus.

______

______

______

Leute – 1

Seite 13

Kleine Leute, große Leute
gab es gestern, gibt es heute …

1. Betrachte das Bild. Wie sehen die Leute aus?
   Schreibe so:

   Manche Leute sind groß.

   Manche Leute sind __________

   Manche __________

2. „Klein und groß sagt gar nichts aus …"
   Was ist das Wichtigste für alle? Lies die Zeilen 13–15.
   Tausche dich anschließend mit einem Partner aus.

1. Welche Eigenschaften hat jemand, der für dich das „richtige Format" hat?
   Schreibe fünf Sätze.

Ich mag es, wenn jemand nett zu mir ist.

Ich mag es, ____________________

____

____

____

2. Welche Eigenschaften hat jemand, der nicht das richtige Format hat?
   Schreibe fünf Sätze.

Ich mag es nicht, wenn jemand angeberisch ist.

Ich mag es nicht, ____________________

____

____

____

3. Wie kannst du in der Klasse jemand anderem helfen?

Ich kann helfen, wenn ich jemandem einen Stift ausleihe.

____

____

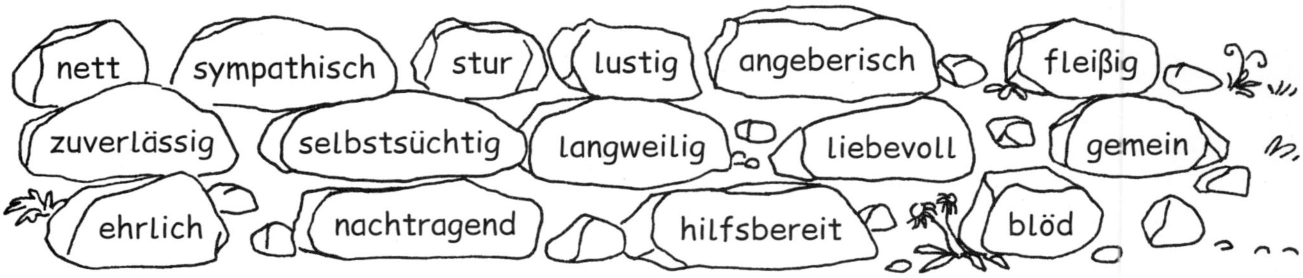

1. Welche Eigenschaften hat jemand, der für dich das „richtige Format“ hat?
   Schreibe fünf Sätze.

Ich mag es, wenn jemand ______________________

Ich mag es, ______________________

____

____

____

2. Welche Eigenschaften hat jemand, der nicht das richtige Format hat?
   Schreibe fünf Sätze.

Ich mag es nicht, wenn jemand ______________________

____

____

____

____

3. Wie kannst du in der Klasse jemand anderem helfen?

____

____

____

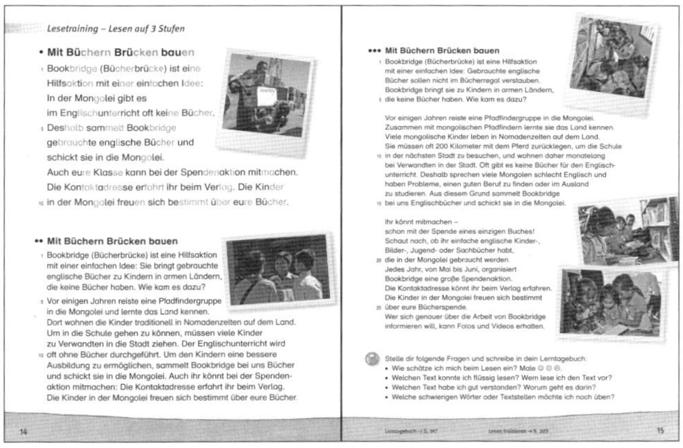

Lesetraining – Lesen auf 3 Stufen

• Mit Büchern Brücken bauen

Bookbridge (Bücherbrücke) ist eine Hilfsaktion mit einer einfachen Idee: In der Mongolei gibt es im Englischunterricht oft keine Bücher. Deshalb sammelt Bookbridge gebrauchte englische Bücher und schickt sie in die Mongolei. Auch eure Klasse kann bei der Spendenaktion mitmachen. Die Kontaktadresse erfahrt ihr beim Verlag. Die Kinder in der Mongolei freuen sich bestimmt über eure Bücher.

•• Mit Büchern Brücken bauen

Bookbridge (Bücherbrücke) ist eine Hilfsaktion mit einer einfachen Idee: Sie bringt gebrauchte englische Bücher zu Kindern in armen Ländern, die keine Bücher haben. Wie kam es dazu? Vor einigen Jahren reiste eine Pfadfindergruppe in die Mongolei und lernte das Land kennen. Dort wohnen die Kinder traditionell in Nomadenzelten auf dem Land. Um in die Schule gehen zu können, müssen viele Kinder zu Verwandten in die Stadt ziehen. Der Englischunterricht wird oft ohne Bücher durchgeführt. Um den Kindern eine bessere Ausbildung zu ermöglichen, sammelt Bookbridge bei uns Bücher und schickt sie in die Mongolei. Auch ihr könnt bei der Spendenaktion mitmachen: Die Kontaktadresse erfahrt ihr beim Verlag. Die Kinder in der Mongolei freuen sich bestimmt über eure Bücher.

14

••• Mit Büchern Brücken bauen

Bookbridge (Bücherbrücke) ist eine Hilfsaktion mit einer einfachen Idee: Gebrauchte englische Bücher sollen nicht im Bücherregal verstauben. Bookbridge bringt sie zu Kindern in armen Ländern, die keine Bücher haben. Wie kam es dazu?

Vor einigen Jahren reiste eine Pfadfindergruppe in die Mongolei. Zusammen mit mongolischen Pfadfindern lernte sie das Land kennen. Viele mongolische Kinder leben in Nomadenzelten auf dem Land. Sie müssen oft 200 Kilometer mit dem Pferd zurücklegen, um die Schule in der nächsten Stadt zu besuchen, und wohnen daher monatelang bei Verwandten in der Stadt. Oft gibt es keine Bücher für den Englischunterricht. Deshalb sprechen viele Mongolen schlecht Englisch und haben Probleme, einen guten Beruf zu finden oder im Ausland zu studieren. Aus diesem Grund sammelt Bookbridge bei uns Englischbücher und schickt sie in die Mongolei.

Ihr könnt mitmachen – schon mit der Spende eines einzigen Buches! Schaut nach, ob ihr einfache englische Kinder-, Bilder-, Jugend- oder Sachbücher habt, die in der Mongolei gebraucht werden. Jedes Jahr, von Mai bis Juni, organisiert Bookbridge eine große Spendenaktion. Die Kontaktadresse könnt ihr beim Verlag erfahren. Die Kinder in der Mongolei freuen sich bestimmt über eure Bücherspende. Wer sich genauer über die Arbeit von Bookbridge informieren will, kann Fotos und Videos erhalten.

Stelle dir folgende Fragen und schreibe in dein Lerntagebuch:
- Wie schätze ich mich beim Lesen ein? Male ☺ 😐 ☹.
- Welchen Text konnte ich flüssig lesen? Wem lese ich den Text vor?
- Welchen Text habe ich gut verstanden? Worum geht es darin?
- Welche schwierigen Wörter oder Textstellen möchte ich noch üben?

Lerntagebuch → S. 197 Lesen trainieren → S. 203 15

Kompetenzbereiche

Texte verstehen / Umgangsformen mit Texten

Inhalt und Thematik

Die Doppelseite des Lesebuchs ist der Hilfsorganisation Bookbridge gewidmet, die sich zum Ziel gesetzt hat, dem Mangel an Schulbüchern in der Mongolei und anderswo entgegenzutreten. Der Text gibt auf Lesestufe 1, 2 und 3 einen Überblick über den Beginn, das Anliegen und die Aktionen dieser als gemeinnützig anerkannten Stiftung.

Die Idee, benachteiligte Schulkinder in Entwicklungsländern so gut wie möglich mit Lernmaterial auszustatten, entstand durch gegenseitige Besuche einer deutschen und einer mongolischen Pfadfindergruppe. Die Pfadfindergruppe aus Neumark in der Oberpfalz bemerkte in der Mongolei einen immensen Mangel an Schulbüchern in englischer Sprache, die mongolische Gruppe lernte beim Gegenbesuch die Schulverhältnisse in Deutschland kennen. Es wurde die Idee geboren, nicht mehr benutzte Bücher in englischer Sprache von hier in die Mongolei zu bringen, wo sie dringend benötigt werden. Wie bei uns ist es ebenfalls in der Mongolei wichtig, die internationale Sprache Englisch zu lernen.

Bookbridge wird von vielen Seiten unterstützt, auch vom Mildenberger Verlag. Wesentlich ist die Mithilfe vieler deutscher bzw. europäischer Schüler beim Sammeln englischsprachiger Bücher zur Ausstattung von Schulen und Bibliotheken nicht nur in der Mongolei, sondern inzwischen auch in Kambodscha.

Ausführliche Informationen gibt es im Internet über die angegebene Kontaktadresse: www.mildenberger-verlag.de/bookbridge

Hinweise zum Unterricht

Die Verbesserung der Lesefähigkeit steht im Fokus. Jedes Kind kann entsprechend seines Lernstands ein passendes Leseangebot aus den drei Texten auswählen. Das Anforderungsniveau der Texte ist auf den Seiten zum Lesetraining mit einem Punktesystem markiert:

- • Stufe 1: Mindeststandard
- •• Stufe 2: Regelstandard
- ••• Stufe 3: Expertenstandard

Durch eine größere Schrift sowie die zweifarbige Kennzeichnung der einzelnen Silben im Text auf Lesestufe 1 werden die Kinder beim Lesen unterstützt.

Wer auf Lesestufe 1 bzw. 2 liest, kann durch nachhaltiges Üben dazu angeregt und motiviert werden, auch die nächste Lesestufe zu bewältigen.

Ein Lerntagebuch bzw. Lerngespräch mit den Schülern dient dazu, die Selbstreflexion der Kinder über ihre Lernprozesse anzuregen und Gedanken, Erfolge und Schwierigkeiten beim Lesen und Vorlesen der Texte (schriftlich) festzuhalten. Die Fragen unterhalb des Textes auf Lesestufe 3 geben den Kindern Impulse, Eintragungen in ihrem Lerntagebuch vorzunehmen. Hilfen zum Führen eines Lerntagebuchs werden im Lesebuch, Werkstatt-Teil, Seite 197 angeboten.

Weitere Anregungen zum Einsatz der Lesetraining-Seiten finden Sie im Handbuch, Seite 15 ff.

Arbeitsheft / Kopiervorlage

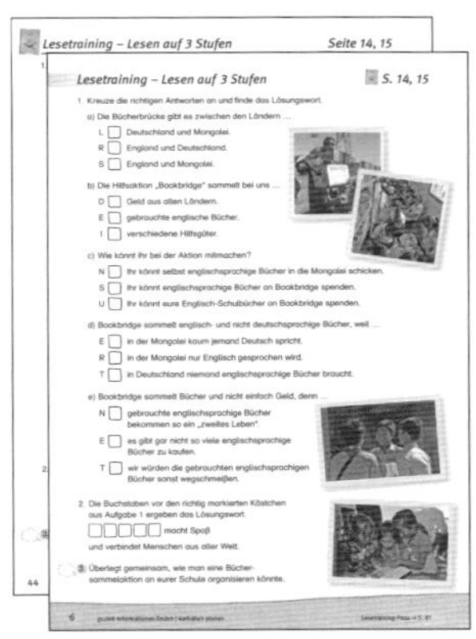

Lesetraining – Lesen auf 3 Stufen Seite 14, 15

Lesetraining – Lesen auf 3 Stufen S. 14, 15

AH LB S. 6
KV 9
Lösungen S. 279

Lesetraining – Lesen auf 3 Stufen

Das Arbeitsblatt fragt mittels Multiple-Choice Informationen aus dem Text ab.
Nach einem zweiten Lesen des Textes kann das Arbeitsblatt als selbstständige Verständniskontrolle bearbeitet werden.

Lösungswort: LESEN

1. Kreuze die richtigen Antworten an und finde das Lösungswort.

a) Die Bücherbrücke gibt es zwischen den Ländern …

- L ☐ Deutschland und Mongolei.
- R ☐ England und Deutschland.
- S ☐ England und Mongolei.

b) Die Hilfsaktion „Bookbridge“ sammelt bei uns …

- D ☐ Geld aus allen Ländern.
- E ☐ gebrauchte englische Bücher.
- I ☐ verschiedene Hilfsgüter.

c) Wie könnt ihr bei der Aktion mitmachen?

- N ☐ Ihr könnt selbst englischsprachige Bücher in die Mongolei schicken.
- S ☐ Ihr könnt englischsprachige Bücher an Bookbridge spenden.
- U ☐ Ihr könnt eure Englisch-Schulbücher an Bookbridge spenden.

d) Bookbridge sammelt englisch- und nicht deutschsprachige Bücher, weil …

- E ☐ in der Mongolei kaum jemand Deutsch spricht.
- R ☐ in der Mongolei nur Englisch gesprochen wird.
- T ☐ in Deutschland niemand englischsprachige Bücher braucht.

e) Bookbridge sammelt Bücher und nicht einfach Geld, denn …

- N ☐ gebrauchte englischsprachige Bücher bekommen so ein „zweites Leben“.
- E ☐ es gibt gar nicht so viele englischsprachige Bücher zu kaufen.
- T ☐ wir würden die gebrauchten englischsprachigen Bücher sonst wegschmeißen.

2. Die Buchstaben vor den richtig markierten Kästchen aus Aufgabe 1 ergeben das Lösungswort.

☐☐☐☐☐ macht Spaß

und verbindet Menschen aus aller Welt.

3. Überlegt gemeinsam, wie man eine Büchersammelaktion an eurer Schule organisieren könnte.

II. 2. Wetter, Wasser, Wind

LB-Seite	Text	Autor	HB-Seite	Kopiervorlagen
18	Bauernregeln zum Wetter		45	KV 10
19	Das Wasser	James Krüss	47	KV 11
20	Heiliges Wasser		49	KV 12 a/b
22	Hilfe! Wir versinken im Meer!	nach Ansbert Kneip	52	KV 13, 14 a/b
24	Klimawandel		56	KV 15
26	Geschichte vom Wind	Josef Guggenmos	58	KV 16
27	Der fliegende Robert	Heinrich Hoffmann	60	KV 17 a/b
28	Lesetraining – Lesen auf 3 Stufen		63	KV 18

Illustrationen

Kopiervorlagen:	Heike Treiber, 79199 Kirchzarten
Lesebuch Seite 18, 19:	Achim Schulte, 44263 Dortmund
Lesebuch Seite 24, 26, 27:	Christiane Ruth Franke, 8071 Grambach, Österreich

Bildquellen

KV 18, Seite 64:	Sturmschaden (1 und 2) © Swen Pförtner – picture alliance / dpa; Sturmschaden (3) © Stefan Rampfel – picture alliance / dpa

Kompetenzbereiche

Texte verstehen / Umgangsformen mit Texten

Inhalt und Thematik

Der Ertrag in der Landwirtschaft war und ist wesentlich vom Wetter abhängig. In Zeiten vor wissenschaftlichen Wettervorhersagen waren Bauernregeln eine Weitergabe von langjähriger Erfahrung mit verschiedenen Wetterverhältnissen und deren Wirkung auf Saat, Wachstum und Ernte. Sie beziehen sich auf bestimmte Tage, Wochen, Monate oder Jahreszeiten. Oft gilt das Verhalten von Tieren sowie das Erscheinungsbild von Pflanzen als Vorzeichen für künftiges Wetter.

Der Wahrheitsgehalt von Bauernregeln wird angezweifelt und auch belächelt wie im bekannten Spruch vom Hahn auf dem Mist. Jedoch gibt es Untersuchungen, die manche der Voraussagen bestätigen, weil sie Wetterlagen widerspiegeln, die meteorologisch bewiesen sind.

Nicht immer sind Bauernregeln Wetterprophezeiungen. In manchen wird das jeweilige Wetter nur konstatiert oder je nach Gefallen oder Missfallen kommentiert. Sie sind oft gereimt und ihre Aussage wird in einem Bild übermittelt.

Hinweise zum Unterricht

Die Schüler gehen mit bildhafter Sprache um und erkennen Reimwörter. Vielleicht kann die eine oder andere Bauernregel für diese oder jene Region durch Schüler bestätigt werden.

⇢ Fragen zum Text: LB-Seite 30

Arbeitsheft / Kopiervorlage

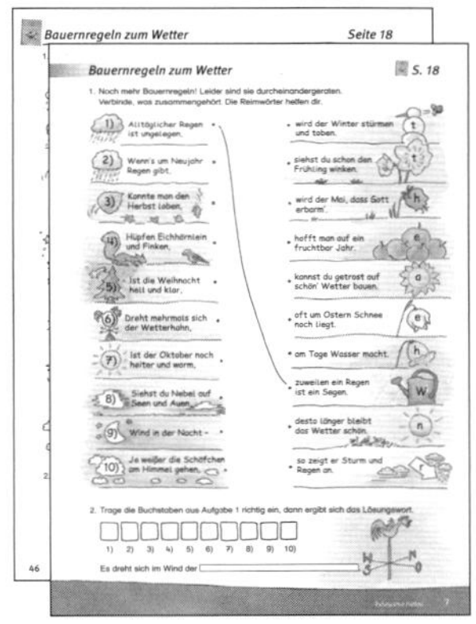

AH LB S. 7
KV 10
Lösungen S. 279

Bauernregeln zum Wetter

Auf dem Arbeitsblatt **Bauernregeln zum Wetter** lernen die Schüler weitere Bauernregeln kennen. Immer zwei Teile werden unter Berücksichtigung eines Reims zu einer Regel verbunden.

Bauernregeln zum Wetter

1. Noch mehr Bauernregeln! Leider sind sie durcheinandergeraten.
   Verbinde, was zusammengehört. Die Reimwörter helfen dir.

1) Alltäglicher Regen ist ungelegen,	wird der Winter stürmen und toben. (t)
2) Wenn's um Neujahr Regen gibt,	siehst du schon den Frühling winken. (t)
3) Konnte man den Herbst loben,	wird der Mai, dass Gott erbarm'. (h)
4) Hüpfen Eichhörnlein und Finken,	hofft man auf ein fruchtbar Jahr. (e)
5) Ist die Weihnacht hell und klar,	kannst du getrost auf schön' Wetter bauen. (a)
6) Dreht mehrmals sich der Wetterhahn,	oft um Ostern Schnee noch liegt. (e)
7) Ist der Oktober noch heiter und warm,	am Tage Wasser macht. (h)
8) Siehst du Nebel auf Seen und Auen,	zuweilen ein Regen ist ein Segen. (w)
9) Wind in der Nacht –	desto länger bleibt das Wetter schön. (n)
10) Je weißer die Schäfchen am Himmel gehen,	so zeigt er Sturm und Regen an. (r)

2. Trage die Buchstaben aus Aufgabe 1 richtig ein, dann ergibt sich das Lösungswort.

1)	2)	3)	4)	5)	6)	7)	8)	9)	10)

Es dreht sich im Wind der ______________.

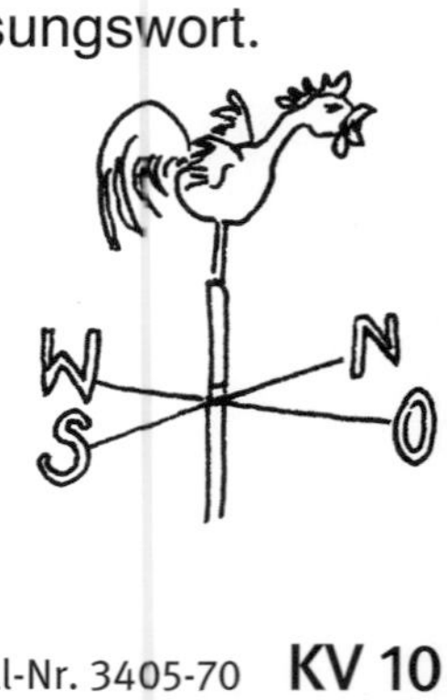

DAS WASSER

Vom Himmel fällt der Regen
und macht die Erde nass,
die Steine auf den Wegen,
die Blumen und das Gras.

Die Sonne macht die Runde
in altgewohntem Lauf
und saugt mit ihrem Munde
das Wasser wieder auf.

Das Wasser steigt zum Himmel
und wallt dort hin und her,
da gibt es ein Gewimmel
von Wolken, grau und schwer.

Die Wolken werden nasser
und brechen auseinand',
und wieder fällt das Wasser
als Regen auf das Land.

Der Regen fällt ins Freie,
und wieder saugt das Licht,
die Wolke wächst aufs Neue,
bis dass sie wieder bricht.

So geht des Wassers Weise:
es fällt, es steigt, es sinkt
in ewig gleichem Kreise,
und alles, alles trinkt!

James Krüss

19

Kompetenzbereiche

Texte verstehen / Umgangsformen mit Texten

Autor

James Krüss, geb. 1926 auf Helgoland, gest. 1997 auf Gran Canaria (Spanien), war ein deutscher Kinder- und Jugendbuchautor.

Inhalt und Thematik

Thema des Gedichts ist der Wasserkreislauf. Er wird in sechs Strophen in Bildern bzw. kleinen Szenen geschildert und ist dadurch gut vorstellbar.

Der Einstieg in den Kreislauf ist in Strophe 1 der Regen, der „vom Himmel fällt". Die Wasserverdunstung durch die Sonne – im Gedicht ist diese personifiziert – folgt in Strophe 2. Danach wird in Strophe 3 die Wolkenbildung dargestellt. Strophe 4 knüpft daran an und schließt den Kreis: Es regnet. In Strophe 5 werden die Bilder des Kreislaufs noch einmal knapp aufgenommen und die ständige Wiederholung des Vorgangs wird betont. Das geschieht noch einmal durch die Verben „fällt, steigt, sinkt" in Strophe 6, zusammen mit dem weiterführenden wichtigen Hinweis auf Wasser als Lebensnotwendigkeit in der Schlusszeile, der durch ein Ausrufezeichen hervorgehoben wird. Der szenenhafte Ausdruck „und alles, alles trinkt!" zeigt die Aufnahmebereitschaft aller Lebewesen – Pflanzen, Tiere, Menschen – und zugleich ihre Abhängigkeit von Wasser.

Hinweise zum Unterricht

Die eingängige Rhythmik der Verse begünstigt das Auswendiglernen ebenso wie der Reim und die Bildhaftigkeit der Strophen. So kann sich auch der Inhalt festigen.

⇢ Fragen zum Text: LB-Seite 30

Kopiervorlage

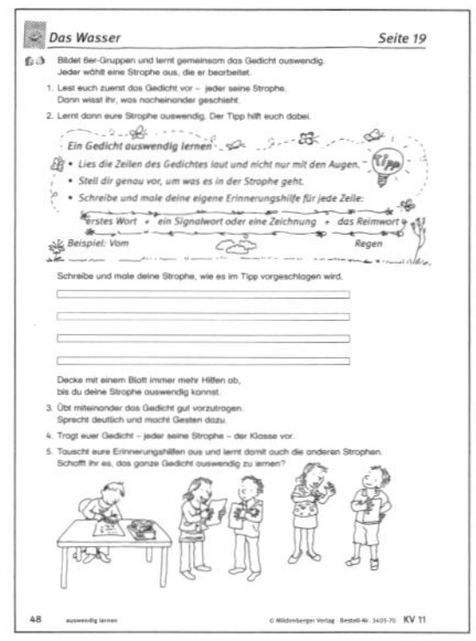
Das Wasser Seite 19

KV 11
Lösungen S. 280

Das Wasser

Das Arbeitsblatt **Das Wasser** leitet die Technik zum Auswendiglernen eines Gedichts an.

Bildet 6er-Gruppen und lernt gemeinsam das Gedicht auswendig.
Jeder wählt eine Strophe aus, die er bearbeitet.

1. Lest euch zuerst das Gedicht vor – jeder seine Strophe.
   Dann wisst ihr, was nacheinander geschieht.
2. Lernt dann eure Strophe auswendig. Der Tipp hilft euch dabei.

Ein Gedicht auswendig lernen

Tipp

- *Lies die Zeilen des Gedichtes laut und nicht nur mit den Augen.*
- *Stell dir genau vor, um was es in der Strophe geht.*
- *Schreibe und male deine eigene Erinnerungshilfe für jede Zeile:*

erstes Wort + ein Signalwort oder eine Zeichnung + das Reimwort

Beispiel: Vom  *Regen*

Schreibe und male deine Strophe, wie es im Tipp vorgeschlagen wird.

Decke mit einem Blatt immer mehr Hilfen ab,
bis du deine Strophe auswendig kannst.

3. Übt miteinander das Gedicht gut vorzutragen.
   Sprecht deutlich und macht Gesten dazu.
4. Tragt euer Gedicht – jeder seine Strophe – der Klasse vor.
5. Tauscht eure Erinnerungshilfen aus und lernt damit auch die anderen Strophen.
   Schafft ihr es, das ganze Gedicht auswendig zu lernen?

Heiliges Wasser

Seite 20, 21

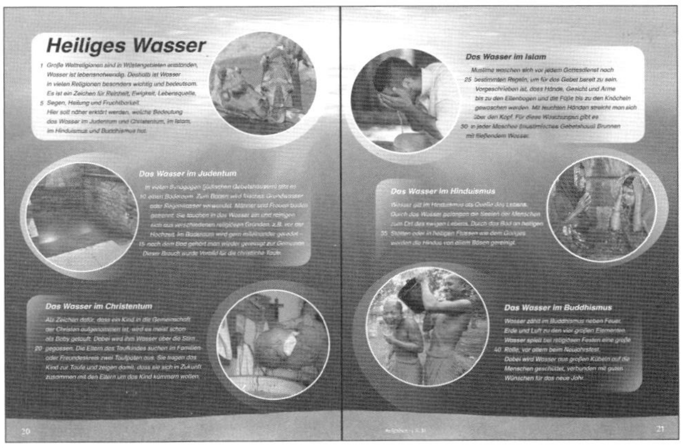

Kompetenzbereiche

Texte verstehen / Umgangsformen mit Texten

Inhalt und Thematik

Der Text befasst sich mit der Bedeutung des Wassers in den großen Religionen der Welt – im Juden- und Christentum, im Islam, im Hinduismus und im Buddhismus. In kurzen Abschnitten wird die Symbolik des Wassers in den verschiedenen Weltreligionen skizziert. Im Judentum dient ein rituelles Bad vor religiösen Anlässen der spirituellen Reinigung. Ausführlich werden das Ritual und die Bedeutung der Taufhandlung im Christentum beschrieben.

Im Islam ist das Wasser Symbol des Lebens und dient der rituellen Reinigung vor Gottesdiensten. Ähnliche Bedeutung hat es im Hinduismus als Quelle des Lebens und im Ritual der Reinigung an heiligen Gewässern. Seine besondere Bedeutung in dieser Religion hat das Wasser als Weg der Seelen der Toten zum nächsten Leben. Im Buddhismus ist das Wasser eines der vier Elemente (Feuer, Wasser, Luft, Erde), die in der Natur existieren. Man spürt es „natürlich" beim Neujahrsfest, wo es nicht nur einer rituellen Reinigung dient, sondern auch in Verbindung mit guten Wünschen für das neue Jahr steht.

Hinweise zum Unterricht

Den Schülern wird die große Bedeutung von Wasser in vielen Religionen bewusst gemacht und erläutert.

···› Fragen zum Text: LB-Seite 31

Arbeitsheft / Kopiervorlagen

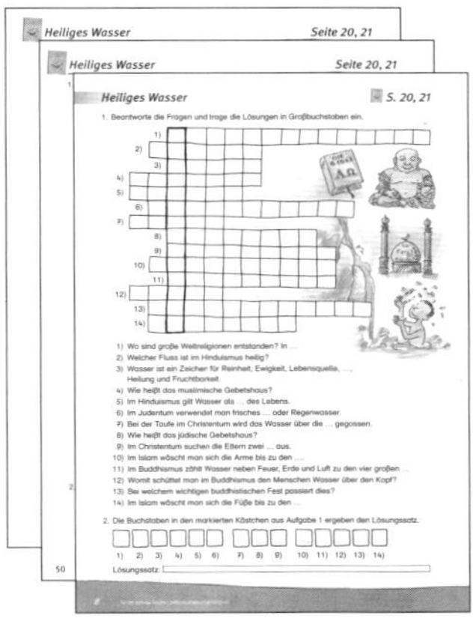

AH LB S. 8
KV 12 a/b
Lösungen S. 280

Heiliges Wasser

Das Wortgitterrätsel auf dem Arbeitsblatt **Heiliges Wasser** fragt die Informationen aus dem Text ab. Es liegt in zwei Schwierigkeitsgraden vor.

Ⓓ In der Variante KV 12 a helfen Zeilenangaben, die fehlenden Informationen zu ergänzen.

Heiliges Wasser

Seite 20, 21

1. Beantworte die Fragen und trage die Lösungen in Großbuchstaben ein.

1) Wo sind große Weltreligionen entstanden? In … (Zeile 1)
2) Welcher Fluss ist im Hinduismus heilig? (Zeile 35)
3) Wasser ist ein Zeichen für Reinheit, Ewigkeit, Lebensquelle, …, Heilung und Fruchtbarkeit. (Zeile 4/5)
4) Wie heißt das muslimische Gebetshaus? (Zeile 30)
5) Im Hinduismus gilt Wasser als … des Lebens. (Zeile 32)
6) Im Judentum verwendet man frisches … oder Regenwasser. (Zeile 10)
7) Bei der Taufe im Christentum wird das Wasser über die … gegossen. (Zeile 19)
8) Wie heißt das jüdische Gebetshaus? (Zeile 9)
9) Im Christentum suchen die Eltern zwei … aus. (Zeile 21)
10) Im Islam wäscht man sich die Arme bis zu den … (Zeile 27)
11) Im Buddhismus zählt Wasser neben Feuer, Erde und Luft zu den vier großen … (Zeile 38)
12) Womit schüttet man im Buddhismus den Menschen Wasser über den Kopf? (Zeile 41)
13) Bei welchem wichtigen buddhistischen Fest passiert dies? (Zeile 40)
14) Im Islam wäscht man sich die Füße bis zu den … (Zeile 27)

2. Die Buchstaben in den markierten Kästchen aus Aufgabe 1 ergeben den Lösungssatz.

☐ ☐ ☐ ☐ ☐ ☐ ☐ ☐ ☐ ☐ ☐ ☐ ☐ ☐ .

1) 2) 3) 4) 5) 6) 7) 8) 9) 10) 11) 12) 13) 14)

Lösungssatz: ______________________________

1. Beantworte die Fragen und trage die Lösungen in Großbuchstaben ein.

1) Wo sind große Weltreligionen entstanden? In …
2) Welcher Fluss ist im Hinduismus heilig?
3) Wasser ist ein Zeichen für Reinheit, Ewigkeit, Lebensquelle, …, Heilung und Fruchtbarkeit.
4) Wie heißt das muslimische Gebetshaus?
5) Im Hinduismus gilt Wasser als … des Lebens.
6) Im Judentum verwendet man frisches … oder Regenwasser.
7) Bei der Taufe im Christentum wird das Wasser über die … gegossen.
8) Wie heißt das jüdische Gebetshaus?
9) Im Christentum suchen die Eltern zwei … aus.
10) Im Islam wäscht man sich die Arme bis zu den ….
11) Im Buddhismus zählt Wasser neben Feuer, Erde und Luft zu den vier großen …
12) Womit schüttet man im Buddhismus den Menschen Wasser über den Kopf?
13) Bei welchem wichtigen buddhistischen Fest passiert dies?
14) Im Islam wäscht man sich die Füße bis zu den …

2. Die Buchstaben in den markierten Kästchen aus Aufgabe 1 ergeben den Lösungssatz.

1)	2)	3)	4)	5)	6)		7)	8)	9)		10)	11)	12)	13)	14)
															.

Lösungssatz: ______________________________

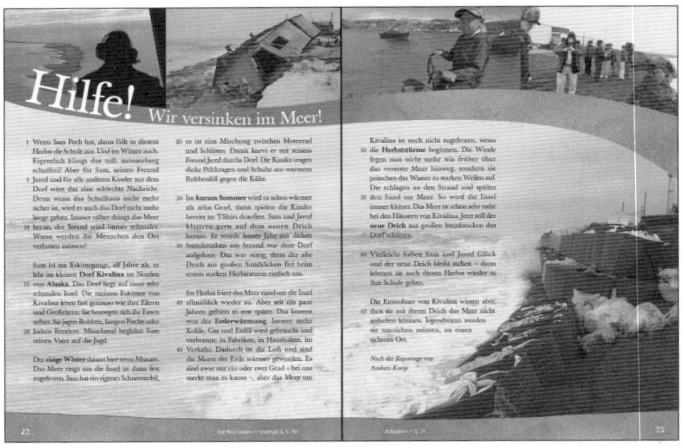

Kompetenzbereiche

Texte verstehen / Umgangsformen mit Texten

Quelle

„Dein Spiegel“, 1. September 2009, Reportage von Ansbert Kneip, gekürzt

Inhalt und Thematik

Der Artikel im Kindermagazin „Dein Spiegel“ beschreibt eine Folge des Klimawandels an einem konkreten Beispiel: die Erosion des Barriere-Riffs im Norden von Alaska, auf dem das Dorf Kivalina liegt.

Um das Problem für Kinder nachvollziehbar zu machen, steht zunächst Sam, ein Eskimojunge, im Vordergrund. Seine Schule droht im Meer zu versinken. Diese für die meisten Schüler erfreuliche Aussicht bedeutet für Sam und alle Dorfbewohner das Gegenteil, nämlich die Befürchtung, dass dann auch das Dorf aufgegeben werden muss und eine ungewisse Zukunft bevorsteht.

Dieser pointierten Vorstellung der Problematik folgen Informationen zur Lage des Dorfes, zum traditionellen Leben der Eskimos dort und zu dem, was in Sams täglichem Leben anders ist als bei uns (eigenes Schneemobil, T-Shirt bei 10 Grad). Mit dem Hinweis, dass vor Kivalina ein neuer Deich gebaut werden musste, lenkt der Autor den Blick wieder auf das eigentliche Thema, die fortschreitende Erosion der Insel, und schildert den Vorgang. Als Grund für die Erderwärmung wird der erhöhte Energieverbrauch der Industrieländer genannt. Der Text schließt mit zwei ‚Ausblicken‘: mit der Hoffnung, dass der Deich „in diesem Herbst“ halten wird – Sam also weiter in die Schule gehen kann –, und mit der Gewissheit, dass der Klimawandel das Verlassen des Ortes erfordern wird.

Hinweise zum Unterricht

Die Schüler erhalten Informationen zu einem wesentlichen Umweltproblem. Von der dargestellten Folge des Klimawandels ist hierzulande wenig zu bemerken. Die tiefgreifenden Veränderungen anderrorts werden dadurch nachvollziehbar, dass die Schüler einen Einblick in das Leben eines betroffenen Kindes erhalten.

Tipp 3

Lesetipp 3 – Stichwörter notieren
Lies den Text erst einmal ganz durch. Wenn du etwas nicht verstehst, frage danach. Schreibe erst beim zweiten Lesen Stichwörter untereinander auf. Denke dabei an die Fragen: **Was** geschieht, **wer** macht **was**, **wann**, **wo**, **wie** und **warum**?

··› Fragen zum Text: LB-Seite 31

Arbeitsheft / Kopiervorlagen

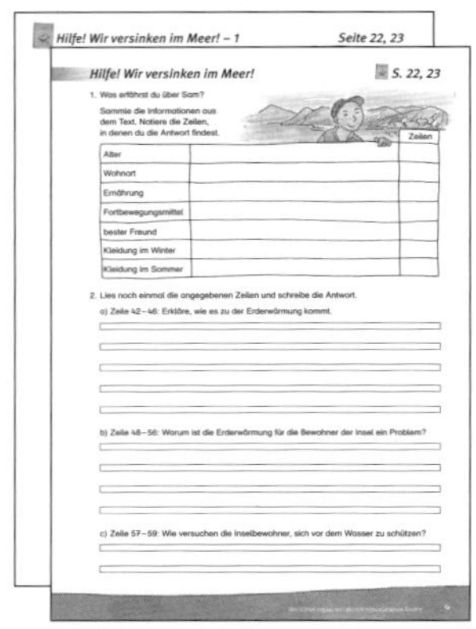

AH LB S. 9
KV 13
Lösungen S. 281

Hilfe! Wir versinken im Meer! – 1

Auf dem Arbeitsblatt **Hilfe! Wir versinken im Meer! – 1** werden Informationen aus dem Text tabellarisch zusammengefasst und in eigenen Worten wiedergegeben.

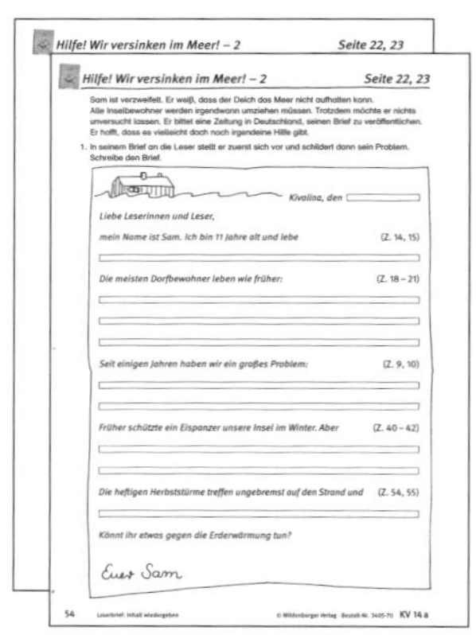

KV 14 a/b
Lösungen S. 281, 282

Hilfe! Wir versinken im Meer! – 2

Auf dem Arbeitsblatt **Hilfe! Wir versinken im Meer! – 2** fassen die Kinder aus der Perspektive des Jungen Sam die Ereignisse in Form eines fingierten Leserbriefes zusammen. Das Arbeitsblatt liegt in zwei Schwierigkeitsgraden vor.

Ⓓ In der Variante KV 14 a sind Satzbausteine und Zeilenangaben vorgegeben.

Hilfe! Wir versinken im Meer! – 1

1. Was erfährst du über Sam?

   Sammle die Informationen aus dem Text. Notiere die Zeilen, in denen du die Antwort findest.

		Zeilen
Alter		
Wohnort		
Ernährung		
Fortbewegungsmittel		
bester Freund		
Kleidung im Winter		
Kleidung im Sommer		

2. Lies noch einmal die angegebenen Zeilen und schreibe die Antwort.

   a) Zeile 42–46: Erkläre, wie es zu der Erderwärmung kommt.

   b) Zeile 48–56: Warum ist die Erderwärmung für die Bewohner der Insel ein Problem?

   c) Zeile 57–59: Wie versuchen die Inselbewohner, sich vor dem Wasser zu schützen?

Sam ist verzweifelt. Er weiß, dass der Deich das Meer nicht aufhalten kann. Alle Inselbewohner werden irgendwann umziehen müssen. Trotzdem möchte er nichts unversucht lassen. Er bittet eine Zeitung in Deutschland, seinen Brief zu veröffentlichen. Er hofft, dass es vielleicht doch noch irgendeine Hilfe gibt.

1. In seinem Brief an die Leser stellt er zuerst sich vor und schildert dann sein Problem. Schreibe den Brief.

Kivalina, den

Liebe Leserinnen und Leser,

mein Name ist Sam. Ich bin 11 Jahre alt und lebe (Z. 14, 15)

Die meisten Dorfbewohner leben wie früher: (Z. 18 – 21)

Seit einigen Jahren haben wir ein großes Problem: (Z. 9, 10)

Früher schützte ein Eispanzer unsere Insel im Winter. Aber (Z. 40 – 42)

Die heftigen Herbststürme treffen ungebremst auf den Strand und (Z. 54, 55)

Könnt ihr etwas gegen die Erderwärmung tun?

Euer Sam

Hilfe! Wir versinken im Meer! – 2 Seite 22, 23

Sam ist verzweifelt. Er weiß, dass der Deich das Meer nicht aufhalten kann. Alle Inselbewohner werden irgendwann umziehen müssen. Trotzdem möchte er nichts unversucht lassen. Er bittet eine Zeitung in Deutschland, seinen Brief zu veröffentlichen. Er hofft, dass es vielleicht doch noch irgendeine Hilfe gibt.

1. In seinem Brief an die Leser stellt er zuerst sich vor und schildert dann sein Problem. Schreibe den Brief.

Kivalina, den ____________

Liebe Leserinnen und Leser,

mein Name ist Sam.

Euer Sam

  · Bestell-Nr. 3405-70

Kompetenzbereiche

Texte verstehen / Umgangsformen mit Texten

Inhalt und Thematik

In dem Text wird der Zusammenhang zwischen Klimawandel und Treibhausgasen hergestellt. Es wird aber auch klargestellt, dass es Treibhausgase schon immer gab und diese natürlich entstehen, z. B. bei Waldbränden oder Vulkanausbrüchen. Die von Menschen gemachten Treibhausgase gibt es erst seit etwa hundert Jahren. Sie entstehen beim Verbrennen von fossilen Brennstoffen.

Der Einleitungstext informiert über die Folgen, die eine fortschreitende Erwärmung der Erde haben kann.

Rechts auf der Doppelseite lassen sich hilfreiche Tipps finden, wie man selbst zum Klimaschutz beitragen kann:

- Energiesparlampen oder besser noch LED-Lampen statt Glühbirnen verwenden;
- statt mit dem Auto der Eltern zu Fuß, mit dem Schulbus oder dem Fahrrad zur Schule;
- Pausenbrot in einer Dose statt in Alufolie;
- Ferienreisen mit der Bahn statt mit dem Flugzeug;
- weniger Fleisch und Wurst – mehr Gemüse essen;
- eigene Trinkflasche statt Trinkpacks, Wegwerfflaschen und Dosen;
- Licht bei längerem Verlassen des Zimmers löschen;
- Fernseher / Audioanlage nicht auf Stand-by belassen;
- Ausflüge zu Fuß / mit dem Fahrrad statt mit dem Auto

Hinweise zum Unterricht

Die Schüler erhalten Informationen zu einem wesentlichen Umweltproblem und so auch Hintergrundinformationen zu dem vorangegangenen Lesebuch-Text „Hilfe! Wir versinken im Meer!“. Die verschiedenen Auswirkungen des Klimawandels und der Erderwärmung können so gut in Kontext gebracht werden.

Der Text bietet darüber hinaus aber auch Perspektiven, wie die Kinder selbst zum Klimaschutz beitragen können. Gemeinsam sollte über weitere Schritte nachgedacht werden.

··➤ Fragen zum Text: LB-Seite 32

Arbeitsheft / Kopiervorlage

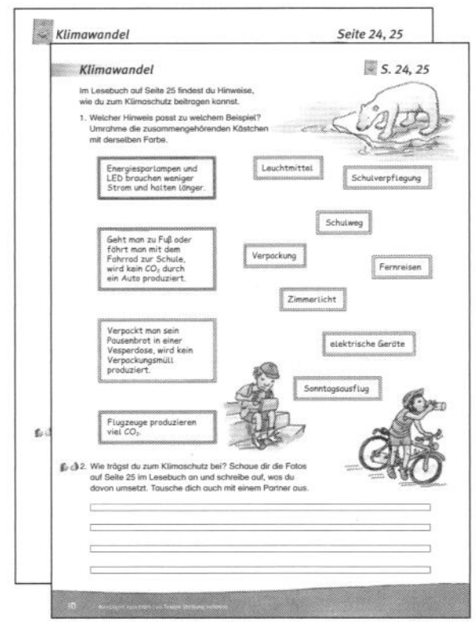

AH LB S. 10
KV 15
Lösungen S. 282

Klimawandel

Mit dem Arbeitsblatt **Klimawandel** setzen sich die Schüler aktiv damit auseinander, wie sie zum Klimaschutz beitragen können. Sie ordnen Hinweise zum Klimaschutz einzelnen Beispielen zu.

Darüber hinaus formulieren sie eigene Vorsätze und tauschen sich mit einem Partner über Handlungsmöglichkeiten aus.

Im Lesebuch auf Seite 25 findest du Hinweise, wie du zum Klimaschutz beitragen kannst.

1. Welcher Hinweis passt zu welchem Beispiel? Umrahme die zusammengehörenden Kästchen mit derselben Farbe.

rot

Energiesparlampen und LED brauchen weniger Strom und halten länger.

Leuchtmittel

Schulverpflegung

blau

Geht man zu Fuß oder fährt man mit dem Fahrrad zur Schule, wird kein CO_2 durch ein Auto produziert.

Schulweg

Verpackung

Fernreisen

Zimmerlicht

gelb

Verpackt man sein Pausenbrot in einer Aludose, wird kein Verpackungsmüll produziert.

elektrische Geräte

Sonntagsausflüge

grün

Flugzeuge produzieren viel CO_2.

2. Wie trägst du zum Klimaschutz bei? Schaue dir die Fotos auf Seite 25 im Lesebuch an und schreibe auf, was du davon umsetzt. Tausche dich auch mit einem Partner aus.

Geschichte vom Wind — Seite 26

Kompetenzbereiche

Texte verstehen / Umgangsformen mit Texten

Autor

Josef Guggenmos, geb. 1922 in Irsee / Allgäu, gest. 2003 ebd., war ein bekannter deutscher Lyriker und Autor von Kinderbüchern.

Inhalt und Thematik

Das Gedicht schildert, wie ein Sturm in der Nacht über einen Ort fegt. Am Abend davor ist noch nichts davon zu bemerken, am nächsten Morgen ist er schon vorbei.

Aus einem abendlichen Hauch entwickelt sich ein heftiger Wind und schließlich ein Sturm. Seine Gewalt ist so groß, „dass jeder erwacht" (Zeile 11). Bis zu dieser Zeile beschreibt ein Erzähler den Vorgang. Jetzt treten diejenigen in Szene, die den Sturm unmittelbar erleben: die Linden, die Eulen, der Wetterhahn. Die Bäume klagen über seine Gewalt, die Vögel sind erstaunt und vorsichtig, das Gerät „kreischt" vor Vergnügen. Dann informiert der Erzähler über die Dauer des Sturmes und über den Schaden, den er angerichtet hat. Am Morgen ist alles vorbei und ein Seemann registriert nur „eine leichte Brise".

Die lautmalerische und bildhafte Darstellung macht das Gedicht lebendig und spannend. Die humorvolle und ungewöhnliche Perspektive durch die Personifizierung der Linden, der Eulen und des Wetterhahns steigert die Aufmerksamkeit und Vorstellungskraft des Lesers.

Hinweise zum Unterricht

Es bietet sich an, das Gedicht in Rollen vorzutragen. Auf die Reime kann spielerisch eingegangen werden. Die lautmalerischen Verben laden dazu ein, in weiteren Situationen verwendet zu werden.

⇢ Fragen zum Text: LB-Seite 32

Arbeitsheft / Kopiervorlage

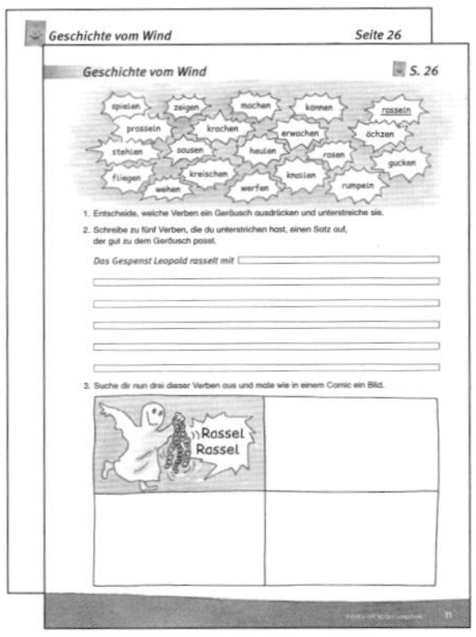

AH LB S. 11
KV 16
Lösungen S. 283

Geschichte vom WInd

Auf dem Arbeitsblatt **Geschichte vom Wind** wird die lautmalerische Komponente des Textes herausgearbeitet und um weitere Beispiele ergänzt: Welche Verben drücken Geräusche aus? Jeweils ein passender Satz wird zu fünf Geräusch-Verben geschrieben. Außerdem wird ein ein Comicbild gezeichnet, das die akustische Situation widerspiegelt.

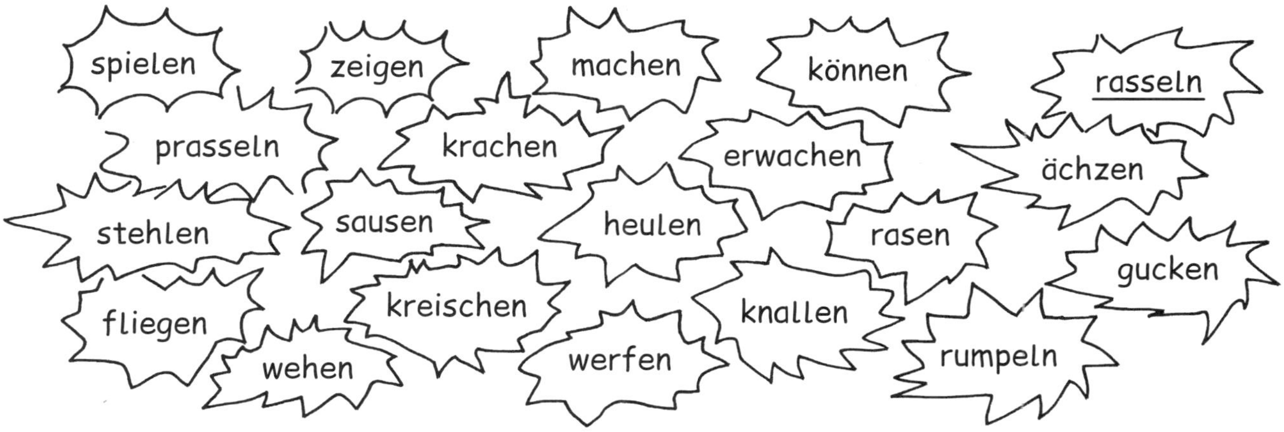

1. Entscheide, welche Verben ein Geräusch ausdrücken und unterstreiche sie.
2. Schreibe zu fünf Verben, die du unterstrichen hast, einen Satz auf, der gut zu dem Geräusch passt.

Das Gespenst Leopold rasselt mit ______________________

____

____

____

____

____

3. Suche dir nun drei dieser Verben aus und male wie in einem Comic ein Bild.

Kompetenzbereiche

Texte verstehen / Umgangsformen mit Texten

Autor

Dr. Heinrich Hoffmann, geb. 1809 in Frankfurt am Main, gest. 1894 ebd., war Arzt und Psychiater, Lyriker und Kinderbuchautor unter verschiedenen Pseudonymen. Er schrieb und illustrierte u. a. das Kinderbuch „Der Struwwelpeter“, dem das Gedicht entnommen ist.

Inhalt und Thematik

Der Text warnt davor, mit Gegebenheiten der Natur allzu spielerisch umzugehen und mögliche Gefahren aus Spontaneität und Abenteuerlust zu missachten.

Den Jungen Robert verlockt es, sich bei gefahrvollem Wetter draußen aufzuhalten. Er sucht das Abenteuer, den „Kick“, während die anderen Kinder im Schutz des Hauses bleiben. Vergnüglich und harmlos beginnt sein Unternehmen. Geschützt vom Schirm in der Hand genießt er die unmittelbare Natur und patscht auf dem durchnässten Feld herum. Dann aber, plötzlich und unerwartet, zeigt die Natur ihre Macht und der Junge ist ihr ausgeliefert. Der Wind erfasst seinen Schirm und trägt beide weit fort. Wie das Ereignis ausgeht, ist ungewiss. Das Bild von einem Kind, das mit seinem Schirm weggeweht wird, reicht ins Märchenhafte. Der Vorgang ist grausam konsequent, wird aber über das Schicksal des Hutes (Zeile 19, 20) auch humorvoll geschildert. So kann die „Lehre“ des Gedichts eher angenommen werden.

Hinweise zum Unterricht

Die Warnung davor, sich in der Natur unbedacht und sorglos zu verhalten, sollte in der Klasse thematisiert werden, aber nicht zur Verängstigung führen. Der Umgang mit dem Text in einer kreativen Aufgabe (Fantasie-Aufsatz) kann das Ziel erfüllen.

⇢ Fragen zum Text: LB-Seite 33

Arbeitsheft / Kopiervorlagen

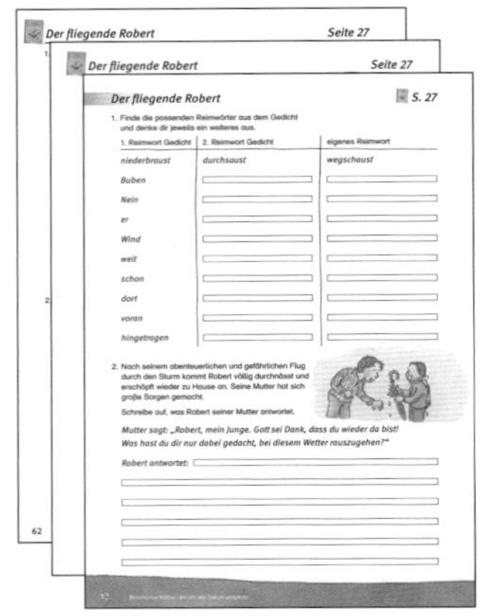

AH LB S. 12
KV 17 a / b
Lösungen S. 283

Der fliegende Robert

Das Arbeitsblatt **Der fliegende Robert** legt den Fokus auf die Reimwörter des Gedichts unter Berücksichtigung eigener, möglicher Reimwörter.
In der zweiten Aufgabe des Arbeitsblatts versetzt sich der Schüler in die Perspektive des Protagonisten hinein und fasst die Handlung des Gedichts einerseits dialogisch zusammen und schreibt sie andererseits fort.
Das Arbeitsblatt liegt in zwei Schwierigkeitsgraden vor.

Ⓓ In der Variante KV 17 a unterstützt ein vorgegebenes Beispiel bei der Bearbeitung von Aufgabe 1. Der Anfang des Gesprächs hilft den Kindern beim kreativen Umgang des Textes in Aufgabe 2.

Der fliegende Robert

1. Finde die passenden Reimwörter aus dem Gedicht und denke dir jeweils ein weiteres aus.

1. Reimwort Gedicht	2. Reimwort Gedicht	eigenes Reimwort
niederbraust	*durchsaust*	*wegschaust*
Buben		
Nein		
er		
Wind		
weit		
schon		
dort		
voran		
hingetragen		

2. Nach seinem abenteuerlichen und gefährlichen Flug durch den Sturm kommt Robert völlig durchnässt und erschöpft wieder zu Hause an. Seine Mutter hat sich große Sorgen gemacht.

   Schreibe auf, was Robert seiner Mutter antwortet.

Mutter sagt: „Robert, mein Junge. Gott sei Dank, dass du wieder da bist! Was hast du dir nur dabei gedacht, bei diesem Wetter rauszugehen?“

Robert antwortet:

Der fliegende Robert

1. Finde die passenden Reimwörter aus dem Gedicht und denke dir jeweils ein weiteres aus.

1. Reimwort Gedicht	2. Reimwort Gedicht	eigenes Reimwort
niederbraust		
Buben		
Nein		
er		
Wind		
weit		
schon		
dort		
voran		
hingetragen		

2. Nach seinem abenteuerlichen und gefährlichen Flug durch den Sturm kommt Robert völlig durchnässt und erschöpft wieder zu Hause an. Seine Mutter hat sich große Sorgen gemacht.

   Schreibe auf, was Robert seiner Mutter antwortet.

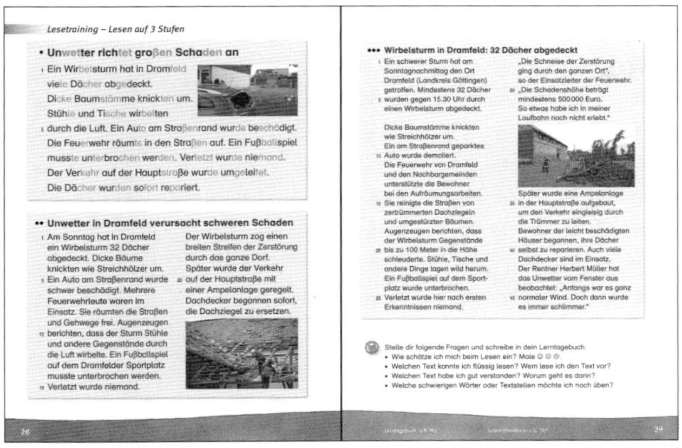

Lesetraining – Lesen auf 3 Stufen

• Unwetter richtet großen Schaden an

Ein Wirbelsturm hat in Dramfeld viele Dächer abgedeckt. Dicke Baumstämme knickten um. Stühle und Tische wirbelten durch die Luft. Ein Auto am Straßenrand wurde beschädigt. Die Feuerwehr räumte in den Straßen auf. Ein Fußballspiel musste unterbrochen werden. Verletzt wurde niemand. Der Verkehr auf der Hauptstraße wurde umgeleitet. Die Dächer wurden sofort repariert.

•• Unwetter in Dramfeld verursacht schweren Schaden

Am Sonntag hat in Dramfeld ein Wirbelsturm 32 Dächer abgedeckt. Dicke Bäume knickten wie Streichhölzer um. Ein Auto am Straßenrand wurde schwer beschädigt. Mehrere Feuerwehrleute waren im Einsatz. Sie räumten die Straßen und Gehwege frei. Augenzeugen berichten, dass der Sturm Stühle und andere Gegenstände durch die Luft wirbelte. Ein Fußballspiel auf dem Dramfelder Sportplatz musste unterbrochen werden. Verletzt wurde niemand. Der Wirbelsturm zog einen breiten Streifen der Zerstörung durch das ganze Dorf. Später wurde der Verkehr auf der Hauptstraße mit einer Ampelanlage geregelt. Dachdecker begannen sofort, die Dachziegel zu ersetzen.

26

••• Wirbelsturm in Dramfeld: 32 Dächer abgedeckt

Ein schwerer Sturm hat am Sonntagnachmittag den Ort Dramfeld (Landkreis Göttingen) getroffen. Mindestens 32 Dächer wurden gegen 15.30 Uhr durch einen Wirbelsturm abgedeckt.

Dicke Baumstämme knickten wie Streichhölzer um. Ein am Straßenrand geparktes Auto wurde demoliert. Die Feuerwehr von Dramfeld und den Nachbargemeinden unterstützte die Bewohner bei den Aufräumungsarbeiten. Sie reinigte die Straßen von zertrümmerten Dachziegeln und umgestürzten Bäumen. Augenzeugen berichten, dass der Wirbelsturm Gegenstände bis zu 100 Meter in die Höhe schleuderte. Stühle, Tische und andere Dinge lagen wild herum. Ein Fußballspiel auf dem Sportplatz wurde unterbrochen. Verletzt wurde hier nach ersten Erkenntnissen niemand. „Die Schneise der Zerstörung ging durch den ganzen Ort", so der Einsatzleiter der Feuerwehr. „Die Schadenshöhe beträgt mindestens 500 000 Euro. So etwas habe ich in meiner Laufbahn noch nicht erlebt."

Später wurde eine Ampelanlage in der Hauptstraße aufgebaut, um den Verkehr eingleisig durch die Trümmer zu leiten. Bewohner der leicht beschädigten Häuser begannen, ihre Dächer selbst zu reparieren. Auch viele Dachdecker sind im Einsatz. Der Rentner Herbert Müller hat das Unwetter vom Fenster aus beobachtet: „Anfangs war es ganz normaler Wind. Doch dann wurde es immer schlimmer."

Stelle dir folgende Fragen und schreibe in dein Lerntagebuch:
- Wie schätze ich mich beim Lesen ein? Male ☺ 😐 ☹.
- Welchen Text konnte ich flüssig lesen? Wem lese ich den Text vor?
- Welchen Text habe ich gut verstanden? Worum geht es darin?
- Welche schwierigen Wörter oder Textstellen möchte ich noch üben?

29

Kompetenzbereiche

Texte verstehen / Umgangsformen mit Texten

Inhalt und Thematik

Die Themen des Kapitels handeln von verschiedenen Aspekten des Wetters und Klimas. Vor diesem Hintergrund ist die Doppelseite des Lesebuchs einem Zeitungsartikel über ein Unwetter gewidmet.

Den Schülern werden bei ihrer Lektüre die Auswirkungen eines Wirbelsturms deutlich vor Augen geführt: Viele Dächer werden abgedeckt, dicke Baumstämme knicken um, Stühle und Tische wirbeln durch die Luft, ein Auto am Straßenrand wird beschädigt. Sogar ein Fußballspiel muss unterbrochen werden.

Der Sturm zieht einen solchen Streifen der Zerstörung durch das ganze Dorf, dass ein erheblicher Sachschaden entsteht und die anrückende Feuerwehr bei den Aufräumarbeiten alle Hände voll zu tun hat.

Es liegt im Ermessen der einzelnen Lehrkraft, wie ausführlich am Schluss des Kapitels nochmals inhaltlich auf die Zusammenhänge zwischen immer häufigeren Wetterextremen und dem Klimawandel eingegangen wird.

Hinweise zum Unterricht

Die Verbesserung der Lesefähigkeit steht im Fokus. Jedes Kind kann entsprechend seines Lernstands ein passendes Leseangebot aus den drei Texten auswählen. Das Anforderungsniveau der Texte ist auf den Seiten zum Lesetraining mit einem Punktesystem markiert:

- •   Stufe 1: Mindeststandard
- •• Stufe 2: Regelstandard
- ••• Stufe 3: Expertenstandard

Durch eine größere Schrift sowie die zweifarbige Kennzeichnung der einzelnen Silben im Text auf Lesestufe 1 werden die Kinder beim Lesen unterstützt.

Wer auf Lesestufe 1 bzw. 2 liest, kann durch nachhaltiges Üben dazu angeregt und motiviert werden, auch die nächste Lesestufe zu bewältigen.

Ein Lerntagebuch bzw. Lerngespräch mit den Schülern dient dazu, die Selbstreflexion der Kinder über ihre Lernprozesse anzuregen und Gedanken, Erfolge und Schwierigkeiten beim Lesen und Vorlesen der Texte (schriftlich) festzuhalten. Die Fragen unterhalb des Textes auf Lesestufe 3 geben den Kindern Impulse, Eintragungen in ihrem Lerntagebuch vorzunehmen. Hilfen zum Führen eines Lerntagebuchs werden im Lesebuch, Werkstatt-Teil, Seite 197 angeboten.

Weitere Anregungen zum Einsatz der Lesetraining-Seiten finden Sie im Handbuch, Seite 15 ff.

Arbeitsheft / Kopiervorlage

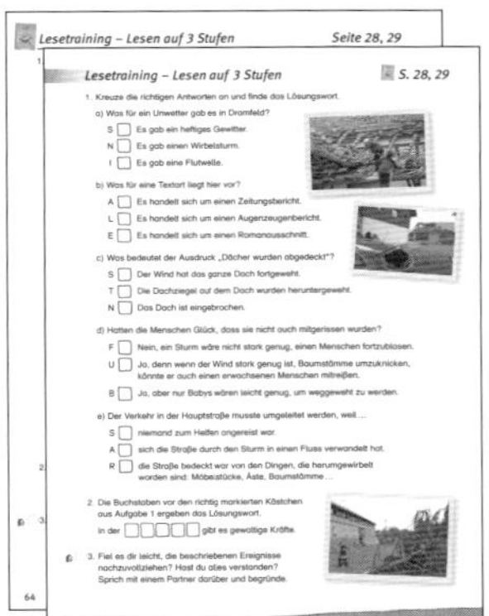

Lesetraining – Lesen auf 3 Stufen Seite 28, 29

Lesetraining – Lesen auf 3 Stufen S. 28, 29

1. Kreuze die richtigen Antworten an und finde das Lösungswort.

a) Was für ein Unwetter gab es in Dramfeld?
- S ☐ Es gab ein heftiges Gewitter.
- N ☐ Es gab einen Wirbelsturm.
- I ☐ Es gab eine Flutwelle.

b) Was für eine Textart liegt hier vor?
- A ☐ Es handelt sich um einen Zeitungsbericht.
- L ☐ Es handelt sich um einen Augenzeugenbericht.
- E ☐ Es handelt sich um einen Romanausschnitt.

c) Was bedeutet der Ausdruck „Dächer wurden abgedeckt"?
- S ☐ Der Wind hat das ganze Dach fortgeweht.
- T ☐ Die Dachziegel auf dem Dach wurden heruntergeweht.
- N ☐ Das Dach ist eingebrochen.

d) Hatten die Menschen Glück, dass sie nicht auch mitgerissen wurden?
- F ☐ Nein, ein Sturm wäre nicht stark genug, einen Menschen fortzublasen.
- U ☐ Ja, denn wenn der Wind stark genug ist, Baumstämme umzuknicken, könnte er auch einen erwachsenen Menschen mitreißen.
- B ☐ Ja, aber nur Babys wären leicht genug, um weggeweht zu werden.

e) Der Verkehr in der Hauptstraße musste umgeleitet werden, weil …
- S ☐ niemand zum Helfen angereist war.
- A ☐ sich die Straße durch den Sturm in einen Fluss verwandelt hat.
- R ☐ die Straße bedeckt war von den Dingen, die herumgewirbelt worden sind: Möbelstücke, Äste, Baumstämme …

2. Die Buchstaben vor den richtig markierten Kästchen aus Aufgabe 1 ergeben das Lösungswort.
In der ☐☐☐☐☐ gibt es gewaltige Kräfte.

3. Fiel es dir leicht, die beschriebenen Ereignisse nachzuvollziehen? Hast du alles verstanden? Sprich mit einem Partner darüber und begründe.

64

13

AH LB S. 13
KV 18
Lösungen S. 284

Lesetraining – Lesen auf 3 Stufen

Das Arbeitsblatt fragt mittels Multiple-Choice Informationen aus dem Text ab.
Nach einem zweiten Lesen des Textes kann das Arbeitsblatt als selbstständige Verständniskontrolle bearbeitet werden.

Lösungswort: NATUR

1. Kreuze die richtigen Antworten an und finde das Lösungswort.

a) Was für ein Unwetter gab es in Dramfeld?

S ☐ Es gab ein heftiges Gewitter.
N ☐ Es gab einen Wirbelsturm.
I ☐ Es gab eine Flutwelle.

b) Was für eine Textart liegt hier vor?

A ☐ Es handelt sich um einen Zeitungsbericht.
L ☐ Es handelt sich um einen Augenzeugenbericht.
E ☐ Es handelt sich um einen Romanausschnitt.

c) Was bedeutet der Ausdruck „Dächer wurden abgedeckt"?

S ☐ Der Wind hat das ganze Dach fortgeweht.
T ☐ Die Dachziegel auf dem Dach wurden heruntergeweht.
N ☐ Das Dach ist eingebrochen.

d) Hatten die Menschen Glück, dass sie nicht auch mitgerissen wurden?

F ☐ Nein, ein Sturm wäre nicht stark genug, einen Menschen fortzublasen.
U ☐ Ja, denn wenn der Wind stark genug ist, Baumstämme umzuknicken, könnte er auch einen erwachsenen Menschen mitreißen.
B ☐ Ja, aber nur Babys wären leicht genug, um weggeweht zu werden.

e) Der Verkehr in der Hauptstraße musste umgeleitet werden, weil …

S ☐ niemand zum Helfen angereist war.
A ☐ sich die Straße durch den Sturm in einen Fluss verwandelt hat.
R ☐ die Straße bedeckt war von den Dingen, die herumgewirbelt worden sind: Möbelstücke, Äste, Baumstämme …

2. Die Buchstaben vor den richtig markierten Kästchen aus Aufgabe 1 ergeben das Lösungswort.

In der ☐☐☐☐☐ gibt es gewaltige Kräfte.

3. Fiel es dir leicht, die beschriebenen Ereignisse nachzuvollziehen? Hast du alles verstanden? Sprich mit einem Partner darüber und begründe.

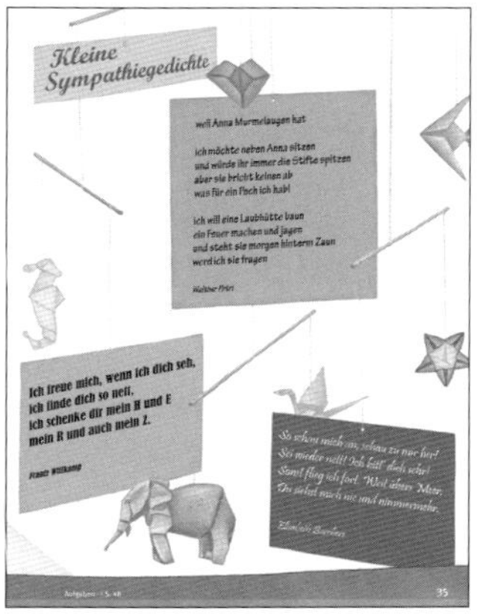

Hinweise zum Unterricht

Da die Gedichte sehr persönliche Erfahrungen widerspiegeln, sind sie nicht für eine ausführliche Besprechung geeignet. Sie können dargestellt oder im persönlichen Kontext der Schüler verwendet werden. Eine Erweiterung des Themas durch andere „Beziehungsgedichte“ (Albumverse) ist gut möglich.

⇢ Fragen zum Text: LB-Seite 48

Kompetenzbereiche

Texte verstehen / Umgangsformen mit Texten

Autor

Walther Petri, geb. 1940 in Leipzig, gest. 2011 in Berlin, war Maler, Grafiker, Bildhauer, Autor und Lyriker.

Frantz Wittkamp, geb. 1943 in Wittenberg, ist Grafiker, Maler und Autor.

Elisabeth Borchers, geb. 1926 in Homberg, Nordrhein-Westfalen, gest. 2013 in Frankfurt am Main, war Schriftstellerin und Übersetzerin.

Inhalt und Thematik

Die kurzen Gedichte wenden sich an ein lieb gewonnenes Gegenüber mit unterschiedlichen Akzenten.

Zum Inhalt des Gedichts „weil Anna Murmelaugen hat“ (Walther Petri) kann man sich gut einen Drittklässler vorstellen, der an eine Mitschülerin denkt, die ihm sehr gefällt und der er näherkommen möchte. Er ist bereit, ihr zu helfen, und bedauert, dass sie seine praktische Hilfe nicht braucht. In Gedanken zählt er auf, was er alles für sie tun würde als männlicher Beschützer. Und er nimmt sich vor, sie anzusprechen. Es ist ein Gedicht vom ersten Verliebtsein.

Das zweite Gedicht (Frantz Wittkamp) äußert eine direkte Zuwendung zu jemandem, den man mag.

Dem dritten Gedicht (Elisabeth Borchers) liegt eine vorausgegangene Störung der Beziehung zugrunde. Es ist der Versuch, eine Versöhnung „mit allen Mitteln“ herbeizuführen. Der Bitte um erneute Zuwendung folgt die romantisch überzeichnete Androhung, sich selbst auf immer zurückzuziehen.

Der Sprung ins Wasser

Kompetenzbereiche

Texte verstehen / Umgangsformen mit Texten

Autor

Anne Maar, geb. 1965 in Stuttgart, ist die Tochter des Kinderbuchautors Paul Maar. Sie arbeitet als Kinderbuchautorin und Theaterregisseurin.

Inhalt und Thematik

Der Text schildert die angstvolle Selbstüberwindung einer Schülerin und wirft die Frage nach echter Freundschaft auf.

Im Schwimmunterricht soll auch Eva vom Dreimeterbrett springen. Sie hat große Angst vor Wasser und zögert, den Sprung zu tun. Ihre Mitschülerinnen, darunter ihre beste Freundin Jessica, fordern sie in herabsetzenden Worten auf, endlich zu springen. Auch die Lehrerin wird ungeduldig. Auf ihren Vorschlag, „dann eben wieder herunterzukommen“, will Eva jedoch nicht eingehen, denn sogar die Unsportlichste der Klasse, Kathrin, die auch von ihr oft gehänselt wird, ist gesprungen. Trotz größter Angst erreicht Eva das Brettende und lässt sich fallen. Sie hat sich überwunden, aber der Sprung ist kein Triumph. Keiner hilft ihr oder lobt sie und sie weiß, dass auch ihre Angst vor Wasser nicht besiegt ist.

Nach dieser Erfahrung wendet sich Eva von ihren bisherigen Freundinnen ab, die sich ihrerseits nicht weiter um sie kümmern. Kathrin jedoch, die nicht zu der bisherigen In-Group gehört, zeigt einfühlsames Verständnis für Eva. Es beginnt eine „echte“ Freundschaft, in der sich die Mädchen ohne Pathos gegenseitige Hilfe versprechen.

Hinweise zum Unterricht

Viele Schüler werden eine „Krisensituation“, wie sie Eva durchmacht, nachvollziehen können und möglicherweise befürchten, selbst einmal allein in aller Schwäche dazustehen, ohne Unterstützung und Ermunterung durch Freunde. Auch die Frage, was echte Freundschaft ausmacht, geht die Schüler etwas an. Der Text fordert zu sozialem Verhalten auf.

⇢ Fragen zum Text: LB-Seite 49

Arbeitsheft / Kopiervorlagen

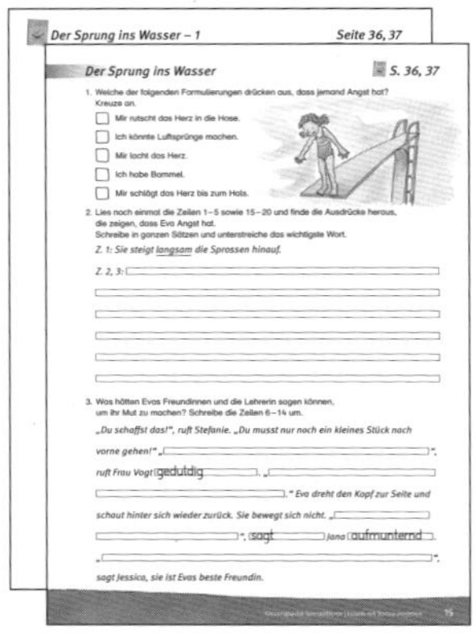

AH LB S. 15
KV 20
Lösungen S. 285

Der Sprung ins Wasser – 1

Das Arbeitsblatt **Der Sprung ins Wasser – 1** beschäftigt sich mit den sprachlichen Mitteln, wie Gefühle ausgedrückt werden können. Die Ereignisse im Schwimmbad werden ins Positive verändert und so die sprachliche Ausgestaltung von Gefühlen weiter geübt.

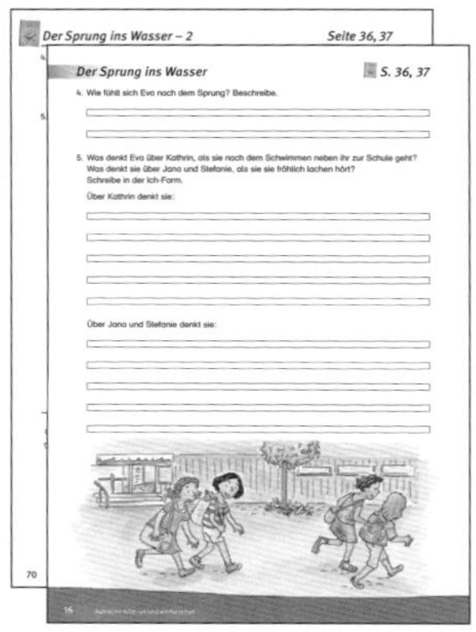

AH LB S. 16
KV 21
Lösungen S. 285

Der Sprung ins Wasser – 2

Auf dem Arbeitsblatt **Der Sprung ins Wasser – 2** werden die Aussagen des Textes mit eigenen Worten wiedergegeben.

1. Welche der folgenden Formulierungen drücken aus, dass jemand Angst hat? Kreuze an.

- [ ] Mir rutscht das Herz in die Hose.
- [ ] Ich könnte Luftsprünge machen.
- [ ] Mir lacht das Herz.
- [ ] Ich habe Bammel.
- [ ] Mir schlägt das Herz bis zum Hals.

2. Lies noch einmal die Zeilen 1–5 sowie 15–20 und finde die Ausdrücke heraus, die zeigen, dass Eva Angst hat. Schreibe in ganzen Sätzen und unterstreiche das wichtigste Wort.

Z. 1: Sie steigt <u>langsam</u> die Sprossen hinauf.

Z. 2, 3: ______________________________

____

____

____

____

____

3. Was hätten Evas Freundinnen und die Lehrerin sagen können, um ihr Mut zu machen? Schreibe die Zeilen 6–14 um.

*„Du schaffst das!“, ruft Stefanie. „Du musst nur noch ein kleines Stück nach vorne gehen!“ „*______________________________*“, ruft Frau Vogt* ______________. „______________________________ ______________________________.“ *Eva dreht den Kopf zur Seite und schaut hinter sich wieder zurück. Sie bewegt sich nicht. „*______________________________ ______________________________“, ______________ *Jana* ______________.

„______________________________“, *sagt Jessica, sie ist Evas beste Freundin.*

Der Sprung ins Wasser – 2 **Seite 36, 37**

4. Wie fühlt sich Eva nach dem Sprung? Beschreibe.

5. Was denkt Eva über Kathrin, als sie nach dem Schwimmen neben ihr zur Schule geht?
Was denkt sie über Jana und Stefanie, als sie sie fröhlich lachen hört?
Schreibe in der Ich-Form.

Über Kathrin denkt sie:

Über Jana und Stefanie denkt sie:

Die Neuen

Hinweise zum Unterricht

Der Text fordert dazu auf, die Gefühle von Schülern, die neu in eine Klasse kommen, nachzuempfinden und auch die besonderen Schwierigkeiten zu bedenken, wenn „die Neuen“ fremdländischer Herkunft sind. Eine sich anbahnende Freundschaft zwischen Lippel und den neuen Mitschülern ist erkennbar.

Auf LB-Seite 41 sind türkische Wörter mit Aussprachehilfe vorgestellt. Sie können zum Sprachvergleich Deutsch – Türkisch eingesetzt werden.

⇢ Fragen zum Text: LB-Seite 49

Kompetenzbereiche

Texte verstehen / Umgangsformen mit Texten

Autor

Paul Maar, geb. 1937 in Schweinfurt, Bayern, ist ein deutscher Kinderbuchautor. Er arbeitet außerdem als Illustrator, Übersetzer, Drehbuch- und Theaterautor.

Inhalt und Thematik

Der Text ist ein Auszug aus dem Kinderbuch „Lippels Traum“, das in Kapitel 11 des Lesebuchs als Projekt Buch/Film zum Thema wird. Die Hauptfigur ist Lippel, ein zehnjähriger Junge, dessen eigentlicher Name Philipp kaum verwendet wird. Der Text hat im Buch besondere Bedeutung, hier schildert er eine allgemeine Schulsituation: Zwei neue Mitschüler kommen in die Klasse und werden von ihr aufgenommen.

Die Klassenlehrerin stellt das türkischstämmige Geschwisterpaar Hamide und Arslan der Klasse vor. Die beiden sind offenbar zu verlegen, es selbst zu tun. Die Klasse erkundigt sich über sie, spricht über sie und der Leser erfährt, dass Arslan, der ältere Bruder, erst seit einem Jahr in Deutschland ist und wegen mangelnder Sprachkenntnisse mit seiner jüngeren Schwester Hamide in dieselbe Klasse gehen muss.

Lippel, neben den sie gesetzt werden, will mit Arslan in Kontakt treten, wird aber brüskiert. Hamide setzt den Kontakt aufgeschlossen fort, bis ihr Arslan Einhalt gebietet. Lippel hat inzwischen erfahren, dass sie wegen der neuen Arbeitsstelle des Vaters umziehen mussten und Arslan sich damit nicht abfinden kann. Wegen dessen Schroffheit wendet sich Lippel auch ab und redet nicht mehr mit den Geschwistern. Er ist überrascht, dass Arslan ihm zu Unterrichtsschluss ein Bonbon schenkt und nimmt es gern an.

Arbeitsheft / Kopiervorlagen

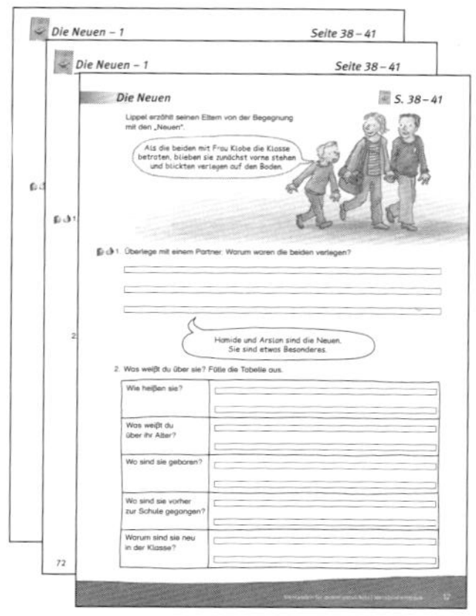
AH LB S. 17
KV 22 a/b
Lösungen S. 286

Die Neuen – 1

Auf dem Arbeitsblatt **Die Neuen – 1** wird das Verständnis für die Handlungen der Protagonisten geweckt, indem ihre Perspektive eingenommen wird. Ein Steckbrief von den beiden neuen Kindern wird erstellt. Das Arbeitsblatt liegt in zwei Schwierigkeitsgraden vor.

Ⓓ In der Variante KV 22 a unterstützen ein Satzanfang und eine Angabe im Steckbrief.

AH LB S. 18
KV 23 a/b
Lösungen S. 286, 287

Die Neuen – 2

Das Arbeitsblatt **Die Neuen – 2** führt die Texterarbeitung von **Die Neuen – 1** fort. Es liegt in zwei Schwierigkeitsgraden vor.

Ⓓ In der Variante KV 23 a werden die Aufgaben in Form von Multiple-Choice-Fragen gestellt.

Lippel erzählt seinen Eltern von der Begegnung mit den „Neuen“.

1. Überlege mit einem Partner: Warum waren die beiden verlegen?

Sie waren verlegen, weil ______________________

____

____

Hamide und Arslan sind die Neuen.
Sie sind etwas Besonderes.

2. Was weißt du über sie? Fülle die Tabelle aus.

Wie heißen sie?	Hamide und Arslan
Was weißt du über ihr Alter?	
Wo sind sie geboren?	
Wo sind sie vorher zur Schule gegangen?	
Warum sind sie neu in der Klasse?	

Lippel erzählt seinen Eltern von der Begegnung mit den „Neuen“.

Als die beiden mit Frau Klobe die Klasse betraten, blieben sie zunächst vorne stehen und blickten verlegen auf den Boden.

1. Überlege mit einem Partner: Warum waren die beiden verlegen?

Hamide und Arslan sind die Neuen. Sie sind etwas Besonderes.

2. Was weißt du über sie? Fülle die Tabelle aus.

Wie heißen sie?	
Was weißt du über ihr Alter?	
Wo sind sie geboren?	
Wo sind sie vorher zur Schule gegangen?	
Warum sind sie neu in der Klasse?	

  · Bestell-Nr. 3405-70

3. Warum spricht Arslan nicht so viel wie seine Schwester?

Er spricht nicht so viel, weil er ...

☐ nicht will.

☐ Angst hat.

☐ nur wenig Deutsch kann.

Als der Unterricht zu Ende war, griff Arslan, bevor er ging, in seine Jackentasche und holte drei Bonbons heraus. Eines gab er Hamide, eines wickelte er für sich selbst aus dem Papier, das dritte hielt er mir hin.

4. Obwohl Arslan noch nicht mit Lippel gesprochen hatte, schenkte er ihm ein Bonbon. Was wollte er ihm damit zeigen?

Er möchte damit zeigen, ...

☐ dass er ihn nett findet.

☐ wie Bonbons aussehen.

☐ was er alles in der Tasche hat.

5. Warum ist das Bonbonpapier für Lippel so besonders?

Es ist besonders, weil ...

☐ er Türkisch lernen will.

☐ so ein Papier aus der Türkei selten ist.

☐ er gerne Süßes isst.

Die Neuen – 2 Seite 38 – 41

3. Warum spricht Arslan nicht so viel wie seine Schwester?

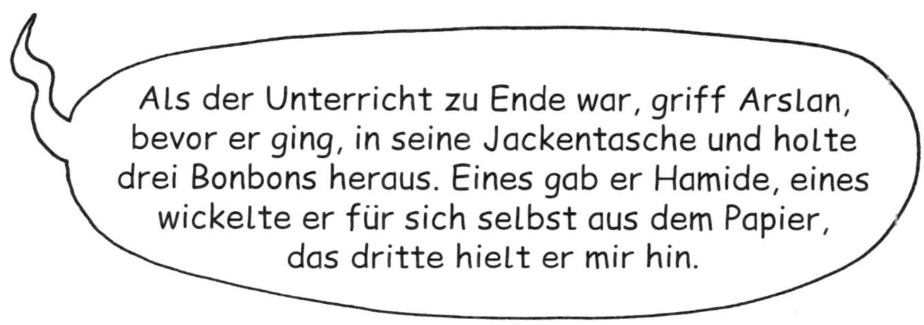

4. Obwohl Arslan noch nicht mit Lippel gesprochen hatte, schenkte er ihm ein Bonbon. Was wollte er ihm damit zeigen?

5. Warum ist das Bonbonpapier für Lippel so besonders?

Ich will dich heut nicht sehen

Ich will dich heut nicht sehen
und sag dir ins Gesicht:
Ich will dich heut nicht sehen.
Ich mag dich heute nicht.

Ich kann dich heut nicht riechen,
du machst dich nicht beliebt.
Mach bitte eine Fliege,
bevor es Ärger gibt.

Ich möchte heut allein sein
und sag dir ins Gesicht:
Ich hab heut schlechte Laune
und mag mich selber nicht.

Ich will dich heut nicht sehen.
Ich weiß, das klingt gemein.
Doch ich kann heute leider nicht
auf Knopfdruck lustig sein.

Hast du mal schlechte Laune,
dann kann ich dich verstehn.
Und spätestens heut Abend
möcht ich dich wiedersehn.

Bernhard Lins

Kompetenzbereiche

Texte verstehen / Umgangsformen mit Texten

Autor

Bernhard Lins, geb. 1975 in Feldkirch (Vorarlberg, Österreich), ist Grundschullehrer, Liedermacher und Kinderbuchautor.

Inhalt und Thematik

Das Gedicht ist in fünf Strophen gegliedert und weist einen deutlichen Spannungsbogen auf:
In den Strophen 1 und 2 wird von einem Ich-Erzähler einem anonymen Gegenüber Ablehnung erklärt – er würde ihn heute nicht sehen wollen, könne ihn heute nicht riechen.
In Strophe 3 geschieht eine Relativierung: Der Ich-Erzähler will wegen seiner schlechten Laune allein sein. Die Strophe 4 formuliert eine Selbsterkenntnis: Die Ablehnung klingt gemein, aber der Ich-Erzähler könne nicht anders. In den ersten beiden Zeilen der Strophe 5 wird zuerst die Perspektive umgedreht: Wenn der andere ihn mal nicht sehen will, hätte er dafür Verständnis. In den letzten zwei Zeilen stellt der Ich-Erzähler in Aussicht, dass am Abend die Stimmung schon ganz anders aussehen kann und das Gegenüber wieder willkommen sein wird.

Das Gedicht mit der überraschenden, fast provokativen Überschrift bietet somit eine Beschreibung einer Gefühlslage, die die meisten Menschen wohl nachvollziehen können: Manchmal hat man ohne feststellbaren Grund schlechte Laune und braucht Zeit für sich.
Das Gedicht will Verständnis dafür wecken, dass es völlig normal ist, so zu empfinden und dass man Menschen mit einer solchen Gefühlslage Verständnis entgegenbringen muss.

Hinweise zum Unterricht

Den Schülern liegt ein humorvolles Gedicht vor, welches dem Leser vor Augen führen soll, schlechte Laune, temporäre Ablehnung und (vorübergehender) Willen zum Alleinsein als menschlich einzustufen.

··› Fragen zum Text: LB-Seite 50

Arbeitsheft / Kopiervorlage

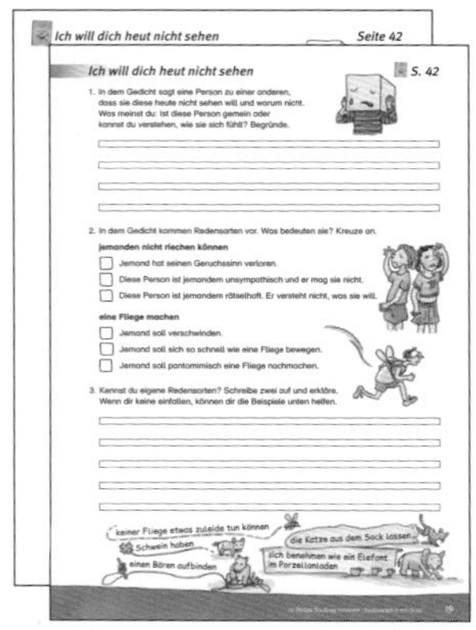
Ich will dich heut nicht sehen Seite 42

Ich will dich heut nicht sehen S. 42

1. In dem Gedicht sagt eine Person zu einer anderen, dass sie diese heute nicht sehen will und warum nicht. Was meinst du: Ist diese Person gemein oder kannst du verstehen, wie sie sich fühlt? Begründe.

2. In dem Gedicht kommen Redensarten vor. Was bedeuten sie? Kreuze an.

jemanden nicht riechen können
- [ ] Jemand hat seinen Geruchssinn verloren.
- [ ] Diese Person ist jemandem unsympathisch und er mag sie nicht.
- [ ] Diese Person ist jemandem rätselhaft. Er versteht nicht, was sie will.

eine Fliege machen
- [ ] Jemand soll verschwinden.
- [ ] Jemand soll sich so schnell wie eine Fliege bewegen.
- [ ] Jemand soll pantomimisch eine Fliege nachmachen.

3. Kennst du eigene Redensarten? Schreibe zwei auf und erkläre. Wenn dir keine einfallen, können dir die Beispiele unten helfen.

AH LB S. 19
KV 24
Lösungen S. 287

Ich will dich heut nicht sehen

Das Arbeitsblatt **Ich will dich heut nicht sehen** regt die Schüler dazu an, sich in den Ich-Erzähler des Gedichts zu versetzen und dessen Situation nachzuempfinden.

Vor diesem Hintergrund klären die Schüler auch die Bedeutung der dargestellten Redensarten und führen weitere mit Erklärung auf.

Ich will dich heut nicht sehen

1. In dem Gedicht sagt eine Person zu einer anderen, dass sie diese heute nicht sehen will und warum nicht. Was meinst du: Ist diese Person gemein oder kannst du verstehen, wie sie sich fühlt? Begründe.

2. In dem Gedicht kommen Redensarten vor. Was bedeuten sie? Kreuze an.

jemanden nicht riechen können

- ☐ Jemand hat seinen Geruchssinn verloren.
- ☐ Diese Person ist jemandem unsympathisch und er mag sie nicht.
- ☐ Diese Person ist jemandem rätselhaft. Er versteht nicht, was sie will.

eine Fliege machen

- ☐ Jemand soll verschwinden.
- ☐ Jemand soll sich so schnell wie eine Fliege bewegen.
- ☐ Jemand soll pantomimisch eine Fliege nachmachen.

3. Kennst du eigene Redensarten? Schreibe zwei auf und erkläre. Wenn dir keine einfallen, können dir die Beispiele unten helfen.

Langeweile? Tu was!

Roll möpse
Speise eis
Mal stifte
Rate spiele
Bau klötze
Fang körbe
Schüttel reime
Lösch blätter
Schnür senkel
Weck gläser
Angel ruten
Back erbsen
Füll hörner
Wähl scheiben
Zieh federn
Zerr spiegel
Dreh türen
Tritt bretter
Kipp schalter
Tipp fehler
Gieß kannen
Lese zeichen
Fahr spuren
Stoß stangen
Klammer beutel
Lenk stangen
Schaukel pferde
Puste blumen
Kneif zangen

Nora Clormann-Lietz

43

Kompetenzbereiche

Texte verstehen / Umgangsformen mit Texten

Autor

Trotz intensiver Suche ist nichts über die Lebensdaten von Nora Clormann-Lietz herauszufinden.

Inhalt und Thematik

Dieses Gedicht nimmt innerhalb des Lesebuchs eine Sonderstellung ein. Es weist keine typischen Strukturelemente eines Gedichts auf – keine Gliederung in Strophen, keine Reime jedweder Art. Dennoch ist es durch die Gliederung in Zeilen und durch die verfremdete Sprache als Gedicht erkennbar.

Der Leser wird aufgefordert, im Falle von Langeweile verschiedene Dinge auszuprobieren. In jeder Zeile des Gedichts wird ein Kompositum bestehend aus Nomen und Verb auseinandergenommen, sodass beide Bedeutungsebenen erkennbar bleiben. Aus diesem sprachlichen Trick bestehen der Witz und der Reiz des Textes.

Der Leser ist aufgefordert, sich mit der Sinnhaftigkeit der Aufforderungen zu beschäftigen: Könnte ich wirklich einen Mops rollen? Könnte ich einen Reim schütteln? Auch ist das Überdenken der Bedeutungsverschiebung von Nomen plus Verb hin zum Kompositum reizvoll: rollen und Mops im Vergleich zum Rollmops.

Das Gedicht funktioniert also auf mehreren Ebenen.

Hinweise zum Unterricht

Die Schüler lernen eine weitere humorvolle Spielart von Lyrik kennen. Sie können sich mit den Bedeutungen der einzelnen Zeilen beschäftigen, eigene Beispiele finden und am Ende gemeinsam überlegen, ob sich auch mithilfe solcher Beschäftigungen die Langeweile vertreiben lässt.

⇢ Fragen zum Text: LB-Seite 50

Kopiervorlage

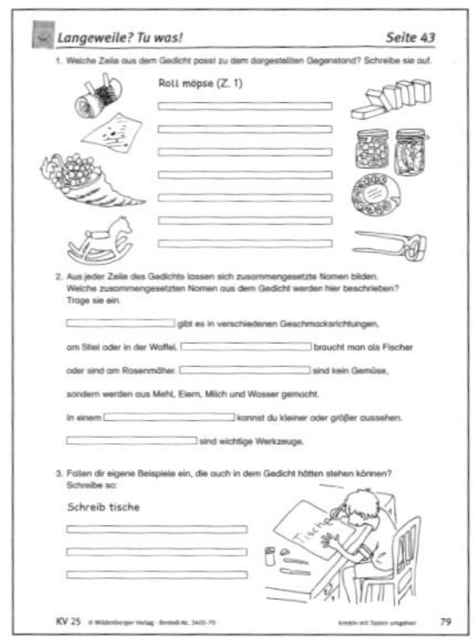

Langeweile? Tu was! Seite 43

1. Welche Zeile aus dem Gedicht passt zu dem dargestellten Gegenstand? Schreibe sie auf.

Roll möpse (Z. 1)

2. Aus jeder Zeile des Gedichts lassen sich zusammengesetzte Nomen bilden. Welche zusammengesetzten Nomen aus dem Gedicht werden hier beschrieben? Trage sie ein.

___ gibt es in verschiedenen Geschmacksrichtungen, am Stiel oder in der Waffel. ___ braucht man als Fischer oder sind am Rasenmäher. ___ sind kein Gemüse, sondern werden aus Mehl, Eiern, Milch und Wasser gemacht. In einem ___ kannst du kleiner oder größer aussehen. ___ sind wichtige Werkzeuge.

3. Fallen dir eigene Beispiele ein, die auch in dem Gedicht hätten stehen können? Schreibe so:

Schreib tische

KV 25 79

KV 25
Lösungen S. 288

Langeweile? Tu was!

Mit dem Arbeitsblatt **Langeweile? Tu was!** setzen sich die Schüler mit der Bildhaftigkeit der Sprache auseinander, indem sie den dargestellten Gegenständen die passende Zeile im Gedicht zuordnen.

Zusammengesetzte Nomen aus dem Gedicht bilden das Wortmaterial für das Ergänzen von Lückensätzen und regen die Schüler zur kreativen Weiterarbeit an.

1. Welche Zeile aus dem Gedicht passt zu dem dargestellten Gegenstand? Schreibe sie auf.

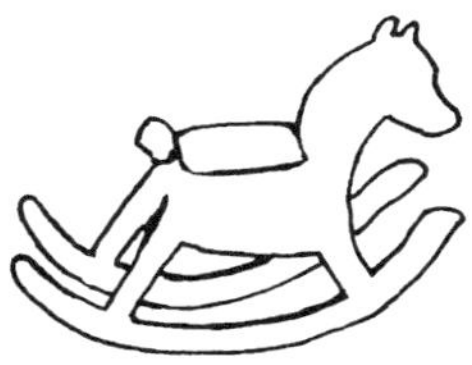

Roll möpse (Z. 1)

____

____

____

____

____

____

____

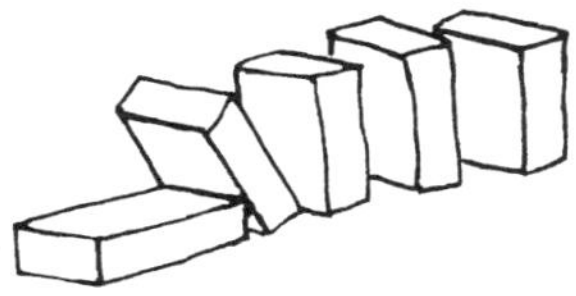

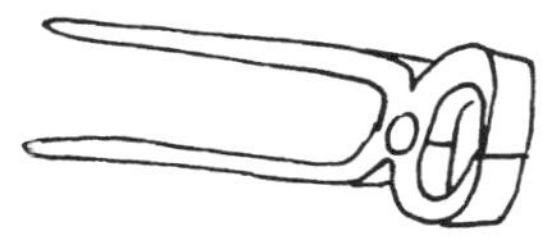

2. Aus jeder Zeile des Gedichts lassen sich zusammengesetzte Nomen bilden. Welche zusammengesetzten Nomen aus dem Gedicht werden hier beschrieben? Trage sie ein.

_______________ gibt es in verschiedenen Geschmacksrichtungen, am Stiel oder in der Waffel. _______________ braucht man als Fischer oder sind am Rasenmäher. _______________ sind kein Gemüse, sondern werden aus Mehl, Eiern, Milch und Wasser gemacht.

In einem _______________ kannst du kleiner oder größer aussehen.

_______________ sind wichtige Werkzeuge.

3. Fallen dir eigene Beispiele ein, die auch in dem Gedicht hätten stehen können? Schreibe so:

Schreib tische

____

____

____

Der Rollstuhl

Michaela sollte in die Schule kommen. Vorher musst du aber lernen, alleine mit deinem Rollstuhl zu fahren, sagte die Mutter. Michaela wollte nicht. Weil sie den Rollstuhl hasste. Weil sie gehen wollte auf ihren Beinen stehen. Oder wenigstens ihr Wägelchen wiederhaben. Darin war sie immer gefahren worden, seit sie nicht mehr laufen konnte. Jetzt saß sie im Rollstuhl, und sie sollte sich auch noch selber schieben! Nein, sie wollte nicht.

In einem Heim für behinderte Kinder sollte sie sich erholen, sechs Wochen lang, sagten die Eltern. Und sie sollte andere behinderte Kinder kennenlernen. Kinder, die auch im Rollstuhl saßen und sich selber fuhren.

Drei Wochen lang weinte sie jede Nacht, wollte nichts essen und wurde noch dünner, als sie schon war. Wenn die Betreuer sie in ihren Rollstuhl setzten, schloss sie die Hände zu Fäusten und rührte sich nicht vom Fleck. Sie dachte an ihr Sportwägelchen, das plötzlich verschwunden war. An seiner Stelle hatte eines Tages der Rollstuhl gestanden. Du bist jetzt wirklich groß genug, hatten sie gesagt. Aber Michaela wollte nicht. Der Rollstuhl machte alles so deutlich!

Die Zeit im Heim kroch wie eine Schnecke. Einmal machte die ganze Gruppe einen Ausflug. Wer es schaffte, fuhr alleine im Rollstuhl. Manche hatten einen kleinen Motor. Michaela ließ sich schieben. Sie wäre lieber im Heim geblieben. Aber sie musste mit.

44

Sie fuhren auf einer asphaltierten Landstraße und waren schon weit weg vom Ort. Da schütteten sich plötzlich schwarze Wolken aus. Im Nu stand die Straße unter Wasser. Alle versuchten, schnell wegzukommen. Einer von den kleineren Jungen rutschte mit seinem Rollstuhl an den Straßenrand und kippte die niedrige Böschung hinunter. Alle Betreuer eilten ihm sofort zu Hilfe. So stand Michaela plötzlich alleine da. Sie sah das Wasser, sah, wie die anderen mit ihren Rollstühlen flitzten, und wurde von Angst gepackt.

Ich kann mich nicht retten! schrie es in ihrem Kopf. Und ihre Hände griffen wie von selbst nach dem metallenen Reifen vor den Rädern. Aber die standen wie festgewachsen. Die Bremsen! dachte Michaela. Ich muss die Bremsen lösen! Rechter Hebel, linker Hebel. Da fuhr der Rollstuhl. Michaela drehte die Reifen, so schnell sie konnte, rollte weiter und weiter, hinter den anderen her. Ganz allein, mit der Kraft ihrer Arme. Eine Betreuerin holte sie ein und fasste die Griffe des Rollstuhls. Ich kann! schrie Michaela in den Platzregen hinein. Ich kann alleine! Und fuhr ihr davon. Alle kamen pitschnass im Heim an. Das war ein Abenteuer! Besonders für dich! sagte die Betreuerin zu Michaela. Jetzt kannst du endlich laufen – auf Rädern. Das musst du deinen Eltern zeigen. Wenn du willst, können sie dich am Sonntag besuchen. Michaela drehte ihren Rollstuhl um die eigene Achse und fuhr los, als wollte sie nie mehr still stehen. Die letzten drei Wochen im Heim waren wunderbar. Und danach kam sie in die Schule.

Margaret Klare

45

Kompetenzbereiche

Texte verstehen / Umgangsformen mit Texten

Autor

Dr. Margaret Klare, geb. 1932 in Essen, ehemalige Gymnasiallehrerin, arbeitet als Schriftstellerin und schreibt vor allem Kinder- und Jugendbücher, Gedichte und Hörspiele.

Inhalt und Thematik

Eine körperliche Behinderung als Gegebenheit zu akzeptieren und damit umgehen zu lernen, ist ein schwerer Weg. Im vorliegenden Text führt er aus Abhängigkeit und Selbstmitleid zu Eigenständigkeit und Selbstbewusstsein.

Michaela ist seit ihrer Krankheit gelähmt und in einem Wägelchen gefahren worden. Jetzt soll sie in die Schule kommen, aber zuvor lernen, sich selbstständig in einem Rollstuhl zu bewegen. Michaela weigert sich. Sie kann ihre Behinderung nicht akzeptieren. Sie will wieder gehen können oder wenigstens in dem seit der Krankheit gewohnten Wägelchen gefahren werden. Ihre Eltern bringen sie in ein Heim, wo sie sich erholen kann und andere Kinder kennenlernt, die wie sie einen Rollstuhl benötigen. Michaela ist todunglücklich. Sie weint und verweigert den selbstständigen Umgang mit dem Fahrgerät. Erst in einer Notsituation während eines Ausflugs der „Rollstuhl-Kinder" tritt die Wende ein. Ein Unwetter zwingt die Gruppe zur Umkehr, ein kleiner Junge verliert die Beherrschung über seinen Rollstuhl und Michaelas Begleiterin muss ihm helfen. Plötzlich ist sie allein.

Um sich in Sicherheit zu bringen, wie es alle anderen tun, muss sie ihren Rollstuhl selbst fahren. Sie kann es und ist glücklich über ihre neue Bewegungsfähigkeit. Das Mädchen erfährt alle Anerkennung, genießt die weiteren Wochen im Heim und kommt dann in die Schule.

Hinweise zum Unterricht

Die Schüler können nachvollziehen, wie schwer es für Michaela ist, mit ihrer Behinderung umzugehen, und werden „mit ihr" erleichtert sein über ihre neue Selbstständigkeit. Der positive Ausblick der Geschichte darf jedoch nicht dazu führen, eine Behinderung zu verharmlosen. Im Unterricht sollte auch – wenn es nicht schon selbstverständlich ist – klargestellt werden, dass behinderte Menschen zu unserer Gesellschaft gehören und jedwedes Problem bei ihrer Integration gelöst werden muss.

···› Fragen zum Text: LB-Seite 51

Arbeitsheft / Kopiervorlagen

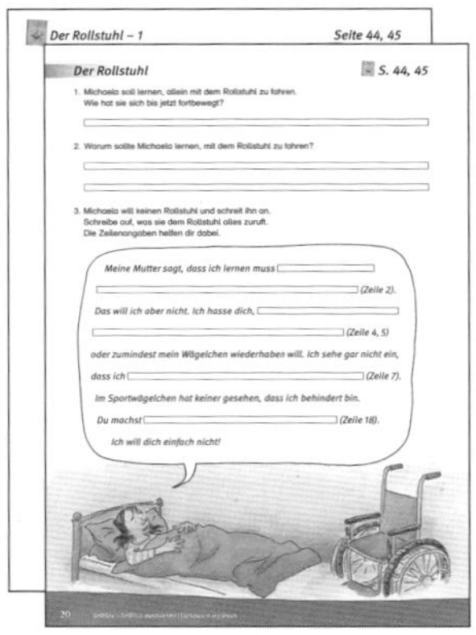

Der Rollstuhl – 1 Seite 44, 45

Der Rollstuhl S. 44, 45

1. Michaela soll lernen, allein mit dem Rollstuhl zu fahren. Wie hat sie sich bis jetzt fortbewegt?

2. Warum sollte Michaela lernen, mit dem Rollstuhl zu fahren?

3. Michaela will keinen Rollstuhl und schreit ihn an. Schreibe auf, was sie dem Rollstuhl alles zuruft. Die Zeilenangaben helfen dir dabei.

20

AH LB S. 20
KV 26
Lösungen S. 288

Der Rollstuhl – 1

Auf dem Arbeitsblatt **Der Rollstuhl – 1** wird die ursprüngliche Haltung der Protagonistin zu ihrem Rollstuhl prägnant erarbeitet und zusammengefasst.

Der Rollstuhl – 2 Seite 44, 45

4. Schließlich lernt Michaela doch das Rollstuhlfahren. Wie kommt es dazu? Lies in den Zeilen 24–39 nach.

5. Jetzt denkt sie ganz anders über ihren Rollstuhl. Wieder sitzt sie in ihrem Zimmer auf dem Bett und schaut ihn an. Schreibe auf, was sie jetzt zu ihm sagt.

82 KV 27

KV 27
Lösungen S. 289

Der Rollstuhl – 2

Kontrastiv dazu fasst das Arbeitsblatt **Der Rollstuhl – 2** die Veränderungen der Haltung zusammen und verdeutlicht so die Zweigeteiltheit der Geschichte.

Der Rollstuhl – 1

1. Michaela soll lernen, allein mit dem Rollstuhl zu fahren.
   Wie hat sie sich bis jetzt fortbewegt?

   ____

2. Warum sollte Michaela lernen, mit dem Rollstuhl zu fahren?

   ____

   ____

3. Michaela will keinen Rollstuhl und schreit ihn an.
   Schreibe auf, was sie dem Rollstuhl alles zuruft.
   Die Zeilenangaben helfen dir dabei.

Meine Mutter sagt, dass ich lernen muss ____________________

____________________________________ *(Zeile 2).*

Das will ich aber nicht. Ich hasse dich, ____________________

____________________________________ *(Zeile 4, 5)*

oder zumindest mein Wägelchen wiederhaben will. Ich sehe gar nicht ein,

dass ich ____________________________________ *(Zeile 7).*

Im Sportwägelchen hat keiner gesehen, dass ich behindert bin.

Du machst ____________________________________ *(Zeile 18).*

Ich will dich einfach nicht!

Der Rollstuhl – 2

4. Schließlich lernt Michaela doch das Rollstuhlfahren.
   Wie kommt es dazu? Lies in den Zeilen 24–39 nach.

5. Jetzt denkt sie ganz anders über ihren Rollstuhl.
   Wieder sitzt sie in ihrem Zimmer auf dem Bett und schaut ihn an.
   Schreibe auf, was sie jetzt zu ihm sagt.

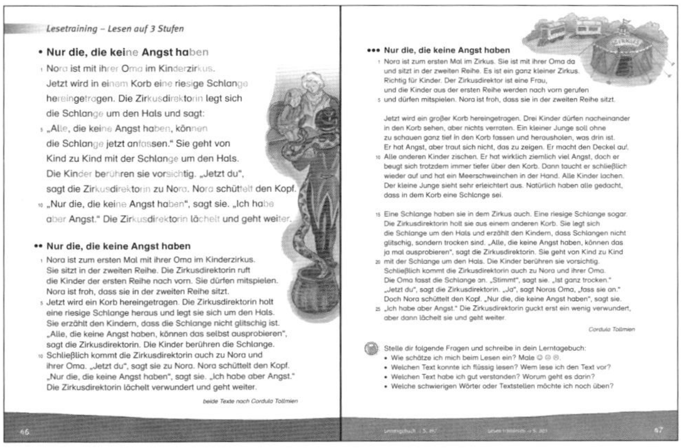

Lesetraining – Lesen auf 3 Stufen

• Nur die, die keine Angst haben

Nora ist mit ihrer Oma im Kinderzirkus. Jetzt wird in einem Korb eine riesige Schlange hereingetragen. Die Zirkusdirektorin legt sich die Schlange um den Hals und sagt: „Alle, die keine Angst haben, können die Schlange jetzt anfassen." Sie geht von Kind zu Kind mit der Schlange um den Hals. Die Kinder berühren sie vorsichtig. „Jetzt du", sagt die Zirkusdirektorin zu Nora. Nora schüttelt den Kopf. „Nur die, die keine Angst haben", sagt sie. „Ich habe aber Angst." Die Zirkusdirektorin lächelt und geht weiter.

•• Nur die, die keine Angst haben

Nora ist zum ersten Mal mit ihrer Oma im Kinderzirkus. Sie sitzt in der zweiten Reihe. Die Zirkusdirektorin ruft die Kinder der ersten Reihe nach vorn. Sie dürfen mitspielen. Nora ist froh, dass sie in der zweiten Reihe sitzt. Jetzt wird ein Korb hereingetragen. Die Zirkusdirektorin holt eine riesige Schlange heraus und legt sie sich um den Hals. Sie erzählt den Kindern, dass die Schlange nicht glitschig ist. „Alle, die keine Angst haben, können das selbst ausprobieren", sagt die Zirkusdirektorin. Die Kinder berühren die Schlange. Schließlich kommt die Zirkusdirektorin auch zu Nora und ihrer Oma. „Jetzt du", sagt sie zu Nora. Nora schüttelt den Kopf. „Nur die, die keine Angst haben", sagt sie. „Ich habe aber Angst." Die Zirkusdirektorin lächelt verwundert und geht weiter.

beide Texte nach Cordula Tollmien

46

••• Nur die, die keine Angst haben

Nora ist zum ersten Mal im Zirkus. Sie ist mit ihrer Oma da und sitzt in der zweiten Reihe. Es ist ein ganz kleiner Zirkus. Richtig für Kinder. Der Zirkusdirektor ist eine Frau, und die Kinder aus der ersten Reihe werden nach vorn gerufen und dürfen mitspielen. Nora ist froh, dass sie in der zweiten Reihe sitzt.

Jetzt wird ein großer Korb hereingetragen. Drei Kinder dürfen nacheinander in den Korb sehen, aber nichts verraten. Ein kleiner Junge soll ohne zu schauen ganz tief in den Korb fassen und herausholen, was drin ist. Er hat Angst, aber traut sich nicht, das zu zeigen. Er macht den Deckel auf. Alle anderen Kinder zischen. Er hat wirklich ziemlich viel Angst, doch er beugt sich trotzdem immer tiefer über den Korb. Dann taucht er schließlich wieder auf und hat ein Meerschweinchen in der Hand. Alle Kinder lachen. Der kleine Junge sieht sehr erleichtert aus. Natürlich haben alle gedacht, dass in dem Korb eine Schlange sei.

Eine Schlange haben sie in dem Zirkus auch. Eine riesige Schlange sogar. Die Zirkusdirektorin holt sie aus einem anderen Korb. Sie legt sich die Schlange um den Hals und erzählt den Kindern, dass Schlangen nicht glitschig, sondern trocken sind. „Alle, die keine Angst haben, können das ja mal ausprobieren", sagt die Zirkusdirektorin. Sie geht von Kind zu Kind mit der Schlange um den Hals. Die Kinder berühren sie vorsichtig. Schließlich kommt die Zirkusdirektorin auch zu Nora und ihrer Oma. Die Oma fasst die Schlange an. „Stimmt", sagt sie. „Ist ganz trocken." „Jetzt du", sagt die Zirkusdirektorin. „Ja", sagt Noras Oma, „fass sie an." Doch Nora schüttelt den Kopf. „Nur die, die keine Angst haben", sagt sie. „Ich habe aber Angst." Die Zirkusdirektorin guckt erst ein wenig verwundert, aber dann lächelt sie und geht weiter.

Cordula Tollmien

Stelle dir folgende Fragen und schreibe in dein Lerntagebuch:
- Wie schätze ich mich beim Lesen ein? Male ☺ 😐 ☹.
- Welchen Text konnte ich flüssig lesen? Wem lese ich den Text vor?
- Welchen Text habe ich gut verstanden? Worum geht es darin?
- Welche schwierigen Wörter oder Textstellen möchte ich noch üben?

47

Kompetenzbereiche

Texte verstehen / Umgangsformen mit Texten

Autor

Dr. Cordula Tollmien, geb. 1951 in Göttingen, ist Historikerin und arbeitet als Kinderbuchautorin.

Inhalt und Thematik

Die drei Texte sprechen von der Beeinflussung des Einzelnen durch eine Mehrheit und der Möglichkeit, sich dieser entgegenzustellen.

Nora ist mit ihrer Oma zum ersten Mal in einem Zirkus für Kinder. In dieser ungewohnten Situation ist Nora froh, in der zweiten Reihe zu sitzen und dadurch an dem Geschehen in der Manege nicht unmittelbar beteiligt zu sein. Anders die Kinder in der ersten Reihe, sie werden in die Vorstellung miteinbezogen.

Einem kleinen Jungen geht das so. Er soll tief in einen großen Korb greifen und herausfinden, was darin ist. Drei andere Kinder haben zuvor hineingeschaut, dürfen aber nichts verraten. Der Junge hat Angst. Sie wird dadurch gesteigert, dass die Kinder zischen, als er hineinfasst, und deshalb jeder glaubt, in dem Korb sei eine Schlange. Zögernd, aber der allgemeinen Erwartung gehorchend, greift er immer tiefer in den Korb – und ist, als nur ein Meerschweinchen zum Vorschein kommt, natürlich erleichtert, aber gleichzeitig dem allgemeinen Gelächter preisgegeben.

Nun zeigt die Zirkusdirektorin den Kindern eine Riesenschlange. Sie betont, dass sich das Tier angenehmer anfühle als gemeinhin angenommen, trägt die Schlange zum Anfassen durch die Reihen und bietet an, wer keine Angst habe, könne das ausprobieren. Die Kinder berühren die Schlange vorsichtig. Auch Noras Oma fasst sie an. Das Mädchen jedoch lehnt trotz des Drängens ihrer Oma die Berührung ab mit dem Grund, dass sie Angst habe. Sie lässt sich auch durch die späteren Bemerkungen ihrer Oma nicht beirren. Die Zirkusdirektorin erkennt Noras Entscheidung an.

Hinweise zum Unterricht

Die Verbesserung der Lesefähigkeit steht im Fokus. Jedes Kind kann entsprechend seines Lernstands ein passendes Leseangebot aus den drei Texten auswählen. Das Anforderungsniveau der Texte ist auf den Seiten zum Lesetraining mit einem Punktesystem markiert:

- • Stufe 1: Mindeststandard
- •• Stufe 2: Regelstandard
- ••• Stufe 3: Expertenstandard

Durch eine größere Schrift sowie die zweifarbige Kennzeichnung der einzelnen Silben im Text auf Lesestufe 1 werden die Kinder beim Lesen unterstützt.

Wer auf Lesestufe 1 bzw. 2 liest, kann durch nachhaltiges Üben dazu angeregt und motiviert werden, auch die nächste Lesestufe zu bewältigen.

Ein Lerntagebuch bzw. Lerngespräch mit den Schülern dient dazu, die Selbstreflexion der Kinder über ihre Lernprozesse anzuregen und Gedanken, Erfolge und Schwierigkeiten beim Lesen und Vorlesen der Texte (schriftlich) festzuhalten. Die Fragen unterhalb des Textes auf Lesestufe 3 geben den Kindern Impulse, Eintragungen in ihrem Lerntagebuch vorzunehmen. Hilfen zum Führen eines Lerntagebuchs werden im Lesebuch, Werkstatt-Teil, Seite 197 angeboten.

Weitere Anregungen zum Einsatz der Lesetraining-Seiten finden Sie im Handbuch, Seite 15 ff.

Arbeitsheft / Kopiervorlage

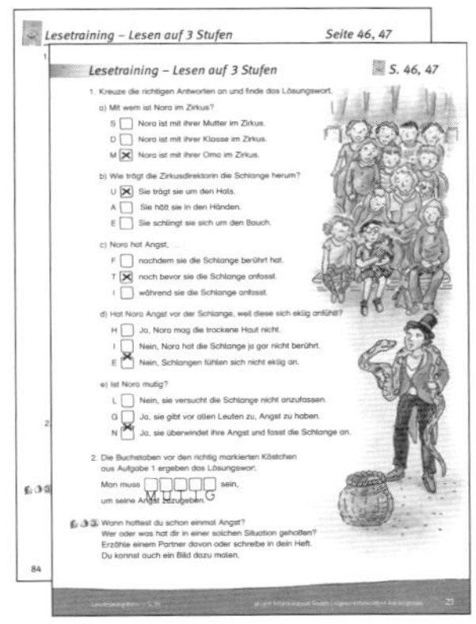

Lesetraining – Lesen auf 3 Stufen S. 46, 47

1. Kreuze die richtigen Antworten an und finde das Lösungswort.

a) Mit wem ist Nora im Zirkus?
- S ☐ Nora ist mit ihrer Mutter im Zirkus.
- D ☐ Nora ist mit ihrer Klasse im Zirkus.
- M ☒ Nora ist mit ihrer Oma im Zirkus.

b) Wie trägt die Zirkusdirektorin die Schlange herum?
- U ☒ Sie trägt sie um den Hals.
- A ☐ Sie hält sie in den Händen.
- E ☐ Sie schlingt sie sich um den Bauch.

c) Nora hat Angst,
- F ☐ nachdem sie die Schlange berührt hat.
- T ☒ noch bevor sie die Schlange anfasst.
- I ☐ während sie die Schlange anfasst.

d) Hat Nora Angst vor der Schlange, weil diese sich eklig anfühlt?
- H ☐ Ja, Nora mag die trockene Haut nicht.
- I ☒ Nein, Nora hat die Schlange ja gar nicht berührt.
- E ☐ Nein, Schlangen fühlen sich nicht eklig an.

e) Ist Nora mutig?
- L ☐ Nein, sie versucht die Schlange nicht anzufassen.
- G ☒ Ja, sie gibt vor allen Leuten zu, Angst zu haben.
- N ☐ Ja, sie überwindet ihre Angst und fasst die Schlange an.

2. Die Buchstaben vor den richtig markierten Kästchen aus Aufgabe 1 ergeben das Lösungswort.

Man muss M U T I G sein, um seine Angst zuzugeben.

3. Wann hattest du schon einmal Angst? Wer oder was hat dir in einer solchen Situation geholfen? Erzähle einem Partner davon oder schreibe in dein Heft. Du kannst auch ein Bild dazu malen.

21

AH LB S. 21
KV 28
Lösungen S. 289

Lesetraining – Lesen auf 3 Stufen

Das Arbeitsblatt fragt mittels Multiple-Choice Informationen aus dem Text ab.

Nach einem zweiten Lesen des Textes kann das Arbeitsblatt als selbstständige Verständniskontrolle bearbeitet werden.

Lösungswort: MUTIG

1. Kreuze die richtigen Antworten an und finde das Lösungswort.

a) Mit wem ist Nora im Zirkus?

S ☐ Nora ist mit ihrer Mutter im Zirkus.
D ☐ Nora ist mit ihrer Klasse im Zirkus.
M ☐ Nora ist mit ihrer Oma im Zirkus.

b) Wie trägt die Zirkusdirektorin die Schlange herum?

U ☐ Sie trägt sie um den Hals.
A ☐ Sie hält sie in den Händen.
E ☐ Sie schlingt sie sich um den Bauch.

c) Nora hat Angst, …

F ☐ nachdem sie die Schlange berührt hat.
T ☐ noch bevor sie die Schlange anfasst.
I ☐ während sie die Schlange anfasst.

d) Hat Nora Angst vor der Schlange, weil diese sich eklig anfühlt?

H ☐ Ja, Nora mag die trockene Haut nicht.
I ☐ Nein, Nora hat die Schlange ja gar nicht berührt.
E ☐ Nein, Schlangen fühlen sich nicht eklig an.

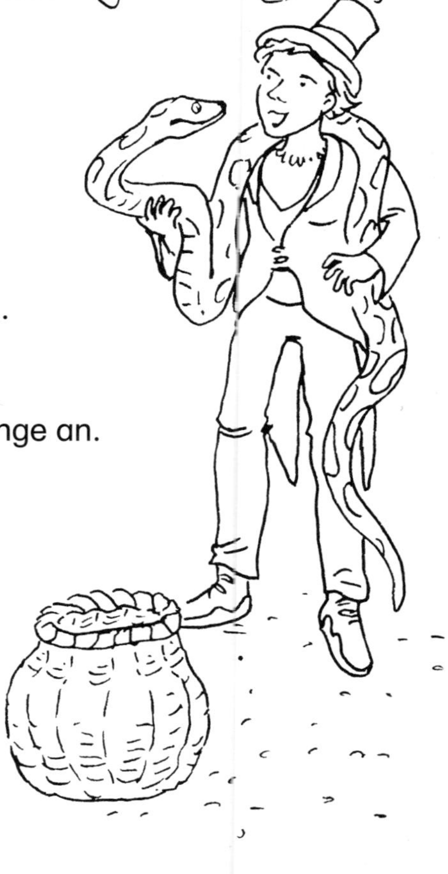

e) Ist Nora mutig?

L ☐ Nein, sie versucht die Schlange nicht anzufassen.
G ☐ Ja, sie gibt vor allen Leuten zu, Angst zu haben.
N ☐ Ja, sie überwindet ihre Angst und fasst die Schlange an.

2. Die Buchstaben vor den richtig markierten Kästchen aus Aufgabe 1 ergeben das Lösungswort.

Man muss ☐☐☐☐☐ sein,

um seine Angst zuzugeben.

3. Wann hattest du schon einmal Angst?
Wer oder was hat dir in einer solchen Situation geholfen?
Erzähle einem Partner davon oder schreibe in dein Heft.
Du kannst auch ein Bild dazu malen.

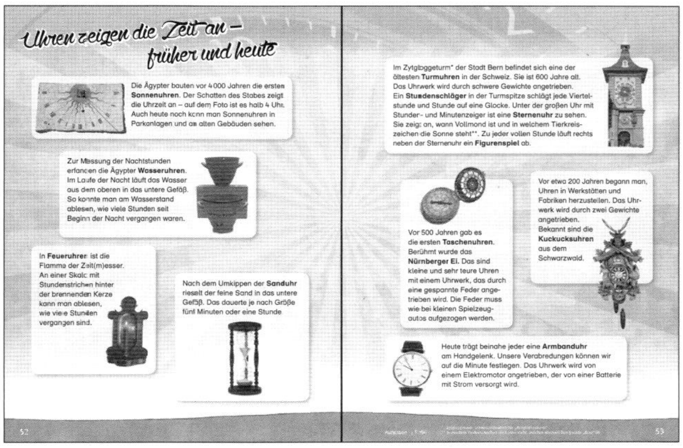

Uhren zeigen die Zeit an – früher und heute

Die Ägypter bauten vor 4 000 Jahren die ersten **Sonnenuhren**. Der Schatten des Stabes zeigt die Uhrzeit an – auf dem Foto ist es halb 4 Uhr. Auch heute noch kann man Sonnenuhren in Parkanlagen und an alten Gebäuden sehen.

Zur Messung der Nachtstunden erfanden die Ägypter **Wasseruhren**. Im Laufe der Nacht läuft das Wasser aus dem oberen in das untere Gefäß. So konnte man am Wasserstand ablesen, wie viele Stunden seit Beginn der Nacht vergangen waren.

In **Feueruhren** ist die Flamme der Zeit(m)esser. An einer Skala mit Stundenstrichen hinter der brennenden Kerze kann man ablesen, wie viele Stunden vergangen sind.

Nach dem Umkippen der **Sanduhr** rieselt der feine Sand in das untere Gefäß. Das dauerte je nach Größe fünf Minuten oder eine Stunde.

52

Im Zytglоggeturm* der Stadt Bern befindet sich eine der ältesten **Turmuhren** in der Schweiz. Sie ist 600 Jahre alt. Das Uhrwerk wird durch schwere Gewichte angetrieben. Ein **Stundenschläger** in der Turmspitze schlägt jede Viertelstunde und Stunde auf eine Glocke. Unter der großen Uhr mit Stunden- und Minutenzeiger ist eine **Sternenuhr** zu sehen. Sie zeigt an, wann Vollmond ist und in welchem Tierkreiszeichen die Sonne steht**. Zu jeder vollen Stunde läuft rechts neben der Sternenuhr ein **Figurenspiel** ab.

Vor 500 Jahren gab es die ersten **Taschenuhren**. Berühmt wurde das **Nürnberger Ei**. Das sind kleine und sehr teure Uhren mit einem Uhrwerk, das durch eine gespannte Feder angetrieben wird. Die Feder muss wie bei kleinen Spielzeugautos aufgezogen werden.

Vor etwa 200 Jahren begann man, Uhren in Werkstätten und Fabriken herzustellen. Das Uhrwerk wird durch zwei Gewichte angetrieben. Bekannt sind die **Kuckucksuhren** aus dem Schwarzwald.

Heute trägt beinahe jeder eine **Armbanduhr** am Handgelenk. Unsere Verabredungen können wir auf die Minute festlegen. Das Uhrwerk wird von einem Elektromotor angetrieben, der von einer Batterie mit Strom versorgt wird.

53

Kompetenzbereiche

Texte verstehen / Umgangsformen mit Texten

Inhalt und Thematik

Wir leben in einer Gesellschaft, die untrennbar mit der zeitlichen Taktung verbunden ist. Unser Leben folgt dem Jahreszyklus, der Einteilung in Monaten, Wochen und nicht zuletzt dem Tagesverlauf mit seiner Einteilung in Stunden und Minuten. Die Bedeutung der Uhr als Zeitmesser und Taktgeber in unserem Tagesablauf ist sicherlich nicht mehr wegzudenken.

Seit wann gibt es Uhren und wie funktionierten diese? Dieser Frage geht der Text eingehend nach. Auf der linken Seite werden verschiedene Elementaruhren wie Sonnen- oder Sanduhren vorgestellt, die vor tausenden von Jahren erfunden wurden und lange Zeit als einziger Zeitmesser dienten. Gegen Ende des Mittelalters wurden aber die ersten Räderuhren entwickelt, die den Siegeszug eines ganz anderen Uhrentyps bedeuteten – der mechanischen Uhr. Uhren diesen Typs werden im Lesebuch auf der rechten Seite präsentiert.

Die allerersten Uhren mit dieser Funktionsweise waren entweder für Glockentürme bestimmt oder für die wohlhabende Oberschicht. Im Laufe der Renaissance konnten aber immer kleinere Uhrwerke entwickelt werden, sodass Uhren auf einmal transportabel wurden. Uhren fanden immer mehr Verbreitung, auch wenn sie nach wie vor teure Luxusgüter waren.

Erst mit der Industrialisierung wurde die Massenanfertigung von Uhren möglich und so konnten Uhren in einen Großteil der Haushalte einziehen. Heute begleitet die Armbanduhr ihren Träger als ständig verfügbare Zeitanzeige. Die elektronische Uhr findet sich in vielen Alltagsgegenständen, vom Haushaltsgerät über den Fernseher und Funkwecker bis zum Computer und dem Handy. Die Uhr ist zum unverzichtbaren Begleiter in den unterschiedlichsten Bereichen des Alltags geworden.

Hinweise zum Unterricht

Indem sich die Schüler auf eine Art „Zeitreise" begeben und sich mit der Entwicklung der Uhr – ausgehend von Elementaruhren über Uhren mit mechanischer Funktionsweise bis hin zur elektronischen Uhr – beschäftigen, wird ihnen bewusst, dass die Menschen schon immer daran interessiert waren, von der Zeit geleitet zu werden. Im Unterricht bietet es sich an, mit den Kindern die im Aufgabenteil beschriebene Sonnenuhr zu basteln.

···> Fragen zum Text: LB-Seite 66

Arbeitsheft / Kopiervorlage

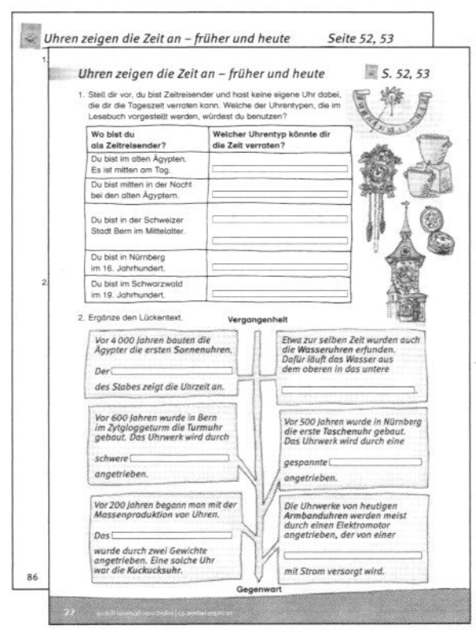

Uhren zeigen die Zeit an – früher und heute Seite 52, 53

Uhren zeigen die Zeit an – früher und heute S. 52, 53

AH LB S. 22
KV 29
Lösungen S. 290

Uhren zeigen die Zeit an – früher und heute

Mithilfe des Arbeitsblatts vollziehen die Schüler als Zeitreisender die Entwicklung der Uhr nach. Sie ordnen einzelnen Zeitepochen die vorgestellten Uhrentypen zu und ergänzen anhand eines Zeitstrahls fehlende Textbausteine.

Uhren zeigen die Zeit an – früher und heute

1. Stell dir vor, du bist Zeitreisender und hast keine eigene Uhr dabei, die dir die Tageszeit verraten kann. Welche der Uhrentypen, die im Lesebuch vorgestellt werden, würdest du benutzen?

Wo bist du als Zeitreisender?	Welcher Uhrentyp könnte dir die Zeit verraten?
Du bist im alten Ägypten. Es ist mitten am Tag.	______
Du bist mitten in der Nacht bei den alten Ägyptern.	______
Du bist in der Schweizer Stadt Bern im Mittelalter.	______ ______
Du bist in Nürnberg im 16. Jahrhundert.	______
Du bist im Schwarzwald im 19. Jahrhundert.	______

2. Ergänze den Lückentext.

Vergangenheit

*Vor 4 000 Jahren bauten die Ägypter die ersten **Sonnenuhren**.*

Der ______ *des Stabes zeigt die Uhrzeit an.*

*Etwa zur selben Zeit wurden auch die **Wasseruhren** erfunden. Dafür läuft das Wasser aus dem oberen in das untere*

______.

*Vor 600 Jahren wurde in Bern im Zytgloggeturm die **Turmuhr** gebaut. Das Uhrwerk wird durch*

schwere ______

angetrieben.

*Vor 500 Jahren wurde in Nürnberg die erste **Taschenuhr** gebaut. Das Uhrwerk wird durch eine*

gespannte ______

angetrieben.

Vor 200 Jahren begann man mit der Massenproduktion von Uhren.

Das ______

*wurde durch zwei Gewichte angetrieben. Eine solche Uhr war die **Kuckucksuhr**.*

*Die Uhrwerke von heutigen **Armbanduhren** werden meist durch einen Elektromotor angetrieben, der von einer*

______

mit Strom versorgt wird.

Gegenwart

Rapunzel – Der lange Weg zum Glück — Seite 54 – 57

Kompetenzbereiche

Texte verstehen / Umgangsformen mit Texten

Quelle

„Kinder- und Hausmärchen“ (1857) der Brüder Jacob Grimm (1785 – 1863) und Wilhelm Grimm (1786 – 1859), Sprachwissenschaftler und Sammler von Märchen

Inhalt und Thematik

Das Märchen, hier als szenisches Spiel, erzählt vom Leben des Mädchens Rapunzel.

Schon lange wünschen sich ein Mann und eine Frau ein Kind. Als die Frau endlich schwanger ist, bekommt sie unstillbaren Appetit auf die Rapunzeln, die sie von ihrem Haus aus im ummauerten Garten einer Zauberin sieht. Der Mann wagt sich in den Garten und holt heimlich davon. Beim zweiten Mal erwischt ihn die Zauberin. In seiner Not verspricht ihr der Mann das neugeborene Kind. Die Zauberin nennt das Mädchen Rapunzel.

Als das Mädchen zwölf Jahre alt ist, sperrt die Zauberin es in einen Turm im Wald. Nur die Zauberin gelangt hinein: Sie fordert Rapunzel auf, vom Fenster ihr langes Haar herunterzulassen, und zieht sich daran hinauf.
Es vergehen einige Jahre. Eines Tages beobachtet ein Königssohn die Zauberin und gelangt, als sie abwesend ist, auf dieselbe Weise wie sie zu Rapunzel. Bei ihrem Anblick verliebt er sich in sie. Die beiden werden ein Paar und planen Rapunzels Flucht aus dem Turm. Als jedoch die Zauberin eines Tages die Leiter unter dem Bett von Rapunzel entdeckt, muss diese ihr alles gestehen. Die Zauberin schneidet Rapunzel voller Zorn und Enttäuschung die Haare ab und verstößt sie in eine Wüstenei. Auch den Königssohn will sie bestrafen und lässt ihn an den abgeschnittenen Haaren herauf ins Zimmer steigen. Aus Verzweiflung über den Verlust von Rapunzel stürzt er sich aus dem Fenster. Er überlebt den Sturz, aber er erblindet, weil seine Augen durch Dornen verletzt werden. Er irrt umher und kommt schließlich in die Wüstenei, wo Rapunzel mit den Zwillingen lebt, die sie inzwischen geboren hat. Sie erkennen sich glücklich wieder. Zwei Tränen Rapunzels fallen ihm in die Augen, er kann wieder sehen und führt sie in sein Reich.

Hinweise zum Unterricht

Die Schüler lernen ein weiteres Märchen kennen. Ihnen mag auffallen, dass beide Mütter, die leibliche und die Zauberin, Rapunzeln bzw. Rapunzel für sich haben möchten. Die Namensgleichheit von Pflanze und Mädchen deutet darauf hin, dass es um das Kind geht, das die Mütter von vornherein in Besitz nehmen wollen. Der Königssohn hilft Rapunzel, sich von der Zauberin-Mutter zu lösen, aber es ist ein schwerer Weg für sie und auch für ihn.

Die Lebensorte im Märchen sind:

- der Garten – aus Begierde wird die Pflanze gestohlen, das Kind wächst auf.
- der Turm im Wald – Rapunzel wird mit zwölf Jahren abgeschottet, es ist der Beginn der Pubertät. Der Königssohn erblickt Rapunzel am Fenster des Turms und überwindet daraufhin die Mauer.
- die Wüstenei – Rapunzel ist an diesem armseligen Ort allein gelassen und auf sich gestellt, aber sie schafft es, ihr Leben in die Hand zu nehmen. Dann findet der Königssohn zu ihr, sie erlösen sich gegenseitig, das gemeinsame Leben beginnt.

··› Fragen zum Text: LB-Seite 67

Arbeitsheft / Kopiervorlagen

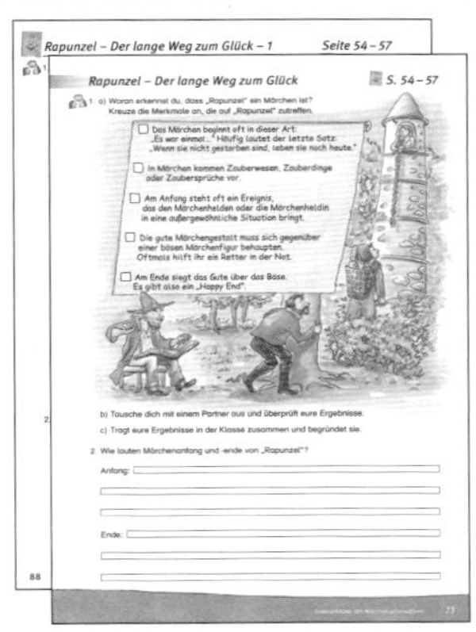

AH LB S. 23
KV 30
Lösungen S. 290

Rapunzel – Der lange Weg zum Glück – 1, – 2 und **– 3**

Auf dem Arbeitsblatt **Rapunzel – 1** werden typische Textmerkmale eines Märchens wiederholt, während sich die Arbeitsblätter **Rapunzel – 2** und **– 3** mit der Handlung auseinandersetzen. Diese wird in eigenen Worten wiedergegeben.

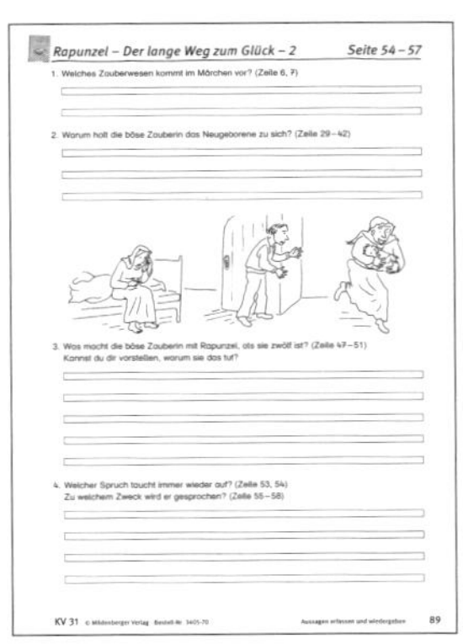

KV 31
Lösungen S. 291

KV 32
Lösungen S. 291

1. a) Woran erkennst du, dass „Rapunzel“ ein Märchen ist?
Kreuze die Merkmale an, die auf „Rapunzel“ zutreffen.

- ☐ Das Märchen beginnt oft in dieser Art: „Es war einmal ...“ Häufig lautet der letzte Satz: „Wenn sie nicht gestorben sind, leben sie noch heute.“
- ☐ In Märchen kommen Zauberwesen, Zauberdinge oder Zaubersprüche vor.
- ☐ Am Anfang steht oft ein Ereignis, das den Märchenhelden oder die Märchenheldin in eine außergewöhnliche Situation bringt.
- ☐ Die gute Märchengestalt muss sich gegenüber einer bösen Märchenfigur behaupten. Oftmals hilft ihr ein Retter in der Not.
- ☐ Am Ende siegt das Gute über das Böse. Es gibt also ein „Happy End“.

b) Tausche dich mit einem Partner aus und überprüft eure Ergebnisse.

c) Tragt eure Ergebnisse in der Klasse zusammen und begründet sie.

2. Wie lauten Märchenanfang und -ende von „Rapunzel“?

Anfang: ______________________________

____

____

Ende: ______________________________

____

____

1. Welches Zauberwesen kommt im Märchen vor? (Zeile 6, 7)

2. Warum holt die böse Zauberin das Neugeborene zu sich? (Zeile 29 – 42)

3. Was macht die böse Zauberin mit Rapunzel, als sie zwölf ist? (Zeile 47 – 51)
Kannst du dir vorstellen, warum sie das tut?

4. Welcher Spruch taucht immer wieder auf? (Zeile 53, 54)
Zu welchem Zweck wird er gesprochen? (Zeile 55 – 58)

5. Wer hilft Rapunzel und wie wurde derjenige auf sie aufmerksam? (Zeile 59 – 65)

6. Wie erfährt die böse Zauberin vom Königssohn? (Zeile 93)

7. Wie bestraft die Zauberin Rapunzel? (Zeile 95, 96)

8. Aber wie kommt es doch zu einem glücklichen Ende? (Zeile 116 – 125)

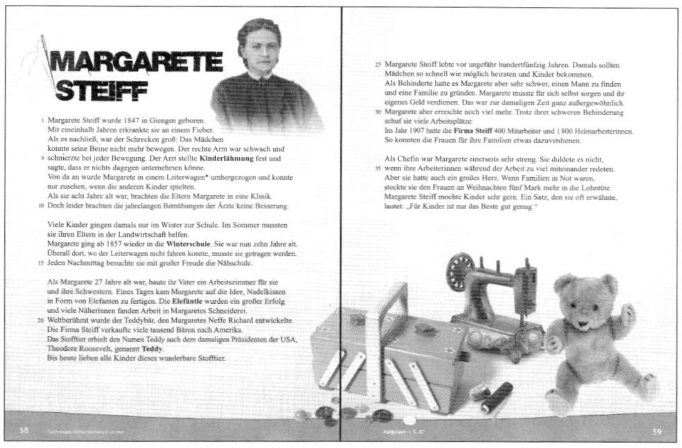

Kompetenzbereiche

Texte verstehen / Umgangsformen mit Texten

Autor

Bettina Erdmann, geb. 1971 in Mutlangen bei Schwäbisch-Gmünd, Baden-Württemberg, ist Lehrerin und Verfasserin von Kinderbüchern sowie Unterrichtshilfen.

Inhalt und Thematik

Der Text beschreibt den Lebenslauf von Margarete Steiff, die das bekannte Stofftier-Unternehmen gegründet hat.

Margarete Steiff erkrankt mit eineinhalb Jahren an Kinderlähmung und bleibt trotz mehrfacher ärztlicher Behandlung an den Beinen gelähmt. In frühen Jahren kommt sie durch die Hilfe anderer damit zurecht und geht gern in die Nähschule, eine übliche Ausbildung für Mädchen jener Zeit. Als sie erwachsen ist, richtet ihr Vater für sie und ihre Schwestern ein Arbeitszimmer ein, eine kleine Schneiderei. Mit ihrer Idee, ein Nadelkissen in Form eines kleinen Elefanten herzustellen, hat sie viel Erfolg. Sie kann die Schneiderei vergrößern und fertigt nun Stofftiere an. Ihr Neffe Richard erfindet den Teddybären, der der Firma zum Durchbruch verhilft.

Der Text beschreibt im weiteren Verlauf die Situation von Margarete Steiff als Frau in der damaligen Zeit und hebt ihre unternehmerischen Fähigkeiten hervor.

Hinweise zum Unterricht

Die Schüler lernen eine historische Persönlichkeit kennen, deren Namen ihnen wahrscheinlich über ihre Stofftiere geläufig ist. Dadurch ist ein gewisses Grundinteresse vorhanden und Informationen zu „vergangenen Zeiten“ werden eher aufgenommen.

⇢ Fragen zum Text: LB-Seite 67

Arbeitsheft / Kopiervorlagen

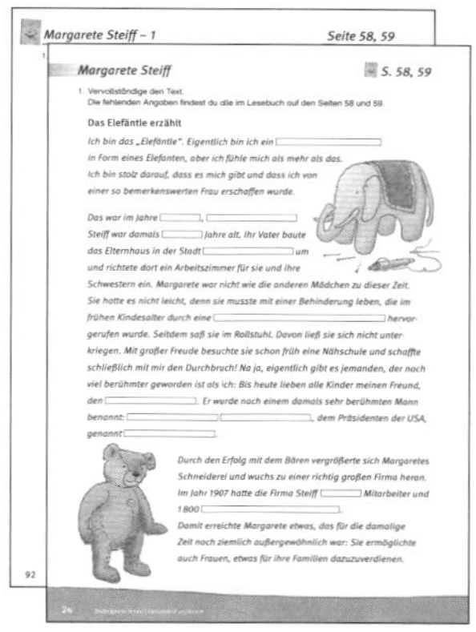

AH LB S. 24
KV 33
Lösungen S. 292

AH LB S. 25
KV 34
Lösungen S. 292

Margarete Steiff – 1 und **– 2**

Aus der Perspektive des „Elefäntles“, der ersten Erfolgskreation von Margarete Steiff, wird auf den Arbeitsblättern **Margarete Steiff – 1** und **– 2** der Werdegang der Unternehmerin skizziert. Außerdem wird die persönliche Bindung zu dem Thema mithilfe eines frei zu schreibenden Textes gefördert.

1. Vervollständige den Text.
   Die fehlenden Angaben findest du alle im Lesebuch auf den Seiten 58 und 59.

Das Elefäntle erzählt

Ich bin das „Elefäntle“. Eigentlich bin ich ein ____________ in Form eines Elefanten, aber ich fühle mich als mehr als das. Ich bin stolz darauf, dass es mich gibt und dass ich von einer so bemerkenswerten Frau erschaffen wurde.

Das war im Jahre ________, ____________ Steiff war damals ________ Jahre alt. Ihr Vater baute das Elternhaus in der Stadt ____________ um und richtete dort ein Arbeitszimmer für sie und ihre Schwestern ein. Margarete war nicht wie die anderen Mädchen zu dieser Zeit. Sie hatte es nicht leicht, denn sie musste mit einer Behinderung leben, die im frühen Kindesalter durch eine ____________ hervorgerufen wurde. Seitdem saß sie im Rollstuhl. Davon ließ sie sich nicht unterkriegen. Mit großer Freude besuchte sie schon früh eine Nähschule und schaffte schließlich mit mir den Durchbruch! Na ja, eigentlich gibt es jemanden, der noch viel berühmter geworden ist als ich: Bis heute lieben alle Kinder meinen Freund, den ____________. Er wurde nach einem damals sehr berühmten Mann benannt: ____________ ____________, dem Präsidenten der USA, genannt ____________.

Durch den Erfolg mit dem Bären vergrößerte sich Margaretes Schneiderei und wuchs zu einer richtig großen Firma heran. Im Jahr 1907 hatte die Firma Steiff ________ Mitarbeiter und 1800 ____________.

Damit erreichte Margarete etwas, das für die damalige Zeit noch ziemlich außergewöhnlich war: Sie ermöglichte auch Frauen, etwas für ihre Familien dazuzuverdienen.

Margarete war eine tolle Chefin, obwohl sie auch ziemlich ________ sein konnte. Zum Beispiel duldete sie es nicht, wenn ihre Arbeiterinnen während der Arbeit zu viel miteinander redeten.

Aber vor allem hatte sie ein großes Herz. An Weihnachten ________ ________ ________ ________ fünf Mark mehr ________ ________ ________, wenn deren Familien in Not waren.

Margarete Steiff mochte Kinder sehr gern. Ein Satz, den sie oft erwähnte, lautete: „________ ________ ________ ________ ________ ________ ________ ________."

Und damit hat sie uns gemeint, mich, das Elefäntle, und meinen Freund Teddy und die vielen, vielen anderen Stofftiere, die uns gefolgt sind. Wir sind das Beste und freuen uns wie Margarete, wenn uns ein freudestrahlendes Kind in die Arme schließt und am liebsten nie wieder hergeben würde!

2. Hast du die Lösungen im Text schnell gefunden?
   Was kann dir dabei helfen? Sprich mit einem Partner darüber.

3. Hast du auch Stofftiere? Welches ist dein Lieblingsstofftier?
   Zu welcher Gelegenheit hast du es bekommen? Schreibe auf.

Kompetenzbereiche

Texte verstehen / Umgangsformen mit Texten

Inhalt und Thematik

Während der Text über Margarete Steiff eine herausragende Persönlichkeit der Zeit der Industrialisierung vorstellt, wird in der vorliegenden Geschichte ein Einblick in die ärmlichen Lebensumstände einer Arbeiterfamilie derselben Epoche gegeben. „Guckloch" für die Schüler ist der Geburtstag von Hertha.

Der Text erklärt zunächst, weshalb zu jener Zeit viele Familien ihr Dorf verlassen und in die Stadt ziehen, und schildert kurz die Situation der Arbeiterfamilien. Es folgt die Erzählung von Herthas Geburtstag vom Morgen bis zum Abend, in der folgende Inhalte mehr oder weniger ausführlich veranschaulicht werden:

- zum Familienleben: Kinderreichtum, äußerst beengte Wohnverhältnisse, einfachste Ernährung, lange Arbeitszeiten (Vater), Mangel an Kleidung und Schuhen, Verwertung jeglicher Reste von Materialien, hohe Arbeitsbelastung (Mutter);
- zur Schule: strenger Unterricht, hohe Anzahl von Schülern, zwei Klassen in einem Klassenraum;
- zum Leben der Kinder: bekannte Hüpf- und Kreisspiele, Kinderarbeit und Fürsorgepflichten in der Familie.

Hinweise zum Unterricht

Tipp 5

Lesetipp 5 – Bilder zum Text beachten
Beachte die Fotos und Bilder zu einem Text. Sie verraten dir viel über das, was in der Geschichte geschieht. Sie zeigen zum Beispiel den Ort, wo die Geschichte spielt, und die Hauptpersonen. Du kannst auch erkennen, ob es eine wirkliche Geschichte oder eine unwirkliche Geschichte ist, zum Beispiel ein Märchen.

⇢ Fragen zum Text: LB-Seite 68

Arbeitsheft / Kopiervorlagen

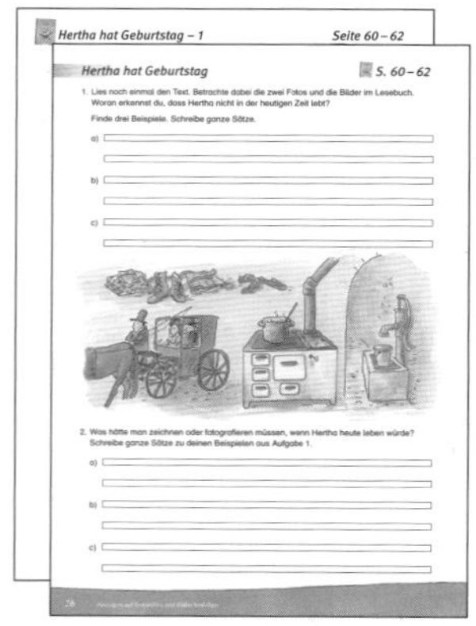

AH LB S. 26
KV 35
Lösungen S. 293

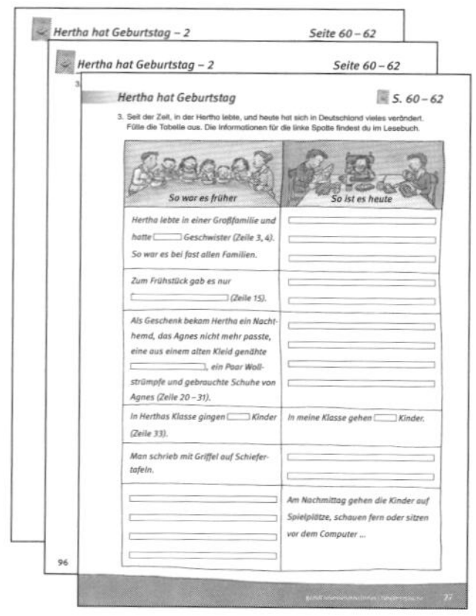

AH LB S. 27
KV 36 a/b
Lösungen S. 293

Herta hat Geburtstag – 1 und – 2

Mithilfe der Arbeitsblätter **Hertha hat Geburtstag – 1** und **– 2** wird die historische Kontextualisierung gefördert: Woran kann man erkennen, dass Hertha in einer vergangenen Zeit gelebt hat? Wie würde sie heute leben?

Ⓓ In der Variante KV 36 a helfen Zeilenangaben, die fehlenden Informationen zu ergänzen.

1. Lies noch einmal den Text. Betrachte dabei die zwei Fotos und die Bilder im Lesebuch. Woran erkennst du, dass Hertha nicht in der heutigen Zeit lebt?

   Finde drei Beispiele. Schreibe ganze Sätze.

   a) ______________________________

   ____

   b) ______________________________

   ____

   c) ______________________________

   ____

2. Was hätte man zeichnen oder fotografieren müssen, wenn Hertha heute leben würde? Schreibe ganze Sätze zu deinen Beispielen aus Aufgabe 1.

   a) ______________________________

   ____

   b) ______________________________

   ____

   c) ______________________________

   ____

3. Seit der Zeit, in der Hertha lebte, und heute hat sich in Deutschland vieles verändert. Fülle die Tabelle aus. Die Informationen für die linke Spalte findest du im Lesebuch.

 ***So war es früher***	 ***So ist es heute***
Hertha lebte in einer Großfamilie und hatte ______ *Geschwister (Zeile 3, 4). So war es bei fast allen Familien.*	______ ______ ______
Zum Frühstück gab es nur ______ *(Zeile 15).*	______ ______
Als Geschenk bekam Hertha ein Nachthemd, das Agnes nicht mehr passte, eine aus einem alten Kleid genähte ______*, ein Paar Wollstrümpfe und gebrauchte Schuhe von Agnes (Zeile 20 – 31).*	______ ______ ______ ______
In Herthas Klasse gingen ______ *Kinder (Zeile 33).*	*In meine Klasse gehen* ______ *Kinder.*
Man schrieb mit Griffel auf Schiefertafeln.	______ ______
______ ______ ______ ______	*Am Nachmittag gehen die Kinder auf Spielplätze, schauen fern oder sitzen vor dem Computer …*

3. Seit der Zeit, in der Hertha lebte, und heute hat sich in Deutschland vieles verändert. Fülle die Tabelle aus. Die Informationen für die linke Spalte findest du im Lesebuch.

 *So war es früher*	 *So ist es heute*
Hertha lebte in einer Großfamilie und hatte ____ Geschwister. So war es bei fast allen Familien.	____ ____ ____
Zum Frühstück gab es nur ____.	____ ____
Als Geschenk bekam Hertha ein Nachthemd, das Agnes nicht mehr passte, eine aus einem alten Kleid genähte ____, ein Paar Wollstrümpfe und gebrauchte Schuhe von Agnes.	____ ____ ____ ____
In Herthas Klasse gingen ____ Kinder.	*In meine Klasse gehen ____ Kinder.*
Man schrieb mit Griffel auf Schiefertafeln.	____ ____
____ ____ ____ ____	*Am Nachmittag gehen die Kinder auf Spielplätze, schauen fern oder sitzen vor dem Computer …*

  gezielt Informationen finden | Tabelle ergänzen

Kompetenzbereiche

Texte verstehen / Umgangsformen mit Texten

Autor

Gerald Jatzek, geb. 1956 in Wien, ist ein österreichischer Musiker und Autor, vor allem von Kinderbüchern, aber auch von Hörspielen und Kindertheaterstücken.

Inhalt und Thematik

Ob in der Physik, Geschichte oder Philosophie – der Begriff „Zeit" hat vielfältige Dimensionen. Zeit ist gleichzeitig ein bestimmender Faktor in unserem Leben. Das Gedicht geht dem, was Zeit ist, auf die Spur und nimmt auf, wie Zeit erlebt werden kann.

Strophe 1 veranschaulicht, dass Zeit kein konkret fassbares Ding ist, das man wieder auffinden könnte. Man kann sie auch nicht kaufen oder borgen, wie in Strophe 3 gesagt wird. Jeder hat also „seine" Zeit, die er in verschiedener Weise verwenden kann. In Strophe 2 und 4 werden durch bekannte Redewendungen negative und positive Möglichkeiten genannt. Diese Reihe kann leicht erweitert werden. Zu bemerken ist, dass der Begriff „Zeit" in den aufgeführten Redewendungen nicht ihren Verlauf hervorhebt, sondern ihren Wert.

In den bisher genannten „Verwendungen von Zeit" kommt zum Ausdruck, dass der Mensch an Zeit gebunden ist. Anders klingen die jeweils letzten beiden Zeilen der Strophen 2 und 3. Sie enthalten Betrachtungen, die die Unabhängigkeit des Menschen von Zeit hervorheben. Ein lockerer Kommentar zum Thema „Zeit" schließt das Gedicht ab.

Hinweise zum Unterricht

Für die Schüler kann das Gedicht eine Art philosophischer Ausflug sein. Sie überlegen sich, was Zeit eigentlich bedeutet. Ganz praktisch macht das Gedicht durch die Redewendungen darauf aufmerksam, was man mit seiner Zeit tun kann.

Das Verständnis des Gedichts kann gefördert werden, wenn es zu zweit vorgelesen wird mit dem Wechsel innerhalb der Strophen: Zeile 1 und 2, dann Zeile 3 und 4.

⇢ Fragen zum Text: LB-Seite 69

Arbeitsheft / Kopiervorlagen

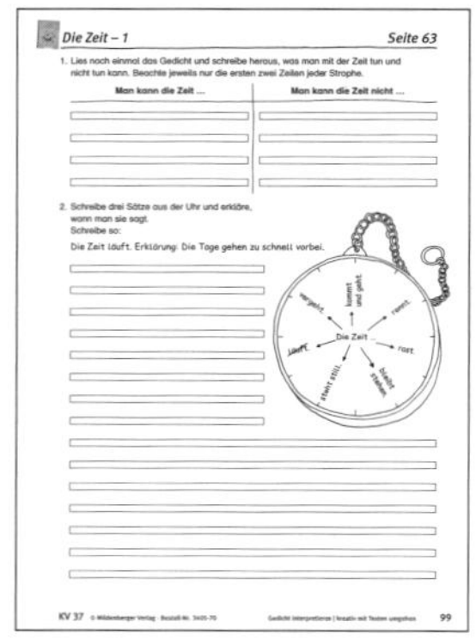

KV 37
Lösungen S. 294

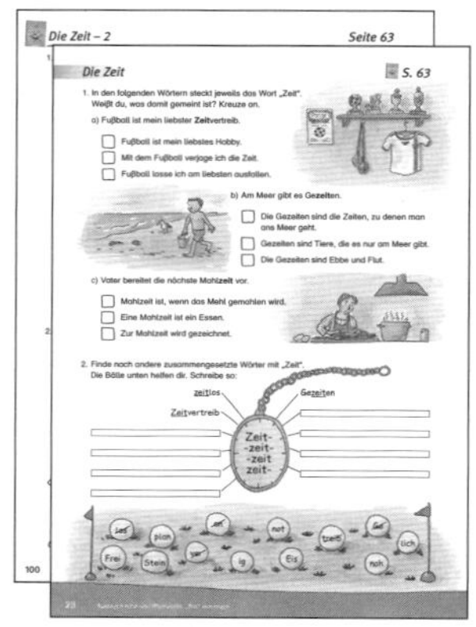

AH LB S. 28
KV 38
Lösungen S. 294

Die Zeit – 1 und **– 2**

Auf den Arbeitsblättern **Die Zeit – 1** und **– 2** wird das breite Feld der Sprichwörter rund um den Begriff Zeit sowie das Wortfeld „Zeit" erarbeitet und ergründet.

1. Lies noch einmal das Gedicht und schreibe heraus, was man mit der Zeit tun und nicht tun kann. Beachte jeweils nur die ersten zwei Zeilen jeder Strophe.

Man kann die Zeit ...	Man kann die Zeit nicht ...

2. Schreibe drei Sätze aus der Uhr und erkläre, wann man sie sagt.
Schreibe so:

Die Zeit läuft. Erklärung: Die Tage gehen zu schnell vorbei.

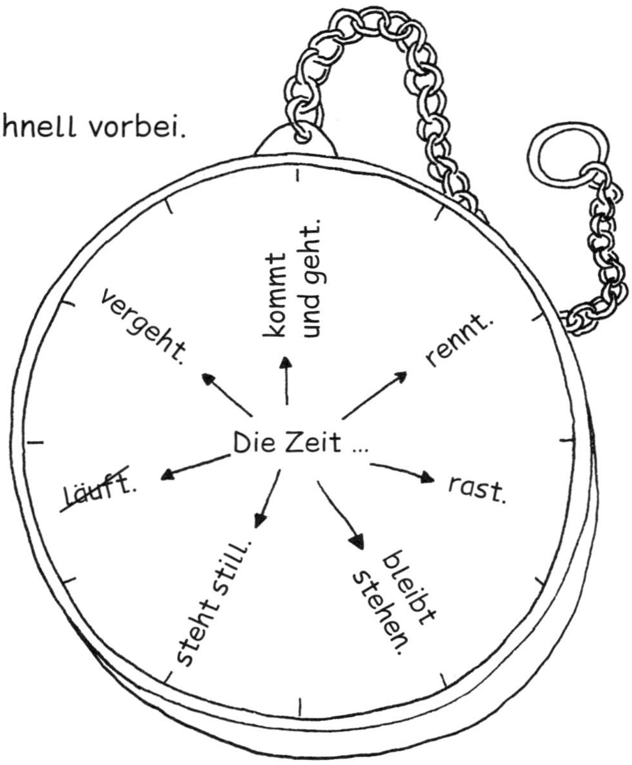

1. In den folgenden Wörtern steckt jeweils das Wort „Zeit“. Weißt du, was damit gemeint ist? Kreuze an.

a) Fußball ist mein liebster **Zeit**vertreib.

- ☐ Fußball ist mein liebstes Hobby.
- ☐ Mit dem Fußball verjage ich die Zeit.
- ☐ Fußball lasse ich am liebsten ausfallen.

b) Am Meer gibt es Ge**zeit**en.

- ☐ Die Gezeiten sind die Zeiten, zu denen man ans Meer geht.
- ☐ Gezeiten sind Tiere, die es nur am Meer gibt.
- ☐ Die Gezeiten sind Ebbe und Flut.

c) Vater bereitet die nächste Mahl**zeit** vor.

- ☐ Mahlzeit ist, wenn das Mehl gemahlen wird.
- ☐ Eine Mahlzeit ist ein Essen.
- ☐ Zur Mahlzeit wird gezeichnet.

2. Finde noch andere zusammengesetzte Wörter mit „Zeit“. Die Bälle unten helfen dir. Schreibe so:

zeitlos

Zeitvertreib

Gezeiten

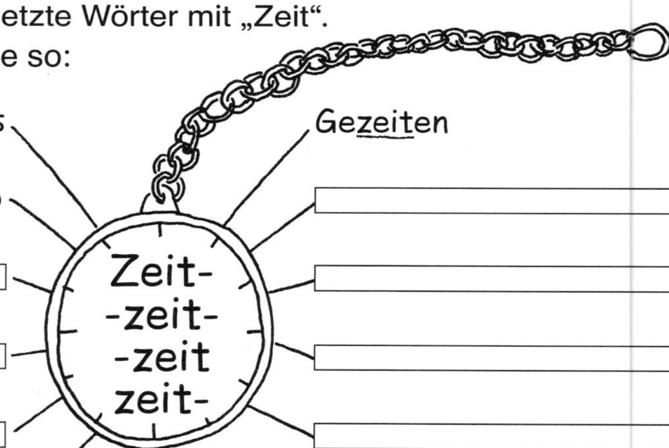

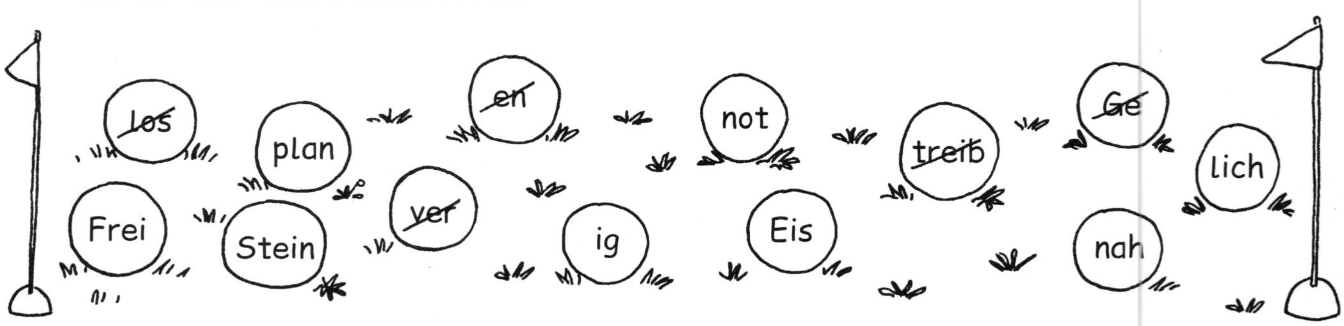

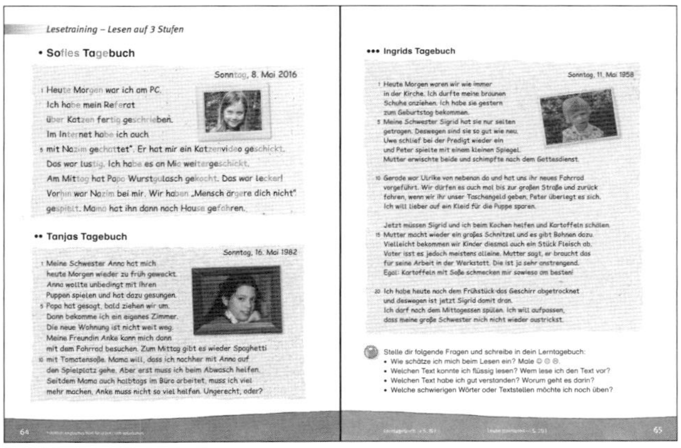

Kompetenzbereiche

Texte verstehen / Umgangsformen mit Texten

Inhalt und Thematik

Drei Tagebucheinträge bieten Einblick in den Alltag von drei gleichaltrigen Mädchen zu unterschiedlichen Momenten der Zeitgeschichte.

Das Mädchen Sofie berichtet aus der Jetzt-Zeit von ihrem selbstverständlichen Umgang mit modernen Medien und ihrer Verabredung mit einem Freund, mit dem sie sowohl digital als auch real Kontakt hat.

Tanja ist ein Mädchen aus der Elterngeneration von Sofie, geboren in den 70er-Jahren. Sie hat ganz eigene Themen für ihr Tagebuch. Sie muss sich ein Zimmer mit ihrer Schwester teilen und freut sich auf das eigene Zimmer, das sie nach dem Umzug haben wird.

Ingrid ist Ende der 50er-Jahre wiederum noch eine Generation weiter in der Vergangenheit und hat einen Alltag, der für heutige Kinder noch schwerer nachzuvollziehen sein dürfte als der von Tanja.
Ingrid und ihre Geschwister sind vier Kinder zu Hause, nur der Vater bekommt regelmäßig (sonntags) Fleisch zu essen, der Kirchgang der ganzen Familie ist selbstverständlich und ebenso die Unterstützung der Mädchen im Haushalt.

Allen drei Tagebucheinträgen sind verschiedene Themen gemeinsam, sodass die drei Texte auch vergleichend betrachtet werden können:

- Mittagessen: Was gibt es? Wer bereitet es zu?
- Hausarbeit: Was müssen die Mädchen tun?
- Kinderzimmer: Haben die Mädchen ein Einzelzimmer oder teilen sie es sich mit Geschwistern?
- Freundinnen / Freunde: Was spielen sie und womit?
- Transportmittel: Staunen bei Ingrid über das Fahrrad, während Sofies Freund selbstverständlich mit dem Auto nach Hause gebracht wird.

Hinweise zum Unterricht

Die Verbesserung der Lesefähigkeit steht im Fokus. Jedes Kind kann entsprechend seines Lernstands ein passendes Leseangebot aus den drei Texten auswählen. Das Anforderungsniveau der Texte ist auf den Seiten zum Lesetraining mit einem Punktesystem markiert:

- • Stufe 1: Mindeststandard
- •• Stufe 2: Regelstandard
- ••• Stufe 3: Expertenstandard

Durch eine größere Schrift sowie die zweifarbige Kennzeichnung der einzelnen Silben im Text auf Lesestufe 1 werden die Kinder beim Lesen unterstützt.

Wer auf Lesestufe 1 bzw. 2 liest, kann durch nachhaltiges Üben dazu angeregt und motiviert werden, auch die nächste Lesestufe zu bewältigen.

Ein Lerntagebuch bzw. Lerngespräch mit den Schülern dient dazu, die Selbstreflexion der Kinder über ihre Lernprozesse anzuregen und Gedanken, Erfolge und Schwierigkeiten beim Lesen und Vorlesen der Texte (schriftlich) festzuhalten. Die Fragen unterhalb des Textes auf Lesestufe 3 geben den Kindern Impulse, Eintragungen in ihrem Lerntagebuch vorzunehmen. Hilfen zum Führen eines Lerntagebuchs werden im Lesebuch, Werkstatt-Teil, Seite 197 angeboten.

Weitere Anregungen zum Einsatz der Lesetraining-Seiten finden Sie im Handbuch, Seite 15 ff.

Arbeitsheft / Kopiervorlage

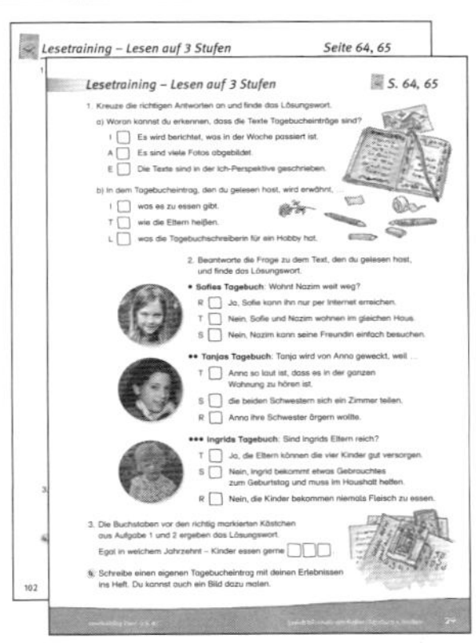

AH LB S. 29
KV 39
Lösungen S. 295

Lesetraining – Lesen auf 3 Stufen

Das Arbeitsblatt fragt mittels Multiple-Choice Informationen aus dem Text ab.
Nach einem zweiten Lesen des Textes kann das Arbeitsblatt als selbstständige Verständniskontrolle bearbeitet werden.

Lösungswort: EIS

Lesetraining – Lesen auf 3 Stufen

1. Kreuze die richtigen Antworten an und finde das Lösungswort.

a) Woran kannst du erkennen, dass die Texte Tagebucheinträge sind?

- I ☐ Es wird berichtet, was in der Woche passiert ist.
- A ☐ Es sind viele Fotos abgebildet.
- E ☐ Die Texte sind in der Ich-Perspektive geschrieben.

b) In dem Tagebucheintrag, den du gelesen hast, wird erwähnt, …

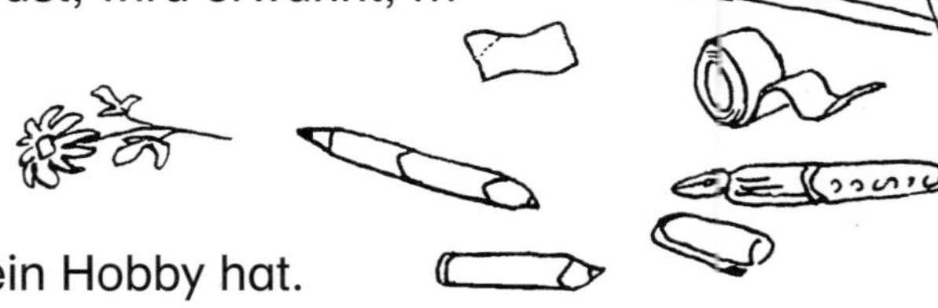

- I ☐ was es zu essen gibt.
- T ☐ wie die Eltern heißen.
- L ☐ was die Tagebuchschreiberin für ein Hobby hat.

2. Beantworte die Frage zu dem Text, den du gelesen hast, und finde das Lösungswort.

● **Sofies Tagebuch**: Wohnt Nazim weit weg?

- R ☐ Ja, Sofie kann ihn nur per Internet erreichen.
- T ☐ Nein, Sofie und Nazim wohnen im gleichen Haus.
- S ☐ Nein, Nazim kann seine Freundin einfach besuchen.

●● **Tanjas Tagebuch**: Tanja wird von Anna geweckt, weil …

- T ☐ Anna so laut ist, dass es in der ganzen Wohnung zu hören ist.
- S ☐ die beiden Schwestern sich ein Zimmer teilen.
- R ☐ Anna ihre Schwester ärgern wollte.

●●● **Ingrids Tagebuch**: Sind Ingrids Eltern reich?

- T ☐ Ja, die Eltern können die vier Kinder gut versorgen.
- S ☐ Nein, Ingrid bekommt etwas Gebrauchtes zum Geburtstag und muss im Haushalt helfen.
- R ☐ Nein, die Kinder bekommen niemals Fleisch zu essen.

3. Die Buchstaben vor den richtig markierten Kästchen aus Aufgabe 1 und 2 ergeben das Lösungswort.

   Egal in welchem Jahrzehnt – Kinder essen gerne ☐☐☐.

4. Schreibe einen eigenen Tagebucheintrag mit deinen Erlebnissen ins Heft. Du kannst auch ein Bild dazu malen.

3. Beschreibe, wie das Schlaraffenland für dich aussehen würde.

4. In vielen Kühlschränken zu Hause findet man alle Leckereien aus dem Schlaraffenland. Warum ist es nicht gut, so ungezügelt zu essen und zu trinken wie im Gedicht?

Vom dicken fetten Pfannekuchen

Kompetenzbereiche

Texte verstehen / Umgangsformen mit Texten

Quelle

„Märchen und Sagen aus Hannover“ (1854), hrsg. von Theodor Colshorn, 1821–1896, Lehrer und Schriftsteller

Inhalt und Thematik

Es gibt verschiedene Fassungen des Motivs: Ein Pfannkuchen wird lebendig, springt aus der Pfanne und lässt sich von jemand anderem essen als denen, die ihn zubereitet haben.

Im vorliegenden Text wird der Pfannkuchen von drei alten Frauen gebacken, mag sich von ihnen nicht verspeisen lassen und entflieht. Seine beiden Beine stecken in Holzschuhen und man hört durch das lautmalerische „kanntapper, kanntapper“, wie er wegläuft. Der Pfannkuchen begegnet verschiedenen Tieren – hier sind es Hase, Wolf, Ziege, Pferd und Schwein –, die ihn gern fressen möchten. Er verweigert sich ihnen aber und läuft weiter. Die Tiere werden personalisiert durch Zusatznamen, die sich auf körperliche Eigenschaften beziehen, und der Pfannkuchen zählt bei jeder Absage alle diejenigen auf, denen er bisher entwischt ist. Dies zeigt seine Durchsetzungsfähigkeit und weist auf eine andere „Bestimmung“ hin. Zuletzt begegnet er drei hungrigen Waisenkindern und lässt sich gern von ihnen essen.

Das lustige, einer Fabel ähnelnde Märchen enthält die Lehre, dass Essen zuallererst für den Hungrigen da ist und nicht für den, der sich Genuss davon verspricht wie die Tiere, deren „Grundnahrungsmittel“ andere sind, z. B. Gras, Fleisch, Heu etc.

Dem Text ist ein Rezept für „Gefüllte Pfannkuchen“ beigefügt. Die Zubereitung sollte wegen des heißen Fettes nicht ohne Aufsicht geschehen. Natürlich bringen die Schüler Schürzen mit, um ihre Kleidung zu schützen. Kleine Pfannen sind empfehlenswert, damit jeder Schüler einen Pfannkuchen backen kann. Außerdem ist die Verteilung des Teigs darin leichter und der halb gebackene Pfannkuchen kann gut mit einem Wender umgedreht werden. Die Größe der Kochgruppen hängt von den Gegebenheiten in der Schule ab.

Hinweise zum Unterricht

Das gemeinschaftliche Zubereiten gefüllter Pfannkuchen kann zu einem heiteren „sozialen Ereignis“ werden, bei dem allerdings eine gewisse Disziplin erforderlich ist.

Nachdem Dialekte in deutschen Schulen lange verpönt waren, erleben sie nun ein neues Interesse. Die verschiedenen Bezeichnungen für Pfannkuchen bieten Anlass, über regionale sprachliche Unterschiede zu sprechen.

⇢ Fragen zum Text: LB-Seite 82

Arbeitsheft / Kopiervorlage

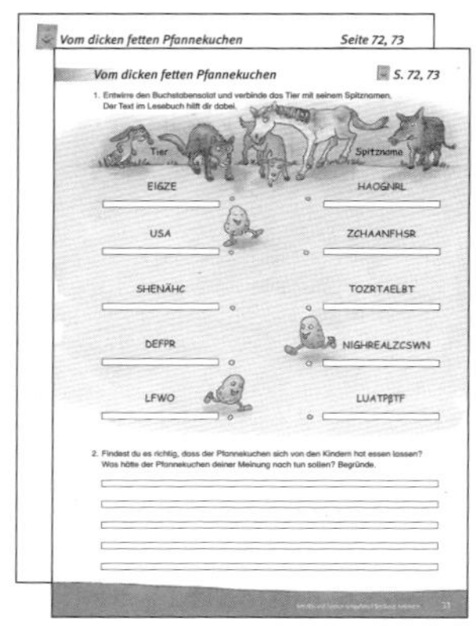

AH LB S. 31
KV 42
Lösungen S. 296

Vom dicken fetten Pfannekuchen

Auf dem Arbeitsblatt **Vom dicken fetten Pfannekuchen** werden die Tiere mit ihren Spitznamen in Verbindung gebracht. In einer Aufgabe wird eine Stellungnahme frei formuliert.

1. Entwirre den Buchstabensalat und verbinde das Tier mit seinem Spitznamen. Der Text im Lesebuch hilft dir dabei.

Tier	Spitzname
EIGZE	HAOGNRL
USA	ZCHAANFHSR
SHENÄHC	TOZRTAELBT
DEFPR	NIGHREALZCSWN
LFWO	LUATPßTF

2. Findest du es richtig, dass der Pfannekuchen sich von den Kindern hat essen lassen? Was hätte der Pfannekuchen deiner Meinung nach tun sollen? Begründe.

Kompetenzbereiche

Texte verstehen / Umgangsformen mit Texten

Quelle

Internetseiten der Deutschen Welthungerhilfe e. V., gegründet 1962

Inhalt und Thematik

Der Text veranschaulicht zunächst die hohe Zahl von Menschen der Erde, die hungern. Sodann werden Gründe genannt, die, neben anderen, Ursache für den Hunger in der Welt sind (Natur, Politik, Wirtschaftsinteressen). Am Beispiel einer Familie in Afrika – Siah, ihr Mann und sechs Kinder – wird deren mangelhafte Ernährung verdeutlicht sowie die gesundheitlichen Folgen von Hunger für Siah und ihre Kinder. Betroffen ist die Bevölkerung insgesamt. Als die drei ärmsten Länder der Erde werden Äthiopien, Benin und Mosambik aufgeführt.

Verbildlicht werden die Nöte dieser drei Länder in Kreisdiagrammen (Tortendiagrammen) zweier beigefügten Schaubilder:

Schaubild A zeigt die Situation in Afrika (Verdienst pro Tag / Unterernährung von Kleinkindern / Zugang zu sauberem Wasser / Zugang zu Sanitäranlagen).

Schaubild B zeigt einen Vergleich dieser Länder mit Deutschland zu Lebenserwartung / Bildungsausgaben / Gesundheitsausgaben.

Hinweise zum Unterricht

Die Schüler erhalten Informationen zum Problem des Hungers in der Welt und interpretieren Schaubilder, die die Notsituation der Menschen verdeutlichen.

Lesetipp 6 – Eigene Kenntnisse einbringen
Was weißt du über das Thema? Hast du eigene Erfahrungen? Bringe dein Wissen zu einem Thema ein: aus Büchern, Fernsehen, Berichten, Internetseiten und Erzählungen. Sprich in der Klasse darüber. Deine Kenntnisse nutzen dir und auch deinen Mitschülern.

··› Fragen zum Text: LB-Seite 82, 83

Arbeitsheft / Kopiervorlagen

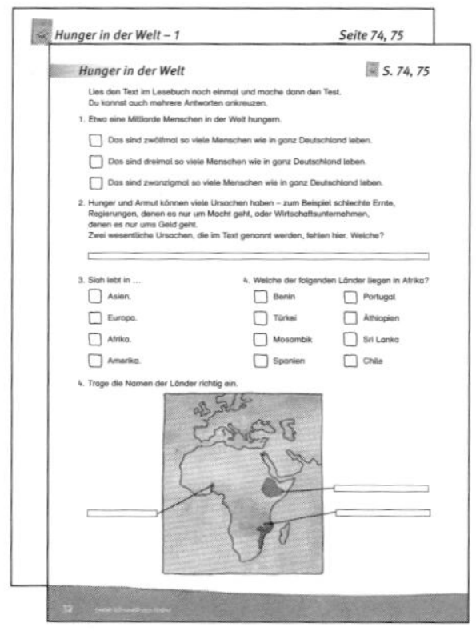

AH LB S. 32
KV 43
Lösungen S. 296

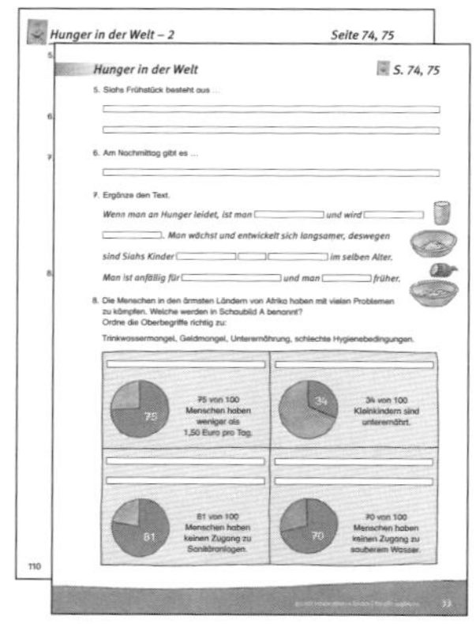

AH LB S. 33
KV 44
Lösungen S. 297

Hunger in der Welt – 1 und **– 2**

Auf den Arbeitsblättern **Hunger in der Welt – 1** und **– 2** werden die im Text genannten Fakten noch einmal aufgegriffen, zusammengefasst und in Kontext gestellt.

Lies den Text im Lesebuch noch einmal und mache dann den Test.
Du kannst auch mehrere Antworten ankreuzen.

1. Etwa eine Milliarde Menschen in der Welt hungern.

- [ ] Das sind zwölfmal so viele Menschen wie in ganz Deutschland leben.
- [ ] Das sind dreimal so viele Menschen wie in ganz Deutschland leben.
- [ ] Das sind zwanzigmal so viele Menschen wie in ganz Deutschland leben.

2. Hunger und Armut können viele Ursachen haben – z. B. schlechte Ernte, Regierungen, denen es nur um Macht geht, oder Wirtschaftsunternehmen, denen es nur ums Geld geht.
Zwei wesentliche Ursachen, die im Text genannt werden, fehlen hier. Welche?

3. Siah lebt in …

- [ ] Asien.
- [ ] Europa.
- [ ] Afrika.
- [ ] Amerika.

4. Welche der folgenden Länder liegen in Afrika?

- [ ] Benin
- [ ] Türkei
- [ ] Mosambik
- [ ] Spanien
- [ ] Portugal
- [ ] Äthiopien
- [ ] Sri Lanka
- [ ] Chile

5. Trage die Namen der Länder richtig ein.

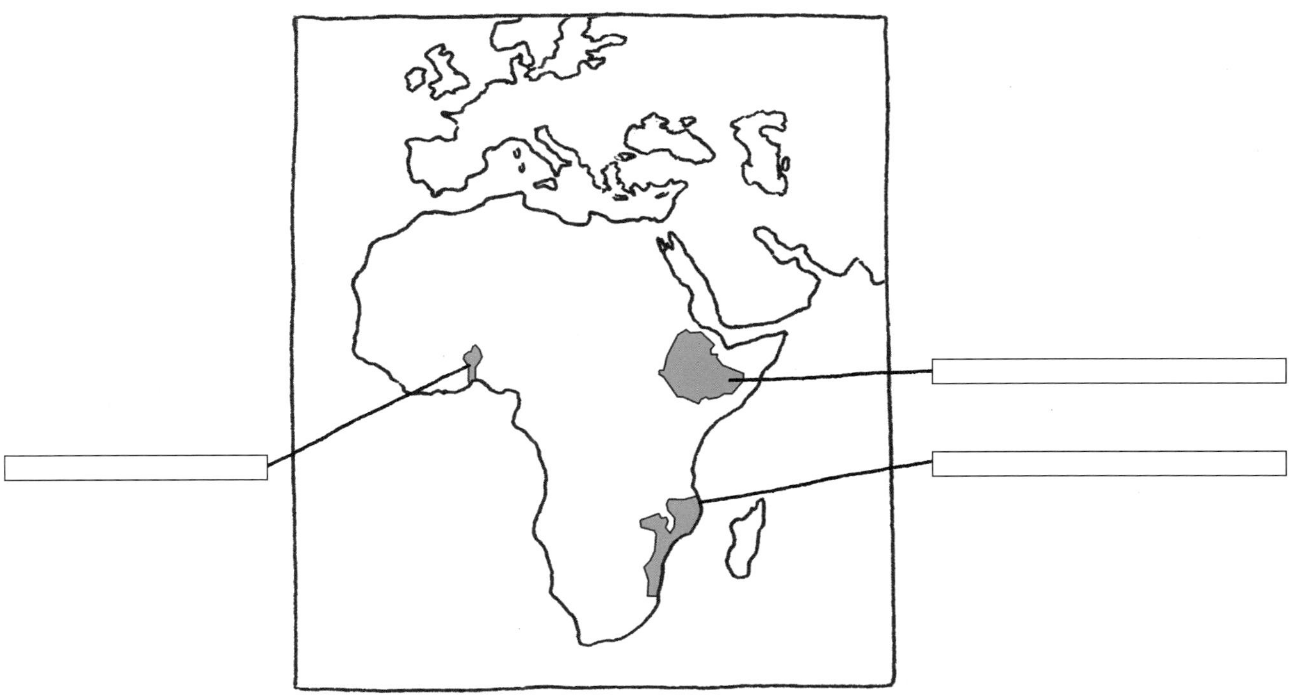

6. Siahs Frühstück besteht aus …

____

____

7. Am Nachmittag gibt es …

____

8. Ergänze den Text.

Wenn man an Hunger leidet, ist man ________ und wird ________ ________. Man wächst und entwickelt sich langsamer, deswegen sind Siahs Kinder ________ ____ ________ im selben Alter. Man ist anfällig für ________ und man ________ früher.

9. Die Menschen in den ärmsten Ländern von Afrika haben mit vielen Problemen zu kämpfen. Welche werden in Schaubild A benannt? Ordne die Oberbegriffe richtig zu:

Trinkwassermangel, Geldmangel, Unterernährung, schlechte Hygienebedingungen.

____

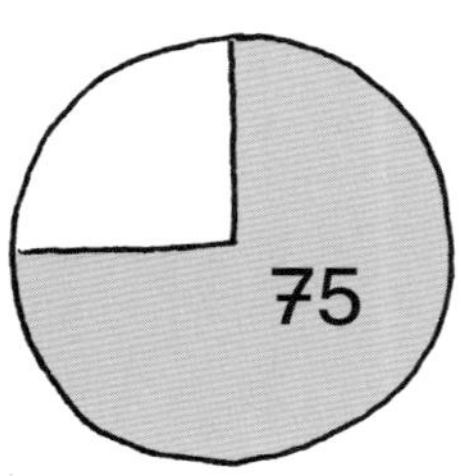

75 von 100 Menschen haben weniger als 1,50 Euro pro Tag.

____

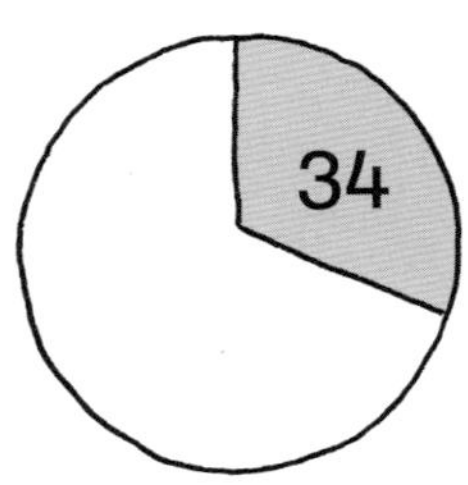

34 von 100 Kleinkindern sind unterernährt.

____

____

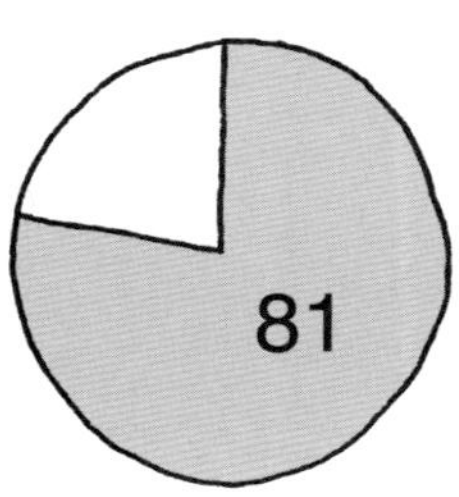

81 von 100 Menschen haben keinen Zugang zu Sanitäranlagen.

____

____

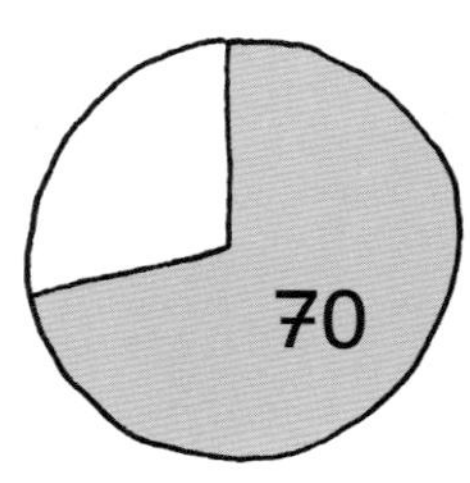

70 von 100 Menschen haben keinen Zugang zu sauberem Wasser.

Kompetenzbereiche

Texte verstehen / Umgangsformen mit Texten

Autor

Peter Härtling, geb. 1933 in Chemnitz, gest. 2017, arbeitete mehrere Jahre als Redakteur und war ab 1974 freier Schriftsteller.

Inhalt und Thematik

Die Geschichte hat sich Ende des letzten Krieges in Deutschland zugetragen. Sie schildert die Notsituation einer Flüchtlingsfamilie und erzählt von einem Jungen, der aus Hunger eine Möhre stiehlt und hart dafür bestraft wird.

Der Leser lernt zunächst die Situation der Familie kennen. Otto, seine Geschwister und seine Mutter sind Flüchtlinge. Nur schwer haben sie Unterkunft in einem kleinen Dorf gefunden: ein Zimmer ohne Betten, in dem sie zu fünft fast ein Jahr lang wohnen. Nicht die kargen Wohnverhältnisse sind das Hauptproblem der Familie, es ist der Hunger. Der Text schildert die Qualen, die Hunger verursacht, und erzählt, wie Ottos Mutter versucht, ihn von seinem Hunger abzulenken.

Manche Dorfbewohner leiden keinen Hunger, sie haben einen Garten oder Vorräte, so auch der Hausbesitzer, bei dem die Familie ihr Zimmer hat. An einem Abend schleicht sich Otto in dessen hoch umzäunten Garten. Es gelingt ihm, zum Möhrenbeet zu kriechen. Aber wie er eine Möhre fassen will, wird er von dem Besitzer gepackt, beschimpft und fortgeschickt. Der Junge behält dieses Ereignis für sich, aber er kann nicht verstehen, warum ihm der Mann, der doch von seinem Hunger wissen musste, nicht wenigstens die eine Möhre gegeben hat.

Die abschließenden Sätze des Textes kommentieren das Ereignis in einer Rückbesinnung: das unverständliche Verhalten des Hausbesitzers gegenüber Otto in seiner Not als Hungerleidender.

Hinweise zum Unterricht

Die geschilderte, tatsächlich erfahrene Notsituation kann Schülern Erkenntnisse auf mehreren Ebenen vermitteln:

- Friedenszeit und Wohlstand sind keine Selbstverständlichkeit.
- Häufige Folgen eines Krieges sind Flucht und Hunger.
- Die Einquartierung von Flüchtlingen kann Fremdenangst und Fremdenfeindlichkeit erzeugen.
- In Notsituationen besteht ein Zwiespalt zwischen Hilfsbereitschaft und eigenem Überlebenswillen.

⇢ Fragen zum Text: LB-Seite 83

Arbeitsheft / Kopiervorlagen

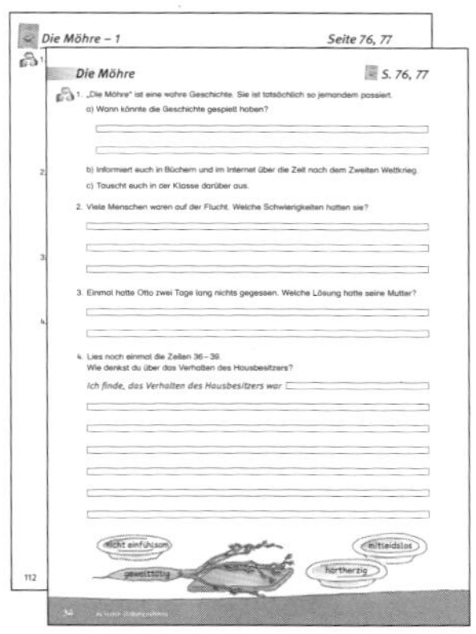

AH LB S. 34
KV 45
Lösungen S. 297

Die Möhre – 1

Auf dem Arbeitsblatt **Die Möhre – 1** wird der historische Kontext der Geschichte noch einmal vertieft und bewusst gemacht. Zum Verhalten der Charaktere wird wertend Stellung genommen.

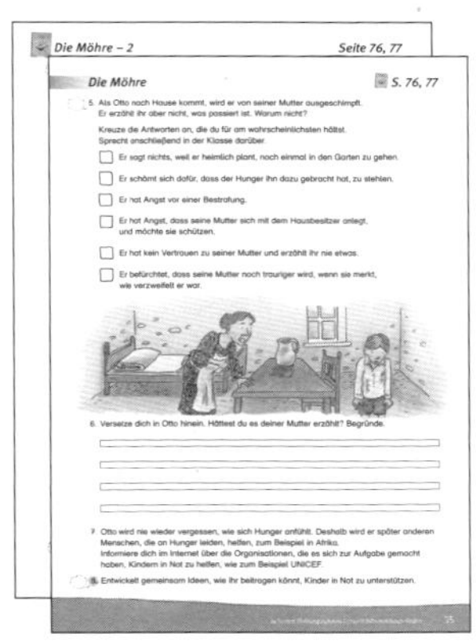

AH LB S. 35
KV 46
Lösungen S. 298

Die Möhre – 2

Auf dem Arbeitsblatt **Die Möhre – 2** versetzen sich die Schüler in den Protagonisten hinein und schreiben einen freien Text.

1. „Die Möhre“ ist eine wahre Geschichte. Sie ist tatsächlich so jemandem passiert.
   a) Wann könnte die Geschichte gespielt haben?

   ____

   ____

   b) Informiert euch in Büchern und im Internet über die Zeit nach dem Zweiten Weltkrieg.

   c) Tauscht euch in der Klasse darüber aus.

2. Viele Menschen waren auf der Flucht. Welche Schwierigkeiten hatten sie?

   ____

   ____

   ____

3. Einmal hatte Otto zwei Tage lang nichts gegessen. Welche Lösung hatte seine Mutter?

   ____

   ____

4. Lies noch einmal die Zeilen 36–39.
   Wie denkst du über das Verhalten des Hausbesitzers?

   Ich finde, das Verhalten des Hausbesitzers war ______________

   ____

   ____

   ____

   ____

   ____

   ____

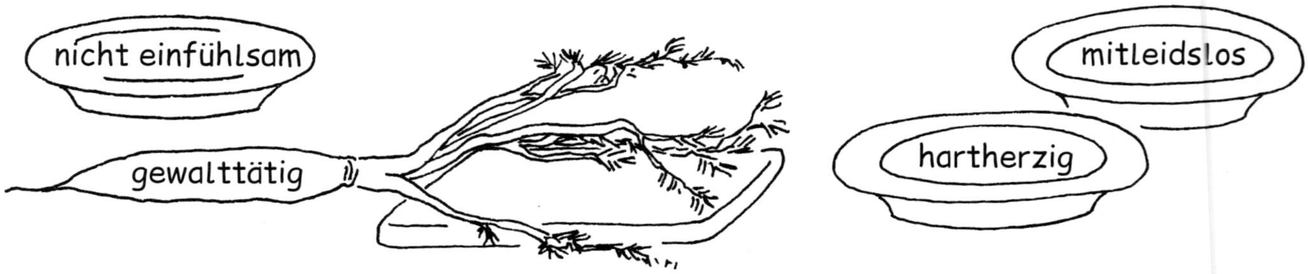

5. Als Otto nach Hause kommt, wird er von seiner Mutter ausgeschimpft. Er erzählt ihr aber nicht, was passiert ist. Warum nicht?

   Kreuze die Antworten an, die du für am wahrscheinlichsten hältst. Sprecht anschließend in der Klasse darüber.

   - ☐ Er sagt nichts, weil er heimlich plant, noch einmal in den Garten zu gehen.
   - ☐ Er schämt sich dafür, dass der Hunger ihn dazu gebracht hat, zu stehlen.
   - ☐ Er hat Angst vor einer Bestrafung.
   - ☐ Er hat Angst, dass seine Mutter sich mit dem Hausbesitzer anlegt, und möchte sie schützen.
   - ☐ Er hat kein Vertrauen zu seiner Mutter und erzählt ihr nie etwas.
   - ☐ Er befürchtet, dass seine Mutter noch trauriger wird, wenn sie merkt, wie verzweifelt er war.

6. Versetze dich in Otto hinein. Hättest du es deiner Mutter erzählt? Begründe.

7. Otto wird nie wieder vergessen, wie sich Hunger anfühlt. Deshalb wird er später anderen Menschen, die an Hunger leiden, helfen, zum Beispiel in Afrika. Informiere dich im Internet über die Organisationen, die es sich zur Aufgabe gemacht haben, Kindern in Not zu helfen, wie zum Beispiel UNICEF.

8. Entwickelt gemeinsam Ideen, wie ihr beitragen könnt, Kinder in Not zu unterstützen.

Heute kocht Nele

Kompetenzbereiche

Texte verstehen / Umgangsformen mit Texten

Autor

Sabine Neuffer, geb. 1953 in Hannover, ist Lehrerin und Verfasserin von Kinderbüchern.

Inhalt und Thematik

Der Textauszug aus dem Kinderbuch „Das Papa-Projekt“ stellt dar, wie ein Mädchen für ihre kleine Familie – Mutter und Tochter – sorgfältig ein Essen zubereitet und es liebevoll serviert. Ihre berufstätige Mutter nimmt sich meist keine Zeit dazu. Sie ist überrascht und schätzt sehr, was ihre Tochter zustande gebracht hat.

Als das Mädchen Nele heimkommt, ist ihre Mutter nach der Arbeit im Garten beschäftigt. Die Mutter will ihr schnell ein Essen zubereiten, aber Nele lehnt ab. Heute will sie kochen und hat schon dafür eingekauft. Der Text schildert, wie Nele nach dem Rezept von Frau Meyerlink, der Lebensmittelhändlerin nebenan, aus natürlichen Zutaten die Tomatensoße zubereitet, den Tisch schön deckt und dann der Mutter ihr selbst gemachtes Gericht serviert: Tomatensoße auf grünen Bandnudeln. Neles Mutter ist begeistert und langt kräftig zu, das Mädchen freut sich und ist stolz auf das gelungene Essen.

Der Text stellt sich dem heute immer wieder zu beobachtenden Mangel an Esskultur entgegen. Man hält sich gern an Fertiggerichte, wie Neles Mutter es tut. Natürliche Zutaten beim Kochen fördern jedoch den Geschmack, ein schön gedeckter Tisch sorgt für eine angenehme Atmosphäre beim gemeinsamen Essen.

Hinweise zum Unterricht

Der Text lädt die Schüler dazu ein, selbst eine Mahlzeit dieser Art vorzubereiten und zu genießen.

⇢ Fragen zum Text: LB-Seite 83

Arbeitsheft / Kopiervorlagen

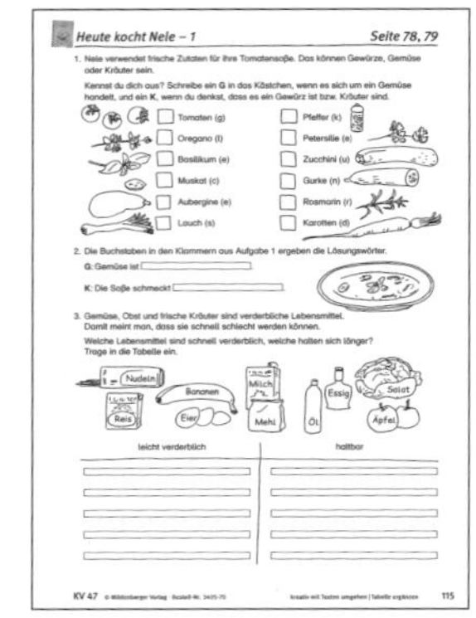

KV 47
Lösungen S. 298

Heute kocht Nele – 1

Das Arbeitsblatt **Heute kocht Nele – 1** vertieft die Thematik durch Lebensmittelkunde.

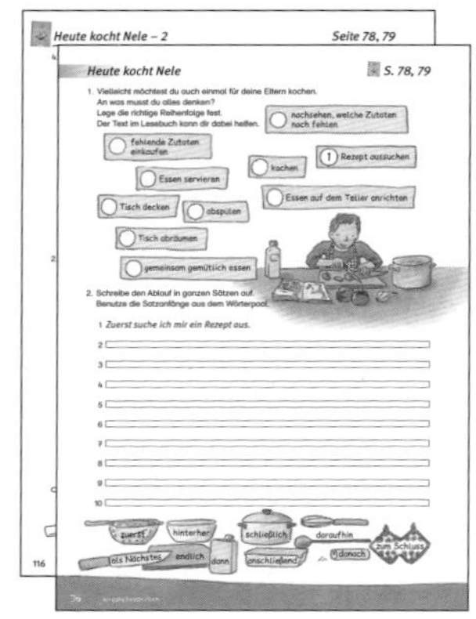

AH LB S. 36
KV 48
Lösungen S. 299

Heute kocht Nele – 2

Auf dem Arbeitsblatt **Heute kocht Nele – 2** wird ein Vorgang beschrieben.

Heute kocht Nele – 1

1. Nele verwendet frische Zutaten für ihre Tomatensoße. Das können Gewürze, Gemüse oder Kräuter sein.

   Kennst du dich aus? Schreibe ein **G** in das Kästchen, wenn es sich um ein Gemüse handelt, und ein **K**, wenn du denkst, dass es ein Gewürz ist bzw. Kräuter sind.

☐	Tomaten (g)	☐	Pfeffer (k)
☐	Oregano (l)	☐	Petersilie (e)
☐	Basilikum (e)	☐	Zucchini (u)
☐	Muskat (c)	☐	Gurke (n)
☐	Aubergine (e)	☐	Rosmarin (r)
☐	Lauch (s)	☐	Karotten (d)

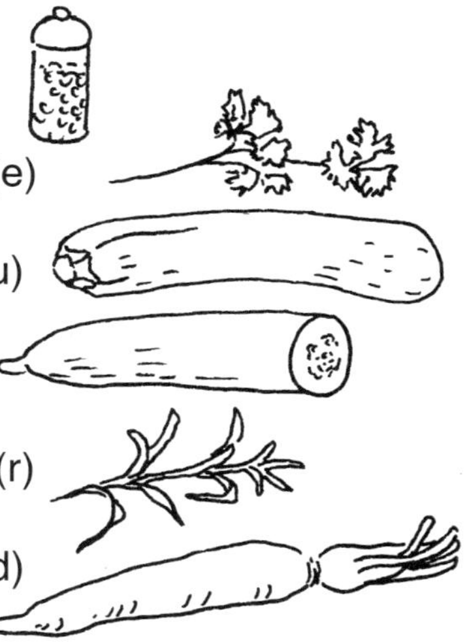

2. Die Buchstaben in den Klammern aus Aufgabe 1 ergeben die Lösungswörter.

   G: Gemüse ist ______________.

   K: Die Soße schmeckt ______________.

3. Gemüse, Obst und frische Kräuter sind verderbliche Lebensmittel. Damit meint man, dass sie schnell schlecht werden können.

   Welche Lebensmittel sind schnell verderblich, welche halten sich länger? Trage in die Tabelle ein.

leicht verderblich	haltbar

4. Vielleicht möchtest du auch einmal für deine Eltern kochen.
   An was musst du alles denken?
   Lege die richtige Reihenfolge fest.
   Der Text im Lesebuch kann dir dabei helfen.

- ◯ nachsehen, welche Zutaten noch fehlen
- ◯ fehlende Zutaten einkaufen
- ◯ Rezept aussuchen
- ◯ kochen
- ◯ Essen servieren
- ◯ Essen auf dem Teller anrichten
- ◯ Tisch decken
- ◯ abspülen
- ◯ Tisch abräumen
- ◯ gemeinsam gemütlich essen

5. Schreibe den Ablauf in ganzen Sätzen auf.
   Benutze die Satzanfänge aus dem Wörterpool.

1 *Zuerst suche ich mir ein Rezept aus.*

2 ______________________________

3 ______________________________

4 ______________________________

5 ______________________________

6 ______________________________

7 ______________________________

8 ______________________________

9 ______________________________

10 ______________________________

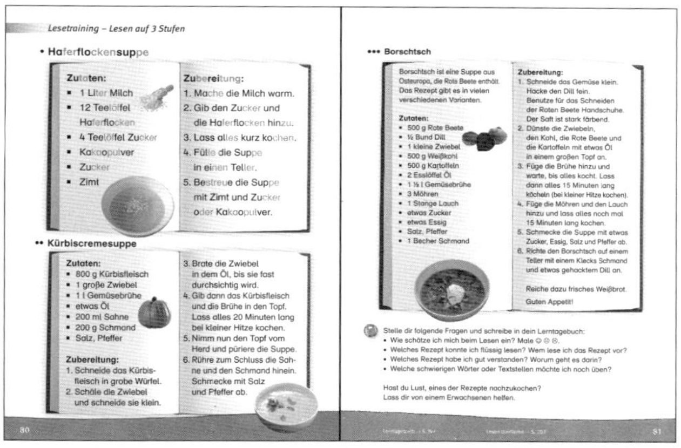

Lesetraining – Lesen auf 3 Stufen

• Haferflockensuppe

Zutaten:
- 1 Liter Milch
- 12 Teelöffel Haferflocken
- 4 Teelöffel Zucker
- Kakaopulver
- Zucker
- Zimt

Zubereitung:
1. Mache die Milch warm.
2. Gib den Zucker und die Haferflocken hinzu.
3. Lass alles kurz kochen.
4. Fülle die Suppe in einen Teller.
5. Bestreue die Suppe mit Zimt und Zucker oder Kakaopulver.

•• Kürbiscremesuppe

Zutaten:
- 800 g Kürbisfleisch
- 1 große Zwiebel
- 1 l Gemüsebrühe
- etwas Öl
- 200 ml Sahne
- 200 g Schmand
- Salz, Pfeffer

Zubereitung:
1. Schneide das Kürbisfleisch in grobe Würfel.
2. Schäle die Zwiebel und schneide sie klein.
3. Brate die Zwiebel in dem Öl, bis sie fast durchsichtig wird.
4. Gib dann das Kürbisfleisch und die Brühe in den Topf. Lass alles 20 Minuten lang bei kleiner Hitze kochen.
5. Nimm nun den Topf vom Herd und püriere die Suppe.
6. Rühre zum Schluss die Sahne und den Schmand hinein. Schmecke mit Salz und Pfeffer ab.

••• Borschtsch

Borschtsch ist eine Suppe aus Osteuropa, die Rote Beete enthält. Das Rezept gibt es in vielen verschiedenen Varianten.

Zutaten:
- 500 g Rote Beete
- ½ Bund Dill
- 1 kleine Zwiebel
- 500 g Weißkohl
- 500 g Kartoffeln
- 2 Esslöffel Öl
- 1 ½ l Gemüsebrühe
- 3 Möhren
- 1 Stange Lauch
- etwas Zucker
- etwas Essig
- Salz, Pfeffer
- 1 Becher Schmand

Zubereitung:
1. Schneide das Gemüse klein. Hacke den Dill fein. Benutze für das Schneiden der Roten Beete Handschuhe. Der Saft ist stark färbend.
2. Dünste die Zwiebeln, den Kohl, die Rote Beete und die Kartoffeln mit etwas Öl in einem großen Topf an.
3. Füge die Brühe hinzu und warte, bis alles kocht. Lass dann alles 15 Minuten lang köcheln (bei kleiner Hitze kochen).
4. Füge die Möhren und den Lauch hinzu und lass alles noch mal 15 Minuten lang kochen.
5. Schmecke die Suppe mit etwas Zucker, Essig, Salz und Pfeffer ab.
6. Richte den Borschtsch auf einem Teller mit einem Klecks Schmand und etwas gehacktem Dill an.

Reiche dazu frisches Weißbrot.
Guten Appetit!

Stelle dir folgende Fragen und schreibe in dein Lerntagebuch:
- Wie schätze ich mich beim Lesen ein? Male ☺ 😐 ☹.
- Welches Rezept konnte ich flüssig lesen? Wem lese ich das Rezept vor?
- Welches Rezept habe ich gut verstanden? Worum geht es darin?
- Welche schwierigen Wörter oder Textstellen möchte ich noch üben?

Hast du Lust, eines der Rezepte nachzukochen?
Lass dir von einem Erwachsenen helfen.

80 81

Kompetenzbereiche

Texte verstehen / Umgangsformen mit Texten

Inhalt und Thematik

Drei Rezepte für Suppen bilden den Abschluss für die Einheit um das Thema „Essen und Trinken". Die Rezepte sind auf verschiedenen Ebenen differenziert – nicht nur, was die Anzahl der Zutaten betrifft, sondern auch mit Blick auf die Art der Zubereitungsbeschreibung und die verwendeten Begriffe dazu.

Die Haferflockensuppe dürfte den „süßen Zahn" der meisten Schüler ansprechen. Es ist ein altes Rezept, das in der Nachkriegszeit und davor den Höhepunkt seiner Verbreitung hatte, aber auch heute noch den kindlichen Geschmack trifft.

Die Kürbiscremesuppe ist nur eine einfache Variante des seit Jahren ungebrochen beliebten Klassikers, der immer wieder im Herbst auf unseren Tisch findet. Die Kinder kennen vielleicht Varianten davon und können erzählen, wie die Kürbiscremesuppe bei ihnen zu Hause zubereitet wird.

Borschtsch ist ein traditionelles Gericht aus Osteuropa, das in den letzten Jahren auch bei uns immer beliebter wurde, wenn es auch wegen der „ungewöhnlichen" Zutaten und wegen des Geschmackes für einige Kinder gewöhnungsbedürftig sein dürfte. Vielleicht kennen aber einige Kinder, z.B. Russlanddeutsche, Kinder mit Migrationshintergrund aus der genannten Region, die Suppe von zu Hause und können so einen Teil ihrer eigenen Kultur und Herkunft in den Unterricht einbringen.

Hinweise zum Unterricht

Die Verbesserung der Lesefähigkeit steht im Fokus. Jedes Kind kann entsprechend seines Lernstands ein passendes Leseangebot aus den drei Texten auswählen. Das Anforderungsniveau der Texte ist auf den Seiten zum Lesetraining mit einem Punktesystem markiert:

- • Stufe 1: Mindeststandard
- •• Stufe 2: Regelstandard
- ••• Stufe 3: Expertenstandard

Durch eine größere Schrift sowie die zweifarbige Kennzeichnung der einzelnen Silben im Text auf Lesestufe 1 werden die Kinder beim Lesen unterstützt.

Wer auf Lesestufe 1 bzw. 2 liest, kann durch nachhaltiges Üben dazu angeregt und motiviert werden, auch die nächste Lesestufe zu bewältigen.

Ein Lerntagebuch bzw. Lerngespräch mit den Schülern dient dazu, die Selbstreflexion der Kinder über ihre Lernprozesse anzuregen und Gedanken, Erfolge und Schwierigkeiten beim Lesen und Vorlesen der Texte (schriftlich) festzuhalten. Die Fragen unterhalb des Textes auf Lesestufe 3 geben den Kindern Impulse, Eintragungen in ihrem Lerntagebuch vorzunehmen. Hilfen zum Führen eines Lerntagebuchs werden im Lesebuch, Werkstatt-Teil, Seite 197 angeboten.

Weitere Anregungen zum Einsatz der Lesetraining-Seiten finden Sie im Handbuch, Seite 15 ff.

Arbeitsheft / Kopiervorlage

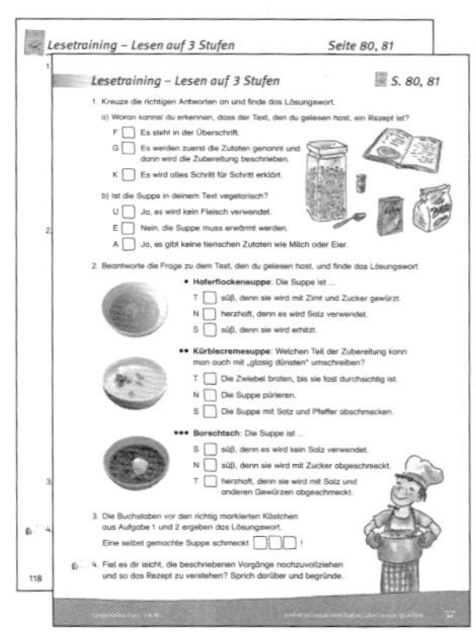

Lesetraining – Lesen auf 3 Stufen S. 80, 81

1. Kreuze die richtigen Antworten an und finde das Lösungswort.
   a) Woran kannst du erkennen, dass der Text, den du gelesen hast, ein Rezept ist?
   F ☐ Es steht in der Überschrift.
   G ☐ Es werden zuerst die Zutaten genannt und dann wird die Zubereitung beschrieben.
   K ☐ Es wird alles Schritt für Schritt erklärt.
   b) Ist die Suppe in deinem Text vegetarisch?
   U ☐ Ja, es wird kein Fleisch verwendet.
   E ☐ Nein, die Suppe muss erwärmt werden.
   A ☐ Ja, es gibt keine tierischen Zutaten wie Milch oder Eier.
2. Beantworte die Frage zu dem Text, den du gelesen hast, und finde das Lösungswort.
   • **Haferflockensuppe**: Die Suppe ist ...
   T ☐ süß, denn sie wird mit Zimt und Zucker gewürzt.
   N ☐ herzhaft, denn es wird Salz verwendet.
   S ☐ süß, denn sie wird erhitzt.
   •• **Kürbiscremesuppe**: Welchen Teil der Zubereitung kann man auch mit „glasig dünsten" umschreiben?
   T ☐ Die Zwiebel braten, bis sie fast durchsichtig ist.
   N ☐ Die Suppe pürieren.
   S ☐ Die Suppe mit Salz und Pfeffer abschmecken.
   ••• **Borschtsch**: Die Suppe ist ...
   S ☐ süß, denn es wird kein Salz verwendet.
   N ☐ süß, denn sie wird mit Zucker abgeschmeckt.
   T ☐ herzhaft, denn sie wird mit Salz und anderen Gewürzen abgeschmeckt.
3. Die Buchstaben vor den richtig markierten Kästchen aus Aufgabe 1 und 2 ergeben das Lösungswort.
   Eine selbst gemachte Suppe schmeckt ☐☐☐ !
4. Fiel es dir leicht, die beschriebenen Vorgänge nachzuvollziehen und so das Rezept zu verstehen? Sprich darüber und begründe.

AH LB S. 37
KV 49
Lösungen S. 299

Lesetraining – Lesen auf 3 Stufen

Das Arbeitsblatt fragt mittels Multiple-Choice Informationen aus dem Text ab.
Nach einem zweiten Lesen des Textes kann das Arbeitsblatt als selbstständige Verständniskontrolle bearbeitet werden.

Lösungswort: GUT

1. Kreuze die richtigen Antworten an und finde das Lösungswort.

a) Woran kannst du erkennen, dass der Text, den du gelesen hast, ein Rezept ist?

F ☐ Es steht in der Überschrift.

G ☐ Es werden zuerst die Zutaten genannt und dann wird die Zubereitung beschrieben.

K ☐ Es wird alles Schritt für Schritt erklärt.

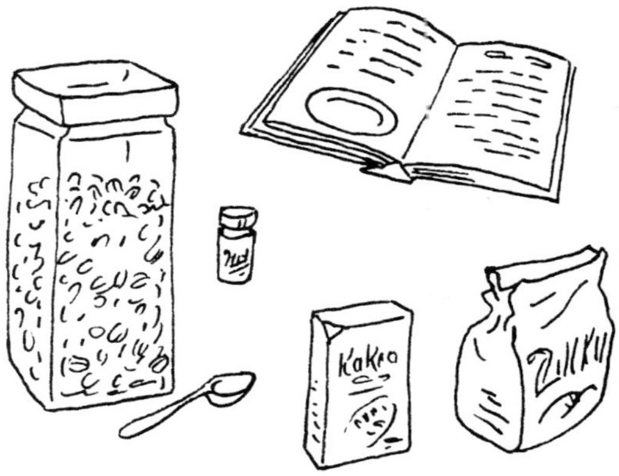

b) Ist die Suppe in deinem Text vegetarisch?

U ☐ Ja, es wird kein Fleisch verwendet.

E ☐ Nein, die Suppe muss erwärmt werden.

A ☐ Ja, es gibt keine tierischen Zutaten wie Milch oder Eier.

2. Beantworte die Frage zu dem Text, den du gelesen hast, und finde das Lösungswort.

● **Haferflockensuppe**: Die Suppe ist ...

T ☐ süß, denn sie wird mit Zimt und Zucker gewürzt.

N ☐ herzhaft, denn es wird Salz verwendet.

S ☐ süß, denn sie wird erhitzt.

●● **Kürbiscremesuppe**: Welchen Teil der Zubereitung kann man auch mit „glasig dünsten“ umschreiben?

T ☐ Die Zwiebel braten, bis sie fast durchsichtig ist.

N ☐ Die Suppe pürieren.

S ☐ Die Suppe mit Salz und Pfeffer abschmecken.

●●● **Borschtsch**: Die Suppe ist ...

S ☐ süß, denn es wird kein Salz verwendet.

N ☐ süß, denn sie wird mit Zucker abgeschmeckt.

T ☐ herzhaft, denn sie wird mit Salz und anderen Gewürzen abgeschmeckt.

3. Die Buchstaben vor den richtig markierten Kästchen aus Aufgabe 1 und 2 ergeben das Lösungswort.

Eine selbst gemachte Suppe schmeckt ☐☐☐ !

4. Fiel es dir leicht, die beschriebenen Vorgänge nachzuvollziehen und so das Rezept zu verstehen? Sprich darüber und begründe.

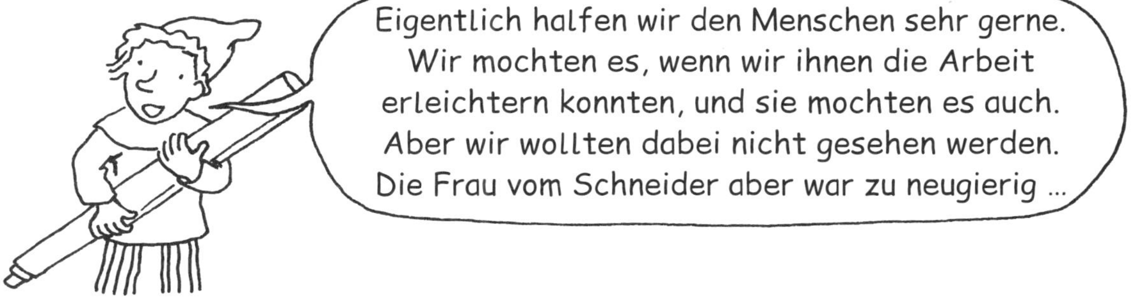

2. Schreibe auf, was die Frau des Schneiders getan hat, um die Heinzelmännchen zu überlisten.

Eines Abends ______________________

____

____

____

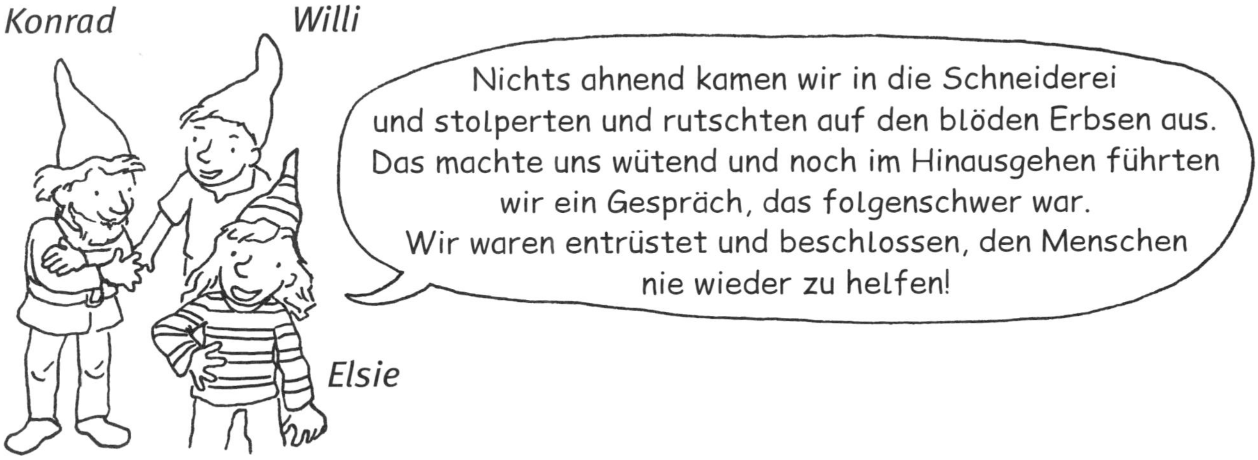

3. Schreibe das Gespräch der Heinzelmännchen.

Nachdem die Heinzelmännchen Konrad, Willi und Elsie Hals über Kopf aus der Schneiderei geflohen sind, sagt Elsie empört: „So eine dumme Gans, die Schneiderfrau!“ ______________________

____

____

____

____

____

____

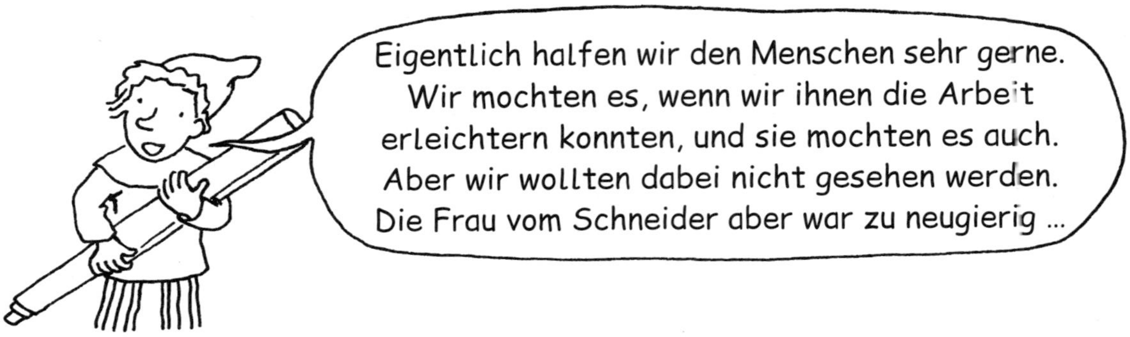

2. Schreibe auf, was die Frau des Schneiders getan hat, um die Heinzelmännchen zu überlisten.

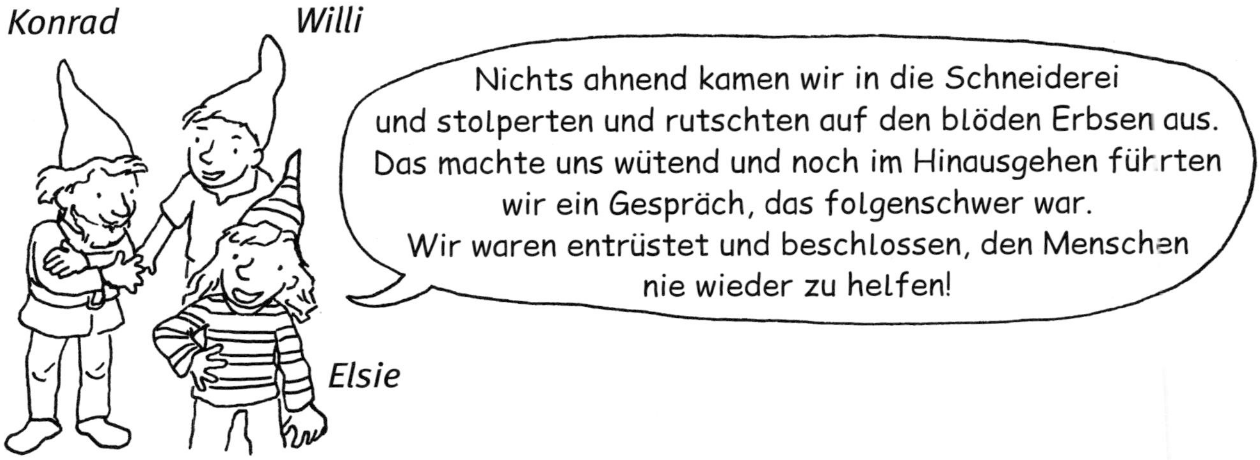

3. Schreibe das Gespräch der Heinzelmännchen.

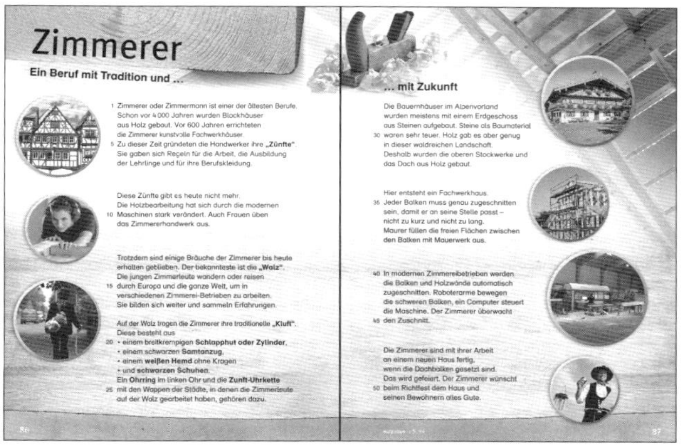

Zimmerer

Ein Beruf mit Tradition und ...

Zimmerer oder Zimmermann ist einer der ältesten Berufe. Schon vor 4000 Jahren wurden Blockhäuser aus Holz gebaut. Vor 600 Jahren errichteten die Zimmerer kunstvolle Fachwerkhäuser. Zu dieser Zeit gründeten die Handwerker ihre **„Zünfte"**. Sie gaben sich Regeln für die Arbeit, die Ausbildung der Lehrlinge und für ihre Berufskleidung.

Diese Zünfte gibt es heute nicht mehr. Die Holzbearbeitung hat sich durch die modernen Maschinen stark verändert. Auch Frauen üben das Zimmererhandwerk aus.

Trotzdem sind einige Bräuche der Zimmerer bis heute erhalten geblieben. Der bekannteste ist die **„Walz"**. Die jungen Zimmerleute wandern oder reisen durch Europa und die ganze Welt, um in verschiedenen Zimmerei-Betrieben zu arbeiten. Sie bilden sich weiter und sammeln Erfahrungen.

Auf der Walz tragen die Zimmerer ihre traditionelle **„Kluft"**. Diese besteht aus
- einem breitkrempigen **Schlapphut oder Zylinder**,
- einem schwarzen **Samtanzug**,
- einem **weißen Hemd** ohne Kragen
- und **schwarzen Schuhen**.

Ein **Ohrring** im linken Ohr und die **Zunft-Uhrkette** mit den Wappen der Städte, in denen die Zimmerleute auf der Walz gearbeitet haben, gehören dazu.

... mit Zukunft

Die Bauernhäuser im Alpenvorland wurden meistens mit einem Erdgeschoss aus Steinen aufgebaut. Steine als Baumaterial waren sehr teuer. Holz gab es aber genug in dieser waldreichen Landschaft. Deshalb wurden die oberen Stockwerke und das Dach aus Holz gebaut.

Hier entsteht ein Fachwerkhaus. Jeder Balken muss genau zugeschnitten sein, damit er an seine Stelle passt – nicht zu kurz und nicht zu lang. Maurer füllen die freien Flächen zwischen den Balken mit Mauerwerk aus.

In modernen Zimmereibetrieben werden die Balken und Holzwände automatisch zugeschnitten. Roboterarme bewegen die schweren Balken, ein Computer steuert die Maschine. Der Zimmerer überwacht den Zuschnitt.

Die Zimmerer sind mit ihrer Arbeit an einem neuen Haus fertig, wenn die Dachbalken gesetzt sind. Das wird gefeiert. Der Zimmerer wünscht beim Richtfest dem Haus und seinen Bewohnern alles Gute.

86 87

Kompetenzbereiche

Texte verstehen / Umgangsformen mit Texten

Inhalt und Thematik

In dem Sachtext wird der Beruf des Zimmerers vorgestellt: von seinen Ursprüngen vor 4000 Jahren, über die Gründung der Zünfte vor etwa 600 Jahren bis zur Bedeutung des Berufs in der Jetzt-Zeit. Es wird beleuchtet, was sich im Laufe der Zeit in dem Beruf geändert hat, dass Frauen den Beruf ausüben können und vermehrt Maschinen eingesetzt werden. Aber auch die Tradition der Walz, an der bis heute festgehalten wird, wird genau vorgestellt.

An einen Zimmerer werden vielseitige Fähigkeiten als Voraussetzung für die Ausübung des Berufs gestellt: Handwerkliches Geschick, räumliches Vorstellungsvermögen und technisches Verständnis sind dabei ebenso unabdingbar wie Teamfähigkeit, körperliche Belastbarkeit, Körperkraft und Beweglichkeit. Es versteht sich von selbst, dass ein Zimmerer schwindelfrei sein sollte, um Bauwerksteile, wie z. B. Dachkonstruktionen, zu errichten und zu reparieren.

Das Erkennungszeichen für Zimmerleute auf der Walz ist die berufstypische, schwarze Zimmererkluft. Dazu gehören ein breitkrempiger Schlapphut oder kleiner Zylinder, ein schwarzer Samtanzug, ein weißes Hemd ohne Kragen und schwarze Schuhe. Ein Ohrring im linken Ohr und die Zunft-Uhrkette mit dem Wappen der Städte, in denen der Zimmergeselle gearbeitet hat, sind ein weiteres Kennzeichen.

Hinweise zum Unterricht

Die Kinder erhalten Einblick in einen alten Beruf, der seine Bedeutung bis heute bewahrt hat. Die Walz als eine einmalige Gelegenheit, auf der Wanderschaft neue Menschen kennenzulernen und in verschiedenen Betrieben zu arbeiten, ist für die Schüler sicherlich ein spannender Aspekt, der im Unterricht bei Bedarf vertieft werden kann.

···> Fragen zum Text: LB-Seite 98

Arbeitsheft / Kopiervorlagen

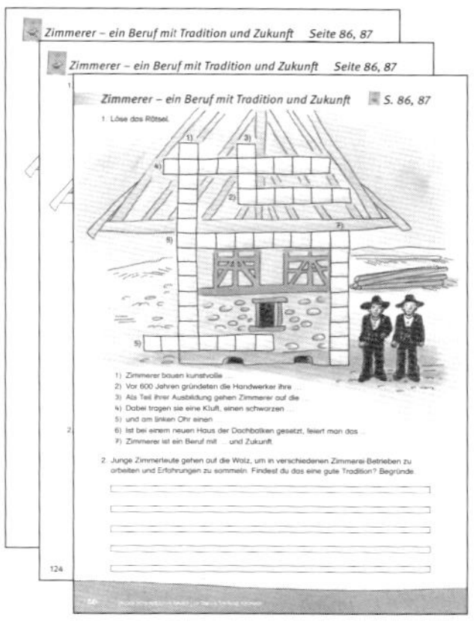

AH LB S. 40
KV 52 a/b
Lösungen S. 301

Zimmerer – ein Beruf mit Tradition und Zukunft

Auf dem Arbeitsblatt **Zimmerer – ein Beruf mit Tradition und Zukunft** werden die wichtigsten Aussagen des Textes noch einmal nachvollzogen und in Form eines Kreuzworträtsels zusammengefasst. Das Arbeitsblatt liegt in zwei Schwierigkeitsgraden vor.

Ⓓ In der Variante KV 52 a unterstützen Zeilenangaben das Lösen des Kreuzworträtsels.

1. Löse das Rätsel.

1) Zimmerer bauen kunstvolle ... (Zeile 4)
2) Vor 600 Jahren gründeten die Handwerker ihre ... (Zeile 5)
3) Als Teil ihrer Ausbildung gehen Zimmerer auf die ... (Zeile 13)
4) Dabei tragen sie eine Kluft, einen schwarzen ... (Zeile 21)
5) und am linken Ohr einen ... (Zeile 24)
6) Ist bei einem neuen Haus der Dachbalken gesetzt, feiert man das ... (Zeile 50)
7) Zimmerer ist ein Beruf mit ... und Zukunft. (Überschrift)

2. Junge Zimmerleute gehen auf die Walz, um in verschiedenen Zimmerei-Betrieben zu arbeiten und Erfahrungen zu sammeln. Findest du das eine gute Tradition? Begründe.

Zimmerer – ein Beruf mit Tradition und Zukunft Seite 86, 87

1. Löse das Rätsel.

1) Zimmerer bauen kunstvolle …
2) Vor 600 Jahren gründeten die Handwerker ihre …
3) Als Teil ihrer Ausbildung gehen Zimmerer auf die …
4) Dabei tragen sie eine Kluft, einen schwarzen …
5) und am linken Ohr einen …
6) Ist bei einem neuen Haus der Dachbalken gesetzt, feiert man das …
7) Zimmerer ist ein Beruf mit … und Zukunft.

2. Junge Zimmerleute gehen auf die Walz, um in verschiedenen Zimmerei-Betrieben zu arbeiten und Erfahrungen zu sammeln. Findest du das eine gute Tradition? Begründe.

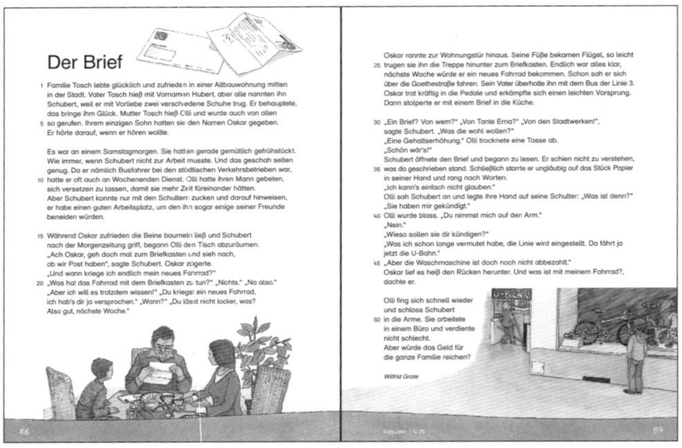

Der Brief

Familie Tosch lebte glücklich und zufrieden in einer Altbauwohnung mitten in der Stadt. Vater Tosch hieß mit Vornamen Hubert, aber alle nannten ihn Schubert, weil er mit Vorliebe zwei verschiedene Schuhe trug. Er behauptete, das bringe ihm Glück. Mutter Tosch hieß Olli und wurde auch von allen so gerufen. Ihrem einzigen Sohn hatten sie den Namen Oskar gegeben. Er hörte darauf, wenn er hören wollte.

Es war an einem Samstagmorgen. Sie hatten gerade gemütlich gefrühstückt. Wie immer, wenn Schubert nicht zur Arbeit musste. Und das geschah selten genug. Da er nämlich Busfahrer bei den städtischen Verkehrsbetrieben war, hatte er oft auch an Wochenenden Dienst. Olli hatte ihren Mann gebeten, sich versetzen zu lassen, damit sie mehr Zeit füreinander hätten. Aber Schubert konnte nur mit den Schultern zucken und darauf hinweisen, er habe einen guten Arbeitsplatz, um den ihn sogar einige seiner Freunde beneiden würden.

Während Oskar zufrieden die Beine baumeln ließ und Schubert nach der Morgenzeitung griff, begann Olli den Tisch abzuräumen. „Ach Oskar, geh doch mal zum Briefkasten und sieh nach, ob wir Post haben“, sagte Schubert. Oskar zögerte. „Und wann kriege ich endlich mein neues Fahrrad?“ „Was hat das Fahrrad mit dem Briefkasten zu tun?“ „Nichts.“ „Na also.“ „Aber ich will es trotzdem wissen!“ „Du kriegst ein neues Fahrrad, ich hab's dir ja versprochen.“ „Wann?“ „Du lässt nicht locker, was? Also gut, nächste Woche.“

Oskar rannte zur Wohnungstür hinaus. Seine Füße bekamen Flügel, so leicht trugen sie ihn die Treppe hinunter zum Briefkasten. Endlich war alles klar, nächste Woche würde er ein neues Fahrrad bekommen. Schon sah er sich über die Goethestraße fahren. Sein Vater überholte ihn mit dem Bus der Linie 3. Oskar trat kräftig in die Pedale und erkämpfte sich einen leichten Vorsprung. Dann stolperte er mit einem Brief in die Küche.

„Ein Brief? Von wem?“ „Von Tante Erna?“ „Von den Stadtwerken!“, sagte Schubert. „Was die wohl wollen?“
„Eine Gehaltserhöhung.“ Olli trocknete eine Tasse ab.
„Schön wär's!“
Schubert öffnete den Brief und begann zu lesen. Er schien nicht zu verstehen, was da geschrieben stand. Schließlich starrte er ungläubig auf das Stück Papier in seiner Hand und rang nach Worten.
„Ich kann's einfach nicht glauben.“
Olli sah Schubert an und legte ihre Hand auf seine Schulter: „Was ist denn?“
„Sie haben mir gekündigt.“
Olli wurde blass. „Du nimmst mich auf den Arm.“
„Nein.“
„Wieso sollen sie dir kündigen?“
„Was ich schon lange vermutet habe, die Linie wird eingestellt. Da fährt ja jetzt die U-Bahn.“
„Aber die Waschmaschine ist doch noch nicht abbezahlt.“
Oskar lief es heiß den Rücken herunter. Und was ist mit meinem Fahrrad?, dachte er.

Olli fing sich schnell wieder und schloss Schubert in die Arme. Sie arbeitete in einem Büro und verdiente nicht schlecht. Aber würde das Geld für die ganze Familie reichen?

Wilfrid Grote

88 89

Hinweise zum Unterricht

Die Schüler können nachvollziehen, dass die plötzliche Arbeitslosigkeit des Hauptverdieners einen entscheidenden Einschnitt für die betroffene Familie bedeutet. In den Schlusssätzen ist zu erkennen, dass eine solche Notsituation nicht zu reiner Verzweiflung führen muss, sondern dass es gilt, sich neu zu orientieren.

Das Kinderbuch beschreibt, wie Schubert, Olli und vor allem Oskar die neue Situation erfahren, durchleben und letztlich bewältigen.

···> Fragen zum Text: LB-Seite 99

Kompetenzbereiche

Texte verstehen / Umgangsformen mit Texten

Autor

Wilfrid Grote, geb. 1940 in Hannover, lebt seit 1967 in München. Er ist Regisseur, Autor von Hörspielen sowie Theaterstücken und schreibt Prosa und Lyrik für Kinder.

Inhalt und Thematik

Der Textauszug aus dem Kinderbuch „Kleine Sprünge“ zeichnet den Moment auf, in dem eine Familie überraschend erfährt, dass dem Vater, Hauptverdiener der Familie, der bisher als sicher geltende Arbeitsplatz gekündigt wird, und beschreibt deren erste Reaktion darauf.

Der Leser lernt eine „normale“ kleine und glückliche Familie kennen: den Vater mit dem Spitznamen Schubert, die Mutter Olli und Oskar, den Sohn. Schubert hat als Busfahrer auch Wochenenddienst und dann wenig Zeit für die Familie. Olli hätte gern, wenn er deshalb den Arbeitsplatz wechseln würde, aber Schubert lehnt ab. Er schätzt seinen guten Arbeitsplatz.

Diesen Samstagmorgen hat die Familie gerade das seltene gemeinsame Frühstück genossen. Bevor Oskar nach der Aufforderung seines Vaters zum Briefkasten geht und die Post holt, erinnert er Schubert an das versprochene neue Fahrrad. Der kleine Handel klappt: Schubert will das Fahrrad in der folgenden Woche kaufen und Oskar eilt zum Briefkasten.

Der Brief, den Oskar bringt, ändert alles. Absender ist der Arbeitgeber Schuberts. Olli scherzt noch, dass es sich um eine Gehaltserhöhung handle – es ist aber die Kündigung seiner Arbeitsstelle. Die Familie ist erschüttert: Schubert kann seine Kündigung nicht fassen, weiß aber, dass seine Stelle überflüssig geworden ist. Olli denkt an die unbezahlte Waschmaschine, Oskar an sein erwünschtes Fahrrad.

Der Schluss des Textes deutet an, wie die Familie das Problem meistern will, lässt aber offen, ob es gelingt.

Arbeitsheft / Kopiervorlagen

AH LB S. 41
KV 53
Lösungen S. 301

Der Brief – 1

Auf dem Arbeitsblatt **Der Brief – 1** entnehmen die Schüler Informationen aus dem Text und erstellen Steckbriefe der Familienmitglieder.

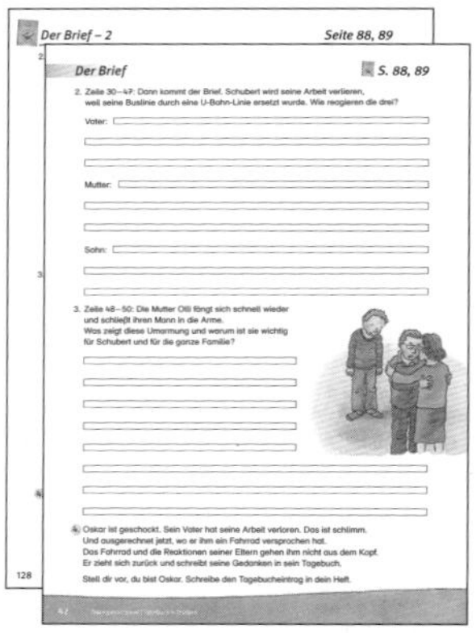

AH LB S. 42
KV 54
Lösungen S. 302

Der Brief – 2

Das Arbeitsblatt **Der Brief – 2** beschäftigt sich mit den unterschiedlichen Reaktionen der Familienmitglieder auf den Brief, die die Schüler mit eigenen Worten beschreiben, und der Interpretation einer Szene.

Der Brief – 1 Seite 88, 89

1. Zeile 1–23: Was erfährst du über die Familienmitglieder der Familie Tosch? Trage ein.

Name

Spitzname

arbeitet als

Was denkt er über seinen Arbeitsplatz?

Wohin schickt er seinen Sohn nach dem Frühstück?

Name

Was denkt sie über den Arbeitsplatz ihres Mannes?

Name

Hört er immer, wenn er mit seinem Namen gerufen wird?

Was wünscht er sich von seinen Eltern?

2. Zeile 30–47: Dann kommt der Brief. Schubert wird seine Arbeit verlieren, weil seine Buslinie durch eine U-Bahn-Linie ersetzt wurde. Wie reagieren die drei?

Vater:

Mutter:

Sohn:

3. Zeile 48–50: Die Mutter Olli fängt sich schnell wieder und schließt ihren Mann in die Arme. Was zeigt diese Umarmung und warum ist sie wichtig für Schubert und für die ganze Familie?

4. Oskar ist geschockt. Sein Vater hat seine Arbeit verloren. Das ist schlimm. Und ausgerechnet jetzt, wo er ihm ein Fahrrad versprochen hat. Das Fahrrad und die Reaktionen seiner Eltern gehen ihm nicht aus dem Kopf. Er zieht sich zurück und schreibt seine Gedanken in sein Tagebuch.

Stell dir vor, du bist Oskar. Schreibe den Tagebucheintrag in dein Heft.

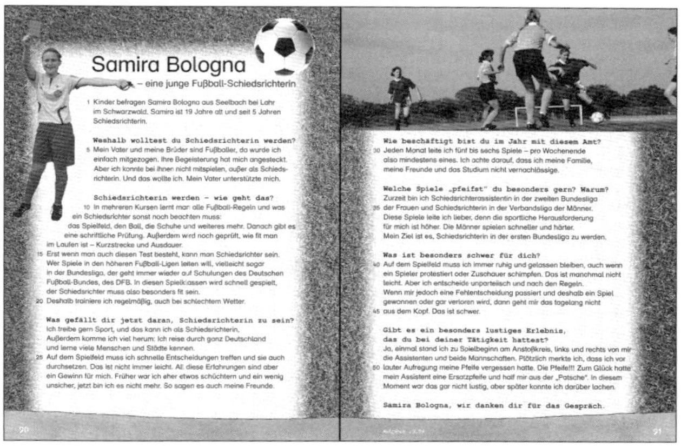

Kompetenzbereiche

Texte verstehen / Umgangsformen mit Texten

Inhalt und Thematik

Das von Kindern geführte Interview beleuchtet den Werdegang der Schiedsrichterin Samira Bologna, die zum Zeitpunkt des Interviews 19 Jahre alt ist, und erfragt Einzelheiten zu der Ausübung ihres Ehrenamts.

Samira Bolognas Antworten im Überblick:

- Ihr Interesse wurde durch ihre fußballbegeisterte Familie geweckt.
- Kurse und körperliches Training bereiten auf die abschließende Prüfung vor. Der DFB bietet Schulungen an für Schiedsrichter in höheren Fußball-Klassen.
- Am Amt gefallen ihr die sportliche Betätigung und das Reisen, sie schätzt auch ihren persönlichen Gewinn an Selbstsicherheit.
- Fast jedes Wochenende ist sie als Schiedsrichterin im Einsatz.
- Sie ist im Frauen- und Männerfußball auf verschiedenen Liga-Ebenen tätig und zieht Spiele der Männer aus sportlichen Gründen vor.
- Proteste gegen Entscheidungen erschweren das Amt. Eigene Fehlentscheidungen belasten sie.
- Im Nachhinein besonders lustig war es, dass sie einmal vergaß, ihre Pfeife mit aufs Spielfeld zu nehmen. Glücklicherweise konnte ein Assistent aushelfen.

Hinweise zum Unterricht

Eine junge Frau als Fußball-Schiedsrichterin ist ungewöhnlich. Der Text findet deshalb wohl gleichermaßen das Interesse der Jungen und Mädchen einer Klasse. Der Begriff Ehrenamt sollte geklärt werden.

⇢ Fragen zum Text: LB-Seite 99

Arbeitsheft / Kopiervorlagen

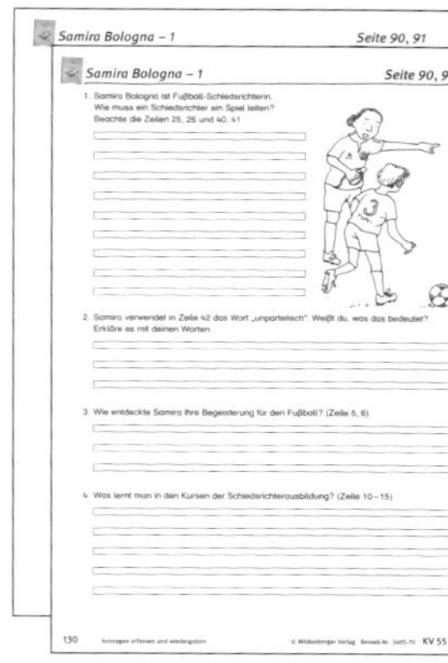

KV 55 a/b
Lösungen S. 302

Samira Bologna – 1 und **– 2**

Die Arbeitsblätter **Samira Bologna – 1** und **– 2** setzen sich mit Begriffen aus dem Bereich Fußball auseinander und stellen sie in den Kontext zu der Biografie Samira Bolognas. Beide Arbeitsblätter liegen in zwei Schwierigkeitsgraden vor.

Ⓓ In der Variante KV 55 a und 56 a erleichtern Zeilenangaben das Ausfüllen.

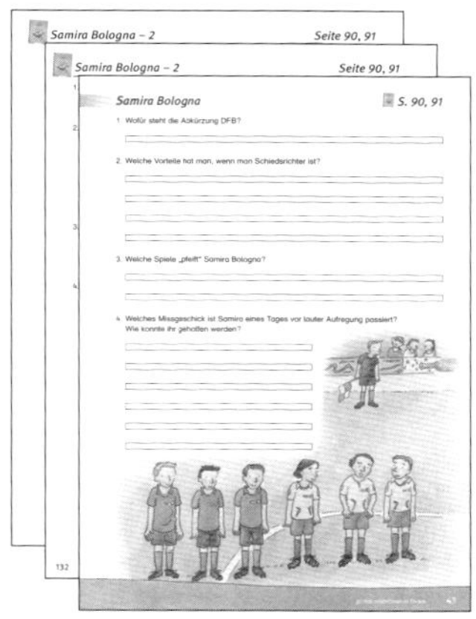

AH LB S. 43
KV 56 a/b
Lösungen S. 303

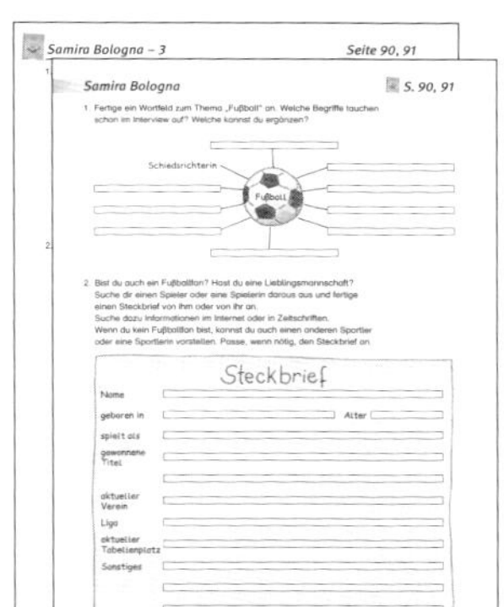

AH LB S. 44
KV 57
Lösungen S. 303

Samira Bologna – 3

Auf dem Arbeitsblatt **Samira Bologna – 3** wird das Wortfeld Fußball erarbeitet. Ein Steckbrief zu einem selbst ausgewählten Fußballspieler oder anderen Sportler / Sportlerin wird angelegt.

Samira Bologna – 1

1. Samira Bologna ist Fußball-Schiedsrichterin.
   Wie muss ein Schiedsrichter ein Spiel leiten?
   Beachte die Zeilen 25, 26 und 40, 41.

2. Samira verwendet in Zeile 42 das Wort „unparteiisch“. Weißt du, was das bedeutet?
   Erkläre es mit deinen Worten.

3. Wie entdeckte Samira ihre Begeisterung für den Fußball? (Zeile 5, 6)

4. Was lernt man in den Kursen der Schiedsrichterausbildung? (Zeile 10–15)

Samira Bologna – 1

1. Samira Bologna ist Fußball-Schiedsrichterin.
   Erkläre mit eigenen Worten, was ein Schiedsrichter während eines Fußballspiels machen muss.

2. Samira verwendet das Wort „unparteiisch“. Weißt du, was das bedeutet?
   Erkläre es mit deinen Worten.

3. Wie entdeckte Samira ihre Begeisterung für den Fußball?

4. Was lernt man in den Kursen der Schiedsrichterausbildung?

1. Wofür steht die Abkürzung DFB? (Zeile 17, 18)

2. Welche Vorteile hat man, wenn man Schiedsrichter ist? (Zeile 22 – 24)

3. Welche Spiele „pfeift“ Samira Bologna? (Zeile 34, 35)

4. Welches Missgeschick ist Samira eines Tages vor lauter Aufregung passiert? Wie konnte ihr geholfen werden? (Zeile 48 – 52)

1. Wofür steht die Abkürzung DFB?

2. Welche Vorteile hat man, wenn man Schiedsrichter ist?

3. Welche Spiele „pfeift“ Samira Bologna?

4. Welches Missgeschick ist Samira eines Tages vor lauter Aufregung passiert?
Wie konnte ihr geholfen werden?

1. Fertige ein Wortfeld zum Thema „Fußball“ an. Welche Begriffe tauchen schon im Interview auf? Welche kannst du ergänzen?

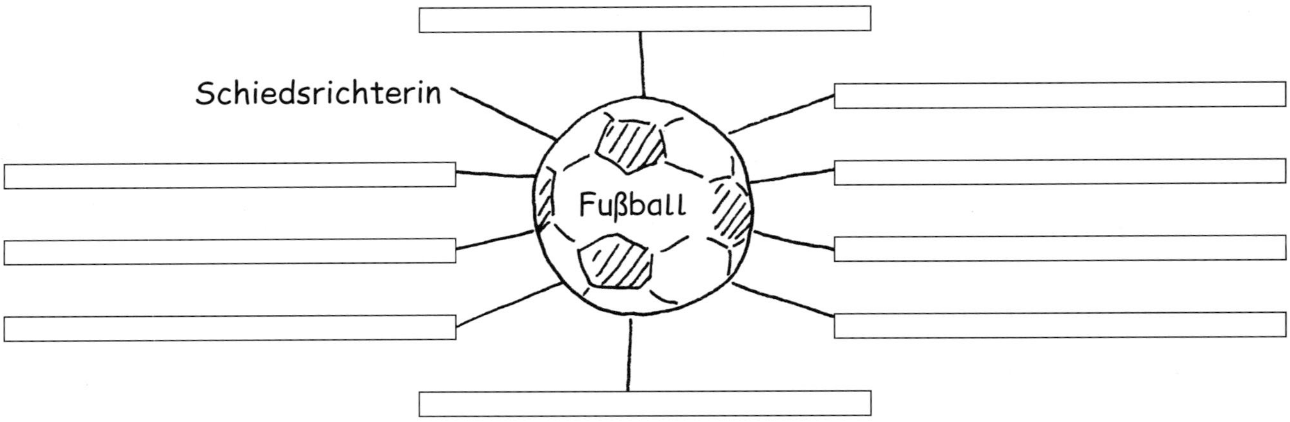

2. Bist du auch ein Fußballfan? Hast du eine Lieblingsmannschaft? Suche dir einen Spieler oder eine Spielerin daraus aus und fertige einen Steckbrief von ihm oder von ihr an. Suche dazu Informationen im Internet oder in Zeitschriften. Wenn du kein Fußballfan bist, kannst du auch einen anderen Sportler oder eine Sportlerin vorstellen. Passe, wenn nötig, den Steckbrief an.

Steckbrief

Name ______

geboren in ______ Alter ______

spielt als ______

gewonnene Titel ______

______

aktueller Verein ______

Liga ______

aktueller Tabellenplatz ______

Sonstiges ______

______

______

Tierpflegerin
Für einen Tag

Kompetenzbereiche

Texte verstehen / Umgangsformen mit Texten

Inhalt und Thematik

Die Arbeit mit Tieren ist sicherlich für die meisten Kinder ein großer Wunschtraum. In dem Text wird diese Fantasie für ein Kind zur Wirklichkeit. Caroline bekommt als Geburtstagsgeschenk die Möglichkeit, für einen Tag hinter die Kulisse eines Zoos zu schauen und ihre Lieblingstiere, die Robben, von ganz nah zu erleben.

In dem Text wird beschrieben, welche Regeln und Auflagen ein solcher Tag im Zoo mit sich bringt, welche Ausrüstung mitgebracht werden muss, dass die Tiere nicht angefasst werden dürfen und dass die Arbeit eines Tierpflegers auch hart und anstrengend sein kann. Insgesamt wird jedoch auch deutlich, dass die Arbeit mit Tieren bereichernd und lohnenswert ist.

Das Programm „Mein Tag im Zoo" wird mittlerweile von vielen Zoos in ganz Deutschland angeboten. Für interessierte Kinder ist es sicherlich lohnenswert zu recherchieren, ob ein eigener Tag im Zoo möglich wäre.

Hinweise zum Unterricht

Der Text bietet Anlass, auf eigene Berufswünsche und -ideen einzugehen. Auch wenn viele Kinder in diesem Alter entweder unrealistische Berufsvorstellungen haben oder keine Idee, welcher Beruf zu ihnen passen würde, sollten alle von den Kindern genannten Berufe beleuchtet werden.

⇢ Fragen zum Text: LB-Seite 100

Arbeitsheft / Kopiervorlage

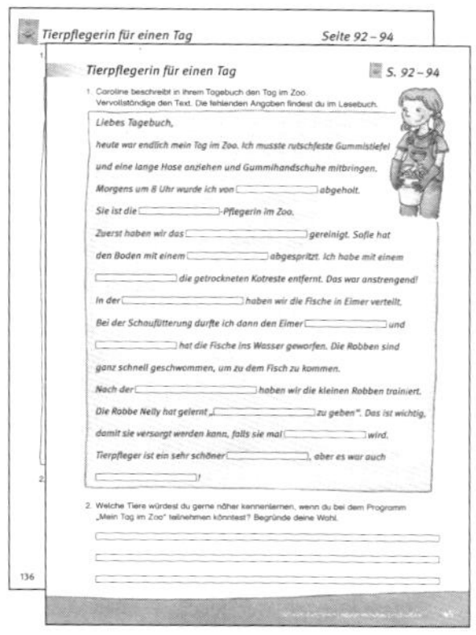
Tierpflegerin für einen Tag

AH LB S. 45
KV 58
Lösungen S. 304

Tierpflegerin für einen Tag

Auf dem Arbeitsblatt **Tierpflegerin für einen Tag** versetzen sich die Schüler in Caroline und ergänzen aus deren Sicht einen Tagebucheintrag.

Auf diese Weise wird nicht nur das im Text beschriebene Zoo-Erlebnis noch einmal aus anderer Perspektive rekapituliert, sondern auch ein besonderes Augenmerk auf das Programm „Mein Tag im Zoo" gelegt.

Tierpflegerin für einen Tag

1. Caroline beschreibt in ihrem Tagebuch den Tag im Zoo.
   Vervollständige den Text. Die fehlenden Angaben findest du im Lesebuch.

Liebes Tagebuch,

heute war endlich mein Tag im Zoo. Ich musste rutschfeste Gummistiefel und eine lange Hose anziehen und Gummihandschuhe mitbringen.

Morgens um 8 Uhr wurde ich von ______________ abgeholt.

Sie ist die ______________-Pflegerin im Zoo.

Zuerst haben wir das ______________ gereinigt. Sofie hat den Boden mit einem ______________ abgespritzt. Ich habe mit einem ______________ die getrockneten Kotreste entfernt. Das war anstrengend!

In der ______________ haben wir die Fische in Eimer verteilt.

Bei der Schaufütterung durfte ich dann den Eimer ______________ und ______________ hat die Fische ins Wasser geworfen. Die Robben sind ganz schnell geschwommen, um zu dem Fisch zu kommen.

Nach der ______________ haben wir die kleinen Robben trainiert.

Die Robbe Nelly hat gelernt „______________ zu geben“. Das ist wichtig, damit sie versorgt werden kann, falls sie mal ______________ wird.

Tierpfleger ist ein sehr schöner ______________, aber es war auch ______________!

2. Welche Tiere würdest du gerne näher kennenlernen, wenn du bei dem Programm „Mein Tag im Zoo“ teilnehmen könntest? Begründe deine Wahl.

____

____

____

Koch – ein vielseitiger Beruf **Seite 95**

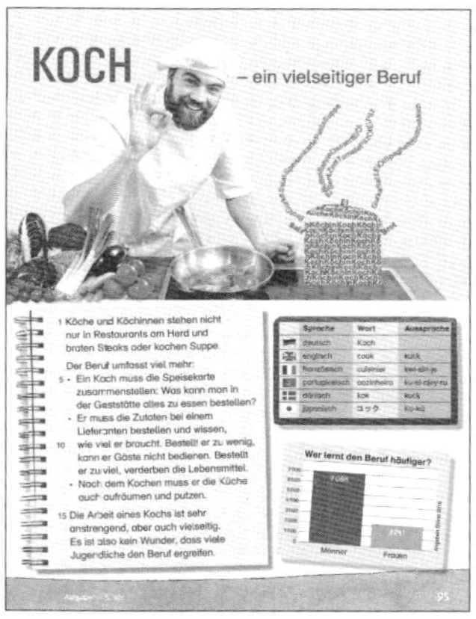

Kompetenzbereiche

Texte verstehen / Umgangsformen mit Texten

Inhalt und Thematik

Kinder lernen in ihrem Leben viele Berufe kennen und haben doch selten einen Einblick in die genauen Tätigkeitsfelder. Die Übersichtsseite zum Thema „Koch“ beschäftigt sich mit den verschiedenen Facetten des Ausbildungsberufs „Koch“ und bietet somit erste Schritte auf dem Weg zur Berufsorientierung und zum besseren Verständnis der eigenen Umwelt.

Linke Spalte: Im Text werden auf einen Blick die verschiedenen Arbeitsbereiche eines Kochs umrissen und somit deutlich gemacht, dass der scheinbar einfache Beruf breitgefächerte Kompetenzen einfordert. So geht es nicht nur um das Zubereiten der Speisen, sondern auch um Management, Personalführung und kaufmännische Überlegungen.

Oben rechts: Hier findet sich ein Beispiel für „Konkrete Poesie“ zum Beruf Koch. Der Begriff „Konkrete Poesie“ geht auf den bolivianisch-schweizerischen Schriftsteller Eugen Gomringer zurück und bezeichnet eine bestimmte Herangehensweise an die Sprache: Wörter, Buchstaben oder Satzzeichen werden aus dem Zusammenhang der Sprache herausgelöst und treten dem Betrachter „konkret“, d.h. für sich selbst stehend, gegenüber.

Mitte rechts: Da der Beruf Koch international ist – er kommt in nahezu allen Ländern der Erde vor und oft arbeiten auch mehrsprachige Kochmannschaften zusammen –, bietet sich ein Sprachvergleich der Berufsbezeichnung an.

Unten rechts: Der Einfachheit halber wird auf der Seite hauptsächlich von der männlichen Form „Koch“ gesprochen. Allerdings folgt dieser Pragmatik auch der Gedanke an die tatsächliche Geschlechterverteilung innerhalb des Berufs. Nach wie vor ist das Verhältnis von Männern zu Frauen in diesem Beruf stark ungleichgewichtig, wie man auch an der abgebildeten Statistik im Lesebuch erkennen kann: Viel mehr Männer als Frauen erlernen diesen Beruf.

Hinweise zum Unterricht

Mithilfe der „Konkreten Lyrik“ zum Beruf Koch lässt sich das Thema spielerisch eröffnen. Darüber hinaus regt die visuelle Darstellung die Kinder dazu an, über das Spiel mit Sprache ins Gespräch zu kommen und ein eigenes Beispiel zu einem Beruf zu erstellen – entweder in einer gut lesbaren Handschrift oder mit dem Computer.

Die Schüler können im Rahmen eines Sprachvergleichs zum Wort „Koch“ entdecken, dass die verschiedensprachigen Begriffe Gemeinsamkeiten aufweisen – selbst über die indogermanische Sprachenfamilie hinaus –, und sich gemeinsam an der Aussprache der fremdsprachigen Wörter versuchen.

Gemeinsam mit der Klasse kann überlegt werden, warum viel mehr Männer als Frauen den Beruf Koch ergreifen und ob dieser für einen selbst in Frage kommen würde.

··› Fragen zum Text: LB-Seite 101

Arbeitsheft / Kopiervorlage

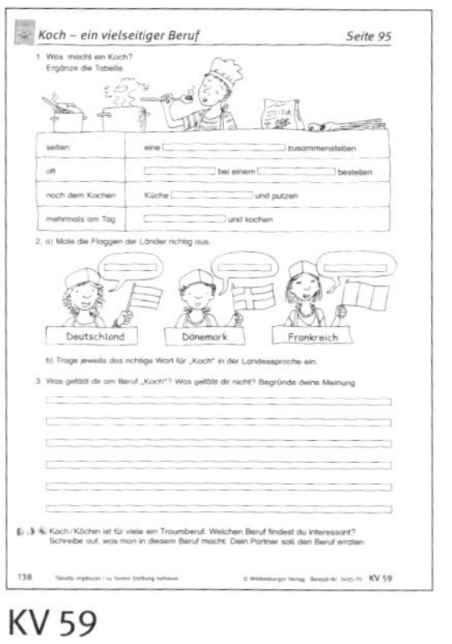

KV 59
Lösungen S. 304

Koch – ein vielseitiger Beruf

Das Arbeitsblatt **Koch – ein vielseitiger Beruf** fragt mithilfe einer Tabelle die verschiedenen Arbeitsbereiche eines Kochs in Relation zur Arbeitszeit ab. Aufgabe 2 beschäftigt sich mit dem Wort „Koch“ in verschiedenen Sprachen. Aufgabe 3 und 4 regt an, über den Beruf „Koch“ hinaus Stellung zu einem Beruf nach Wahl zu nehmen.

Koch – ein vielseitiger Beruf

Seite 95

1. Was macht ein Koch?
   Ergänze die Tabelle.

selten	eine ______ zusammenstellen
oft	______ bei einem ______ bestellen
nach dem Kochen	Küche ______ und putzen
mehrmals am Tag	______ und kochen

2. a) Male die Flaggen der Länder richtig aus.

   b) Trage jeweils das richtige Wort für „Koch“ in der Landessprache ein.

3. Was gefällt dir am Beruf „Koch“? Was gefällt dir nicht? Begründe deine Meinung.

______

______

______

______

______

______

4. Koch/Köchin ist für viele ein Traumberuf. Welchen Beruf findest du interessant? Schreibe auf, was man in diesem Beruf macht. Dein Partner soll den Beruf erraten.

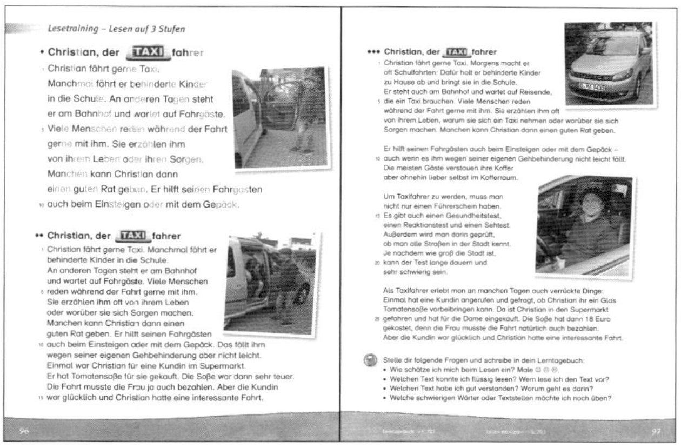

Lesetraining – Lesen auf 3 Stufen

• Christian, der TAXI fahrer

Christian fährt gerne Taxi. Manchmal fährt er behinderte Kinder in die Schule. An anderen Tagen steht er am Bahnhof und wartet auf Fahrgäste. Viele Menschen reden während der Fahrt gerne mit ihm. Sie erzählen ihm von ihrem Leben oder ihren Sorgen. Manchen kann Christian dann einen guten Rat geben. Er hilft seinen Fahrgästen auch beim Einsteigen oder mit dem Gepäck.

•• Christian, der TAXI fahrer

Christian fährt gerne Taxi. Manchmal fährt er behinderte Kinder in die Schule. An anderen Tagen steht er am Bahnhof und wartet auf Fahrgäste. Viele Menschen reden während der Fahrt gerne mit ihm. Sie erzählen ihm oft von ihrem Leben oder worüber sie sich Sorgen machen. Manchen kann Christian dann einen guten Rat geben. Er hilft seinen Fahrgästen auch beim Einsteigen oder mit dem Gepäck. Das fällt ihm wegen seiner eigenen Gehbehinderung aber nicht leicht. Einmal war Christian für eine Kundin im Supermarkt. Er hat Tomatensoße für sie gekauft. Die Soße war dann sehr teuer. Die Fahrt musste die Frau ja auch bezahlen. Aber die Kundin war glücklich und Christian hatte eine interessante Fahrt.

••• Christian, der TAXI fahrer

Christian fährt gerne Taxi. Morgens macht er oft Schulfahrten: Dafür holt er behinderte Kinder zu Hause ab und bringt sie in die Schule. Er steht auch am Bahnhof und wartet auf Reisende, die ein Taxi brauchen. Viele Menschen reden während der Fahrt gerne mit ihm. Sie erzählen ihm oft von ihrem Leben, warum sie sich ein Taxi nehmen oder worüber sie sich Sorgen machen. Manchen kann Christian dann einen guten Rat geben.

Er hilft seinen Fahrgästen auch beim Einsteigen oder mit dem Gepäck – auch wenn es ihm wegen seiner eigenen Gehbehinderung nicht leicht fällt. Die meisten Gäste verstauen ihre Koffer aber ohnehin lieber selbst im Kofferraum.

Um Taxifahrer zu werden, muss man nicht nur einen Führerschein haben. Es gibt auch einen Gesundheitstest, einen Reaktionstest und einen Sehtest. Außerdem wird man darin geprüft, ob man alle Straßen in der Stadt kennt. Je nachdem wie groß die Stadt ist, kann der Test lange dauern und sehr schwierig sein.

Als Taxifahrer erlebt man an manchen Tagen auch verrückte Dinge: Einmal hat eine Kundin angerufen und gefragt, ob Christian ihr ein Glas Tomatensoße vorbeibringen kann. Da ist Christian in den Supermarkt gefahren und hat für die Dame eingekauft. Die Soße hat dann 18 Euro gekostet, denn die Frau musste die Fahrt natürlich auch bezahlen. Aber die Kundin war glücklich und Christian hatte eine interessante Fahrt.

Stelle dir folgende Fragen und schreibe in dein Lerntagebuch:
- Wie schätze ich mich beim Lesen ein? Male ☺ 😐 ☹.
- Welchen Text konnte ich flüssig lesen? Wem lese ich den Text vor?
- Welchen Text habe ich gut verstanden? Worum geht es darin?
- Welche schwierigen Wörter oder Textstellen möchte ich noch üben?

96 97

Kompetenzbereiche

Texte verstehen / Umgangsformen mit Texten

Inhalt und Thematik

Christian ist ein besonderer Taxifahrer, der mit seiner angeborenen Gehbehinderung die Herausforderungen des Berufs zu meistern hat. Allerdings steht seine Behinderung nicht im Mittelpunkt der Betrachtung. Vielmehr soll der Alltag eines Taxifahrers dargestellt werden, der nur zufälligerweise eine Behinderung aufweist.

Worin besteht die Arbeit des Taxifahrers?

- Schulfahrten für behinderte Kinder, aber auch Krankentransporte;
- normale Zielfahrten, z.B. ab Bahnhof;
- Hilfe beim Ein- und Aussteigen aus dem Fahrzeug;
- Hilfe beim Gepäck.

Im Text nimmt die Gesprächskomponente der Fahrsituation einen gewissen Raum ein. Viele Kunden wissen es zu schätzen, wenn sie im Taxifahrer einen verständnisvollen Zuhörer finden.

Im Text auf Lesestufe 2 kommt als weitere Textkomponente die Beschreibung einer Anekdote hinzu – der Leser erfährt von einer besonderen Einkaufsfahrt, die Taxifahrer Christian in den Supermarkt führt.

Im Text auf Lesestufe 3 werden auch die Voraussetzungen für den Taxifahrerberuf genannt: Führerschein, Gesundheitstest, Reaktionstest und Kenntnis der lokalen Straßen.

Hinweise zum Unterricht

Die Verbesserung der Lesefähigkeit steht im Fokus. Jedes Kind kann entsprechend seines Lernstands ein passendes Leseangebot aus den drei Texten auswählen. Das Anforderungsniveau der Texte ist auf den Seiten zum Lesetraining mit einem Punktesystem markiert:

- • Stufe 1: Mindeststandard
- •• Stufe 2: Regelstandard
- ••• Stufe 3: Expertenstandard

Durch eine größere Schrift sowie die zweifarbige Kennzeichnung der einzelnen Silben im Text auf Lesestufe 1 werden die Kinder beim Lesen unterstützt.

Wer auf Lesestufe 1 bzw. 2 liest, kann durch nachhaltiges Üben dazu angeregt und motiviert werden, auch die nächste Lesestufe zu bewältigen.

Ein Lerntagebuch bzw. Lerngespräch mit den Schülern dient dazu, die Selbstreflexion der Kinder über ihre Lernprozesse anzuregen und Gedanken, Erfolge und Schwierigkeiten beim Lesen und Vorlesen der Texte (schriftlich) festzuhalten. Die Fragen unterhalb des Textes auf Lesestufe 3 geben den Kindern Impulse, Eintragungen in ihrem Lerntagebuch vorzunehmen. Hilfen zum Führen eines Lerntagebuchs werden im Lesebuch, Werkstatt-Teil, Seite 197 angeboten.

Weitere Anregungen zum Einsatz der Lesetraining-Seiten finden Sie im Handbuch, Seite 15 ff.

Arbeitsheft / Kopiervorlage

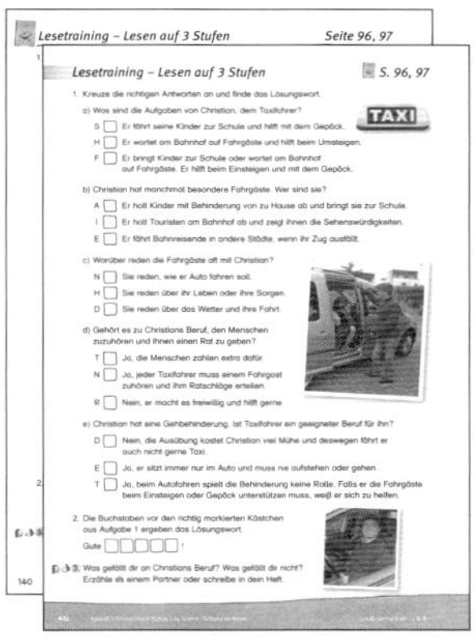

AH LB S. 46
KV 60
Lösungen S. 305

Lesetraining – Lesen auf 3 Stufen

Das Arbeitsblatt fragt mittels Multiple-Choice Informationen aus dem Text ab.
Nach einem zweiten Lesen des Textes kann das Arbeitsblatt als selbstständige Verständniskontrolle bearbeitet werden. Lässt sich eine Frage auf Lesestufe 1 nicht beantworten, kann das Kind zum Lesen von Lesestufe 2 motiviert werden.

Lösungswort: FAHRT

1. Kreuze die richtigen Antworten an und finde das Lösungswort.

a) Was sind die Aufgaben von Christian, dem Taxifahrer?

S ☐ Er fährt seine Kinder zur Schule und hilft mit dem Gepäck.

H ☐ Er wartet am Bahnhof auf Fahrgäste und hilft beim Umsteigen.

F ☐ Er bringt Kinder zur Schule oder wartet am Bahnhof auf Fahrgäste. Er hilft beim Einsteigen und mit dem Gepäck.

b) Christian hat manchmal besondere Fahrgäste. Wer sind sie?

A ☐ Er holt Kinder mit Behinderung von zu Hause ab und bringt sie zur Schule.

I ☐ Er holt Touristen am Bahnhof ab und zeigt ihnen die Sehenswürdigkeiten.

E ☐ Er fährt Bahnreisende in andere Städte, wenn ihr Zug ausfällt.

c) Worüber reden die Fahrgäste oft mit Christian?

N ☐ Sie reden, wie er Auto fahren soll.

H ☐ Sie reden über ihr Leben oder ihre Sorgen.

D ☐ Sie reden über das Wetter und ihre Fahrt.

d) Gehört es zu Christians Beruf, den Menschen zuzuhören und ihnen einen Rat zu geben?

T ☐ Ja, die Menschen zahlen extra dafür.

N ☐ Ja, jeder Taxifahrer muss einem Fahrgast zuhören und ihm Ratschläge erteilen.

R ☐ Nein, er macht es freiwillig und hilft gerne.

e) Christian hat eine Gehbehinderung. Ist Taxifahrer ein geeigneter Beruf für ihn?

D ☐ Nein, die Ausübung kostet Christian viel Mühe und deswegen fährt er auch nicht gerne Taxi.

E ☐ Ja, er sitzt immer nur im Auto und muss nie aufstehen oder gehen.

T ☐ Ja, beim Autofahren spielt die Behinderung keine Rolle. Falls er die Fahrgäste beim Einsteigen oder Gepäck unterstützen muss, weiß er sich zu helfen.

2. Die Buchstaben vor den richtig markierten Kästchen aus Aufgabe 1 ergeben das Lösungswort.

Gute ☐☐☐☐☐ !

3. Was gefällt dir an Christians Beruf? Was gefällt dir nicht? Erzähle es einem Partner oder schreibe in dein Heft.

1. Im Text findest du drei Jahreszahlen.
   Was ist in diesen Jahren im Leben von Karl Benz geschehen?

1885:

1886:

1888:

2. Wie bewegten sich die Menschen damals in der Stadt fort?

3. Welches Fortbewegungsmittel nutzten sie für längere Reisen?

4. Karl Benz erfand die erste Fahrmaschine.
   Doch nicht alle waren begeistert. Warum nicht?

5. Lies noch einmal die Zeilen 27–41 und beschreibe dann, was auf den Bildern geschieht.

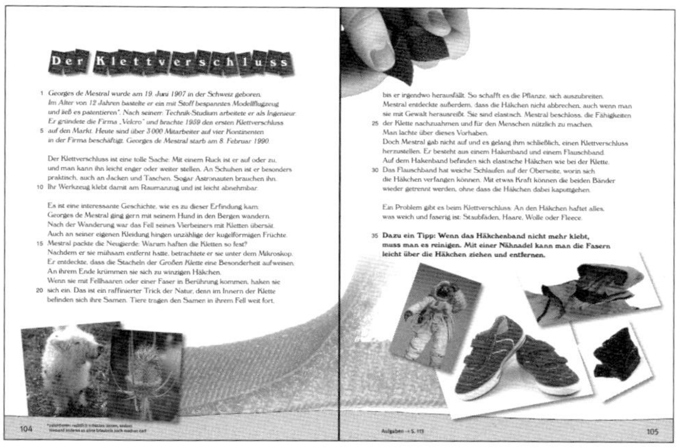

Der Klettverschluss

Hinweise zum Unterricht

Die Schüler erhalten Informationen zur Erfindung einer für sie selbstverständlichen Art von Verschluss.

Die Verflechtung von Biologie und Technik, Elektronik etc. ist heute ein bedeutendes und enorm wachsendes Forschungs- und Anwendungsgebiet – als Vordenker der Bionik wird übrigens Leonardo da Vinci angesehen. Der Text vermittelt den Schülern eine solche Verflechtung, eine andere wäre der „Lotuseffekt" (wasserabweisende Oberfläche).

···› Fragen zum Text: LB-Seite 113

Kompetenzbereiche

Texte verstehen / Umgangsformen mit Texten

Inhalt und Thematik

Der Natur abgeschaut ist der Klettverschluss, der heute aus dem praktischen Leben nicht mehr wegzudenken ist. Der Text enthält Informationen zu dem Erfinder Georges de Mestral (1907 – 1990) und schildert die Geschichte dieser bionischen Befestigungstechnik.

Begriffserklärung: „Bionik" ist zusammengesetzt aus den Wörtern Biologie und Technik und heißt, dass Funktionsprinzipien der Natur erforscht und technisch nachgeahmt werden, um sie für den Menschen nutzbar zu machen. Der Begriff wurde 1960 geprägt.

Der Text beginnt mit einem Überblick: Lebensdaten und technische Vorbildung des Schweizer Erfinders sowie Informationen zum Markterfolg des ab 1959 zum Verkauf angebotenen Klettverschlusses unter dem Namen „Velcro". Er setzt sich zusammen aus frz. „velours" (Samt) und frz. „crochet" (Häkchen).

Ein kurzer Abschnitt über die leichte Handhabung und vielfältige Verwendung des Klettverschlusses folgt. Danach wird die Entstehungsgeschichte und die weitere Entwicklung des Produkts ausführlich geschildert:

Als Jäger ist Mestral oft mit seinem Hund unterwegs. Die feste Haftung der Kletten an dessen Fell ist für ihn Anlass zu einer genauen Untersuchung dieser Früchte der Pflanze „Große Klette". Er findet heraus, dass ihre „Stacheln" in winzigen elastischen Häkchen enden, die sich auf allem, was flauschig ist, festsetzen. Tiere mit Fell, die sich irgendwo der Kletten entledigen, sorgen somit für die Verbreitung der Pflanze.

Dieses Funktionsprinzip der Natur setzt Mestral technisch um zum Klettverschluss.

Ein Tipp zur Reinigung des Häkchenbandes schließt den Text ab.

Arbeitsheft / Kopiervorlagen

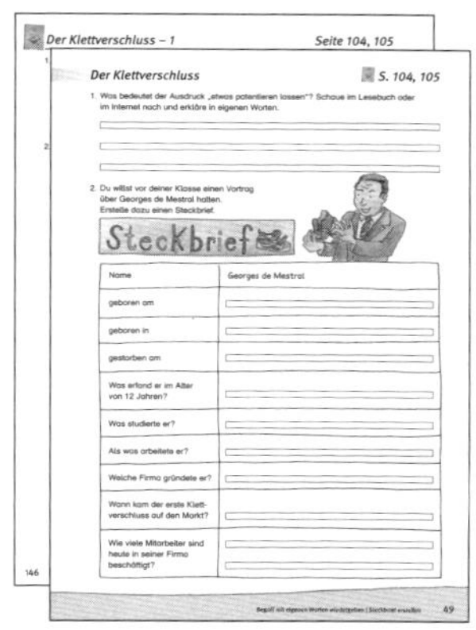

Der Klettverschluss – 1 Seite 104, 105

Der Klettverschluss S. 104, 105

Steckbrief

AH LB S. 49
KV 63
Lösungen S. 306

Der Klettverschluss – 1

Auf dem Arbeitsblatt **Der Klettverschluss – 1** wird ein Steckbrief von George de Mestral, dem Erfinder des Klettverschlusses, zusammengetragen.

Der Klettverschluss – 2 Seite 104, 105

KV 64
Lösungen S. 307

Der Klettverschluss – 2

Auf dem Arbeitsblatt **Der Klettverschluss – 2** wird ein Stichwortzettel erstellt und die Schüler vertiefen so ihr Verständnis für den Text.

Der Klettverschluss – 1

1. Was bedeutet der Ausdruck „etwas patentieren lassen“? Schaue im Lesebuch oder im Internet nach und erkläre in eigenen Worten.

2. Du willst vor deiner Klasse einen Vortrag über Georges de Mestral halten. Erstelle dazu einen Steckbrief.

Steckbrief

Name	Georges de Mestral
geboren am	
geboren in	
gestorben am	
Was erfand er im Alter von 12 Jahren?	
Was studierte er?	
Als was arbeitete er?	
Welche Firma gründete er?	
Wann kam der erste Klettverschluss auf den Markt?	
Wie viele Mitarbeiter sind heute in seiner Firma beschäftigt?	

3. Wie kam es zu der Erfindung des Klettverschlusses? Fertige einen Stichwortzettel an.

Georges ging mit seinem Hund wandern …

Nach der Wanderung …

Auch an seiner …

Fragte sich, …

Betrachtete die …

Entdeckte, dass …

Raffiniert, weil …

Entdeckte auch, dass …

Beschloss, …

Es gelang ihm, …

4. Wo werden bei euch zu Hause Klettverschlüsse verwendet?
Vergleicht und denkt euch danach lustige Möglichkeiten aus, wo man Klettverschlüsse noch einsetzen könnte.

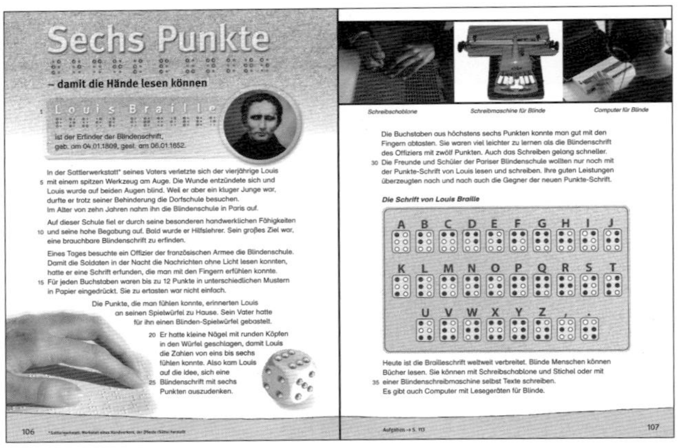

Kompetenzbereiche

Texte verstehen / Umgangsformen mit Texten

Inhalt und Thematik

Der Text informiert über das Leben des Franzosen Louis Braille und über seine Erfindung: die Brailleschrift, die Blindenschrift. Sie hat wahrlich die Welt der Blinden verändert.

Louis Braille (1809 – 1852) erblindet im Kindesalter durch eine Augenverletzung, besucht trotz der Behinderung die Dorfschule und wird danach in eine Pariser Blindenschule, der ersten Blindenschule der Welt, aufgenommen. Er ist handwerklich und intellektuell begabt, wird bald Hilfslehrer und verfolgt derweil beständig das Ziel, eine wohlverwendbare Blindenschrift zu entwickeln. Ein Vortrag eines Armeeoffiziers an seiner Schule demonstriert, wie Nachrichten an Soldaten übermittelt werden, die sie nachts ohne Licht „lesen“ müssen. Zwölf unterschiedlich angeordnete, fühlbare, erhöhte Punkte stehen für Buchstaben. Louis Braille erkennt, dass die hohe Anzahl der Punkte es schwer macht, ihre Anordnung bzw. den Buchstaben schnell zu ertasten. Er erinnert sich an den Würfel, den ihm sein Vater mit Nägeln entsprechend der Punkte bestückte, damit er die Zahlen fühlen konnte. Der Vortrag und die Erinnerung an „seinen“ Würfel führen zu Brailles Entwicklung einer gut tastbaren Blindenschrift, die auf der doppelten Dreier-Reihe bzw. den sechs „Punkten“ eines Würfels basiert.

Seiner Erfindung wird zunächst Misstrauen entgegengebracht in der wirklichen Besorgnis, dass Blinde durch eine „Geheimschrift“ weiter ausgegrenzt würden. Ein von Louis Braille in Blindenschrift abgelesener Vortrag wird als Täuschung angesehen. Ihr praktischer Nutzen setzt sich aber durch, allerdings erst nach dem Tod des Erfinders. Heute ist die Brailleschrift weltweit verbreitet.

Hinweise zum Unterricht

Der nahe Bezug des Textes zur Person Louis Braille kann Empathie bei den Schülern erwecken und ihnen das tief greifende Problem einer Randgruppe sehr bewusst machen. Sie lernen gleichzeitig eine bedeutende Erfindung kennen, die Blinden den eigenständigen Zugang zu Wissen und Bildung ermöglicht.

Obwohl die meisten Schüler nicht unmittelbar betroffen sind, wird Interesse bestehen, diese „Geheimschrift“ kennenzulernen. Vielleicht sind manchen die erhöhten Punkte auf Produktpackungen schon aufgefallen.

⇢ Fragen zum Text: LB-Seite 113

Arbeitsheft / Kopiervorlagen

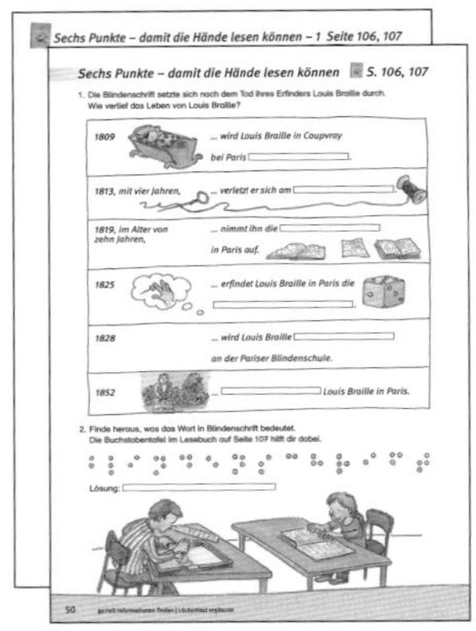

AH LB S. 50
KV 65
Lösungen S. 307

Sechs Punkte – damit die Hände lesen können – 1

Auf dem Arbeitsblatt **Sechs Punkte – damit die Hände lesen können – 1** werden die wichtigsten Stationen aus dem Leben Louis Brailles noch einmal zusammengefasst. Die Schüler entnehmen die Informationen dem Text.

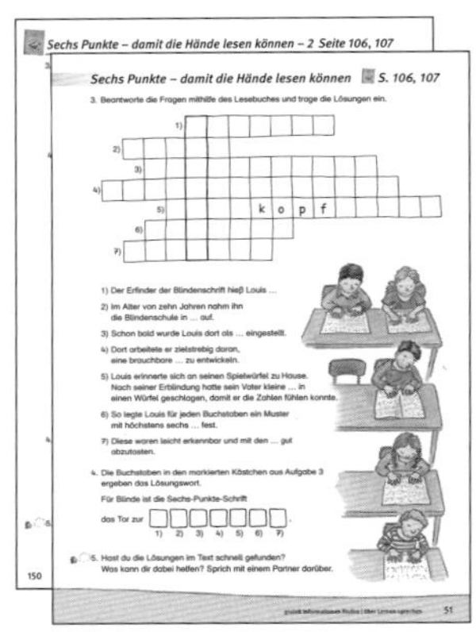

AH LB S. 51
KV 66
Lösungen S. 308

Sechs Punkte – damit die Hände lesen können – 2

Das Arbeitsblatt **Sechs Punkte – damit die Hände lesen können – 2** fragt Textinformationen in Form eines Rätsels ab.

Sechs Punkte – damit die Hände lesen können – 1 Seite 106, 107

1. Die Blindenschrift setzte sich nach dem Tod ihres Erfinders Louis Braille durch.
   Wie verlief das Leben von Louis Braille?

1809		*... wird Louis Braille in Coupvray bei Paris ____________.*
1813, mit vier Jahren,	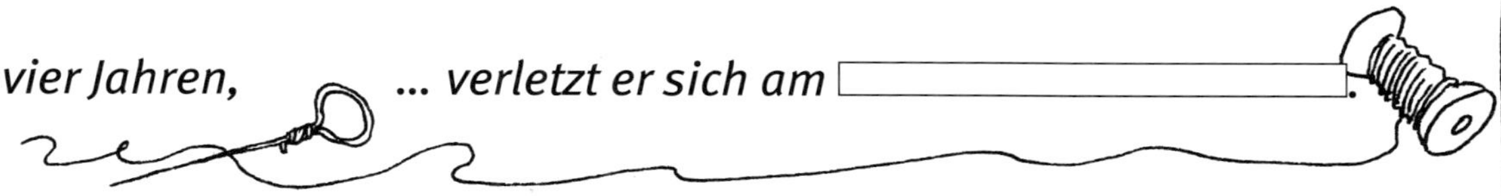	*... verletzt er sich am ____________.*
1819, im Alter von zehn Jahren,		*... nimmt ihn die ____________ in Paris auf.*
1825		*... erfindet Louis Braille in Paris die ____________.* 
1828		*... wird Louis Braille ____________ an der Pariser Blindenschule.*
1852		*... ____________ Louis Braille in Paris.*

2. Finde heraus, was das Wort in Blindenschrift bedeutet.
   Die Buchstabentafel im Lesebuch auf Seite 107 hilft dir dabei.

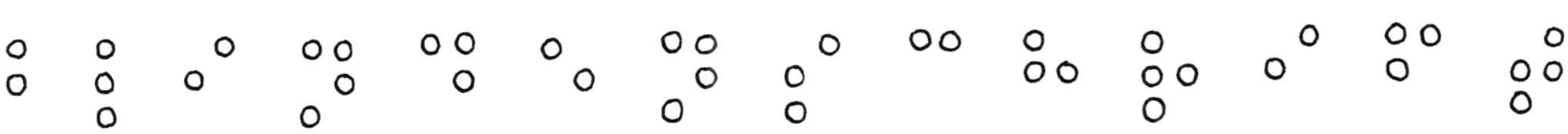

Lösung: ____________________

3. Beantworte die Fragen mithilfe des Lesebuches und trage die Lösungen ein.

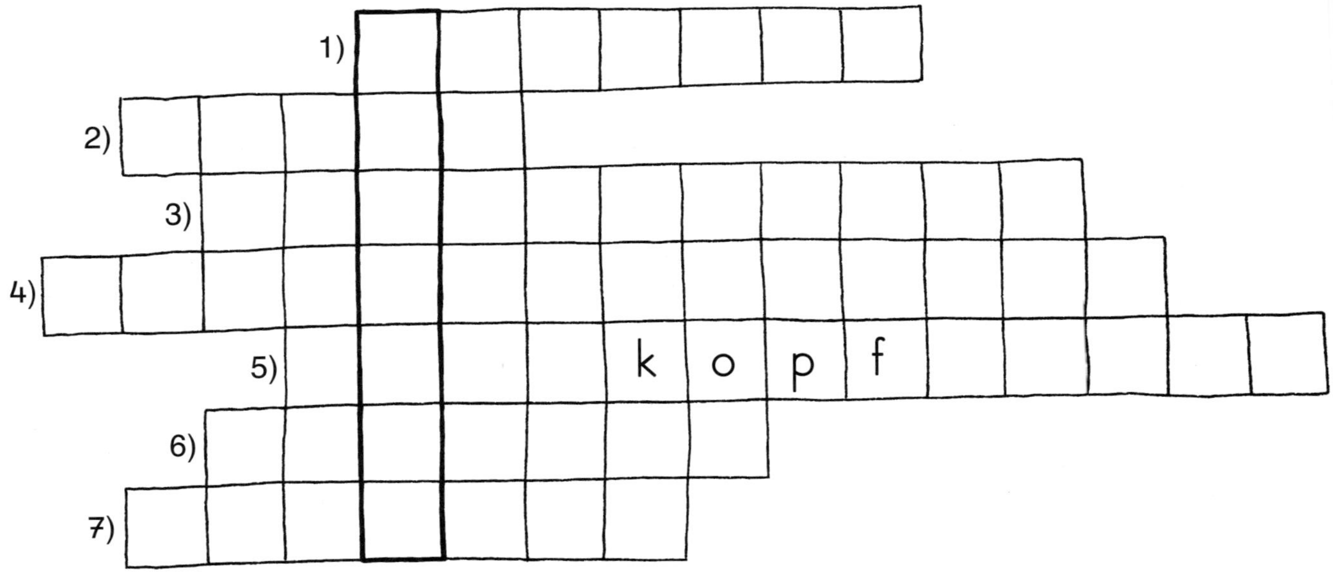

1) Der Erfinder der Blindenschrift hieß Louis …
2) Im Alter von zehn Jahren nahm ihn die Blindenschule in … auf.
3) Schon bald wurde Louis dort als … eingestellt.
4) Dort arbeitete er zielstrebig daran, eine brauchbare … zu entwickeln.
5) Louis erinnerte sich an seinen Spielwürfel zu Hause. Nach seiner Erblindung hatte sein Vater kleine … in einen Würfel geschlagen, damit er die Zahlen fühlen konnte.
6) So legte Louis für jeden Buchstaben ein Muster mit höchstens sechs … fest.
7) Diese waren leicht erkennbar und mit den … gut abzutasten.

4. Die Buchstaben in den markierten Kästchen aus Aufgabe 3 ergeben das Lösungswort.

Für Blinde ist die Sechs-Punkte-Schrift

das Tor zur ☐ ☐ ☐ ☐ ☐ ☐ ☐ .

1) 2) 3) 4) 5) 6) 7)

5. Hast du die Lösungen im Text schnell gefunden? Was kann dir dabei helfen? Sprich mit einem Partner darüber.

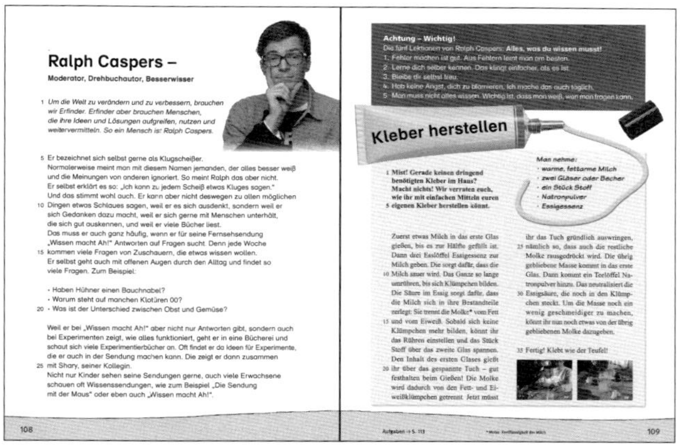
Ralph Caspers –
Moderator, Drehbuchautor, Besserwisser
Achtung – Wichtig!
Kleber herstellen

Kompetenzbereiche

Texte verstehen / Umgangsformen mit Texten

Inhalt und Thematik

Der Text stellt Ralph Caspers (geb. 1972) in seiner Rolle als Gestalter und Moderator der Kindersendung „Wissen macht Ah!“ vor. Im Vordergrund steht seine Charakterisierung als ein Mensch, der nichts als selbstverständlich ansieht, sondern nachfragt, sich weiter informiert und auch experimentiert.

Dem Text zugefügt ist die Anleitung, wie man Kleber selbst herstellen kann.

Zu Beginn des Textes wird die Rolle eines Moderators als wichtiger Vermittler von Ideen und Lösungen von Erfindern beschrieben. Es folgt die Erläuterung der Selbstbezeichnung des Ralph Caspers als „Klugscheißer“, die aufzeigt, dass diese Bezeichnung nicht bedeutet, was man allgemein darunter versteht. Er gibt nicht zu allem unüberlegte Kommentare ab, sondern versucht, sich zu jedweder Frage auf jede erdenkliche Weise zu informieren: Beobachtungen, Gespräche mit Fachleuten, Bücher. Danach erst hat er „etwas Kluges“ zu sagen und tut es.

Gern führt er in seinen Sendungen Experimente durch. Seine Anleitung, selbst Kleber herzustellen – wenn man ihn dringend braucht und die Tube gerade leer geworden ist –, erläutert neben den Schritten der Zubereitung auch die chemischen Vorgänge. Man mag allerdings dabei bezweifeln, ob die notwendigen Zutaten Natronpulver oder Essigessenz im Haus immer zu Verfügung stehen.

Die der Anleitung vorangestellten fünf Sätze von Ralph Caspers, „Lektionen“ genannt, ermutigen zu Selbstvertrauen, betonen den Erkenntniswert durch Fehler und weisen darauf hin, dass es wichtig ist, Fragen zu stellen und zu wissen, an wen man sie richten kann.

Hinweise zum Unterricht

Die Schüler erfahren mehr über den ihnen vielleicht bekannten Fernsehmoderator Ralph Caspers und werden dabei ermutigt, Gegebenheiten ihres Umfelds zu hinterfragen.

··› Fragen zum Text: LB-Seite 113

Arbeitsheft / Kopiervorlage

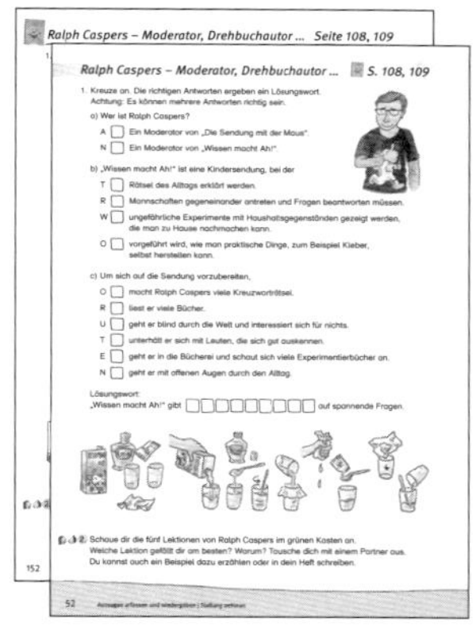
Ralph Caspers – Moderator, Drehbuchautor ... Seite 108, 109

AH LB S. 52
KV 67
Lösungen S. 308

Ralph Caspers – Moderator, Drehbuchautor ...

Die auf dem Arbeitsblatt **Ralph Caspers – Moderator, Drehbuchautor ...** enthaltenen Multiple-Choice-Fragen verlangen gründliches Lesen des Textes und fragen so Informationen ab.

Ralph Caspers – Moderator, Drehbuchautor …

1. Kreuze an. Die richtigen Antworten ergeben ein Lösungswort.
Achtung: Es können mehrere Antworten richtig sein.

a) Wer ist Ralph Caspers?

A ☐ Ein Moderator von „Die Sendung mit der Maus“.

N ☐ Ein Moderator von „Wissen macht Ah!“.

b) „Wissen macht Ah!“ ist eine Kindersendung, bei der

T ☐ Rätsel des Alltags erklärt werden.

R ☐ Mannschaften gegeneinander antreten und Fragen beantworten müssen.

W ☐ ungefährliche Experimente mit Haushaltsgegenständen gezeigt werden, die man zu Hause nachmachen kann.

O ☐ vorgeführt wird, wie man praktische Dinge, zum Beispiel Kleber, selbst herstellen kann.

c) Um sich auf die Sendung vorzubereiten,

O ☐ macht Ralph Caspers viele Kreuzworträtsel.

R ☐ liest er viele Bücher.

U ☐ geht er blind durch die Welt und interessiert sich für nichts.

T ☐ unterhält er sich mit Leuten, die sich gut auskennen.

E ☐ geht er in die Bücherei und schaut sich viele Experimentierbücher an.

N ☐ geht er mit offenen Augen durch den Alltag.

Lösungswort:
„Wissen macht Ah!“ gibt ☐☐☐☐☐☐☐☐☐ auf spannende Fragen.

2. Schaue dir die fünf Lektionen von Ralph Caspers im grünen Kasten an.
Welche Lektion gefällt dir am besten? Warum? Tausche dich mit einem Partner aus.
Du kannst auch ein Beispiel dazu erzählen oder in dein Heft schreiben.

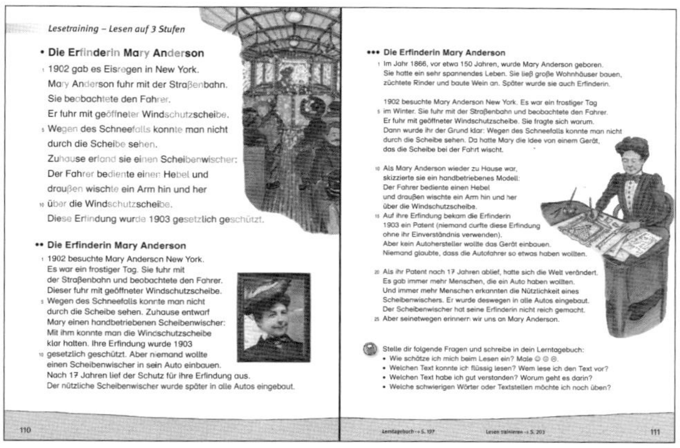
Lesetraining – Lesen auf 3 Stufen

• Die Erfinderin Mary Anderson

1902 gab es Eisregen in New York.
Mary Anderson fuhr mit der Straßenbahn.
Sie beobachtete den Fahrer.
Er fuhr mit geöffneter Windschutzscheibe.
Wegen des Schneefalls konnte man nicht durch die Scheibe sehen.
Zuhause erfand sie einen Scheibenwischer:
Der Fahrer bediente einen Hebel und draußen wischte ein Arm hin und her über die Windschutzscheibe.
Diese Erfindung wurde 1903 gesetzlich geschützt.

•• Die Erfinderin Mary Anderson

1902 besuchte Mary Anderson New York. Es war ein frostiger Tag. Sie fuhr mit der Straßenbahn und beobachtete den Fahrer. Dieser fuhr mit geöffneter Windschutzscheibe. Wegen des Schneefalls konnte man nicht durch die Scheibe sehen. Zuhause entwarf Mary einen handbetriebenen Scheibenwischer: Mit ihm konnte man die Windschutzscheibe klar halten. Ihre Erfindung wurde 1903 gesetzlich geschützt. Aber niemand wollte einen Scheibenwischer in sein Auto einbauen. Nach 17 Jahren lief der Schutz für ihre Erfindung aus. Der nützliche Scheibenwischer wurde später in alle Autos eingebaut.

110

••• Die Erfinderin Mary Anderson

Im Jahr 1866, vor etwa 150 Jahren, wurde Mary Anderson geboren. Sie hatte ein sehr spannendes Leben. Sie ließ große Wohnhäuser bauen, züchtete Rinder und baute Wein an. Später wurde sie auch Erfinderin.

1902 besuchte Mary Anderson New York. Es war ein frostiger Tag im Winter. Sie fuhr mit der Straßenbahn und beobachtete den Fahrer. Er fuhr mit geöffneter Windschutzscheibe. Sie fragte sich warum. Dann wurde ihr der Grund klar: Wegen des Schneefalls konnte man nicht durch die Scheibe sehen. Da hatte Mary die Idee von einem Gerät, das die Scheibe bei der Fahrt wischt.

Als Mary Anderson wieder zu Hause war, skizzierte sie ein handbetriebenes Modell: Der Fahrer bediente einen Hebel und draußen wischte ein Arm hin und her über die Windschutzscheibe. Auf ihre Erfindung bekam die Erfinderin 1903 ein Patent (niemand durfte diese Erfindung ohne ihr Einverständnis verwenden). Aber kein Autohersteller wollte das Gerät einbauen. Niemand glaubte, dass die Autofahrer so etwas haben wollten.

Als ihr Patent nach 17 Jahren ablief, hatte sich die Welt verändert. Es gab immer mehr Menschen, die ein Auto haben wollten. Und immer mehr Menschen erkannten die Nützlichkeit eines Scheibenwischers. Er wurde deswegen in alle Autos eingebaut. Der Scheibenwischer hat seine Erfinderin nicht reich gemacht. Aber seinetwegen erinnern wir uns an Mary Anderson.

Stelle dir folgende Fragen und schreibe in dein Lerntagebuch:
- Wie schätze ich mich beim Lesen ein? Male ☺ 😐 ☹.
- Welchen Text konnte ich flüssig lesen? Wem lese ich den Text vor?
- Welchen Text habe ich gut verstanden? Worum geht es darin?
- Welche schwierigen Wörter oder Textstellen möchte ich noch üben?

Lerntagebuch → S. 197 Lesen trainieren → S. 203 111

Kompetenzbereiche

Texte verstehen / Umgangsformen mit Texten

Inhalt und Thematik

Die Amerikanerin Mary Anderson (1866 – 1953) erfand etwas, was aus unserem täglichen Leben nicht mehr wegzudenken ist: den Scheibenwischer.

Seit etwa 120 Jahren funktioniert er nach ähnlichem Prinzip noch immer so, wie Mary Anderson ihn 1902 skizziert hat. Der Text handelt von der anekdotenhaften Entstehungsgeschichte dieses Autozubehörs.

An einem bitterkalten Tag in New York fuhr die künftige Erfinderin mit der Straßenbahn und beobachtete dabei, dass der Fahrer nicht die Windschutzscheibe geschlossen hatte, sondern sie trotz der Kälte und des Eisregens geöffnet hielt. Dies tat er, da die Windschutzscheibe ansonsten von innen beschlagen gewesen wäre und ihm die Sicht genommen hätte. Dieser Vorfall inspirierte Mary Anderson dazu, ein Gerät zu entwickeln, dass die Scheibe freihalten würde. Das war die Geburtsstunde des Scheibenwischers.

Im Text auf Lesestufe 3 kommt zu dieser Kerngeschichte noch die Information hinzu, dass die Erfindung trotz Patent Mary Anderson nicht reich gemacht hatte. Der damalige Patentschutz galt nur für zehn Jahre und nach Ablauf der Frist hatte sich die Autoindustrie derart geändert, dass der Bedarf sich erst abzuzeichnen begann. In der langen Fassung wird zudem Mary Andersons interessante Vorgeschichte skizziert. Sie war nicht nur Erfinderin, sondern auch Hausverwalterin mehrerer Wohnblocks, Winzerin und Rinderfarmerin.

Die Schüler erhalten mithilfe der Doppelseite nicht nur ein Beispiel für die Entstehungsgeschichte eines Alltagsgegenstandes, sondern lernen auch ein Beispiel für eine herausragende Persönlichkeit ihrer Zeit kennen, die als Frau noch dazu eine Sonderrolle einnimmt.

Hinweise zum Unterricht

Die Verbesserung der Lesefähigkeit steht im Fokus. Jedes Kind kann entsprechend seines Lernstands ein passendes Leseangebot aus den drei Texten auswählen. Das Anforderungsniveau der Texte ist auf den Seiten zum Lesetraining mit einem Punktesystem markiert:

- • Stufe 1: Mindeststandard
- •• Stufe 2: Regelstandard
- ••• Stufe 3: Expertenstandard

Durch eine größere Schrift sowie die zweifarbige Kennzeichnung der einzelnen Silben im Text auf Lesestufe 1 werden die Kinder beim Lesen unterstützt.

Wer auf Lesestufe 1 bzw. 2 liest, kann durch nachhaltiges Üben dazu angeregt und motiviert werden, auch die nächste Lesestufe zu bewältigen.

Ein Lerntagebuch bzw. Lerngespräch mit den Schülern dient dazu, die Selbstreflexion der Kinder über ihre Lernprozesse anzuregen und Gedanken, Erfolge und Schwierigkeiten beim Lesen und Vorlesen der Texte (schriftlich) festzuhalten. Die Fragen unterhalb des Textes auf Lesestufe 3 geben den Kindern Impulse, Eintragungen in ihrem Lerntagebuch vorzunehmen. Hilfen zum Führen eines Lerntagebuchs werden im Lesebuch, Werkstatt-Teil, Seite 197 angeboten.

Weitere Anregungen zum Einsatz der Lesetraining-Seiten finden Sie im Handbuch, Seite 15 ff.

Arbeitsheft / Kopiervorlage

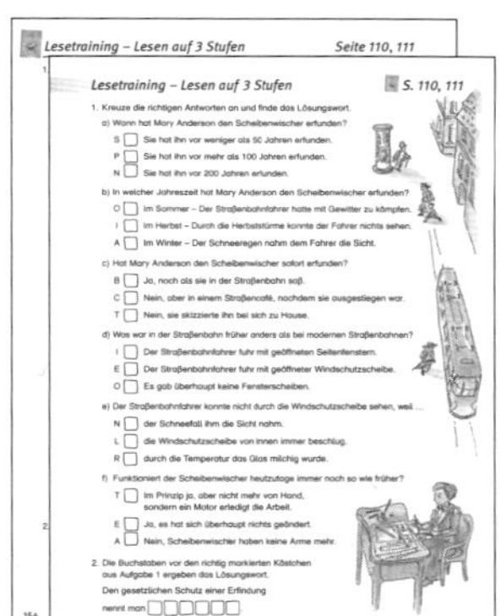
Lesetraining – Lesen auf 3 Stufen Seite 110, 111

Lesetraining – Lesen auf 3 Stufen S. 110, 111

1. Kreuze die richtigen Antworten an und finde das Lösungswort.
   a) Wann hat Mary Anderson den Scheibenwischer erfunden?
      S ☐ Sie hat ihn vor weniger als 50 Jahren erfunden.
      P ☐ Sie hat ihn vor mehr als 100 Jahren erfunden.
      N ☐ Sie hat ihn vor 200 Jahren erfunden.
   b) In welcher Jahreszeit hat Mary Anderson den Scheibenwischer erfunden?
      O ☐ Im Sommer – Der Straßenbahnfahrer hatte mit Gewitter zu kämpfen.
      I ☐ Im Herbst – Durch die Herbststürme konnte der Fahrer nichts sehen.
      A ☐ Im Winter – Der Schneeregen nahm dem Fahrer die Sicht.
   c) Hat Mary Anderson den Scheibenwischer sofort erfunden?
      B ☐ Ja, noch als sie in der Straßenbahn saß.
      C ☐ Nein, aber in einem Straßencafé, nachdem sie ausgestiegen war.
      T ☐ Nein, sie skizzierte ihn bei sich zu Hause.
   d) Was war in der Straßenbahn früher anders als bei modernen Straßenbahnen?
      I ☐ Der Straßenbahnfahrer fuhr mit geöffneten Seitenfenstern.
      E ☐ Der Straßenbahnfahrer fuhr mit geöffneter Windschutzscheibe.
      O ☐ Es gab überhaupt keine Fensterscheiben.
   e) Der Straßenbahnfahrer konnte nicht durch die Windschutzscheibe sehen, weil …
      N ☐ der Schneefall ihm die Sicht nahm.
      L ☐ die Windschutzscheibe von innen immer beschlug.
      R ☐ durch die Temperatur das Glas milchig wurde.
   f) Funktioniert der Scheibenwischer heutzutage immer noch so wie früher?
      T ☐ Im Prinzip ja, aber nicht mehr von Hand, sondern ein Motor erledigt die Arbeit.
      E ☐ Ja, es hat sich überhaupt nichts geändert.
      A ☐ Nein, Scheibenwischer haben keine Arme mehr.
2. Die Buchstaben vor den richtig markierten Kästchen aus Aufgabe 1 ergeben das Lösungswort.
   Den gesetzlichen Schutz einer Erfindung nennt man ☐☐☐☐☐☐.

154 53

AH LB S. 53
KV 68
Lösungen S. 309

Lesetraining – Lesen auf 3 Stufen

Das Arbeitsblatt fragt mittels Multiple-Choice Informationen aus dem Text ab.

Nach einem zweiten Lesen des Textes kann das Arbeitsblatt als selbstständige Verständniskontrolle bearbeitet werden.

Lösungswort: PATENT

1. Kreuze die richtigen Antworten an und finde das Lösungswort.

a) Wann hat Mary Anderson den Scheibenwischer erfunden?

S ☐ Sie hat ihn vor weniger als 50 Jahren erfunden.
P ☐ Sie hat ihn vor mehr als 100 Jahren erfunden.
N ☐ Sie hat ihn vor 200 Jahren erfunden.

b) In welcher Jahreszeit hat Mary Anderson den Scheibenwischer erfunden?

O ☐ Im Sommer – Der Straßenbahnfahrer hatte mit Gewitter zu kämpfen.
I ☐ Im Herbst – Durch die Herbststürme konnte der Fahrer nichts sehen.
A ☐ Im Winter – Der Schneeregen nahm dem Fahrer die Sicht.

c) Hat Mary Anderson den Scheibenwischer sofort erfunden?

B ☐ Ja, noch als sie in der Straßenbahn saß.
C ☐ Nein, aber in einem Straßencafé, nachdem sie ausgestiegen war.
T ☐ Nein, sie skizzierte ihn bei sich zu Hause.

d) Was war in der Straßenbahn früher anders als bei modernen Straßenbahnen?

I ☐ Der Straßenbahnfahrer fuhr mit geöffneten Seitenfenstern.
E ☐ Der Straßenbahnfahrer fuhr mit geöffneter Windschutzscheibe.
O ☐ Es gab überhaupt keine Fensterscheiben.

e) Der Straßenbahnfahrer konnte nicht durch die Windschutzscheibe sehen, weil …

N ☐ der Schneefall ihm die Sicht nahm.
L ☐ die Windschutzscheibe von innen immer beschlug.
R ☐ durch die Temperatur das Glas milchig wurde.

f) Funktioniert der Scheibenwischer heutzutage immer noch so wie früher?

T ☐ Im Prinzip ja, aber nicht mehr von Hand, sondern ein Motor erledigt die Arbeit.
E ☐ Ja, es hat sich überhaupt nichts geändert.
A ☐ Nein, Scheibenwischer haben keine Arme mehr.

2. Die Buchstaben vor den richtig markierten Kästchen aus Aufgabe 1 ergeben das Lösungswort.

Den gesetzlichen Schutz einer Erfindung

nennt man ☐☐☐☐☐☐.

1. Gleich am nächsten Tag schreibt Maja ihrer besten Freundin eine E-Mail.
   Sie schickt ihr Bilder von ihrem Auftritt und berichtet, wie sie sich dabei gefühlt hat.
   Schreibe die E-Mail.

Nachricht

senden

An ..

CC ..

Betreff:

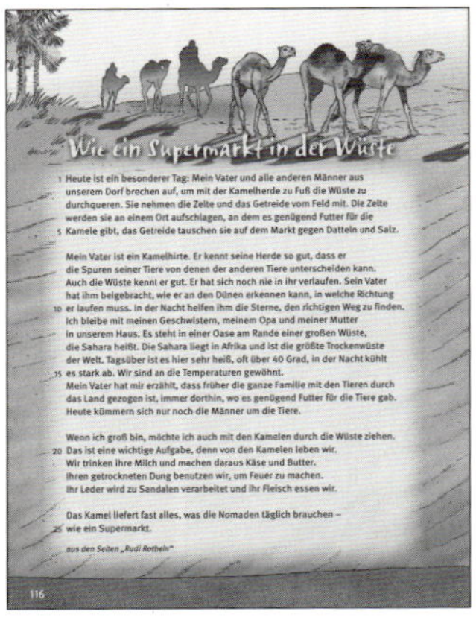

Wie ein Supermarkt in der Wüste

Heute ist ein besonderer Tag: Mein Vater und alle anderen Männer aus unserem Dorf brechen auf, um mit der Kamelherde zu Fuß die Wüste zu durchqueren. Sie nehmen die Zelte und das Getreide vom Feld mit. Die Zelte werden sie an einem Ort aufschlagen, an dem es genügend Futter für die Kamele gibt, das Getreide tauschen sie auf dem Markt gegen Datteln und Salz.

Mein Vater ist ein Kamelhirte. Er kennt seine Herde so gut, dass er die Spuren seiner Tiere von denen der anderen Tiere unterscheiden kann. Auch die Wüste kennt er gut. Er hat sich noch nie in ihr verlaufen. Sein Vater hat ihm beigebracht, wie er an den Dünen erkennen kann, in welche Richtung er laufen muss. In der Nacht helfen ihm die Sterne, den richtigen Weg zu finden. Ich bleibe mit meinen Geschwistern, meinem Opa und meiner Mutter in unserem Haus. Es steht in einer Oase am Rande einer großen Wüste, die Sahara heißt. Die Sahara liegt in Afrika und ist die größte Trockenwüste der Welt. Tagsüber ist es hier sehr heiß, oft über 40 Grad, in der Nacht kühlt es stark ab. Wir sind an die Temperaturen gewöhnt.
Mein Vater hat mir erzählt, dass früher die ganze Familie mit den Tieren durch das Land gezogen ist, immer dorthin, wo es genügend Futter für die Tiere gab. Heute kümmern sich nur noch die Männer um die Tiere.

Wenn ich groß bin, möchte ich auch mit den Kamelen durch die Wüste ziehen. Das ist eine wichtige Aufgabe, denn von den Kamelen leben wir. Wir trinken ihre Milch und machen daraus Käse und Butter. Ihren getrockneten Dung benutzen wir, um Feuer zu machen. Ihr Leder wird zu Sandalen verarbeitet und ihr Fleisch essen wir.

Das Kamel liefert fast alles, was die Nomaden täglich brauchen – wie ein Supermarkt.

aus den Seiten „Rudi Rotbein"

116

Kompetenzbereiche

Texte verstehen / Umgangsformen mit Texten

Quelle

„Rudi Rotbein" präsentiert die Kinderseiten im Mitgliedermagazin „Naturschutz heute" des Naturschutzbunds Deutschland e.V., kurz NABU. Der Wappenvogel der Organisation ist seit 1966 der Weißstorch. Seine kindgemäße Entsprechung ist die lustige, schlaue Comicfigur Rudi Rotbein, dessen Name sich von den roten Beinen des Storches herleitet.

Inhalt und Thematik

Der flott formulierte Titel überschreibt die Erzählung eines Nomaden-Jungen vom Leben in der Wüste Sahara, in dem das Kamel als Reittier, Lasttier und Nutztier unentbehrlich ist.

Der Aufbruch der Kamelherde ist ein besonderer Tag – so beginnt der Text. Der Vater des Jungen und die anderen Männer des Dorfes ziehen nun mit der Herde durch die Wüste zu Weideplätzen und zum Markt, wo sie ihr Getreide gegen Datteln und Salz tauschen.

Der Junge erzählt dann von seinem Vater: Er ist Kamelhirte, kennt jedes Tier der Herde und orientiert sich auf seinen Wegen durch die Wüste an den Sanddünen oder den Sternen. Der Junge und die anderen Familienmitglieder leben in einem Dorf in einer Oase am Rande der Wüste, an deren extreme Temperaturschwankungen sie gewöhnt sind. Von Erzählungen weiß er, dass früher die ganze Familie ständig mit der Herde unterwegs gewesen ist.

Im letzten Abschnitt äußert der Junge seinen Wunsch, später auch Kamelhirte zu werden, und zählt auf, wie sie vom Kamel leben. Sie haben Nahrung (Milch, Käse, Butter, Fleisch), Heizmaterial (getrockneter Dung), Schuhwerk (Sandalen aus dem Leder). Mit dieser Aufzählung wird der Bezug zum Begriff „Supermarkt" im Titel hergestellt.

Hinweise zum Unterricht

Die Schüler erhalten „aus erster Hand" Informationen zum Lebensraum Wüste. Die Form einer persönlichen Erzählung kann ihre Aufnahmebereitschaft steigern.

⇢ Fragen zum Text: LB-Seite 125

Arbeitsheft / Kopiervorlage

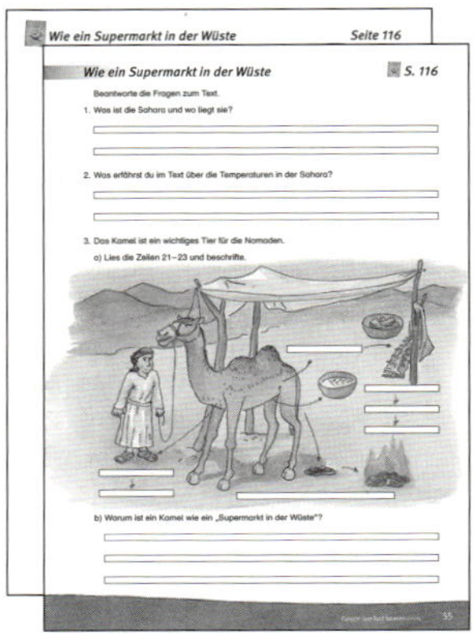

Wie ein Supermarkt in der Wüste — Seite 116

Wie ein Supermarkt in der Wüste — S. 116

Beantworte die Fragen zum Text.

1. Was ist die Sahara und wo liegt sie?
2. Was erfährst du im Text über die Temperaturen in der Sahara?
3. Das Kamel ist ein wichtiges Tier für die Nomaden.
   a) Lies die Zeilen 21–23 und beschrifte.
   b) Warum ist ein Kamel wie ein „Supermarkt in der Wüste"?

55

AH LB S. 55
KV 71
Lösungen S. 310

Wie ein Supermarkt in der Wüste

Mit dem Arbeitsblatt **Wie ein Supermarkt in der Wüste** wird das Wissen über die Sahara reaktiviert und zusammengetragen. Mithilfe eines Schaubilds wird die Vielfalt der Produkte, die von einem Kamel gewonnen werden können, veranschaulicht.

Beantworte die Fragen zum Text.

1. Was ist die Sahara und wo liegt sie?

2. Was erfährst du im Text über die Temperaturen in der Sahara?

3. Das Kamel ist ein wichtiges Tier für die Nomaden.

   a) Lies die Zeilen 21–23 und beschrifte.

   b) Warum ist ein Kamel wie ein „Supermarkt in der Wüste"?

Lebensraum Wüste

Weißt du, wie Kamele es schaffen, Wüstentemperaturen von über 40 Grad locker auszuhalten? Sie können ihren Wasserspeicher innerhalb einer Viertelstunde mit 200 Litern Wasser auffüllen und danach lange Durststrecken überstehen. Ihr Fell ist kurz, damit sie sich nicht aufheizen, und ihre Beine lang, damit ihr Körper möglichst weit vom heißen Boden weg ist.
In ihren Höckern speichern sie Fett, um auch in schlechten Zeiten genügend Energie zum Leben zu haben.

Nomaden sind Menschen, die mit ihren Familien und ihren Tieren das ganze Jahr über durch das Land ziehen – von einer Weide zur nächsten. Das ist wichtig, denn von den Tieren leben sie. Nomaden wohnen in Zelten, die sie schnell auf- und abbauen können. Alles, was sie und ihre Kinder zum Leben (oder Spielen) brauchen, wird auf dem Rücken ihrer Kamele transportiert.
Halbnomaden sind Menschen, bei denen nur ein Teil der Familie mit den Tieren wandert. Frauen, Kinder und ältere Menschen wohnen meist das ganze Jahr in ihren Häusern und bauen Getreide auf den Feldern an.

aus den Seiten „Rudi Rotbein"

Kompetenzbereiche

Texte verstehen / Umgangsformen mit Texten

Inhalt und Thematik

Zwei Texte vermitteln Informationen zu den Bewohnern der Region und deren Nutztier, dem Kamel. Der erste Text erläutert die physische Anpassung des Kamels an den Lebensraum, der zweite klärt die Begriffe „Nomaden" und „Halbnomaden" durch eine Beschreibung ihrer Lebensweise.

Hinweise zum Unterricht

Das durch die Erzählung „Wie ein Supermarkt in der Wüste" geweckte Interesse kann die Aufmerksamkeit der Schüler auf weitere sachliche Informationen über den „Lebensraum Wüste" intensivieren.

⇢ Fragen zum Text: LB-Seite 125

Kopiervorlage

Lebensraum Wüste — *Seite 117*

1. Welche Merkmale zeigen, dass das Kamel optimal an das Leben in der Wüste angepasst ist? Ergänze den Stichwortzettel.

Fell:

Beine:

Höcker:

trinken:

2. Erkläre den Unterschied zwischen Nomaden und Halbnomaden. (Zeile 8–15)

KV 72
Lösungen S. 311

Lebensraum Wüste

Das Arbeitsblatt **Lebensraum Wüste** beschäftigt sich eingehender mit der Anpassung des Kamels und die der Nomaden an den besonderen Lebensraum Wüste.

1. Welche Merkmale zeigen, dass das Kamel optimal an das Leben in der Wüste angepasst ist? Ergänze den Stichwortzettel.

Fell: ______

______

Beine: ______

______

Höcker: ______

______

trinken: ______

______

2. Erkläre den Unterschied zwischen Nomaden und Halbnomaden. (Zeile 8–15)

______

______

______

______

Weißt du, warum sich Raben streiten?
Um Würmer und Körner und Kleinigkeiten,

um Schneckenhäuser und Blätter und Blumen
und Kuchenkrümel und Käsekrumen

und darum, wer recht hat und unrecht, und dann
auch darum, wer schöner singen kann.

Mitunter streiten sich Raben wie toll
darum, wer was tun und lassen soll,

und darum, wer Erster ist, Letzter und Zweiter
und Dritter und Vierter und so weiter.

Raben streiten um jeden Mist.
Und wenn der Streit mal zu Ende ist,

weißt du, was Raben dann sagen?
Komm, wir wollen uns wieder vertragen!

Frantz Wittkamp

Kompetenzbereiche

Texte verstehen / Umgangsformen mit Texten

Autor

Frantz Wittkamp, geb. 1943 in Wittenberg, lebt in Nordrhein-Westfalen. Er ist freischaffender Grafiker, Maler und Autor.

Inhalt und Thematik

Das vorliegende Gedicht hat nicht eine bestimmte Beziehung zwischen Kindern und Tieren zum Thema, sondern beschreibt eine Verhaltensweise, die für beide gilt bzw. gelten kann. Es ist vom Streiten die Rede.

Die einleitende rhetorische Frage „Weißt du, warum sich Raben streiten?" spricht den Leser persönlich an und lenkt seine Aufmerksamkeit auf die unmittelbar folgende Aufzählung von Streitgründen. Genannt werden erbeutetes Fressen wie Würmer und Körner, aber auch Blätter, Blumen sowie, durch Lautwiederholung hervorgehoben, „Kuchenkrümel und Käsekrumen". Nach diesen konkreten Streitobjekten werden weitere Streitfragen der Raben genannt: Wer recht oder unrecht hat, wer schöner singen kann, wer was tun oder lassen soll und schließlich, wer Erster, Zweiter oder Letzter ist.

Zeile 11 beantwortet zusammenfassend die Eingangsfrage mit dem Satz: „Raben streiten um jeden Mist." Aber, und damit endet das Gedicht, wenn sie mit ihrem Streit fertig sind, wollen sie sich wieder vertragen.

Die Raben des Gedichts sind offenbar ein streitlustiges Völkchen, dem es nicht nur um erbeutete Nahrung geht, sondern ebenso, wenn nicht gar mehr, um die Beurteilung von Verhaltensweisen, um Verhaltensanforderungen und um eine Rangordnung. Diese Art von Streit gleicht einer sozialen Auseinandersetzung, die lebhaft ausgetragen wird, aber nicht zur persönlichen Feindschaft führt. Außerdem scheinen diese Raben auch zum Vergnügen zu streiten, damit etwas los ist. Wie anders wäre ein Streit um Blätter und Blumen zu verstehen?

Wer sind nun diese Raben? Es lassen sich drei Deutungen feststellen:

1. Die reale und auffällige Vogelart mit ausgeprägtem Sozialleben (Streit um Nahrung, Rangordnung),
2. das bekannte Fabeltier in „Der Rabe und der Fuchs" (Käsekrumen, wer schöner singen kann: In der Fabel will der Rabe, umschmeichelt vom Fuchs, seine vermeintlich schöne Stimme vorführen. Dabei fällt ihm das Stück Käse aus dem Schnabel, wie es der Fuchs erhofft hat.),
3. der direkt übertragbare Begriff auf „Kinder" (bei jedem Streitpunkt außer der natürlichen Vogelnahrung).

In dem Gedicht sind diese Deutungen spielerisch miteinander verflochten. In humorvoller Ironie wird ausdrücklich und mehrfach von „Raben" gesprochen, im Verlauf des Gedichts sind jedoch immer deutlicher „Kinder" gemeint.

Hinweise zum Unterricht

Die Schüler werden an dem Gedicht Spaß haben, denn sie kennen die Themen gut, um die sich diese Raben streiten. Ihr eigenes Streitverhalten kann über die im Gedicht neu charakterisierten Fabeltiere „objektiv" besprochen werden.

Das Gedicht ist wegen seiner eingängigen Sprache und Rhythmik geeignet, auswendig gelernt zu werden.

Tipp 8

Lesetipp 8 – Ein Gedicht auswendig lernen
- Sprich immer laut mit, wenn du ein Gedicht auswendig lernst.
- Stelle dir genau vor, worum es in der Strophe geht.
- Schreibe dir in jeder Zeile eine Erinnerungshilfe auf, zum Beispiel das erste und das letzte Wort (Reimwort). Du kannst auch etwas dazu malen.
- Decke mit einem Blatt immer mehr Hilfen ab, bis du das Gedicht auswendig kannst.

··› Fragen zum Text: LB-Seite 125

Arbeitsheft / Kopiervorlage

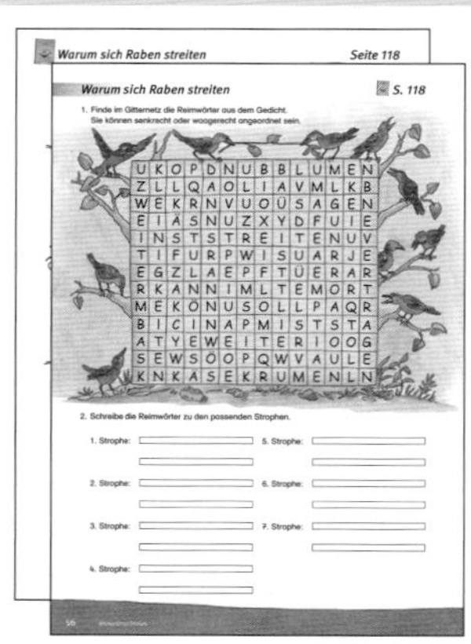

Warum sich Raben streiten

Auf dem Arbeitsblatt **Warum sich Raben streiten** werden aus einem Suchsel die Reimwörter des Gedichts herausgesucht und in Paaren aufgeschrieben.

AH LB S. 56
KV 73
Lösungen S. 311

Warum sich Raben streiten — Seite 118

1. Finde im Gitternetz die Reimwörter aus dem Gedicht.
   Sie können senkrecht oder waagerecht angeordnet sein.

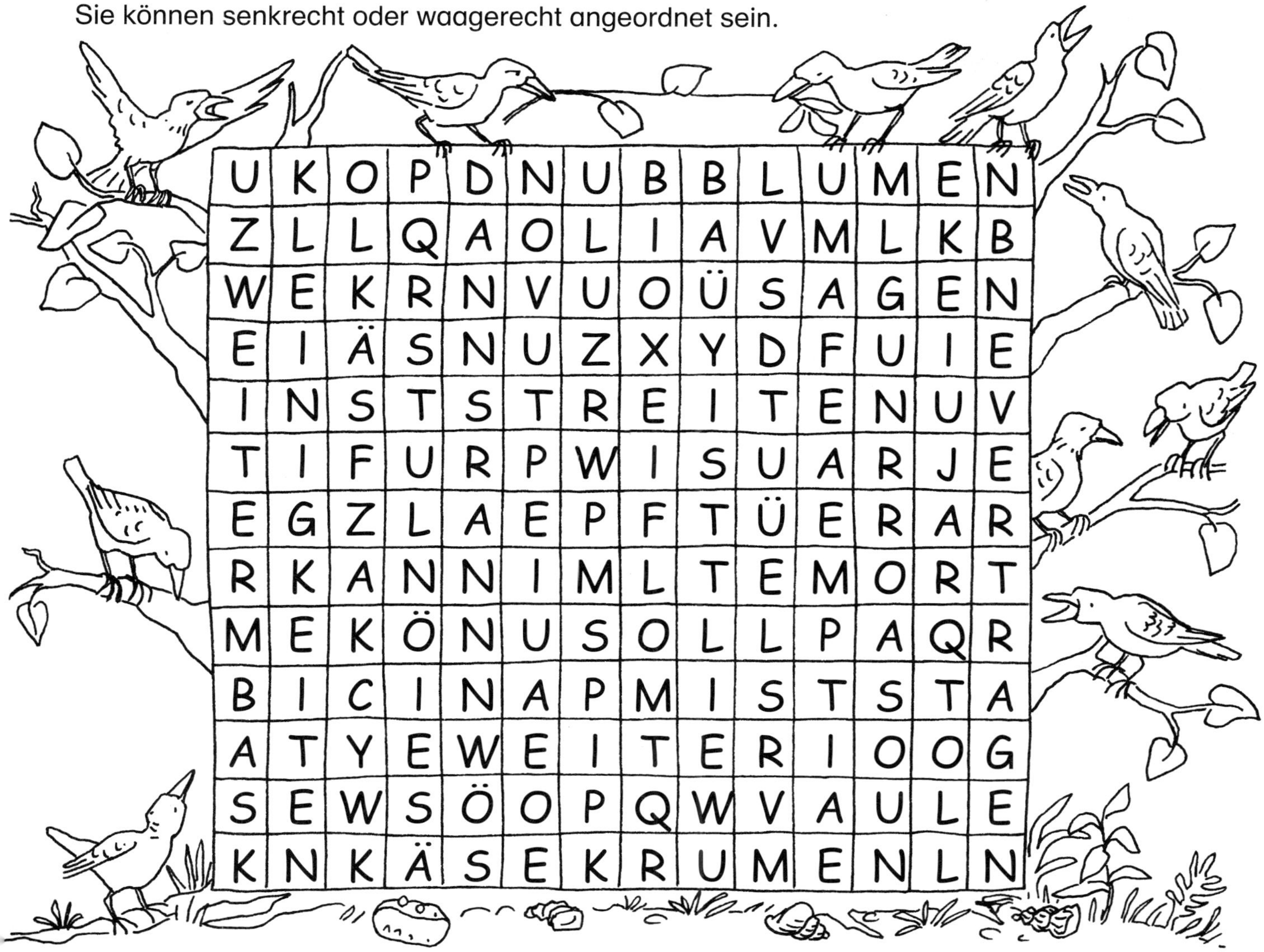

U	K	O	P	D	N	U	B	B	L	U	M	E	N
Z	L	L	Q	A	O	L	I	A	V	M	L	K	B
W	E	K	R	N	V	U	O	Ü	S	A	G	E	N
E	I	Ä	S	N	U	Z	X	Y	D	F	U	I	E
I	N	S	T	S	T	R	E	I	T	E	N	U	V
T	I	F	U	R	P	W	I	S	U	A	R	J	E
E	G	Z	L	A	E	P	F	T	Ü	E	R	A	R
R	K	A	N	N	I	M	L	T	E	M	O	R	T
M	E	K	Ö	N	U	S	O	L	L	P	A	Q	R
B	I	C	I	N	A	P	M	I	S	T	S	T	A
A	T	Y	E	W	E	I	T	E	R	I	O	O	G
S	E	W	S	Ö	O	P	Q	W	V	A	U	L	E
K	N	K	Ä	S	E	K	R	U	M	E	N	L	N

2. Schreibe die Reimwörter zu den passenden Strophen.

1. Strophe:

2. Strophe:

3. Strophe:

4. Strophe:

5. Strophe:

6. Strophe:

7. Strophe:

Tiger-Jagd

Wer Lust hat, kann an Regentagen
auch hierzulande Tiger jagen.

Es lohnt zum Beispiel der Versuch
der Tigerjagd im Wörterbuch.

Dort spielt der Tiger mit den Jungen
im Quellgebiet der Steigerungen:

Ein Lus-Tiger, ein Präch-Tiger,
ein Läs-Tiger, ein Mäch-Tiger,

ein Hef-Tiger, ein Gran-Tiger,
ein Bors-Tiger, ein Kan-Tiger,

ein Kräf-Tiger, ein Saf-Tiger,
ein ganz und gar Wahrhaf-Tiger,

ein Ar-Tiger, ein Bär-Tiger,
und manchmal ein Verfer-Tiger

von Bildern und Geschichten,
der so ein Spiel erfinden kann,
von dem wir hier berichten.

Man braucht zu dieser Tigerjagd
kein Netz und kein Gewehr,

und wer ein bisschen überlegt,
der findet noch viel mehr.

Hans Georg Lenzen

Kompetenzbereiche

Texte verstehen / Umgangsformen mit Texten

Quelle

Hans Georg Lenzen, geb. 1921 in Moers, Nordrhein-Westfalen, gest. 2014 in Grevenbroich, Nordrhein-Westfalen, war deutscher Professor für Gestaltung, Autor von Kinderbüchern, Illustrator und Übersetzer.

Inhalt und Thematik

„Tiger-Jagd" ist ein weiteres Gedicht, das sich mit dem Thema Langeweile und Vertreibung derselben mit einem Sprachspiel beschäftigt. Anders als jedoch „Langeweile? Tu was!" (LB-Seite 43) geht es in der Tiger-Jagd nicht um Komposita, sondern um Komparative von bestimmten Adjektiven, die auf -Tiger enden.

Das Gedicht beginnt wieder mit einer Ansprache an den Leser: Wer Langeweile empfindet (hier „Regentagen"), kann auch hierzulande in einem Lexikon auf Tigerjagd gehen.

Dieser Ausgangspunkt mag den Kindern erst einmal abstrus und rein fantastisch vorkommen. Jedoch beweist der Erzähler in den Zeilen 7 bis 14, dass dieses Vorhaben wortwörtlich umzusetzen ist: In den Steigerungsformen bestimmter Adjektive lassen sich wahrhaftig Tiger finden.

Zeile 15 bis 17 erklärt, dass diese Tiger-Funde Ausgangspunkt von Fantasiereisen, Geschichten und Bilder sein können und dass ein solches Spiel mit Worten sehr fruchtbar sein kann. Folgerichtig wird der Leser in den letzten Zeilen des Gedichts dazu aufgefordert, noch weitere „Tiger" zu finden oder sich an anderen Sprachspielen zu versuchen.

Hinweise zum Unterricht

Für die Schüler kann es ein wichtiges Signal sein, dass Sprache nicht nur mit Grammatik, Rechtschreibung und Transport von Informationen zu tun hat, sondern auch immer etwas Spielerisches, Leichtes, Poetisches haben kann. Die Kinder sollten ermutigt werden, sich mit dieser Spielart eines Sprachspiels zu beschäftigen und noch weitere Tiger in einem Wörterbuch zu finden.

··➤ Fragen zum Text: LB-Seite 126

Kopiervorlage

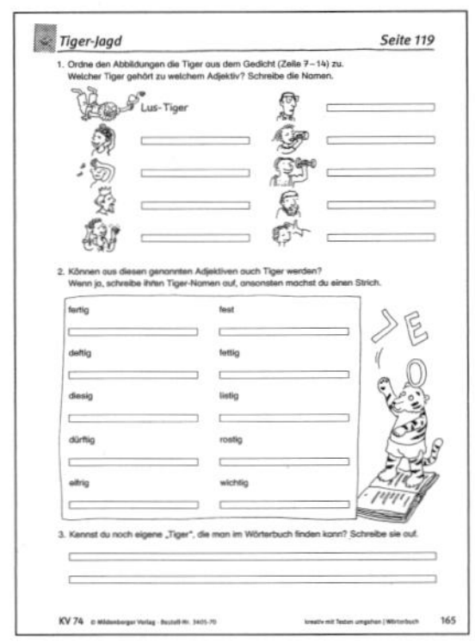

KV 74
Lösungen S. 312

Tiger-Jagd

Auf dem Arbeitsblatt **Tiger-Jagd** setzen sich die Schüler mit dem Sprachwitz des Gedichts auseinander und ordnen den Abbildungen die passenden „Tiger" aus dem Text zu.
Die Sprachspielerei wird an weiteren Beispielen erprobt und mithilfe des Wörterbuchs auf eigene „Tiger" ausgeweitet.

1. Ordne den Abbildungen die Tiger aus dem Gedicht (Zeile 7 – 14) zu.
   Welcher Tiger gehört zu welchem Adjektiv? Schreibe die Namen.

Lus-Tiger

2. Können aus diesen genannten Adjektiven auch Tiger werden?
   Wenn ja, schreibe ihren Tiger-Namen auf, ansonsten machst du einen Strich.

fertig	fest
deftig	fettig
diesig	listig
dürftig	rostig
eifrig	wichtig

3. Kennst du noch eigene „Tiger“, die man im Wörterbuch finden kann? Schreibe sie auf.

Romulus und Remus

Berühmte Kinder, von Tieren gerettet

Vor langer, langer Zeit führte ein Hirte seine Schafherde am Fluss Tiber zur Tränke. Plötzlich drängten sich die Schafe ängstlich zusammen. „Was ist denn los?“, dachte er. Da sah er eine große Wölfin im Gras liegen. Zwei nackte kleine Kinder saugten gierig an ihren Zitzen. Die Wölfin lag ganz friedlich da. Von Zeit zu Zeit leckte sie liebevoll die Kinder, als wären sie ihre eigenen Jungen.

Die Wölfin merkte, dass sie beobachtet wurde, und trug eines der Kinder vorsichtig mit der Schnauze in ihre Wolfshöhle. Als sie das zweite Kind holen wollte, verjagte der Hirte sie mit seinen Hunden. Mit dem einen Baby auf dem Arm wartete er, bis das andere aus der Wolfshöhle krabbelte. Dann nahm er beide mit nach Hause. „Das ist ein Geschenk der Götter“, freute sich seine Frau, denn sie hatten keine eigenen Kinder. „Wir nennen sie Romulus und Remus. Das sind schöne Namen für diese prächtigen Kinder. Es sind wohl Zwillinge.“

Die Jungen wuchsen zu kräftigen jungen Männern heran, die ihrem Pflegevater mit der Herde halfen und keinem Streit mit anderen Hirten aus dem Weg gingen. Ein Streit um die beste Weide zwang die beiden Brüder vor den Herrn, dem das Weideland gehörte. Es war der frühere König des Landes.

Romulus und Remus kamen ihm bekannt vor und bald stellte sich heraus, dass dieser König ihr Großvater war. Er war von seinem herrschsüchtigen Bruder abgesetzt und verbannt worden. Seine Tochter, die Mutter der Zwillinge, war umgebracht worden. „Er wollte auch euch töten“, sagte der König. „Aber das wagte er nicht, denn euer Vater ist der Kriegsgott Mars.“ „Der ist unser Vater!?“, riefen Romulus und Remus überrascht. „Ja, so ist es“, antwortete der König. „Ihr wurdet in einem Korb im Fluss Tiber ausgesetzt. Aber Gott Mars hat für euch gesorgt und die Wölfin geschickt.“

„Wir sind nicht umsonst Söhne des Kriegsgottes Mars!“ Romulus und Remus halfen ihrem Großvater, seinen Thron zurückzugewinnen. Zum Dank durften sie eine neue Stadt bauen – am Fluss Tiber, dort, wo sie ausgesetzt worden waren. Die Brüder freuten sich, aber sie konnten sich nicht einigen: Wer sollte der erste König sein? Wer sollte der Stadt den Namen geben? In dem schlimmen Streit setzte sich Romulus durch. Er wurde der erste König der neuen Stadt und gab ihr den Namen: Rom.

120 121

Kompetenzbereiche

Texte verstehen / Umgangsformen mit Texten

Inhalt und Thematik

Die römische Sage von Romulus und Remus wird als Geschichte frei nacherzählt und steht neben Mowgli (LB-Seite 122, 123) exemplarisch als Beispiel dafür, wie Kinder von Tieren gerettet wurden.

Zu Beginn des Textes wird die Aufmerksamkeit des Lesers auf die klassische Szene gerichtet: Eine Wölfin säugt zwei kleine Kinder und umsorgt sie liebevoll. Ein Hirte, der gerade seine Herde am Fluss Tiber zur Tränke führt, entdeckt sie und nimmt die Jungen, offenbar Zwillinge, in Obhut. Seine Frau gibt ihnen die Namen Romulus und Remus und sie wachsen bei dem zuvor kinderlosen Ehepaar zu jungen Männern heran.

Ihre Bereitschaft, sich mit anderen Hirten um Weideplätze zu streiten, bringt sie vor den Besitzer des Landes, den früheren König.

Die Begegnung ist szenenhaft dargestellt und rollt die Vorgeschichte auf: Der König ist der Großvater der Zwillinge. Er wurde von seinem Bruder vom Thron gestoßen. Seine Tochter, die Mutter der Zwillinge, wurde umgebracht und die damals Neugeborenen wurden in einem Korb im Fluss Tiber ausgesetzt. Ihr Vater, der Kriegsgott Mars, schickte die Wölfin zu ihrer Rettung. Durch Romulus und Remus gewinnt ihr Großvater, der rechtmäßige König, seinen Thron zurück und lässt die beiden eine neue Stadt gründen an dem Ort, wo sie ausgesetzt wurden. Den Streit um die erste Stadtherrschaft und die Namensgebung gewinnt Romulus. Die Stadt heißt Rom.

Hinweise zum Unterricht

Die Sage oder der Mythos von der Gründung der Stadt Rom wurde sehr verkürzt. Dennoch wird den Schülern durch den Text europäisches Kulturgut vermittelt.

⇢ Fragen zum Text: LB-Seite 126, 127

Arbeitsheft / Kopiervorlagen

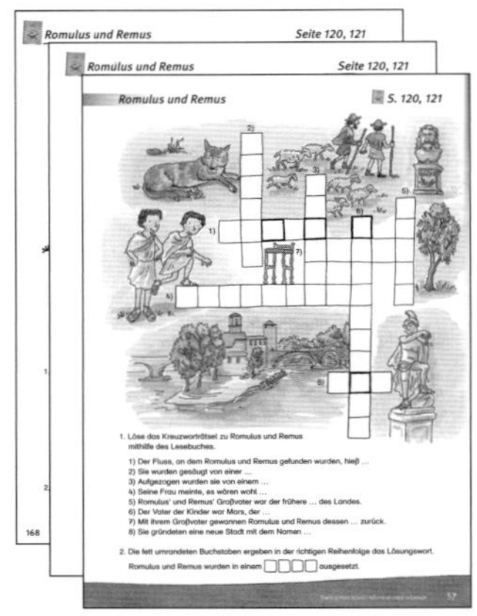

AH LB S. 57
KV 75 a / b
Lösungen S. 312

Romulus und Remus

Das Arbeitsblatt **Romulus und Remus** fragt Informationen aus der Geschichte „Romulus und Remus“ in Kreuzworträtsel-Form ab. Es liegt in zwei Schwierigkeitsgraden vor.

Ⓓ In der Variante KV 75 a helfen vorgegebene Zeilenangaben beim Ausfüllen des Kreuzworträtsels.

Romulus und Remus

Seite 120, 121

1. Löse das Kreuzworträtsel zu Romulus und Remus mithilfe des Lesebuches.

   1) Der Fluss, an dem Romulus und Remus gefunden wurden, hieß … (Zeile 1)
   2) Sie wurden gesäugt von einer … (Zeile 3)
   3) Aufgezogen wurden sie von einem … (Zeile 9–11)
   4) Seine Frau meinte, es wären wohl … (Zeile 14)
   5) Romulus' und Remus' Großvater war der frühere … des Landes. (Zeile 18)
   6) Der Vater der Kinder war Mars, der … (Zeile 24)
   7) Mit ihrem Großvater gewannen Romulus und Remus dessen … zurück. (Zeile 29)
   8) Sie gründeten eine neue Stadt mit dem Namen … (Zeile 35)

2. Die fett umrandeten Buchstaben ergeben in der richtigen Reihenfolge das Lösungswort.

   Romulus und Remus wurden in einem ☐☐☐☐ ausgesetzt.

Romulus und Remus

Seite 120, 121

1. Löse das Kreuzworträtsel zu Romulus und Remus mithilfe des Lesebuches.

   1) Der Fluss, an dem Romulus und Remus gefunden wurden, hieß …
   2) Sie wurden gesäugt von einer …
   3) Aufgezogen wurden sie von einem …
   4) Seine Frau meinte, es wären wohl …
   5) Romulus' und Remus' Großvater war der frühere … des Landes.
   6) Der Vater der Kinder war Mars, der …
   7) Mit ihrem Großvater gewannen Romulus und Remus dessen … zurück.
   8) Sie gründeten eine neue Stadt mit dem Namen …

2. Die fett umrandeten Buchstaben ergeben in der richtigen Reihenfolge das Lösungswort.

   Romulus und Remus wurden in einem ☐☐☐☐ ausgesetzt.

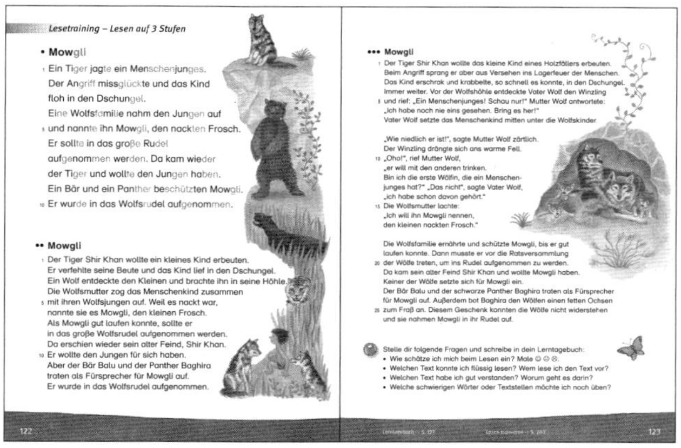
Lesetraining – Lesen auf 3 Stufen

• Mowgli

Ein Tiger jagte ein Menschenjunges. Der Angriff missglückte und das Kind floh in den Dschungel. Eine Wolfsfamilie nahm den Jungen auf und nannte ihn Mowgli, den nackten Frosch. Er sollte in das große Rudel aufgenommen werden. Da kam wieder der Tiger und wollte den Jungen haben. Ein Bär und ein Panther beschützten Mowgli. Er wurde in das Wolfsrudel aufgenommen.

•• Mowgli

Der Tiger Shir Khan wollte ein kleines Kind erbeuten. Er verfehlte seine Beute und das Kind lief in den Dschungel. Ein Wolf entdeckte den Kleinen und brachte ihn in seine Höhle. Die Wolfsmutter zog das Menschenkind zusammen mit ihren Wolfsjungen auf. Weil es nackt war, nannte sie es Mowgli, den kleinen Frosch. Als Mowgli gut laufen konnte, sollte er in das große Wolfsrudel aufgenommen werden. Da erschien wieder sein alter Feind, Shir Khan. Er wollte den Jungen für sich haben. Aber der Bär Balu und der Panther Baghira traten als Fürsprecher für Mowgli auf. Er wurde in das Wolfsrudel aufgenommen.

122

••• Mowgli

Der Tiger Shir Khan wollte das kleine Kind eines Holzfällers erbeuten. Beim Angriff sprang er aber aus Versehen ins Lagerfeuer der Menschen. Das Kind erschrak und krabbelte, so schnell es konnte, in den Dschungel. Immer weiter. Vor der Wolfshöhle entdeckte Vater Wolf den Winzling und rief: „Ein Menschenjunges! Schau nur!" Mutter Wolf antwortete: „Ich habe noch nie eins gesehen. Bring es her!" Vater Wolf setzte das Menschenkind mitten unter die Wolfskinder.

„Wie niedlich er ist!", sagte Mutter Wolf zärtlich. Der Winzling drängte sich ans warme Fell. „Oho!", rief Mutter Wolf, „er will mit den anderen trinken. Bin ich die erste Wölfin, die ein Menschenjunges hat?" „Das nicht", sagte Vater Wolf, „ich habe schon davon gehört." Die Wolfsmutter lachte: „Ich will ihn Mowgli nennen, den kleinen nackten Frosch."

Die Wolfsfamilie ernährte und schützte Mowgli, bis er gut laufen konnte. Dann musste er vor die Ratsversammlung der Wölfe treten, um ins Rudel aufgenommen zu werden. Da kam sein alter Feind Shir Khan und wollte Mowgli haben. Keiner der Wölfe setzte sich für Mowgli ein. Der Bär Balu und der schwarze Panther Baghira traten als Fürsprecher für Mowgli auf. Außerdem bot Baghira den Wölfen einen fetten Ochsen zum Fraß an. Diesem Geschenk konnten die Wölfe nicht widerstehen und sie nahmen Mowgli in ihr Rudel auf.

Stelle dir folgende Fragen und schreibe in dein Lerntagebuch:
- Wie schätze ich mich beim Lesen ein? Male ☺ 😐 ☹.
- Welchen Text konnte ich flüssig lesen? Wem lese ich den Text vor?
- Welchen Text habe ich gut verstanden? Worum geht es darin?
- Welche schwierigen Wörter oder Textstellen möchte ich noch üben?

123

Kompetenzbereiche

Texte verstehen / Umgangsformen mit Texten

Inhalt und Thematik

Die Einleitung der drei Texte charakterisiert andeutungsweise die primären „Kontrahenten" der Mowgli-Geschichte im „Dschungelbuch": den Tiger Shir Kan, der sich beim Sprung auf seine Beute, das Baby Mowgli, ungeschickt anstellt, und den flinken kleinen Mowgli, der ihm entflieht.

Geschildert wird sodann, wie Mowgli zufällig zur Wolfsfamilie gelangt und von ihr aufgenommen wird. Die Frage der Wolfsmutter, ob sie die erste Wölfin sei, die einen Menschenjungen aufnimmt, und die Antwort des Wolfsvaters darauf weisen auf die Wölfin der römischen Sage hin. Der Menschenjunge erhält den Namen „Mowgli", was „kleiner (nackter) Frosch" heißt. Die Wolfseltern bewundern den Mut des Neuankömmlings und ziehen ihn auf.

Schlussendlich wird Mowgli in das Wolfsrudel aufgenommen. Während der entscheidenden Ratsversammlung der Wölfe erhebt der Tiger Shir Kan Anspruch auf den Jungen. Mowgli braucht nun zwei Fürsprecher außerhalb seiner Familie. Es sind Balu, der Bär, und Baghira, der Panther. Baghiras Angebot, den Wölfen einen fetten Ochsen zum Fraß zu überlassen, „überzeugt" das Rudel und Mowgli wird aufgenommen.

Hinweise zum Unterricht

Die Verbesserung der Lesefähigkeit steht im Fokus. Jedes Kind kann entsprechend seines Lernstands ein passendes Leseangebot aus den drei Texten auswählen. Das Anforderungsniveau der Texte ist auf den Seiten zum Lesetraining mit einem Punktesystem markiert:

- • Stufe 1: Mindeststandard
- •• Stufe 2: Regelstandard
- ••• Stufe 3: Expertenstandard

Durch eine größere Schrift sowie die zweifarbige Kennzeichnung der einzelnen Silben im Text auf Lesestufe 1 werden die Kinder beim Lesen unterstützt.

Wer auf Lesestufe 1 bzw. 2 liest, kann durch nachhaltiges Üben dazu angeregt und motiviert werden, auch die nächste Lesestufe zu bewältigen.

Ein Lerntagebuch bzw. Lerngespräch mit den Schülern dient dazu, die Selbstreflexion der Kinder über ihre Lernprozesse anzuregen und Gedanken, Erfolge und Schwierigkeiten beim Lesen und Vorlesen der Texte (schriftlich) festzuhalten. Die Fragen unterhalb des Textes auf Lesestufe 3 geben den Kindern Impulse, Eintragungen in ihrem Lerntagebuch vorzunehmen. Hilfen zum Führen eines Lerntagebuchs werden im Lesebuch, Werkstatt-Teil, Seite 197 angeboten.

Weitere Anregungen zum Einsatz der Lesetraining-Seiten finden Sie im Handbuch, Seite 15 ff.

Arbeitsheft / Kopiervorlage

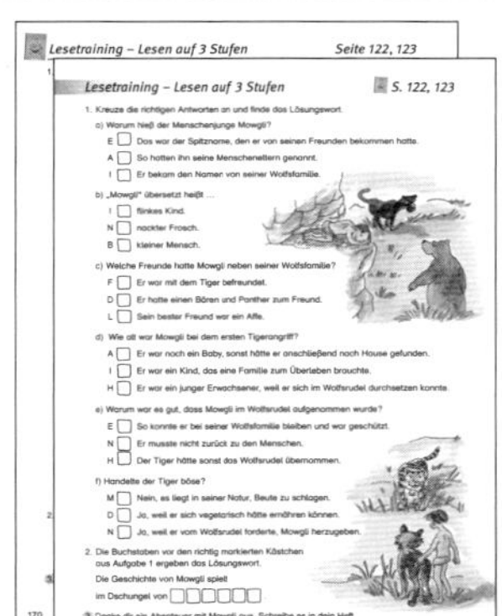

AH LB S. 58
KV 76
Lösungen S. 313

Lesetraining – Lesen auf 3 Stufen

Das Arbeitsblatt fragt mittels Multiple-Choice Informationen aus dem Text ab.
Nach einem zweiten Lesen des Textes kann das Arbeitsblatt als selbstständige Verständniskontrolle bearbeitet werden.
Lösungswort: INDIEN

Lesetraining – Lesen auf 3 Stufen **Seite 122, 123**

1. Kreuze die richtigen Antworten an und finde das Lösungswort.

a) Warum hieß der Menschenjunge Mowgli?

E ☐ Das war der Spitzname, den er von seinen Freunden bekommen hatte.

A ☐ So hatten ihn seine Menscheneltern genannt.

I ☐ Er bekam den Namen von seiner Wolfsfamilie.

b) „Mowgli" übersetzt heißt …

I ☐ flinkes Kind.

N ☐ nackter Frosch.

B ☐ kleiner Mensch.

c) Welche Freunde hatte Mowgli neben seiner Wolfsfamilie?

F ☐ Er war mit dem Tiger befreundet.

D ☐ Er hatte einen Bären und Panther zum Freund.

L ☐ Sein bester Freund war ein Affe.

d) Wie alt war Mowgli bei dem ersten Tigerangriff?

A ☐ Er war noch ein Baby, sonst hätte er anschließend nach Hause gefunden.

I ☐ Er war ein Kind, das eine Familie zum Überleben brauchte.

H ☐ Er war ein junger Erwachsener, weil er sich im Wolfsrudel durchsetzen konnte.

e) Warum war es gut, dass Mowgli im Wolfsrudel aufgenommen wurde?

E ☐ So konnte er bei seiner Wolfsfamilie bleiben und war geschützt.

N ☐ Er musste nicht zurück zu den Menschen.

H ☐ Der Tiger hätte sonst das Wolfsrudel übernommen.

f) Handelte der Tiger böse?

M ☐ Nein, es liegt in seiner Natur, Beute zu schlagen.

D ☐ Ja, weil er sich vegetarisch hätte ernähren können.

N ☐ Ja, weil er vom Wolfsrudel forderte, Mowgli herzugeben.

2. Die Buchstaben vor den richtig markierten Kästchen aus Aufgabe 1 ergeben das Lösungswort.

Die Geschichte von Mowgli spielt

im Dschungel von ☐☐☐☐☐☐.

3. Denke dir ein Abenteuer mit Mowgli aus. Schreibe es in dein Heft.

5. In dem Gedicht geht es darum, die Natur mit den Füßen zu erspüren.
   Sammle Argumente für und gegen das Barfußgehen.

Ich gehe gern barfuß, weil

Ich gehe nicht gern barfuß, weil

6. In der letzten Strophe heißt es „Und dann ist die Erde ganz nah bei dir, und du weißt: Du bist ein Teil von allem und gehörst dazu.“
   Was könnte damit gemeint sein? Erkläre.

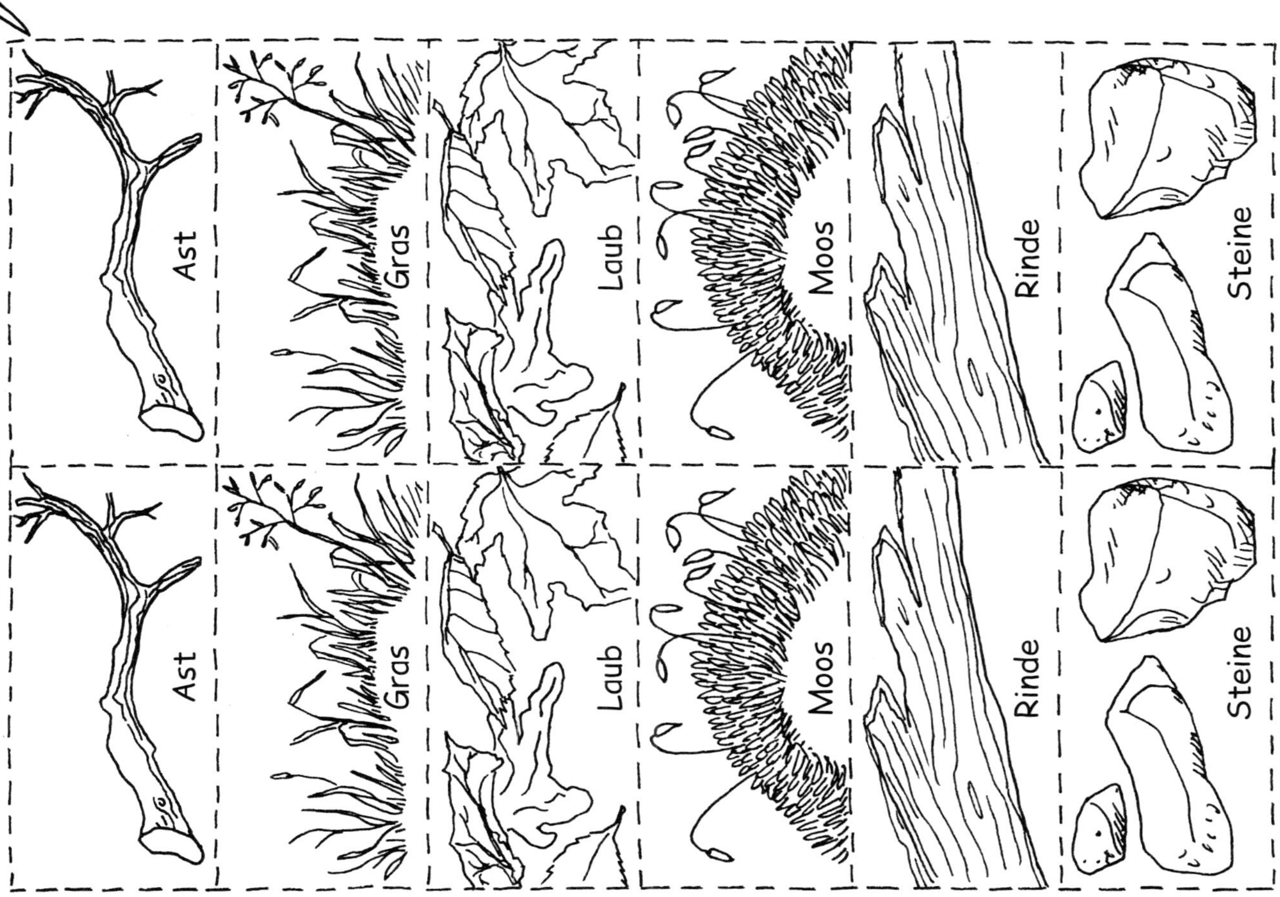

Ameisen

Im Hof unten, bei den Mülltonnen, sitzt immer der Gerhard. Jeden Tag hockt er dort. Stundenlang. Den Ameisen schaut er zu. Die Ameisen kommen aus einem Riss in der Hausmauer. In Dreierreihen wandern sie die Mauer hinunter, über den Betonboden und dann in die Mülltonnen hinauf. Wenn sie aus den Mülltonnen wieder herauskommen, tragen sie die Beute mit sich: ein Reiskorn, einen Brotbrösel, eine Winzigkeit Apfelschale und allerhand Krümel, denen man nicht ansieht, woraus sie bestehen. Der Hubert versteht nicht, warum der Gerhard jeden Tag stundenlang den Ameisen zuschaut. Und fragen kann er ihn ja auch nicht danach. Der Gerhard kann nicht richtig reden. Bloß „Mama" und „nein" kann er sagen. Alles andere, was er sagt, ist ein unverständliches Gebrabbel, aus dem nur seine Mama schlau wird.

„So was von stumpfsinniger Glotzerei", sagt der Hubert zu den anderen Kindern. Und die anderen Kinder geben ihm recht. Aber manchmal, wenn weder der Gerhard noch die anderen Kinder im Hof sind, dann hockt sich der Hubert auch zu den Mülltonnen und schaut den Ameisen zu.
Ganz im Geheimen nämlich hat er den Verdacht,
dass es da schon was zu sehen gibt,
etwas, das unheimlich aufregend ist,
etwas, das nur der Gerhard weiß.

Christine Nöstlinger

129

Kompetenzbereiche

Texte verstehen / Umgangsformen mit Texten

Autor

Christine Nöstlinger, geb. 1936 in Wien-Hernals, ist eine österreichische Schriftstellerin. Sie schreibt vor allem Kinder- und Jugendbücher.

Inhalt und Thematik

Der Text zeigt die unterschiedliche Einstellung der Jungen Gerhard und Hubert zur Beobachtung des Naturphänomens „Ameisenstraße" und weist auf das Problem der Diskriminierung eines Außenseiters hin.

All seine Zeit auf dem Hof, wo die Kinder spielen, verbringt Gerhard damit, den Ameisen auf einer Ameisenstraße zuzuschauen. Es gibt viel zu sehen. Der Verlauf der Ameisenstraße und die Tätigkeiten der Insekten werden ausführlich beschrieben. Hubert versteht Gerhards Interesse nicht. Er kann ihn auch nicht danach fragen, denn Gerhard ist sprachbehindert.

Den anderen Kindern gegenüber bezeichnet Hubert die Beschäftigung Gerhards als „stumpfsinnige Glotzerei" und stempelt den behinderten Jungen damit abfällig als Außenseiter ab. Dennoch, wenn Hubert allein auf dem Hof ist, schaut auch er den Ameisen zu. Er ahnt, dass sich hier doch etwas Aufregendes abspielt, wovon nur Gerhard weiß.

Gerhard sucht sein Interesse und seine Beschäftigung im nichtkommunikativen Bereich. Seine Sprachbehinderung ist nicht gleichzusetzen mit mangelnder Aufnahmefähigkeit oder Intelligenz, sie macht ihn aber zum Außenseiter in einer Gruppe, die nur sprachlich kommunizieren möchte oder kann.

Hubert hat kein Verständnis für Gerhard und maßt sich an, seine Beschäftigung abfällig zu beurteilen. Da Gerhard „anders ist als die anderen" und sprachbehindert, hat Hubert ein leichtes Spiel, den Jungen den anderen Kindern gegenüber herabzusetzen. Hubert ist jedoch durch Gerhards eindeutiges Interesse auch verunsichert. Er ahnt, dass Gerhard mehr weiß als andere, was zeigt, dass er doch großen Respekt vor ihm hat.

Hinweise zum Unterricht

Der Text bringt der Klasse über die Beobachtungen Gerhards die faszinierende Welt der Ameisen in Erinnerung. Gleichzeitig wird den Schülern bewusst gemacht, dass Diskriminierung aus Oberflächlichkeit und Unverständnis entsteht.

··➤ Fragen zum Text: LB-Seite 136

Arbeitsheft / Kopiervorlagen

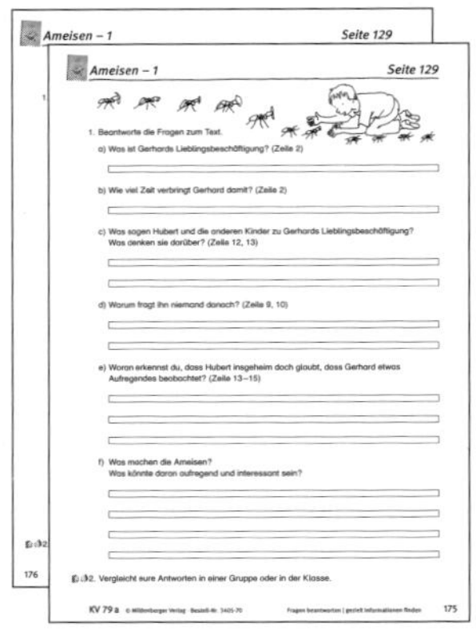

Ameisen – 1 Seite 129

1. Beantworte die Fragen zum Text.
a) Was ist Gerhards Lieblingsbeschäftigung? (Zeile 2)
b) Wie viel Zeit verbringt Gerhard damit? (Zeile 2)
c) Was sagen Hubert und die anderen Kinder zu Gerhards Lieblingsbeschäftigung? Was denken sie darüber? (Zeile 12, 13)
d) Warum fragt ihn niemand danach? (Zeile 9, 10)
e) Woran erkennst du, dass Hubert insgeheim doch glaubt, dass Gerhard etwas Aufregendes beobachtet? (Zeile 13–15)
f) Was machen die Ameisen? Was könnte daran aufregend und interessant sein?
2. Vergleicht eure Antworten in einer Gruppe oder in der Klasse.

KV 79 a · Fragen beantworten | gezielt Informationen finden 175

KV 79 a/b
Lösungen S. 314

Ameisen – 1

Das Arbeitsblatt **Ameisen – 1** stellt Fragen zum Text und verlangt gründliches Lesen des Textes. Die Antworten werden frei formuliert. Das Arbeitsblatt liegt in zwei Schwierigkeitsgraden vor.

Ⓓ In der Variante KV 79 a erleichtern Zeilenangaben das Ausfüllen.

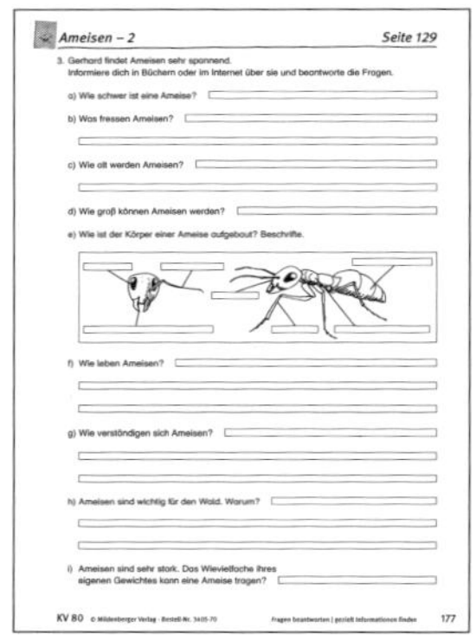

Ameisen – 2 Seite 129

3. Gerhard findet Ameisen sehr spannend. Informiere dich in Büchern oder im Internet über sie und beantworte die Fragen.
a) Wie schwer ist eine Ameise?
b) Was fressen Ameisen?
c) Wie alt werden Ameisen?
d) Wie groß können Ameisen werden?
e) Wie ist der Körper einer Ameise aufgebaut? Beschrifte.
f) Wie leben Ameisen?
g) Wie verständigen sich Ameisen?
h) Ameisen sind wichtig für den Wald. Warum?
i) Ameisen sind sehr stark. Das Wievielfache ihres eigenen Gewichtes kann eine Ameise tragen?

KV 80 · Fragen beantworten | gezielt Informationen finden 177

KV 80
Lösungen S. 315

Ameisen – 2

Das Arbeitsblatt **Ameisen – 2** beschäftigt sich mit dem sachkundlichen Aspekt des Textes: Die Faszination der Protagonisten für die Insekten wird als Anlass genommen, sich selbst mit Ameisen zu beschäftigen. Mithilfe des Internets werden Informationen zu den Tieren zusammengetragen.

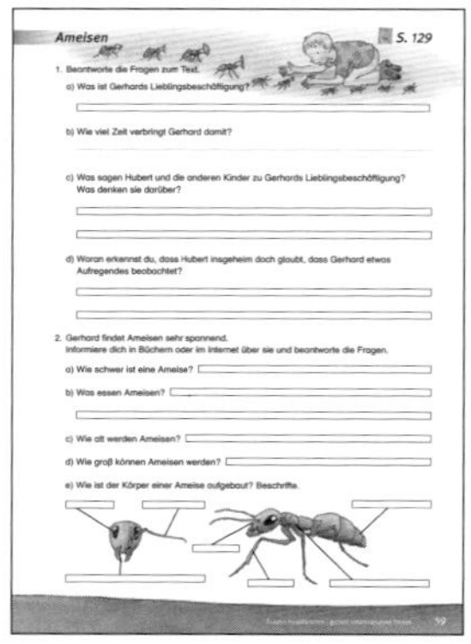

Ameisen S. 129

1. Beantworte die Fragen zum Text.
a) Was ist Gerhards Lieblingsbeschäftigung?
b) Wie viel Zeit verbringt Gerhard damit?
c) Was sagen Hubert und die anderen Kinder zu Gerhards Lieblingsbeschäftigung? Was denken sie darüber?
d) Woran erkennst du, dass Hubert insgeheim doch glaubt, dass Gerhard etwas Aufregendes beobachtet?
2. Gerhard findet Ameisen sehr spannend. Informiere dich in Büchern oder im Internet über sie und beantworte die Fragen.
a) Wie schwer ist eine Ameise?
b) Was essen Ameisen?
c) Wie alt werden Ameisen?
d) Wie groß können Ameisen werden?
e) Wie ist der Körper einer Ameise aufgebaut? Beschrifte.

59

AH LB S. 59
Lösungen S. 315

AH LB Ameisen

Das Arbeitsblatt **Ameisen** aus dem Arbeitsheft ist eine Kombination beider Arbeitsblätter.

Ameisen – 1

Seite 129

1. Beantworte die Fragen zum Text.

   a) Was ist Gerhards Lieblingsbeschäftigung? (Zeile 2)

   b) Wie viel Zeit verbringt Gerhard damit? (Zeile 2)

   c) Was sagen Hubert und die anderen Kinder zu Gerhards Lieblingsbeschäftigung?
   Was denken sie darüber? (Zeile 12, 13)

   d) Warum fragt ihn niemand danach? (Zeile 9, 10)

   e) Woran erkennst du, dass Hubert insgeheim doch glaubt, dass Gerhard etwas Aufregendes beobachtet? (Zeile 13–15)

   f) Was machen die Ameisen?
   Was könnte daran aufregend und interessant sein?

2. Vergleicht eure Antworten in einer Gruppe oder in der Klasse.

Ameisen – 1

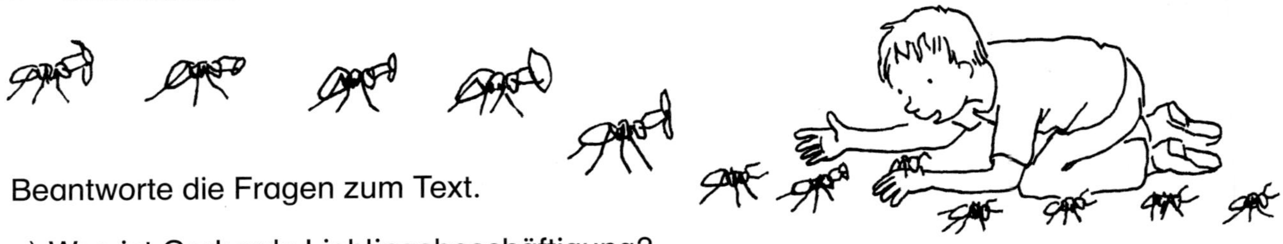

1. Beantworte die Fragen zum Text.

   a) Was ist Gerhards Lieblingsbeschäftigung?

   b) Wie viel Zeit verbringt Gerhard damit?

   c) Was sagen Hubert und die anderen Kinder zu Gerhards Lieblingsbeschäftigung? Was denken sie darüber?

   d) Warum fragt ihn niemand danach?

   e) Woran erkennst du, dass Hubert insgeheim doch glaubt, dass Gerhard etwas Aufregendes beobachtet?

   f) Was machen die Ameisen? Was könnte daran aufregend und interessant sein?

2. Vergleicht eure Antworten in einer Gruppe oder in der Klasse.

3. Gerhard findet Ameisen sehr spannend.
Informiere dich in Büchern oder im Internet über sie und beantworte die Fragen.

a) Wie schwer ist eine Ameise?

b) Was fressen Ameisen?

c) Wie alt werden Ameisen?

d) Wie groß können Ameisen werden?

e) Wie ist der Körper einer Ameise aufgebaut? Beschrifte.

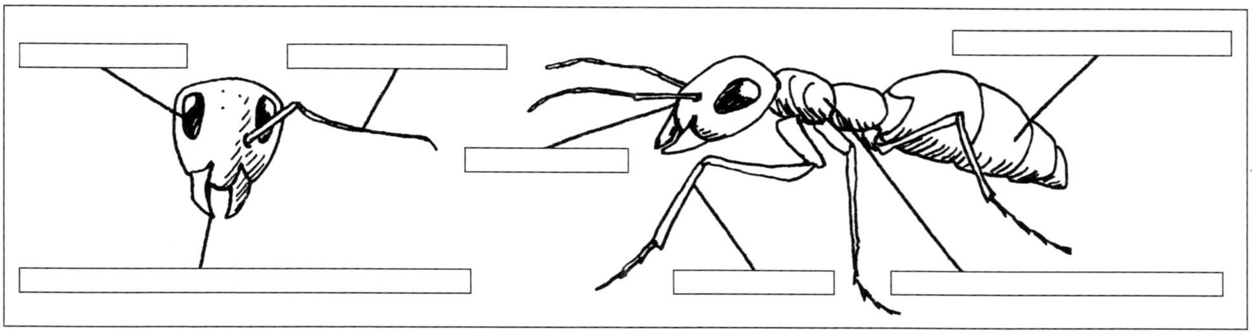

f) Wie leben Ameisen?

g) Wie verständigen sich Ameisen?

h) Ameisen sind wichtig für den Wald. Warum?

i) Ameisen sind sehr stark. Das Wievielfache ihres eigenen Gewichtes kann eine Ameise tragen?

Der große Kapokbaum

Zwei Männer kamen in den Regenwald. Eben noch hatten Vögel und lärmende Affen den Wald mit Leben erfüllt. Jetzt war alles still. Der ältere Mann zeigte auf den Kapokbaum. Dann ging er. Der jüngere Mann nahm seine Axt und schlug damit in den Stamm des Baumes. Hack! Hack! Die Einschläge hallten durch den Wald. Tschop! Tschop! Das Holz des Baumes war sehr hart. Der Mann wurde müde. Er setzte sich unter den Baum, und dort schlief er bald tief ein. Im Kapokbaum lebte eine **Boa Constrictor**. Sie schlängelte sich zu dem Mann und zischte ihm ins Ohr: „Senhor“, dieser Baum ist mein Zuhause. Fälle ihn nicht.“ Eine **Biene** summte: „In diesem Baum ist mein Bienenstock. Ich bestäube auch andere Bäume und Blumen im Regenwald. Wir Lebewesen hängen voneinander ab.“ Eine **Affenhorde** schnatterte dem Mann ins Ohr: „Senhor, ihr fällt einen Baum nach dem anderen. Die Wurzeln verdorren und sterben. Nichts bleibt übrig, um die Erde festzuhalten. Wenn die großen Regen kommen, wird der Boden weggewaschen.“ Ein **Tukan**, ein **Ara** und ein **Felsenhahn** flogen von der Baumkrone herab. „Senhor“, kreischte der Tukan, „die Menschen fällen Bäume für Straßen, Ackerland und Bodenschätze. Für uns bleiben nur Baumstümpfe.“ Ein leuchtend grüner **Baumfrosch** quakte: „Wenn ihr den Regenwald zerstört, zerstört ihr das Zuhause vieler Lebewesen.“ Ein **Jaguar**, der auf einem Ast geschlafen hatte, beugte sich über den Mann und raunte: „In dem Kapokbaum leben viele Tiere. Wenn du ihn abschlägst, was soll ich dann fressen?“

Vier **Baumstachler**, die den Baum geschickt herabgeklettert waren, flüsterten dem Mann zu: „Weißt du, was Tiere und Menschen zum Leben brauchen? Und weißt du, was die Bäume herstellen? Sauerstoff. Und Sauerstoff brauchen wir alle zum Atmen.“ Mehrere **Ameisenbären**, mit den Jungen auf dem Rücken, stiegen herunter. Einer sagte: „Der andere Mann befiehlt dir, einen Baum abzuschlagen. Dabei denkt er nicht an die Kinder, die morgen in einer Welt ohne Bäume leben müssen.“ Erst jetzt erreichte ein **Faultier** den Boden, kroch langsam heran und sprach mit träger Stimme: „Senhor, wie viel ist Schönheit wert? Wenn du die Schönheit des Regenwaldes zerstörst, woran soll sich dann dein Auge erfreuen?“ Schließlich beugte sich ein Kind aus dem Stamm der Yanomami-Indianer über den Mann und sagte leise: „Wenn du jetzt aufwachst, bitte, sieh uns alle mit anderen Augen.“ Da wachte der Mann plötzlich auf. Die Tiere und das Kind standen still um ihn herum und blickten ihn an. Der Mann sah nach oben: Sonnenlicht glitzerte wie Juwelen im dunkelgrünen Wald. Er roch den Duft der Blüten, die um den Kapokbaum herum blühten. Er fühlte die Feuchtigkeit, die vom Waldboden aufstieg. Der Mann stand auf und griff nach seiner Axt. Plötzlich hielt er inne, drehte sich um und sah die Tiere und das Kind an. Dann ließ er die Axt sinken und verließ den Regenwald.

Lynne Cherry

130 131

Kompetenzbereiche

Texte verstehen / Umgangsformen mit Texten

Autor

Lynne Cherry, geb. 1952 in Philadelphia, USA, ist Illustratorin und Autorin von Kinderbüchern.

Inhalt und Thematik

Der Kapokbaum, auch Wollbaum genannt, gehört zu den höchsten Bäumen des Regenwaldes.
Genutzt werden die ölhaltigen Samen zur Seifenherstellung und als Lampenöl, die 2–4 cm langen, sehr leichten Samenhaare, die „Kapokfasern“, als Isolier- und Füllmaterial für Matratzen etc. sowie zur Herstellung von Schwimmwesten und Rettungsringen. Wegen ihrer antibakteriellen Wirkung wurde und wird die Kapokfaser auch zur Wundversorgung verwendet.

Der Text vermittelt anschaulich die Bedrohung der Lebenswelt von Mensch und Tier durch die fortschreitende Abholzung des Regenwaldes.

Ein Mann, der den Auftrag hat, einen Kapokbaum im Regenwald zu fällen, macht eine Arbeitspause und schläft ein. Die Tiere, die in dem Kapokbaum leben, versuchen, ihn von seinem Vorhaben abzuhalten:

- Eine Boa constrictor nennt den Baum ihr Zuhause.
- Eine Biene betont die Abhängigkeit der Lebewesen voneinander. Sie bestäubt viele andere Pflanzen.
- Eine Affenhorde warnt vor Erosion als Folge der Abholzung.
- Ein Tukan beklagt den Raubbau an der Natur, der den Tieren keinen Raum mehr lässt.
- Ein Baumfrosch quakt, dass mit der Zerstörung des Regenwaldes auch die Tierwelt zugrunde geht.
- Ein Jaguar spricht von seinen Beutetieren im Baum.
- Die Baumstachler stellen heraus, dass Bäume den lebensnotwendigen Sauerstoff erzeugen.
- Die Ameisenbären weisen auf die Verantwortung für die Umwelt mit Blick auf zukünftige Generationen hin.
- Ein Faultier bedauert, dass mit dem Regenwald die Schönheit der Natur zerstört wird.

Nach den Tieren wendet sich schließlich ein Kind des Stammes der Yanomami-Indianer an den schlafenden Holzfäller und bittet ihn, seine Einstellung zur Natur zu ändern. Der Mann erwacht und bemerkt die Schönheit der Umgebung, in der er sich befindet. Er greift nach der Axt, um seine Arbeit fortzusetzen. Dann sieht er die Tiere und das Kind, senkt die Axt und verlässt den Regenwald.

Hinweise zum Unterricht

Die Personalisierung der Tiere im Text spricht die Schüler unmittelbar an. Nachfühlbar wird für sie, dass ein funktionierendes Ökosystem die Grundvoraussetzung für Leben und Wohlbefinden auf dieser Erde ist.

Tipp 9

Tipps zum Vorlesen
Lies den Text laut und übe die Stellen, die schwer zu sprechen sind.
Beachte die Sprechregeln bei den Satzzeichen:
- Senke die Stimme beim Punkt und mache eine Pause.
- Hebe die Stimme vor dem Komma, denn der Satz geht weiter.
- Sprich lauter bei einem Ausrufezeichen.
- Stelle wirklich eine Frage bei einem Fragezeichen.

··› Fragen zum Text: LB-Seite 136, 137

Arbeitsheft / Kopiervorlagen

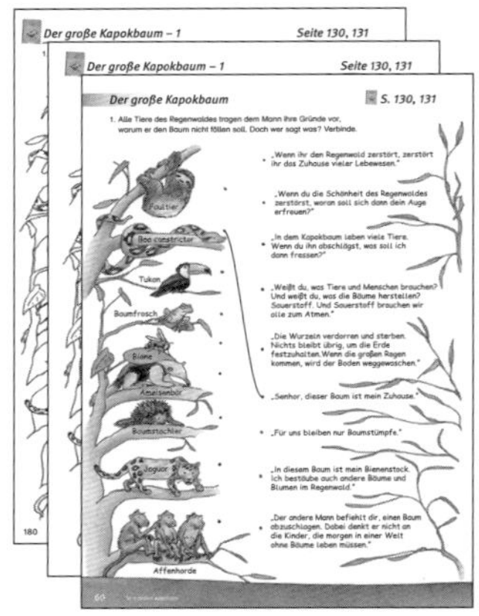

AH LB S. 60
KV 81a/b
Lösungen S. 316

Der große Kapokbaum – 1

Auf dem Arbeitsblatt **Der große Kapokbaum – 1** werden die Argumente mit den Tieren verbunden, die in der Geschichte vorkommen und diese vorgetragen haben.

Ⓓ In der Variante KV 81a helfen Zeilenangaben bei der Zuordnung der Tiere zu den Argumenten.

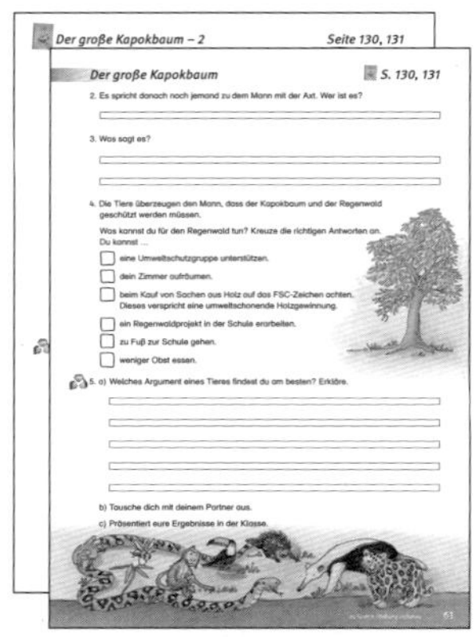

AH LB S. 61
KV 82
Lösungen S. 316

Der große Kapokbaum – 2

Das Arbeitsblatt **Der große Kapokbaum – 2** fragt Informationen aus dem Text ab. Am Ende ist eine Stellungnahme mit eigenen Worten gefragt.

Der große Kapokbaum – 1

1. Alle Tiere des Regenwaldes tragen dem Mann ihre Gründe vor, warum er den Baum nicht fällen soll. Doch wer sagt was? Verbinde.

- „Wenn ihr den Regenwald zerstört, zerstört ihr das Zuhause vieler Lebewesen." (Zeile 21, 22)
- „Wenn du die Schönheit des Regenwaldes zerstörst, woran soll sich dann dein Auge erfreuen?" (Zeile 36, 37)
- „In dem Kapokbaum leben viele Tiere. Wenn du ihn abschlägst, was soll ich dann fressen?" (Zeile 24, 25)
- „Weißt du, was Tiere und Menschen brauchen? Und weißt du, was die Bäume herstellen? Sauerstoff. Und Sauerstoff brauchen wir alle zum Atmen." (Zeile 27 – 29)
- „Die Wurzeln verdorren und sterben. Nichts bleibt übrig, um die Erde festzuhalten. Wenn die großen Regen kommen, wird der Boden weggewaschen." (Zeile 15 – 17)
- „Senhor, dieser Baum ist mein Zuhause." (Zeile 9, 10)
- „Für uns bleiben nur Baumstümpfe." (Zeile 20)
- „In diesem Baum ist mein Bienenstock. Ich bestäube auch andere Bäume und Blumen im Regenwald." (Zeile 11, 12)
- „Der andere Mann befiehlt dir, einen Baum abzuschlagen. Dabei denkt er nicht an die Kinder, die morgen in einer Welt ohne Bäume leben müssen." (Zeile 31 – 33)

Der große Kapokbaum – 1

1. Alle Tiere des Regenwaldes tragen dem Mann ihre Gründe vor, warum er den Baum nicht fällen soll. Doch wer sagt was? Verbinde.

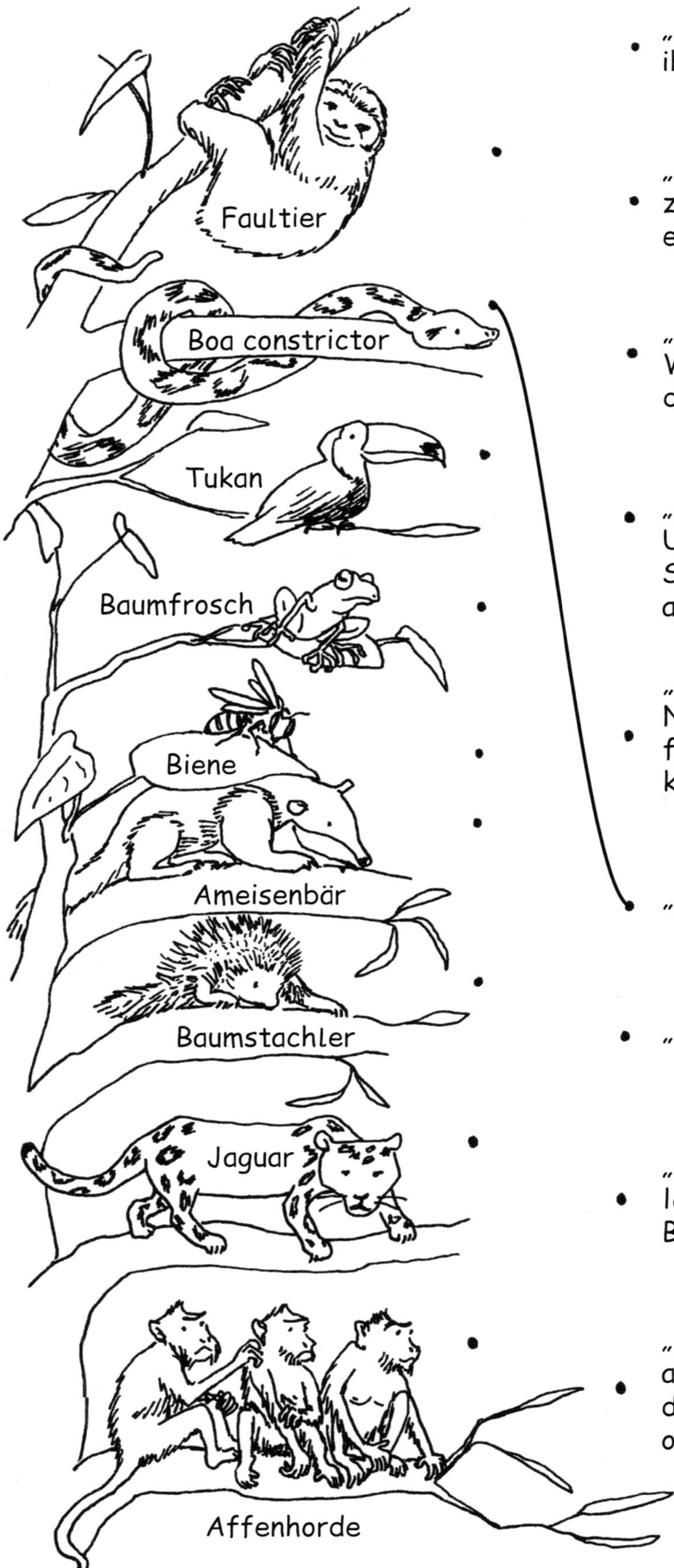

- „Wenn ihr den Regenwald zerstört, zerstört ihr das Zuhause vieler Lebewesen."
- „Wenn du die Schönheit des Regenwaldes zerstörst, woran soll sich dann dein Auge erfreuen?"
- „In dem Kapokbaum leben viele Tiere. Wenn du ihn abschlägst, was soll ich dann fressen?"
- „Weißt du, was Tiere und Menschen brauchen? Und weißt du, was die Bäume herstellen? Sauerstoff. Und Sauerstoff brauchen wir alle zum Atmen."
- „Die Wurzeln verdorren und sterben. Nichts bleibt übrig, um die Erde festzuhalten. Wenn die großen Regen kommen, wird der Boden weggewaschen."
- „Senhor, dieser Baum ist mein Zuhause."
- „Für uns bleiben nur Baumstümpfe."
- „In diesem Baum ist mein Bienenstock. Ich bestäube auch andere Bäume und Blumen im Regenwald."
- „Der andere Mann befiehlt dir, einen Baum abzuschlagen. Dabei denkt er nicht an die Kinder, die morgen in einer Welt ohne Bäume leben müssen."

2. Es spricht danach noch jemand zu dem Mann mit der Axt. Wer ist es?

3. Was sagt es?

4. Die Tiere überzeugen den Mann, dass der Kapokbaum und der Regenwald geschützt werden müssen.

Was kannst du für den Regenwald tun? Kreuze die richtigen Antworten an. Du kannst …

- ☐ eine Umweltschutzgruppe unterstützen.
- ☐ dein Zimmer aufräumen.
- ☐ beim Kauf von Sachen aus Holz auf das FSC-Zeichen achten. Dieses verspricht eine umweltschonende Holzgewinnung.
- ☐ ein Regenwaldprojekt in der Schule erarbeiten.
- ☐ zu Fuß zur Schule gehen.
- ☐ weniger Obst essen.

5. a) Welches Argument eines Tieres findest du am besten? Erkläre.

b) Tausche dich mit deinem Partner aus.

c) Präsentiert eure Ergebnisse in der Klasse.

WEITSPRUNG

Vorausgesetzt,
dass jetzt
ein Mensch, ein Frosch, ein Heuschreck und ein Floh
um die Wette springen –
nur so
zum Spaß –
Was
meinst du?
Wem wird der Rekord gelingen,
würde man die Weiten vom Sprung
mit der Körperlänge
in Zusammenhänge
bringen?
Der Mensch springt das Fünffache
mit Weh und Ache.
Der Frosch schafft das Zehnfache
mit Ach und Krache.
Der Heuschreck springt das Dreißigfache,
wenn nicht altersschwache.
Das Zweihundertfache schafft der Floh
ohne Risiko –
klein, doch oho!
vom Kopf bis zum Po,
der Floh.

Rosemarie Künzler-Behncke

132

Kompetenzbereiche

Texte verstehen / Umgangsformen mit Texten

Autor

Rosemarie Künzler-Behncke, geb. 1926 in Dessau, Sachsen-Anhalt, ist eine deutsche Schriftstellerin.

Inhalt und Thematik

Das Gedicht weist eine moderne, ungewöhnliche Form auf, in der der Text zwar in Zeilen gegliedert ist, aber das Versmaß sehr unterschiedlich ausfällt. Dennoch lassen sich einige Endreime finden, die die ungewöhnliche Struktur des Textes noch unterstreichen: Zeile 1 und 2, 3 und 5, 4 und 9, 6 und 7 etc.

Inhaltlich beschäftigt sich das Gedicht mit besonderen Fähigkeiten in der Tierwelt, hier: die relativen Fähigkeiten im Weitsprung, die erst richtig zur Geltung kommen, wenn man verschiedene Tierarten und den Menschen gegeneinander antreten ließe. Und genau solch ein Szenario wird im Gedicht zugrunde gelegt. Dabei wird deutlich gemacht, dass der Mensch zwar auf den ersten Blick viel weiter springen kann als seine tierischen Konkurrenten, deren Leistungen aber in Relation zu ihrer Körperlänge viel eindrucksvoller ausfallen. In einem solchen Wettkampf zwischen Mensch, Frosch, Heuschrecke und Floh würde der Floh als eindeutiger Sieger hervorgehen.

Hinweise zum Unterricht

Damit die Kinder die Leistung der Tiere richtig einschätzen können, ist es wichtig, ihnen den Unterschied zwischen den absoluten und relativen Längen in dem fiktiven Weitsprung klarzumachen.

⇢ Fragen zum Text: LB-Seite 137

Kopiervorlage

Weitsprung *Seite 132*

Der Wettkampf wird von zwei Sportkommentatoren begleitet, die sich miteinander unterhalten. Fülle die Lücken in den Sprechblasen aus. Der Text im Lesebuch hilft dir dabei.

KV 83 © Mildenberger Verlag · Bestell-Nr. 3405-70 183

KV 83
Lösungen S. 317

Weitsprung

Das Arbeitsblatt **Weitsprung** lässt die Schüler hautnah am sportlichen Wettkampf teilhaben, wie er im Gedicht beschrieben ist. Mithilfe der Textvorlage im Lesebuch ergänzen die Kinder die Lücken in den Sprechblasen der beiden Sportkommentatoren.

Der Wettkampf wird von zwei Sportkommentatoren begleitet, die sich miteinander unterhalten. Fülle die Lücken in den Sprechblasen aus. Der Text im Lesebuch hilft dir dabei.

Willkommen zu dem ungewöhnlichen Wettkampf im ____________________!

Wem wird der ____________________ gelingen?

Der Mensch ist zuerst dran. Er springt das ____________________ seiner Körperlänge – gerade soeben.

Als Nächstes ist die Heuschrecke dran. Was für ein Sprung! Sie schafft das ____________________ ihrer Körperlänge!

Damit ist der ____________________ der eindeutige Sieger!

Teilnehmer sind ein Mensch, ein ____________________, eine Heuschrecke und ein ____________________.

Es zählt ja nicht die absolute Weite, sondern die Weite in Zusammenhang mit der ____________________.

Jetzt springt der ____________________. Auch er hat Mühe. Er schafft das Zehnfache.

Sehr beeindruckend! Ob der ____________________ das übertreffen kann? Er springt los … Was für eine Weite! Der Floh schafft das Zweihundertfache!

Die Biene am Fenster

Eine Biene
surrt am Glas.
Nichts ist da.
Und doch ist was!

Was ist im Weg
ganz unsichtbar?
Ihr Hirn ist klein,
sie kommt nicht klar.

Sie will durch, plagt sich
fürchterlich.
Und schafft es nie!
Doch jetzt komm ich.

Ich reiche ihr
ein Stück Papier.
Hinauf schleppt sich
das arme Tier.

Das Fenster auf!
Ich blas, und schon:
Gott weiß wohin,
schwirrt sie davon.

Josef Guggenmos

Kompetenzbereiche

Texte verstehen / Umgangsformen mit Texten

Quelle

Josef Guggenmos, geb. 1922 in Irsee/Allgäu, gest. 2003 ebd., war ein deutscher Lyriker und Autor von Kinderbüchern.

Inhalt und Thematik

Das Gedicht beschreibt eine alltägliche Situation, wie wir sie alle schon erlebt haben: Ein Insekt hat sich in unser Zimmer verirrt und versucht nun wieder herauszufinden. Dabei fliegt es wiederholt gegen die Fensterscheibe. Am Ende wird das Insekt von einem Menschen gerettet und nach draußen befördert.

In der ersten Strophe scheint die Perspektive noch ganz bei dem Insekt, der Biene, zu sein. „Nichts ist da" für das Tier, aber dennoch muss dort etwas sein, denn die Biene kommt ja nicht frei.

Die zweite Strophe hat schon einen etwas distanzierteren Betrachtungspunkt. Es wird festgestellt, dass die Biene nicht allein auf die Lösung kommen kann – „Ihr Hirn ist klein".

In der dritten Strophe tritt ein Mensch als Ich-Erzähler in Erscheinung, der die Biene retten will: „Doch jetzt komm ich."

In der vierten und fünften Strophe wird die Rettung genau beschrieben – wie sich das Insekt auf ein Blatt Papier schleppt, das Fenster aufgemacht wird und der Ich-Erzähler es hinauspustet. Doch anstatt mit der Rettung zu prahlen oder Stolz zum Ausdruck zu bringen, endet das Gedicht mit der Feststellung, dass die Biene einfach davonschwirrt. Nur indirekt wird so bekundet, dass die Rettung geglückt ist.

Die Moral des Gedichts könnte sein, dass auch kleine Kreaturen es verdient haben, von uns Hilfe zu erfahren.

Hinweise zum Unterricht

Das Gedicht lenkt den Blick und das Bewusstsein der Schüler auf ein Insekt, das oft in dem Moment als lästig empfunden wird, wenn es dem Menschen gefährlich nahekommt. Umso reizvoller erscheint es deshalb, die Situation aus Sicht der Biene zu betrachten und nachzuempfinden, wie anstrengend und kräfteraubend es für das kleine Tier sein muss, den richtigen Weg zurück in die Freiheit zu finden.

Die Schüler werden ihre Freude daran haben, den Perspektivwechsel zu vollziehen und darüber hinaus von eigenen Erlebnissen mit Insekten zu berichten.

⇢ Fragen zum Text: LB-Seite 137

Kopiervorlagen

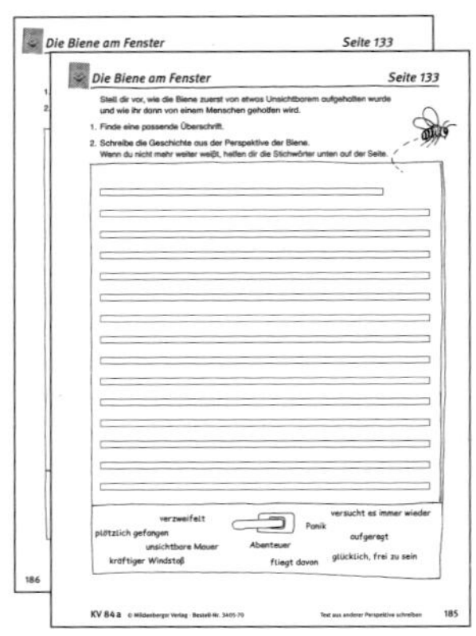
KV 84 a/b
Lösungen S. 317

Die Biene am Fenster

Das Arbeitsblatt **Die Biene am Fenster** animiert die Schüler dazu, die im Gedicht beschriebene Situation noch einmal aus Sicht der Biene zu schildern und deren Gedanken und Gefühle schriftlich zum Ausdruck zu bringen.
Es liegt in zwei Schwierigkeitsgraden vor.

In der Variante KV 84 a helfen Stichwörter bei der Ideenfindung und Umsetzung des Schreibauftrags.

Die Biene am Fenster

Seite 133

Stell dir vor, wie die Biene zuerst von etwas Unsichtbarem aufgehalten wurde und wie ihr dann von einem Menschen geholfen wird.

1. Finde eine passende Überschrift.
2. Schreibe die Geschichte aus der Perspektive der Biene.
   Wenn du nicht mehr weiter weißt, helfen dir die Stichwörter unten auf der Seite.

verzweifelt

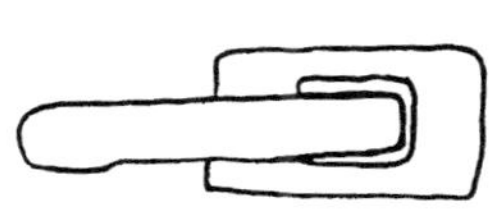

versucht es immer wieder

Panik

plötzlich gefangen

aufgeregt

unsichtbare Mauer

Abenteuer

kräftiger Windstoß

fliegt davon

glücklich, frei zu sein

Stell dir vor, wie die Biene zuerst von etwas Unsichtbarem aufgehalten wurde und wie ihr dann von einem Menschen geholfen wird.

1. Finde eine passende Überschrift.
2. Schreibe die Geschichte aus der Perspektive der Biene.

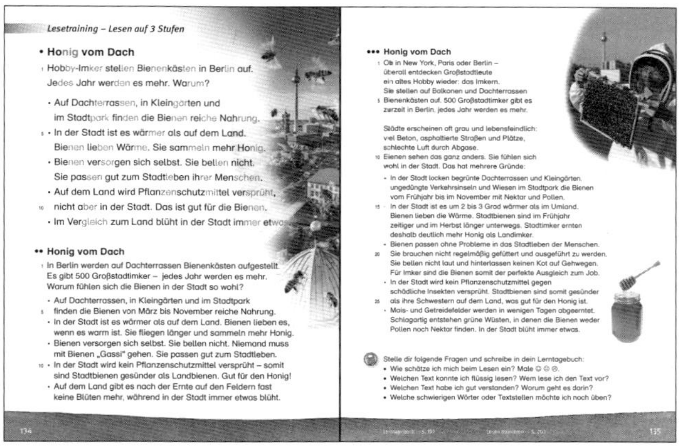

Lesetraining – Lesen auf 3 Stufen

• Honig vom Dach

Hobby-Imker stellen Bienenkästen in Berlin auf. Jedes Jahr werden es mehr. Warum?

- Auf Dachterrassen, in Kleingärten und im Stadtpark finden die Bienen reiche Nahrung.
- In der Stadt ist es wärmer als auf dem Land. Bienen lieben Wärme. Sie sammeln mehr Honig.
- Bienen versorgen sich selbst. Sie bellen nicht. Sie passen gut zum Stadtleben ihrer Menschen.
- Auf dem Land wird Pflanzenschutzmittel versprüht, nicht aber in der Stadt. Das ist gut für die Bienen.
- Im Vergleich zum Land blüht in der Stadt immer etwas.

•• Honig vom Dach

In Berlin werden auf Dachterrassen Bienenkästen aufgestellt. Es gibt 500 Großstadtimker – jedes Jahr werden es mehr. Warum fühlen sich die Bienen in der Stadt so wohl?

- Auf Dachterrassen, in Kleingärten und im Stadtpark finden die Bienen von März bis November reiche Nahrung.
- In der Stadt ist es wärmer als auf dem Land. Bienen lieben es, wenn es warm ist. Sie fliegen länger und sammeln mehr Honig.
- Bienen versorgen sich selbst. Sie bellen nicht. Niemand muss mit Bienen „Gassi" gehen. Sie passen gut zum Stadtleben.
- In der Stadt wird kein Pflanzenschutzmittel versprüht – somit sind Stadtbienen gesünder als Landbienen. Gut für den Honig!
- Auf dem Land gibt es nach der Ernte auf den Feldern fast keine Blüten mehr, während in der Stadt immer etwas blüht.

134

••• Honig vom Dach

Ob in New York, Paris oder Berlin – überall entdecken Großstadtleute ein altes Hobby wieder: das Imkern. Sie stellen auf Balkonen und Dachterrassen Bienenkästen auf. 500 Großstadtimker gibt es zurzeit in Berlin, jedes Jahr werden es mehr.

Städte erscheinen oft grau und lebensfeindlich: viel Beton, asphaltierte Straßen und Plätze, schlechte Luft durch Abgase. Bienen sehen das ganz anders. Sie fühlen sich wohl in der Stadt. Das hat mehrere Gründe:

- In der Stadt locken begrünte Dachterrassen und Kleingärten, ungedüngte Verkehrsinseln und Wiesen im Stadtpark die Bienen vom Frühjahr bis im November mit Nektar und Pollen.
- In der Stadt ist es um 2 bis 3 Grad wärmer als im Umland. Bienen lieben die Wärme. Stadtbienen sind im Frühjahr zeitiger und im Herbst länger unterwegs. Stadtimker ernten deshalb deutlich mehr Honig als Landimker.
- Bienen passen ohne Probleme in das Stadtleben der Menschen. Sie brauchen nicht regelmäßig gefüttert und ausgeführt zu werden. Sie bellen nicht laut und hinterlassen keinen Kot auf Gehwegen. Für Imker sind die Bienen somit der perfekte Ausgleich zum Job.
- In der Stadt wird kein Pflanzenschutzmittel gegen schädliche Insekten versprüht. Stadtbienen sind somit gesünder als ihre Schwestern auf dem Land, was gut für den Honig ist.
- Mais- und Getreidefelder werden in wenigen Tagen abgeerntet. Schlagartig entstehen grüne Wüsten, in denen die Bienen weder Pollen noch Nektar finden. In der Stadt blüht immer etwas.

Stelle dir folgende Fragen und schreibe in dein Lerntagebuch:
- Wie schätze ich mich beim Lesen ein? Male ☺ 😐 ☹.
- Welchen Text konnte ich flüssig lesen? Wem lese ich den Text vor?
- Welchen Text habe ich gut verstanden? Worum geht es darin?
- Welche schwierigen Wörter oder Textstellen möchte ich noch üben?

135

Kompetenzbereiche

Texte verstehen / Umgangsformen mit Texten

Inhalt und Thematik

Großstädter entdecken ein altes Hobby wieder: das Imkern. Sie stellen auf Balkonen und Dachterrassen ihre Bienenkästen auf – über 500 Großstadtimker gibt es bereits allein in Berlin und jedes Jahr werden es mehr. Großstädte wie Paris und New York haben das Hobby rund um Bienen schon länger für sich entdeckt.

Warum ist das Imkern bei Stadtmenschen recht beliebt? Und warum fühlen sich Bienen in der Stadt so wohl? Hierfür gibt es verschiedene Gründe:

- Während Mais- und Getreidefelder auf dem Land in wenigen Tagen abgeerntet werden, blüht in der Stadt immer etwas. Parkanlagen, Hausgärten, Alleen, verwilderte Grundstücke, Verkehrsinseln und Balkonpflanzen bieten den Bienen von Frühjahr bis November Nektar und Pollen.
- In der Stadt ist es durchschnittlich um 2 bis 3 Grad wärmer als im Umland. Da Bienen Wärme lieben, sind sie im Frühjahr zeitiger und im Herbst länger unterwegs. Das bringt den Stadtimkern eine deutlich größere „Honigernte" ein.
- Bienen müssen nicht täglich betreut werden, sodass sie problemlos in das Stadtleben der Menschen passen und für den einen oder anderen auch einen perfekten Ausgleich zur Arbeit im Büro sind.
- In der Stadt werden keine Pflanzenschutzmittel gegen schädliche Insekten versprüht, was zum einen förderlich für die Gesundheit der Stadtbienen ist, zum anderen auch dem Honig zugute kommt.

Hinweise zum Unterricht

Die Verbesserung der Lesefähigkeit steht im Fokus. Jedes Kind kann entsprechend seines Lernstands ein passendes Leseangebot aus den drei Texten auswählen. Das Anforderungsniveau der Texte ist auf den Seiten zum Lesetraining mit einem Punktesystem markiert:

- • Stufe 1: Mindeststandard
- •• Stufe 2: Regelstandard
- ••• Stufe 3: Expertenstandard

Durch eine größere Schrift sowie die zweifarbige Kennzeichnung der einzelnen Silben im Text auf Lesestufe 1 werden die Kinder beim Lesen unterstützt.

Wer auf Lesestufe 1 bzw. 2 liest, kann durch nachhaltiges Üben dazu angeregt und motiviert werden, auch die nächste Lesestufe zu bewältigen.

Ein Lerntagebuch bzw. Lerngespräch mit den Schülern dient dazu, die Selbstreflexion der Kinder über ihre Lernprozesse anzuregen und Gedanken, Erfolge und Schwierigkeiten beim Lesen und Vorlesen der Texte (schriftlich) festzuhalten. Die Fragen unterhalb des Textes auf Lesestufe 3 geben den Kindern Impulse, Eintragungen in ihrem Lerntagebuch vorzunehmen. Hilfen zum Führen eines Lerntagebuchs werden im Lesebuch, Werkstatt-Teil, Seite 197 angeboten.

Weitere Anregungen zum Einsatz der Lesetraining-Seiten finden Sie im Handbuch, Seite 15 ff.

Arbeitsheft / Kopiervorlage

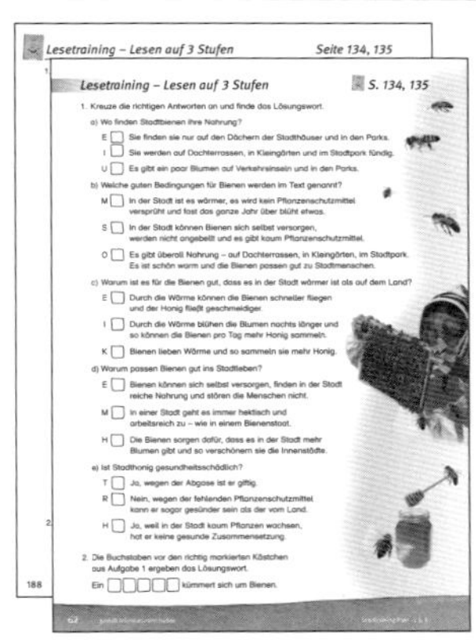

Lesetraining – Lesen auf 3 Stufen *S. 134, 135*

1. Kreuze die richtigen Antworten an und finde das Lösungswort.

a) Wo finden Stadtbienen ihre Nahrung?
- E ☐ Sie finden sie nur auf den Dächern der Stadthäuser und in den Parks.
- I ☐ Sie werden auf Dachterrassen, in Kleingärten und im Stadtpark fündig.
- U ☐ Es gibt ein paar Blumen auf Verkehrsinseln und in den Parks.

b) Welche guten Bedingungen für Bienen werden im Text genannt?
- M ☐ In der Stadt ist es wärmer, es wird kein Pflanzenschutzmittel versprüht und fast das ganze Jahr über blüht etwas.
- S ☐ In der Stadt können Bienen sich selbst versorgen, werden nicht angebellt und es gibt kaum Pflanzenschutzmittel.
- O ☐ Es gibt überall Nahrung – auf Dachterrassen, in Kleingärten, im Stadtpark. Es ist schön warm und die Bienen passen gut zu Stadtmenschen.

c) Warum ist es für die Bienen gut, dass es in der Stadt wärmer ist als auf dem Land?
- E ☐ Durch die Wärme können die Bienen schneller fliegen und der Honig fließt geschmeidiger.
- I ☐ Durch die Wärme blühen die Blumen nachts länger und so können die Bienen pro Tag mehr Honig sammeln.
- K ☐ Bienen lieben Wärme und so sammeln sie mehr Honig.

d) Warum passen Bienen gut ins Stadtleben?
- E ☐ Bienen können sich selbst versorgen, finden in der Stadt reiche Nahrung und stören die Menschen nicht.
- M ☐ In einer Stadt geht es immer hektisch und arbeitsreich zu – wie in einem Bienenstaat.
- H ☐ Die Bienen sorgen dafür, dass es in der Stadt mehr Blumen gibt und so verschönern sie die Innenstädte.

e) Ist Stadthonig gesundheitsschädlich?
- T ☐ Ja, wegen der Abgase ist er giftig.
- R ☐ Nein, wegen der fehlenden Pflanzenschutzmittel kann er sogar gesünder sein als der vom Land.
- H ☐ Ja, weil in der Stadt kaum Pflanzen wachsen, hat er keine gesunde Zusammensetzung.

2. Die Buchstaben vor den richtig markierten Kästchen aus Aufgabe 1 ergeben das Lösungswort.

Ein ☐☐☐☐☐ kümmert sich um Bienen.

AH LB S. 62
KV 85
Lösungen S. 318

Lesetraining – Lesen auf 3 Stufen

Das Arbeitsblatt fragt mittels Multiple-Choice Informationen aus dem Text ab.
Nach einem zweiten Lesen des Textes kann das Arbeitsblatt als selbstständige Verständniskontrolle bearbeitet werden.
Lässt sich eine Frage auf Lesestufe 1 nicht beantworten, kann das Kind zum Lesen von Lesestufe 2 motiviert werden.

Lösungswort: IMKER

1. Kreuze die richtigen Antworten an und finde das Lösungswort.

a) Wo finden Stadtbienen ihre Nahrung?

E ☐ Sie finden sie nur auf den Dächern der Stadthäuser und in den Parks.

I ☐ Sie werden auf Dachterrassen, in Kleingärten und im Stadtpark fündig.

U ☐ Es gibt ein paar Blumen auf Verkehrsinseln und in den Parks.

b) Welche guten Bedingungen für Bienen werden im Text genannt?

M ☐ In der Stadt ist es wärmer, es wird kein Pflanzenschutzmittel versprüht und fast das ganze Jahr über blüht etwas.

S ☐ In der Stadt können Bienen sich selbst versorgen, werden nicht angebellt und es gibt kaum Pflanzenschutzmittel.

O ☐ Es gibt überall Nahrung – auf Dachterrassen, in Kleingärten, im Stadtpark. Es ist schön warm und die Bienen passen gut zu Stadtmenschen.

c) Warum ist es für die Bienen gut, dass es in der Stadt wärmer ist als auf dem Land?

E ☐ Durch die Wärme können die Bienen schneller fliegen und der Honig fließt geschmeidiger.

I ☐ Durch die Wärme blühen die Blumen nachts länger und so können die Bienen pro Tag mehr Honig sammeln.

K ☐ Bienen lieben Wärme und so sammeln sie mehr Honig.

d) Warum passen Bienen gut ins Stadtleben?

E ☐ Bienen können sich selbst versorgen, finden in der Stadt reiche Nahrung und stören die Menschen nicht.

M ☐ In einer Stadt geht es immer hektisch und arbeitsreich zu – wie in einem Bienenstaat.

H ☐ Die Bienen sorgen dafür, dass es in der Stadt mehr Blumen gibt und so verschönern sie die Innenstädte.

e) Ist Stadthonig gesundheitsschädlich?

T ☐ Ja, wegen der Abgase ist er giftig.

R ☐ Nein, wegen der fehlenden Pflanzenschutzmittel ist er genauso gesund wie der vom Land.

H ☐ Ja, weil in der Stadt kaum Pflanzen wachsen, hat er keine gesunde Zusammensetzung.

2. Die Buchstaben vor den richtig markierten Kästchen aus Aufgabe 1 ergeben das Lösungswort.

Ein ☐☐☐☐☐ kümmert sich um Bienen.

4. Rosetta schenkt Jule zum Abschied ein Armband und gibt ihr ihre Adresse. Was möchte sie damit sagen?

5. Kennst du außer „tanti saluti“ und „porcellino“ noch weitere italienische Wörter? Schaue nach oder rate und verbinde.

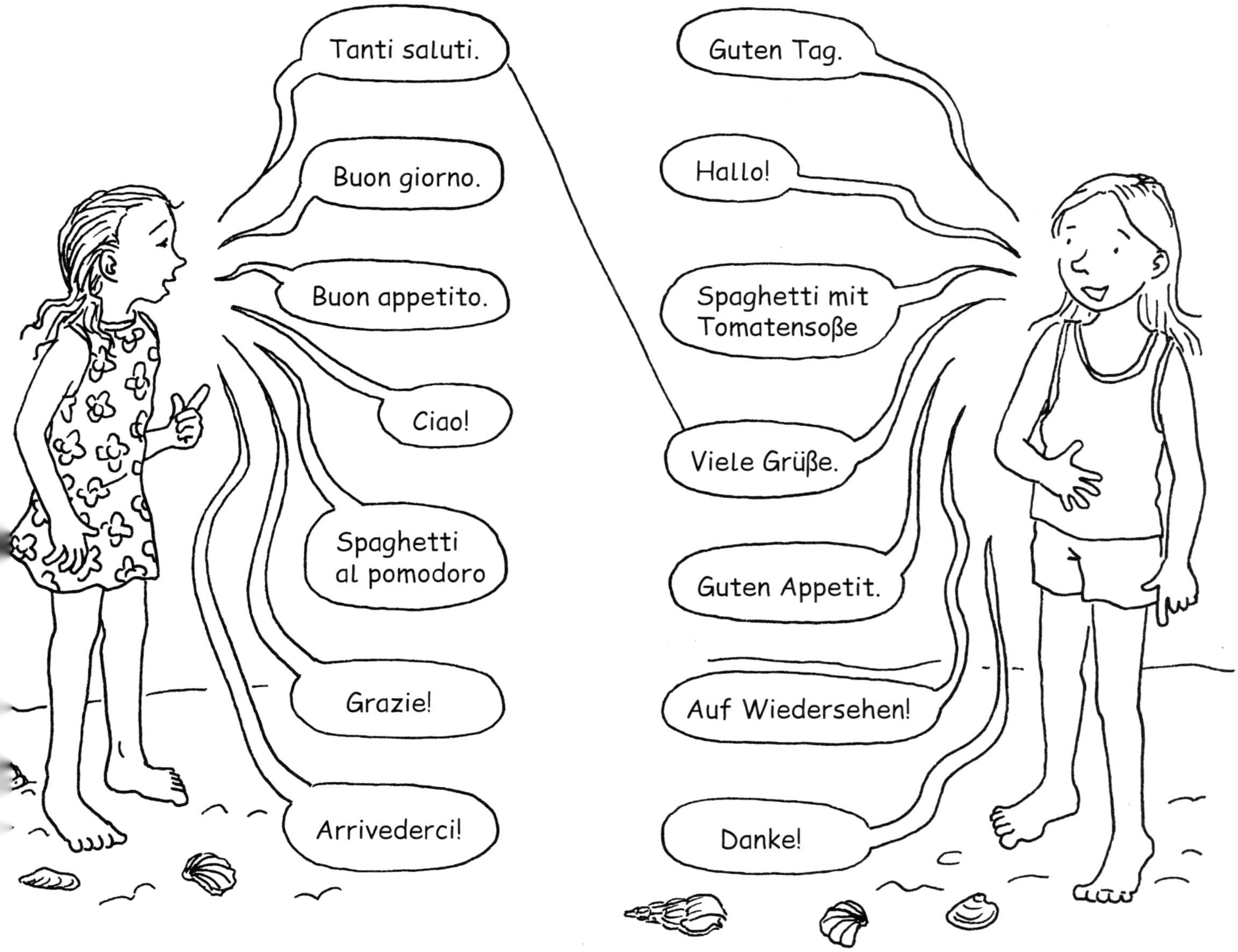

6. Kennst du diese Wörter auch in anderen Sprachen? Schreibe in dein Heft.

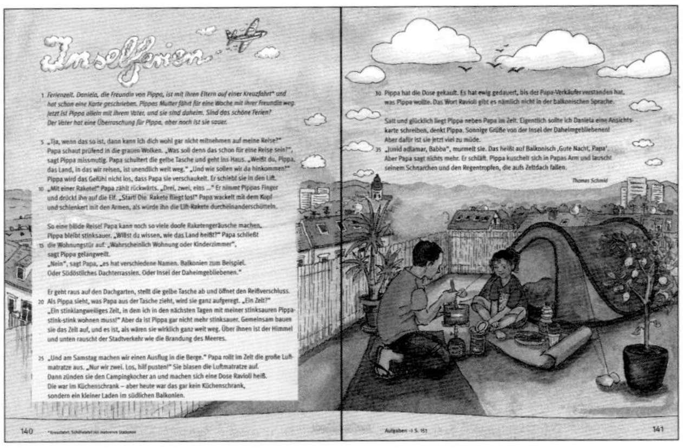

Inselferien

Kompetenzbereiche

Texte verstehen / Umgangsformen mit Texten

Autor

Thomas Schmid, geb. 1960 in Landshut, Bayern, ist ein deutscher Schriftsteller. Er schreibt vor allem Kinder- und Jugendbücher, aber auch Hörspiele und Drehbücher.

Inhalt und Thematik

Der Text gibt ein Beispiel dafür, wie eine unbefriedigende Situation durch Fantasie und eine positive Einstellung zu einem freudvollen Erlebnis umgestaltet werden kann.

Pippa ist unzufrieden: Ihre Freundin macht eine Kreuzfahrt mit ihren Eltern, die Mutter hat sich gerade auf eine Urlaubsreise begeben und sie muss die kommenden Ferientage mit dem Vater daheim verbringen. Seine Bemühungen, Pippa aufzumuntern, sind zunächst vergebens. Er hat eine Überraschung für sie und lädt sie ein in ein „unendlich weit“ entferntes Ferienland, das nur mit einer Rakete, simuliert im Fahrstuhl, erreichbar ist. Pippa lehnt ab, denn sie vermutet, dass damit nur das Wohn- oder Kinderzimmer gemeint ist. Ihre Stimmung schlägt erst um, als der Vater auf dem Dachgarten seine Überraschung auspackt: ein Zelt. Mit Begeisterung hilft Pippa beim Aufbau, gestaltet zusammen mit ihrem Vater fantasievoll diesen Camping-Tag in „Balkonien“ und kuschelt sich am Abend im Zelt glücklich zurecht, während der Vater neben ihr schon schnarcht und Regentropfen auf das Zeltdach fallen.

Es gelingt Pippas Vater, durch eine konkrete Veränderung (Zelt auf dem Dachgarten) und durch seine Bereitschaft, diese Veränderung spielerisch auszugestalten, die Enttäuschung seiner Tochter umzuwandeln in Interesse und freudiges Erleben. Voraussetzungen dafür sind – allgemein formuliert – Empathie, Fantasie, die Fähigkeit zu spielen und die Einstellung, jeder Situation das Positive abzugewinnen oder sie nach Möglichkeit umzugestalten. Auch Pippas Bereitschaft, auf dieses Abenteuer einzugehen, gehört dazu.

Hinweise zum Unterricht

Den Schülern vermittelt der eingängige Text, dass eine Situation veränderbar ist. Es kommt nicht allein darauf an, was man hat, sondern vor allem, was man daraus macht.

··▸ Fragen zum Text: LB-Seite 151

Arbeitsheft / Kopiervorlagen

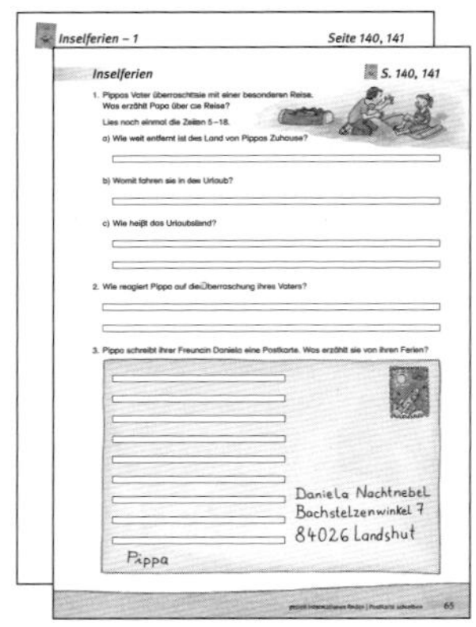

Inselferien – 1 Seite 140, 141

Inselferien S. 140, 141

AH LB S. 65
KV 88
Lösungen S. 319

Inselferien – 1

Auf dem Arbeitsblatt **Inselferien – 1** wird das Textverständnis geprüft und es werden gezielt Informationen abgefragt. Die Handlung wird in Form einer Postkarte aus der Perspektive der Protagonistin frei nacherzählt.

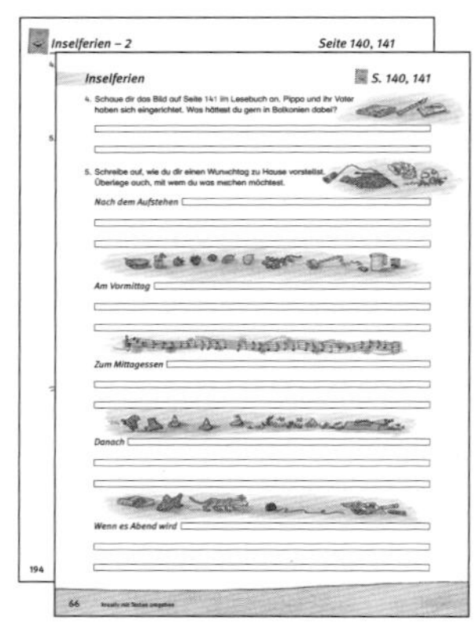

Inselferien – 2 Seite 140, 141

Inselferien S. 140, 141

AH LB S. 66
KV 89

Inselferien – 2

Das Arbeitsblatt **Inselferien – 2** spinnt den Gedanken „Ferien zu Hause“ fort. Die Schüler beschreiben ihren eigenen idealen Tag.

Inselferien – 1

Seite 140, 141

1. Pippas Vater überrascht sie mit einer besonderen Reise. Was erzählt Papa über die Reise?

   Lies noch einmal die Zeilen 5–18.

   a) Wie weit entfernt ist das Land von Pippas Zuhause?

   ____

   b) Womit fahren sie in den Urlaub?

   ____

   c) Wie heißt das Urlaubsland?

   ____

   ____

2. Wie reagiert Pippa auf die Überraschung ihres Vaters?

   ____

   ____

3. Pippa schreibt ihrer Freundin Daniela eine Postkarte. Was erzählt sie von ihren Ferien?

____

____

____

____

____

____

____

____

____

Pippa

Daniela Nachtnebel
Bachstelzenwinkel 7
84026 Landshut

Inselferien – 2

Seite 140, 141

4. Schaue dir das Bild auf Seite 141 im Lesebuch an. Pippa und ihr Vater haben sich eingerichtet. Was hättest du gern in Balkonien dabei?

5. Schreibe auf, wie du dir einen Wunschtag zu Hause vorstellst. Überlege auch, mit wem du was machen möchtest.

Nach dem Aufstehen

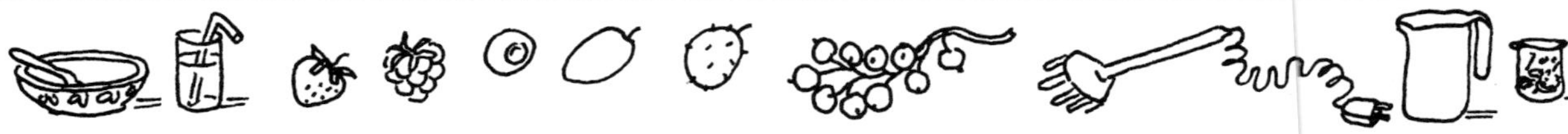

Am Vormittag

Zum Mittagessen

Danach

Wenn es Abend wird

Das Monster vom blauen Planeten — Seite 142, 143

Das Monster vom blauen Planeten

Kompetenzbereiche

Texte verstehen / Umgangsformen mit Texten

Autor

Cornelia Funke, geb. 1958 in Dorsten, Nordrhein-Westfalen, ist eine deutsche Kinder- und Jugendbuchautorin.

Inhalt und Thematik

Dass wirkliches Interesse an einer fremden Lebenswelt sogar interplanetarisch zu gegenseitigem Verständnis führt, demonstriert die Autorin in der vorliegenden Fantasiegeschichte.

Gobo, ein Junge vom Planeten Galabrazolus, hat zum 200. Geburtstag ein Raumschiff erhalten und fliegt damit zum Planeten Erde, um eines der dort lebenden zweiarmigen und felllosen Monster zu fangen. Wie alle seine Freunde will auch er ein Haustier von einem anderen Planeten haben. Auf einer Wiese zwischen Steinwürfeln und grauen Schlangen mit stinkenden Blechkäfern findet er endlich eines, setzt es in einen Käfig und macht sich auf den Heimweg.

Das kleine Monster protestiert wild. Um es zu verstehen, setzt Gobo seinen Übersetzungshelm auf und reagiert mit Empörung darauf, dass er von seinem zukünftigen Haustier als Monster beschimpft wird. Er weist ihm jetzt unmissverständlich seine Rolle zu, ist aber bestürzt, als das Erdenmonster daraufhin zu weinen beginnt, und befürchtet, dass es krank wird. Dessen Wunsch, nach Hause zurückzukehren, versteht er nicht. Er antwortet, dass Monster kein Zuhause hätten. Letzterem stimmt das Erdenmonster zu, aber es spricht umgekehrt Gobo ab, als Monster ein Zuhause zu haben. Gobo protestiert vehement und nennt Besonderheiten seines Planeten, darunter dessen sieben Monde.

Davon ist das Erdenmonster so beeindruckt, dass es aufhört zu weinen. Gern würde es die Monde anschauen, sagt es, aber auf keinen Fall zum Haustier werden. Diese Äußerung rückt das vermeintliche Monster für Gobo in ein anderes Licht: kein schreiender Protest ist das, sondern wirkliches Interesse bzw. klare Ablehnung.

Gobo merkt, dass er es mit einem „normalen" Gegenüber zu tun hat. Er entfernt den Käfig und verspricht dem Erdenwesen, ihm die Monde zu zeigen und es dann nach Hause zu bringen.

Die Erzählung stellt deutlich das Vorverständnis bzw. Vorurteil Gobos heraus, das in seiner Unkenntnis begründet ist. Da hilft auch der Übersetzungshelm nichts. Der Protest des „Erdenwesens" andererseits ist sehr verständlich, geht aber ebenfalls von einem Vorurteil aus und führt nicht weiter. Eine positive Beziehung entsteht erst, als Gobo von seinem Planeten erzählt und das Erdenwesen sich wirklich dafür interessiert. Damit ist die vorurteilsfreie Ebene erreicht, die einen Austausch und Verständnis ermöglicht.

Hinweise zum Unterricht

Das Science-Fiction-Ambiente macht die lehrreiche Geschichte für die Schüler zugleich lustig und spannend.

⇢ Fragen zum Text: LB-Seite 151, 152

Arbeitsheft / Kopiervorlagen

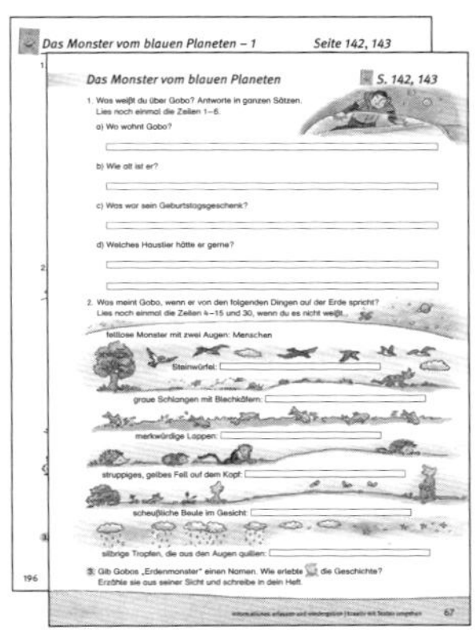
Das Monster vom blauen Planeten – 1   Seite 142, 143

AH LB S. 67
KV 90
Lösungen S. 320

Das Monster vom blauen Planeten – 1

Das Arbeitsblatt **Das Monster vom blauen Planeten – 1** prüft das Textverständnis und fragt gezielt Informationen ab. Die vom Außerirdischen verwendeten Umschreibungen werden mit ihren richtigen Begriffen in Verbindung gebracht.

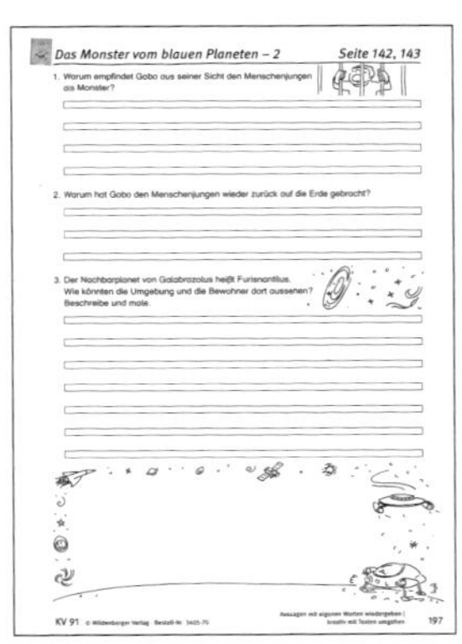
Das Monster vom blauen Planeten – 2   Seite 142, 143

KV 91
Lösungen S. 320

Das Monster vom blauen Planeten – 2

Auf dem Arbeitsblatt **Das Monster vom blauen Planeten – 2** werden in eigenen Worten begründete Antworten gefunden. Ein eigener Text spinnt die Handlung fort und nutzt das in der Geschichte eingeführte Setting.

Das Monster vom blauen Planeten – 1 Seite 142, 143

1. Was weißt du über Gobo? Antworte in ganzen Sätzen.
   Lies noch einmal die Zeilen 1–6.

   a) Wo wohnt Gobo?

   ____

   b) Wie alt ist er?

   ____

   c) Was war sein Geburtstagsgeschenk?

   ____

   d) Welches Haustier hätte er gerne?

   ____

   ____

2. Was meint Gobo, wenn er von den folgenden Dingen auf der Erde spricht?
   Lies noch einmal die Zeilen 4–15 und 30, wenn du es nicht weißt.

felllose Monster mit zwei Augen: Menschen

Steinwürfel: ______________________________

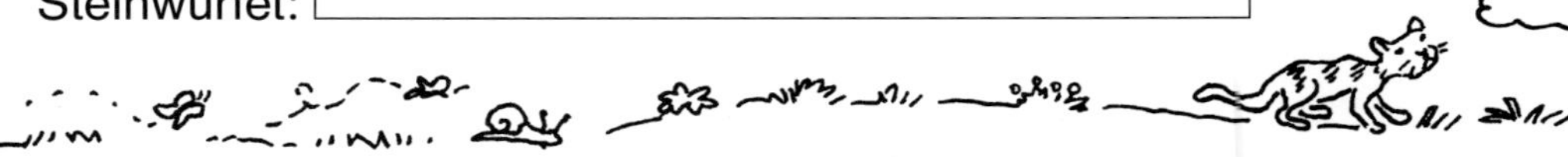

graue Schlangen mit Blechkäfern: ______________________________

merkwürdige Lappen: ______________________________

struppiges, gelbes Fell auf dem Kopf: ______________________________

scheußliche Beule im Gesicht: ______________________________

silbrige Tropfen, die aus den Augen quillen: ______________________________

3. Gib Gobos „Erdenmonster“ einen Namen. Wie erlebte  die Geschichte?
   Erzähle sie aus seiner Sicht und schreibe in dein Heft.

Das Monster vom blauen Planeten – 2 Seite 142, 143

1. Warum empfindet Gobo aus seiner Sicht den Menschenjungen als Monster?

2. Warum hat Gobo den Menschenjungen wieder zurück auf die Erde gebracht?

3. Der Nachbarplanet von Galabrazolus heißt Furisnantilus.
Wie könnten die Umgebung und die Bewohner dort aussehen?
Beschreibe und male.

  · Bestell-Nr. 3405-70

Da lieg ich im Bett

Kompetenzbereiche

Texte verstehen / Umgangsformen mit Texten

Autor

Josef Guggenmos, geb. 1922 in Irsee / Allgäu, gest. 2003 ebd., ist ein deutscher Lyriker und Autor von Kinderbüchern.

Inhalt und Thematik

Das Gedicht ist in sieben Strophen gegliedert und weist nur auf den ersten Blick eine traditionelle lyrische Struktur auf. Die Strophen 1 bis 6 zeichnen sich durch einen unterbrochenen Kreuzreim in den jeweiligen zweiten und vierten Zeilen aus. Strophe 7 bricht mit diesem Schema.

Inhaltlich beschäftigt sich das Gedicht mit der traumhaften Fantasiereise kurz vor dem Einschlafen. Der Ich-Erzähler legt sich schlafen mit dem Vorsatz, an etwas Schönes zu denken. Dies gelingt auch in den ersten zwei Strophen: Das Bett verwandelt sich in ein Boot, das sanft von den Wellen geschaukelt wird. Der Ozean ist friedlich und das Wasser glitzert herrlich.

In Strophe 3 wird der Wellengang stärker, aber noch empfindet der Ich-Erzähler es als angenehm, dass das Bett-Boot die tiefer werdenden Wellen hinauf- und hinabgleitet.

Die Stimmung kippt in Strophe 4. Das Wasser wird als schwarz und wild beschrieben; das Gefühl von Verlassen- und Verlorenheit macht sich bei dem machtlosen Passagier bemerkbar. Folgerichtig wird die Handlung in Strophe 5 dramatisch: Eine Wasserwand türmt sich vor dem Ich-Erzähler auf und der nasse Tod scheint unausweichlich.

Die Rettung kommt in den letzten beiden Strophen: Dem Ich-Erzähler wird bewusst, dass alles nur in der eigenen Fantasie passiert und dass es ihn retten kann, wenn er einfach die Augen öffnet. Nachdem dies geschehen ist, ist der Ich-Erzähler wieder froh, einfach nur in seinem Zimmer zu sein.

Hinweise zum Unterricht

Um den Inhalt des Gedichts mit den Schülern im Unterricht zu erarbeiten und ihnen die Entwicklung der fantastischen Traumreise – vom Einschlafen über das Erlebnis im Bett-Boot bis hin zum Aufwachen – vor Augen zu führen, empfiehlt es sich, den Text in drei Abschnitte einzuteilen:

Das sanfte Meer:	Strophe 1 und 2
Der Sturm:	Strophe 3 bis 5
Augen auf:	Strophe 6 und 7

Das Gedicht kann die Schüler dazu inspirieren, sich an ähnliche Träume zu erinnern und diese in einem selbstgemalten Bild bzw. schreibend zum Ausdruck zu bringen.

⇢ Fragen zum Text: LB-Seite 152

Arbeitsheft / Kopiervorlage

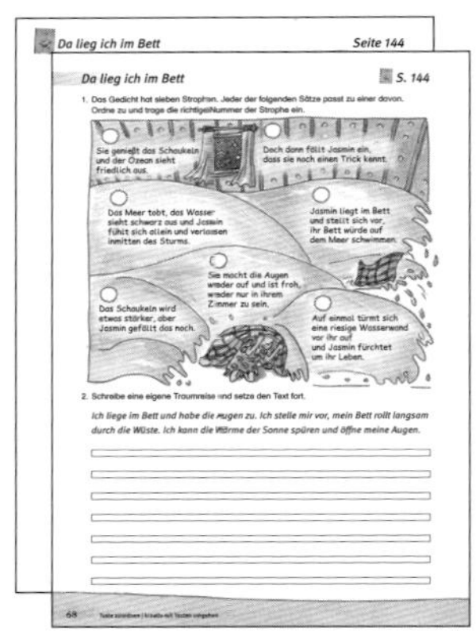

AH LB S. 68
KV 92
Lösungen S. 321

Da lieg ich im Bett

Mit dem Arbeitsblatt **Da lieg ich im Bett** wird der Inhalt des Gedichts rekapituliert, indem die Schüler vorgegebene Sätze den einzelnen Strophen des Gedichts zuordnen. Das Schreiben einer eigenen Traumreise mit vorgegebenem Anfang regt die Fantasie der Kinder an und gibt ihnen Gelegenheit, sich kreativ einzubringen.

Da lieg ich im Bett

1. Das Gedicht hat sieben Strophen. Jeder der folgenden Sätze passt zu einer davon. Ordne zu und trage die richtige Nummer der Strophe ein.

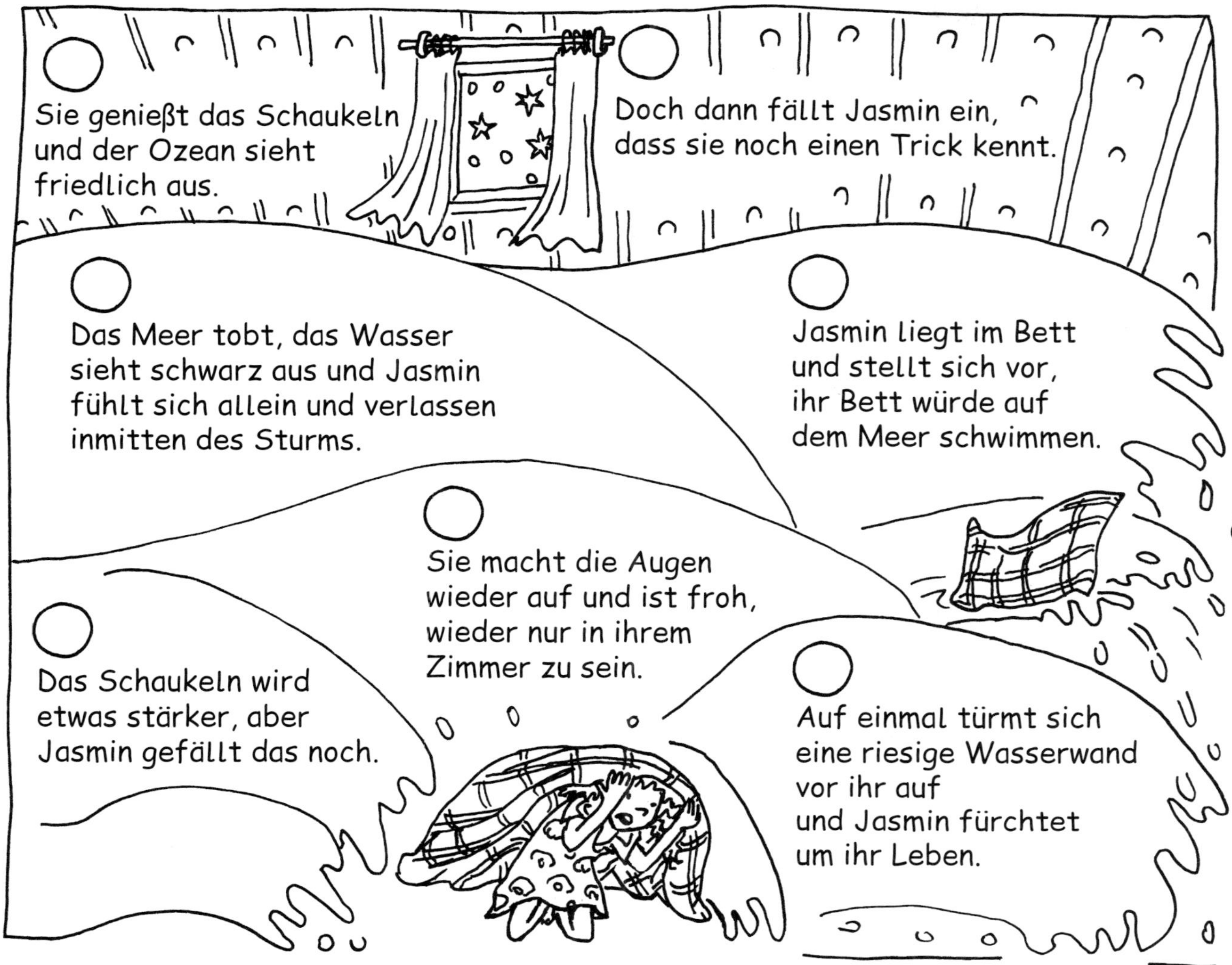

2. Schreibe eine eigene Traumreise und setze den Text fort.

Ich liege im Bett und habe die Augen zu. Ich stelle mir vor, mein Bett rollt langsam durch die Wüste. Ich kann die Wärme der Sonne spüren und öffne meine Augen.

Nuri und der Geschichtenteppich Seite 145 – 147

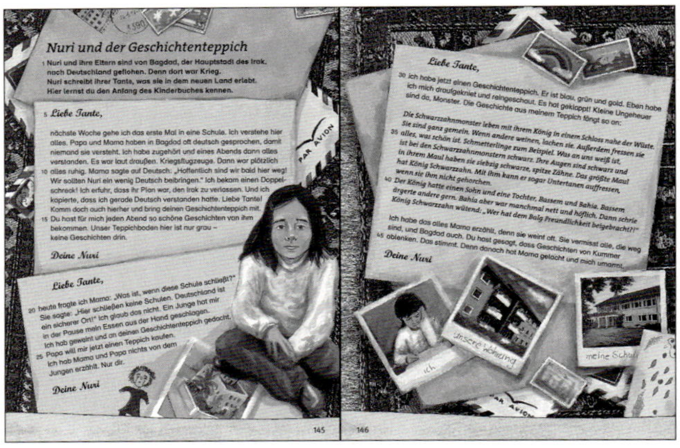

Kompetenzbereiche

Texte verstehen / Umgangsformen mit Texten

Autor

Andrea Karimé, geb. 1963 in Kassel, ist eine libanesisch-deutsche Autorin, die in Köln lebt. Sie schreibt vor allem Kinder- und Jugendbücher.

Inhalt und Thematik

Mit dem gekürzten Auszug beginnt das gleichnamige, in Briefform geschriebene Kinderbuch. Es stellt dar, wie das Mädchen einer aus dem Irak geflüchteten Familie die neue Umgebung in Deutschland kennenlernt, empfindet und wie es reagiert. Nuri schreibt an ihre im Irak vermutete Tante. Eingeflochten in diese Briefe ist ihre erdachte und in Fortsetzungen erzählte Geschichte von den Schwarzzahnmonstern.

Nuris Eltern sprachen immer deutsch, wenn ihre Tochter sie nicht verstehen sollte, und Nuri hörte immer zu. Eines Tages bemerkt sie, dass sie Deutsch versteht. Deshalb hat sie keine sprachlichen Schwierigkeiten in ihrem neuen Land und in der Schule, aber die Mitschüler begegnen ihr verächtlich. In dieser Situation vermisst sie den Trost ihrer Tante, die ihr früher Geschichten „aus ihrem Geschichtenteppich" erzählte. Nuri bekommt von ihrem Vater einen eigenen bunten Teppich, der sie bald auf eine Idee für eine Geschichte bringt.

Den Anfang davon erzählt Nuri ihrer traurigen Mutter. Es geht um gemeine schwarzäugige Schwarzzahnmonster, die alles Schöne (z. B. Schmetterlinge) fressen und alles Freundliche und Gute hassen, denn sie haben kein Herz und wollen immer nur böse sein. Über so viel Schrecklichkeit lacht die Mutter endlich wieder. In der Schule begeistert Nuri mit der Monstergeschichte die Lehrerin und die Mitschüler – wird dann aber ausgelacht, als sie sagt, dass sie die Geschichte in ihrem Teppich gefunden habe. Patrick, ein besonders aggressiver Schüler, beschimpft sie auf dem Heimweg deshalb als Lügnerin und hält sie fest. Nuri denkt an ihre Tante, die gesagt hat, dass Geschichtenerzählen das Leben retten kann, und erzählt dem Jungen ihre Geschichte weiter: Der Schwarzzahnmonsterkönig ist wütend über die Freundlichkeit seiner Tochter und lässt sie vom Oberarztmonster untersuchen. Der stellt fest, dass sie ein Herz hat. Entsetzt befiehlt ihm der König, das Herz herauszureißen und beschimpft ihn mit „oberdummes Staubkopfstiefgesicht". Darüber muss Patrick lachen und will mehr hören. Nuri bricht an dieser besonders spannenden Stelle ab – auch ein Ratschlag ihrer Tante. Sie verspricht weiterzuerzählen, wenn er sie in Zukunft in Ruhe lässt, und das tut er daraufhin. Hier endet der Auszug.

Im Buch erfährt der Leser, neben anderen familiären Inhalten, wie Nuris Diskriminierung in der Klasse durch Patricks Hilfe von der Lehrerin erkannt und verurteilt wird. Diese Entwicklung „vom Bösen zum Guten" bzw. von der Diskriminierung zu deren Ächtung hat ihre Parallele in Nuris fantasiereicher Monstergeschichte. Sie erzählt von der Flucht der Königstochter mit ihrem Bruder, von deren Erlebnissen im Reich der Insekten und wie es gelingt, den Schwarzzahnmonsterkönig zur Aufgabe seiner Bosheit zu zwingen.

Hinweise zum Unterricht

Außergewöhnlich an diesem Kinderbuch ist das Scheherazade-Motiv. Den Schülern wird die „Macht" von Geschichten vorgeführt, ihre Bedeutung und ihre mögliche Wirkung. Durch die Briefform lernen sie Nuri sehr persönlich kennen und nehmen ihre Sicht auf die Geschehnisse unmittelbar wahr. Dem Humor der Schüler wird die Monstergeschichte entgegenkommen, denn ähnlich wie bei einem Comic sind die Figuren, die Sprache sowie die Aktionen eher skurril und überzeichnet.

··➔ Fragen zum Text: LB-Seite 152, 153

Arbeitsheft / Kopiervorlagen

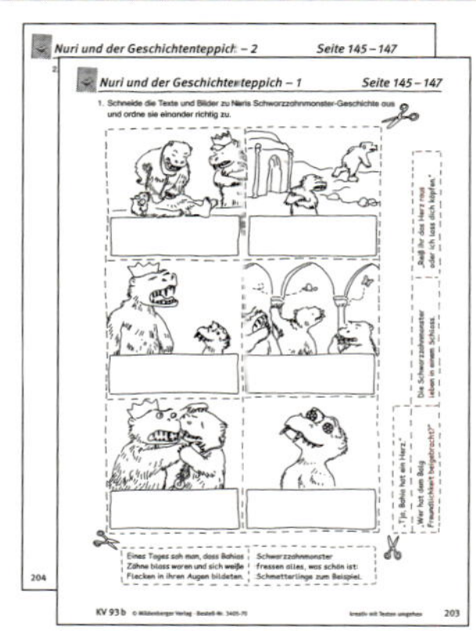

KV 93 b, 94
Lösungen S. 321

Nuri und der Geschichtenteppich – 1 und – 2

Mithilfe des Arbeitsblatts **Nuri und der Geschichtenteppich – 1** wird die Handlung nachvollzogen. Sechs Bilder werden in die richtige Reihenfolge gebracht und in die Vorlage auf **Nuri und der Geschichtenteppich – 2** eingeklebt. Anschließend werden die Textabschnitte zugeordnet.

Arbeitsheft / Kopiervorlagen (Fortsetzung)

KV 93 a
Lösungen S. 321

Ⓓ In der Variante KV 93 a entfällt der Schritt der Bilderzuordnung: Allein die Texte werden zugeordnet.

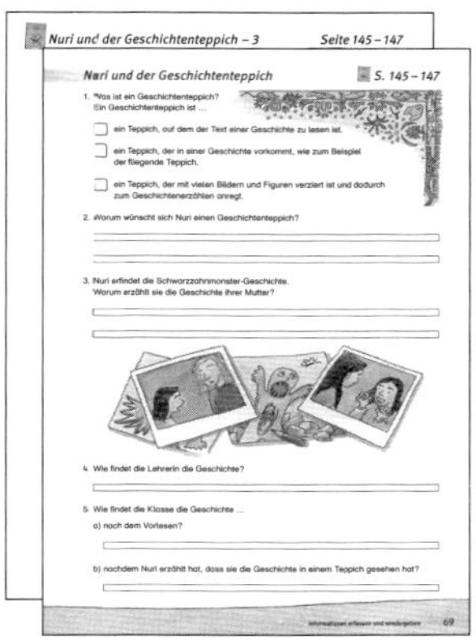

AH LB S. 69
KV 95
Lösungen S. 322

Nuri und der Geschichtenteppich – 3

Das Arbeitsblatt **Nuri und der Geschichtenteppich – 3** fragt Informationen aus dem Text ab, die zum Teil in eigenen Worten wiedergegeben werden.

KV 96
Lösungen S. 322

Nuri und der Geschichtenteppich – 4

Auf dem Arbeitsblatt **Nuri und der Geschichtenteppich – 4** wird zum einen in eigenen Worten begründet und zum anderen die Geschichte der Schwarzzahnmonster fortgeschrieben.

Ordne die Texte in der richtigen Reihenfolge an.

„Reiß ihr das Herz raus oder ich lass dich köpfen.“

Die Schwarzzahnmonster leben in einem Schloss.

„Tja, Bahia hat ein Herz.“

„Wer hat dem Balg Freundlichkeit beigebracht?“

Eines Tages sah man, dass Bahias Zähne blass waren und sich weiße Flecken in ihren Augen bildeten.

Schwarzzahnmonster fressen alles, was schön ist: Schmetterlinge zum Beispiel.

1. Schneide die Texte und Bilder zu Nuris Schwarzzahnmonster-Geschichte aus und ordne sie einander richtig zu.

„Reiß ihr das Herz raus oder ich lass dich köpfen.“

Die Schwarzzahnmonster leben in einem Schloss.

„Tja, Bahia hat ein Herz.“

„Wer hat dem Balg Freundlichkeit beigebracht?“

Eines Tages sah man, dass Bahias Zähne blass waren und sich weiße Flecken in ihren Augen bildeten.

Schwarzzahnmonster fressen alles, was schön ist: Schmetterlinge zum Beispiel.

2. Ordne die Bilder mit den Texten von KV 93 b in der richtigen Reihenfolge an.

Nuri und der Geschichtenteppich – 3

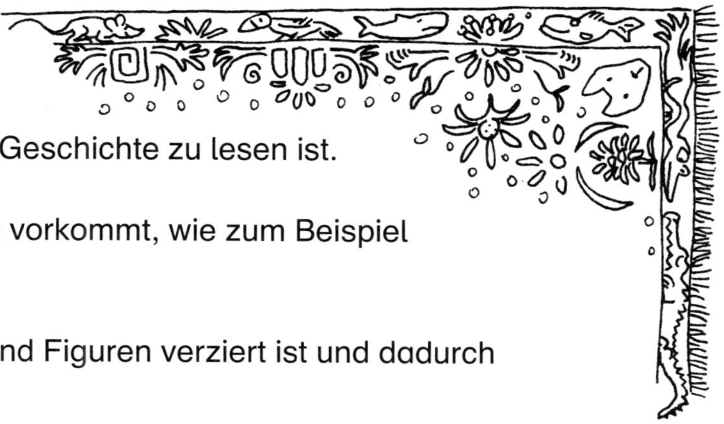

1. Was ist ein Geschichtenteppich?
   Ein Geschichtenteppich ist …

   ☐ ein Teppich, auf dem der Text einer Geschichte zu lesen ist.

   ☐ ein Teppich, der in einer Geschichte vorkommt, wie zum Beispiel der fliegende Teppich.

   ☐ ein Teppich, der mit vielen Bildern und Figuren verziert ist und dadurch zum Geschichtenerzählen anregt.

2. Warum wünscht sich Nuri einen Geschichtenteppich?

3. Nuri erfindet die Schwarzzahnmonster-Geschichte.
   Warum erzählt sie die Geschichte ihrer Mutter?

4. Wie findet die Lehrerin die Geschichte?

5. Wie findet die Klasse die Geschichte …

   a) nach dem Vorlesen?

   b) nachdem Nuri erzählt hat, dass sie die Geschichte in einem Teppich gesehen hat?

6. Warum erzählt Nuri Patrick auf dem Heimweg, wie die Geschichte weitergeht? Wie reagiert er?

7. Wie könnte die Geschichte weitergehen? Schreibe entweder die Geschichte der Schwarzzahnmonster oder die Geschichte von Nuri und Patrick weiter.

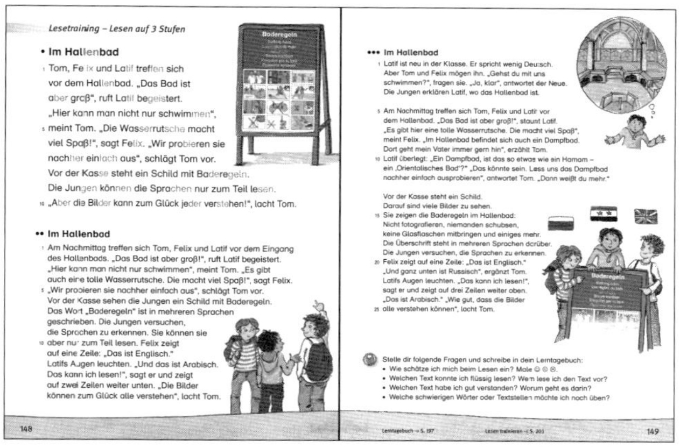

Kompetenzbereiche

Texte verstehen / Umgangsformen mit Texten

Inhalt und Thematik

Die drei Texte „Im Hallenbad“ erzählen eine kleine Integrationsgeschichte: Drei Jungen verabreden sich zum Schwimmen im örtlichen Hallenbad. Einer der drei, Latif, ein Migrantenkind, ist neu in der Klasse.

Die verschiedenen Details des Hallenbads werden entdeckt – besonders die Wasserrutsche und das Dampfbad – und kommentiert.

Tom, Felix und Latif entdecken im Kassenbereich des Hallenbads ein bebildertes Schild mit Verhaltensregeln, das in verschiedenen Sprachen übertitelt ist. Durch die gemeinsamen Spracherfahrungen der drei können die Jungen mehrere Sprachen benennen. Dabei zeigt sich, dass Latif mit seinen Arabischkenntnissen einen ebenso wertvollen Beitrag leisten kann wie Felix mit seinen Englischkenntnissen.

Hinweise zum Unterricht

Die Verbesserung der Lesefähigkeit steht im Fokus. Jedes Kind kann entsprechend seines Lernstands ein passendes Leseangebot aus den drei Texten auswählen. Das Anforderungsniveau der Texte ist auf den Seiten zum Lesetraining mit einem Punktesystem markiert:

- • Stufe 1: Mindeststandard
- •• Stufe 2: Regelstandard
- ••• Stufe 3: Expertenstandard

Durch eine größere Schrift sowie die zweifarbige Kennzeichnung der einzelnen Silben im Text auf Lesestufe 1 werden die Kinder beim Lesen unterstützt.

Wer auf Lesestufe 1 bzw. 2 liest, kann durch nachhaltiges Üben dazu angeregt und motiviert werden, auch die nächste Lesestufe zu bewältigen.

Ein Lerntagebuch bzw. Lerngespräch mit den Schülern dient dazu, die Selbstreflexion der Kinder über ihre Lernprozesse anzuregen und Gedanken, Erfolge und Schwierigkeiten beim Lesen und Vorlesen der Texte (schriftlich) festzuhalten. Die Fragen unterhalb des Textes auf Lesestufe 3 geben den Kindern Impulse, Eintragungen in ihrem Lerntagebuch vorzunehmen. Hilfen zum Führen eines Lerntagebuchs werden im Lesebuch, Werkstatt-Teil, Seite 197 angeboten.

Weitere Anregungen zum Einsatz der Lesetraining-Seiten finden Sie im Handbuch, Seite 15 ff.

Arbeitsheft / Kopiervorlage

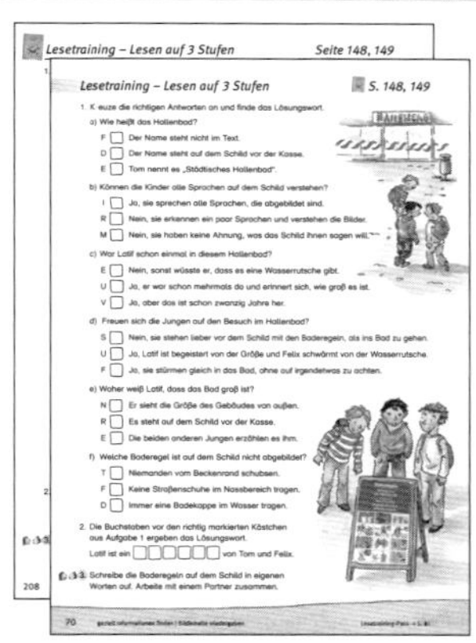

AH LB S. 70
KV 97
Lösungen S. 323

Lesetraining – Lesen auf 3 Stufen

Das Arbeitsblatt fragt mittels Multiple-Choice Informationen aus dem Text ab.
Nach einem zweiten Lesen des Textes kann das Arbeitsblatt als selbstständige Verständniskontrolle bearbeitet werden.

Lösungswort: FREUND

1. Kreuze die richtigen Antworten an und finde das Lösungswort.

a) Wie heißt das Hallenbad?

F ☐ Der Name steht nicht im Text.
D ☐ Der Name steht auf dem Schild vor der Kasse.
E ☐ Tom nennt es „Städtisches Hallenbad“.

b) Können die Kinder alle Sprachen auf dem Schild verstehen?

I ☐ Ja, sie sprechen alle Sprachen, die abgebildet sind.
R ☐ Nein, sie erkennen ein paar Sprachen und verstehen die Bilder.
M ☐ Nein, sie haben keine Ahnung, was das Schild ihnen sagen will.

c) War Latif schon einmal in diesem Hallenbad?

E ☐ Nein, sonst wüsste er, dass es eine Wasserrutsche gibt.
U ☐ Ja, er war schon mehrmals da und erinnert sich, wie groß es ist.
V ☐ Ja, aber das ist schon zwanzig Jahre her.

d) Freuen sich die Jungen auf den Besuch im Hallenbad?

S ☐ Nein, sie stehen lieber vor dem Schild mit den Baderegeln, als ins Bad zu gehen.
U ☐ Ja, Latif ist begeistert von der Größe und Felix schwärmt von der Wasserrutsche.
F ☐ Ja, sie stürmen gleich in das Bad, ohne auf irgendetwas zu achten.

e) Woher weiß Latif, dass das Bad groß ist?

N ☐ Er sieht die Größe des Gebäudes von außen.
R ☐ Es steht auf dem Schild vor der Kasse.
E ☐ Die beiden anderen Jungen erzählen es ihm.

f) Welche Baderegel ist auf dem Schild nicht abgebildet?

T ☐ Niemanden vom Beckenrand schubsen.
F ☐ Keine Straßenschuhe im Nassbereich tragen.
D ☐ Immer eine Badekappe im Wasser tragen.

2. Die Buchstaben vor den richtig markierten Kästchen aus Aufgabe 1 ergeben das Lösungswort.

Latif ist ein ☐☐☐☐☐☐ von Tom und Felix.

3. Schreibe die Baderegeln auf dem Schild in eigenen Worten auf. Arbeite mit einem Partner zusammen.

1. Fülle die Checkliste für dein Lieblingsbuch in Stichwörtern aus.

Name des Buchs

Autor/Autorin

Wann wurde das Buch geschrieben?

Was für ein Buch ist es? Sachbuch, Roman, Comic …

Worum geht es? Was ist die Handlung?

Wer ist die Hauptperson?

Wo und wann spielt die Geschichte?

Warum gefällt dir das Buch?

Wie hast du das Buch bekommen? War es ein Geschenk? Wenn ja, von wem?

Wem würde das Buch gut gefallen? Wem nicht?

2. Stelle ein Buch mithilfe der Checkliste in der Klasse vor.
Lies dafür eine Stelle aus dem Buch vor, die dir gut gefällt, oder zeige ein Bild.

BÜCHER
in der Bibliothek

Liest du gerne Kinderromane wie Pippi Langstrumpf oder Nils Holgersson? Magst du Detektivgeschichten wie „Die drei Fragezeichen“? Oder lieber Fantasie-Erzählungen? Liest du gern Märchen oder Sagen? Oder willst du dich über Tiere, Fahrräder oder Eisenbahnen informieren? Interessierst du dich für ferne Länder und Völker, vielleicht die Indianer? Magst du Pferdegeschichten oder erfährst du lieber etwas über Eisbären? Möchtest du am liebsten einen Kinderfilm anschauen und gar nicht lesen? Dann ist eine Bibliothek der richtige Ort für dich.

Woher kommt **das Wort „Bibliothek“**? Das Wort „Bibliothek“ kommt aus dem Griechischen und bedeutet so viel wie „Büchersammlung“. Fast jede Stadtbücherei hat eine extra „Büchersammlung“ für Kinder und Jugendliche mit allen Arten von Büchern oder Zeitschriften und auch Filmen, CDs und DVDs. Hier kannst du mehr erfahren über das, was dich interessiert.

Gehe beim ersten Mal mit deinem Vater oder deiner Mutter in die Bücherei. Dort erhältst du einen Leseausweis und erfährst die Ausleih-Regeln. Dann kannst du in Büchern und Comic-Heften herumstöbern, dir alles anschauen, durchblättern und lesen. Viel Spaß dabei!

Kopiervorlage

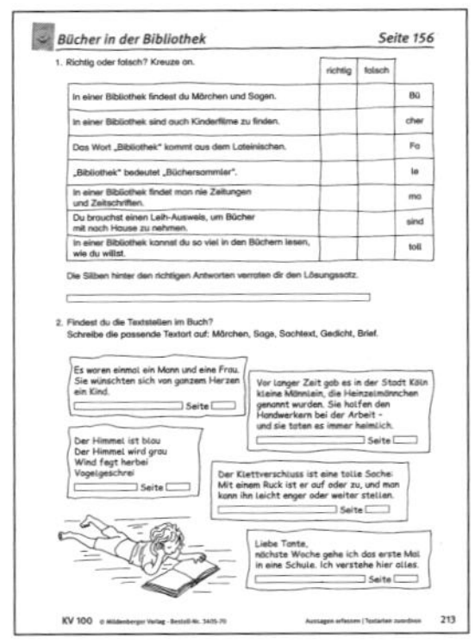

Bücher in der Bibliothek Seite 156

1. Richtig oder falsch? Kreuze an.

	richtig	falsch	
In einer Bibliothek findest du Märchen und Sagen.			Bü
In einer Bibliothek sind auch Kinderfilme zu finden.			cher
Das Wort „Bibliothek“ kommt aus dem Lateinischen.			Fa
„Bibliothek“ bedeutet „Büchersammler“.			le
In einer Bibliothek findet man nie Zeitungen und Zeitschriften.			ma
Du brauchst einen Leih-Ausweis, um Bücher mit nach Hause zu nehmen.			sind
In einer Bibliothek kannst du so viel in den Büchern lesen, wie du willst.			toll

Die Silben hinter den richtigen Antworten verraten dir den Lösungssatz.

2. Findest du die Textstellen im Buch?
Schreibe die passende Textart auf: Märchen, Sage, Sachtext, Gedicht, Brief.

Es waren einmal ein Mann und eine Frau. Sie wünschten sich von ganzem Herzen ein Kind. Seite

Vor langer Zeit gab es in der Stadt Köln kleine Männlein, die Heinzelmännchen genannt wurden. Sie halfen den Handwerkern bei der Arbeit – und sie taten es immer heimlich. Seite

Der Himmel ist blau
Der Himmel wird grau
Wind fegt herbei
Vogelgeschrei
Seite

Der Klettverschluss ist eine tolle Sache: Mit einem Ruck ist er auf oder zu, und man kann ihn leicht enger oder weiter stellen. Seite

Liebe Tante,
nächste Woche gehe ich das erste Mal in eine Schule. Ich verstehe hier alles.
Seite

KV 100 213

KV 100
Lösungen S. 324

Bücher in der Bibliothek

Das Arbeitsblatt **Bücher in der Bibliothek** enthält Aussagen zur Institution Bibliothek, die auf Richtigkeit überprüft werden. Darüber hinaus vertiefen die Schüler ihr Wissen um Textarten wie Märchen, Sage, Sachtext, Gedicht und Brief durch Zuordnen von Textstellen im Lesebuch.

Kompetenzbereiche

Texte verstehen / Umgangsformen mit Texten

Inhalt und Thematik

Auch wenn die zunehmende Digitalisierung manchmal etwas anderes vermuten lässt, leben wir nach wie vor in einem Zeitalter des Buchs. Bücher sind von klein auf unsere Begleiter. In der Kindheit lernen wir sie kennen als Transportmittel in fantastische Welten sowie als Wissensvermittler – in diesen Funktionen begleiten sie uns ein Leben lang.

Die Bibliothek ist jedoch nicht nur ein Ort, an dem man Büchern begegnen kann, sondern sie bietet mittlerweile auch eine Vielzahl anderer Medien an, die insbesondere für Kinder und Jugendliche interessant sind. Der Text weist auf diesen Zusammenhang hin und fordert den Leser auf, einmal in einer Bibliothek herumzustöbern.

Hinweise zum Unterricht

Es bietet sich an, anlässlich des Textes die Bibliothek vor Ort zu besuchen. Zwar wird dies bereits in der zweiten Klasse gemacht, aber eine Auffrischung der Kenntnisse, wie man sich in einer Bibliothek zurechtfindet und welche Medien zu finden sind, ist sicherlich von Vorteil. In diesem Zusammenhang könnte auch eine Buchvorstellung organisiert werden.

··➝ Fragen zum Text: LB-Seite 168

Bücher in der Bibliothek

1. Richtig oder falsch? Kreuze an.

	richtig	falsch	
In einer Bibliothek findest du Märchen und Sagen.			Bü
In einer Bibliothek sind auch Kinderfilme zu finden.			cher
Das Wort „Bibliothek“ kommt aus dem Lateinischen.			Fa
„Bibliothek“ bedeutet „Büchersammler“.			le
In einer Bibliothek findet man nie Zeitungen und Zeitschriften.			ma
Du brauchst einen Leih-Ausweis, um Bücher mit nach Hause zu nehmen.			sind
In einer Bibliothek kannst du so viel in den Büchern lesen, wie du willst.			toll

Die Silben hinter den richtigen Antworten verraten dir den Lösungssatz.

____

2. Findest du die Textstellen im Buch?
Schreibe die passende Textart auf: Märchen, Sage, Sachtext, Gedicht, Brief.

Es waren einmal ein Mann und eine Frau. Sie wünschten sich von ganzem Herzen ein Kind.

__________ Seite ____

Vor langer Zeit gab es in der Stadt Köln kleine Männlein, die Heinzelmännchen genannt wurden. Sie halfen den Handwerkern bei der Arbeit – und sie taten es immer heimlich.

__________ Seite ____

Der Himmel ist blau
Der Himmel wird grau
Wind fegt herbei
Vogelgeschrei

__________ Seite ____

Der Klettverschluss ist eine tolle Sache: Mit einem Ruck ist er auf oder zu, und man kann ihn leicht enger oder weiter stellen.

__________ Seite ____

Liebe Tante,
nächste Woche gehe ich das erste Mal in eine Schule. Ich verstehe hier alles.

__________ Seite ____

Kompetenzbereiche

Texte verstehen / Umgangsformen mit Texten

Inhalt und Thematik

Der Comicstrip „Schafe im Internet“ besteht aus sieben Bildern und erzählt die Geschichte von einem Mädchen namens Alina, das an ihrem PC ein Referat über Schafe verfasst (Bild 1 und 2). Ausgehend vom Suchbegriff „Schafe“ wird in Bild 3 die Internetrecherche nach passenden Informationen gezeigt. In diesem Kontext findet Alina zwar keine wichtigen Informationen, dafür aber eine Reihe lustiger Bilder und Animationen von Schafen, die sie zum Lachen bringen (Bild 4).

Ein Chatgespräch mit einem Schulfreund hilft Alina schließlich weiter. Dieser nennt ihr eine gut aufbereitete Seite für die Hausaufgabe (Bild 5). In Bild 6 sieht man, wie das Mädchen die gefundenen Informationen zu ihrem Referat hinzufügt. Doch der Abend hat seinen Preis: Selbst im Schlaf beschäftigt sich Alina mit Schafen, die über ihren Monitor springen (Bild 7).

In der lustigen Geschichte, die der Comic erzählt, werden nebenbei auch andere wichtige Aspekte zum Thema „Nutzung moderner Medien“ angerissen.

So bietet das Internet nicht nur Informationsseiten und Kommunikationsmöglichkeiten, sondern auch Spaß und (ablenkende) Unterhaltung. Das Internet wird hier als eine Informationsquelle dargestellt, die nicht nur eine eigene Bearbeitung nach sich zieht, sondern auch gewisse Benimmregeln („Netikette“) erforderlich macht. Die Kinder müssen für den Schutz der eigenen Daten sensibilisiert werden. Auch ein respektvoller Umgangston in den sozialen Medien wird immer wichtiger: Vielen Nutzern des Internets ist nicht bewusst, dass am anderen Ende ebenfalls Menschen sitzen, und sie wählen unbedacht eine verletzende Ausdrucksweise.

Vor diesem Hintergrund ist der Titel des Comicstrips doppeldeutig zu verstehen: Zum einen bezieht er sich auf das Referatsthema, zu dem in Internet recherchiert wird, zum anderen verweist er auf die gedankenlose Nachahmung von Verhaltensmustern in den Medien.

Hinweise zum Unterricht

Die Schüler schauen sich gemeinsam den Comic an und erschließen erzählend die Handlung. Im Klassenverband kann zusammen darüber nachgedacht werden, ob das Mädchen den Computer und das Internet so benutzt, wie die Kinder es selbst tun, ob die Verwendung sinnvoll ist und ob hinsichtlich „Netikette“ alles richtig gemacht wird.

In diesem Zusammenhang werden die Regeln der „Netikette“ noch einmal genau gelesen und ggf. ergänzt. Die Schüler diskutieren, warum die Regeln wichtig sind.

···› Fragen zum Text: LB-Seite 168

Kopiervorlagen

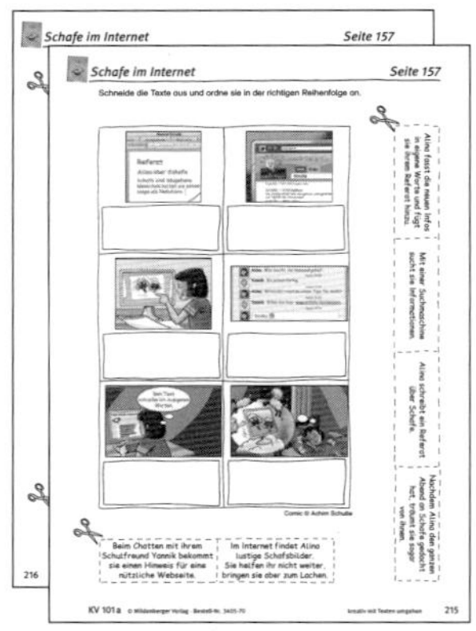

KV 101 a / b
Lösungen S. 325

Schafe im Internet

Mithilfe des Arbeitsblatts **Schafe im Internet** kann die Handlung des Comics nachvollzogen werden. Die Textbausteine werden ausgeschnitten, in die richtige Reihenfolge gebracht und aufgeklebt. Das Arbeitsblatt liegt in zwei Schwierigkeitsgraden vor.

Ⓓ In der Variante KV 101 a entfällt der Schritt der Bilderzuordnung: Allein die Texte werden in die richtige Reihenfolge gebracht.

Schafe im Internet

Schneide die Texte aus und ordne sie in der richtigen Reihenfolge an.

Comic © Achim Schulte

Alina fasst die neuen Infos in eigene Worte und fügt sie ihrem Referat hinzu.

Mit einer Suchmaschine sucht sie Informationen.

Alina schreibt ein Referat über Schafe.

Nachdem Alina den ganzen Abend an Schafe gedacht hat, träumt sie sogar von ihnen.

Beim Chatten mit ihrem Schulfreund Yannik bekommt sie einen Hinweis für eine nützliche Webseite.

Im Internet findet Alina lustige Schafsbilder. Sie helfen ihr nicht weiter, bringen sie aber zum Lachen.

Schafe im Internet

Schneide die Texte und Bilder aus und ordne sie einander richtig zu.
Klebe die Geschichte in der richtigen Reihenfolge in dein Heft.

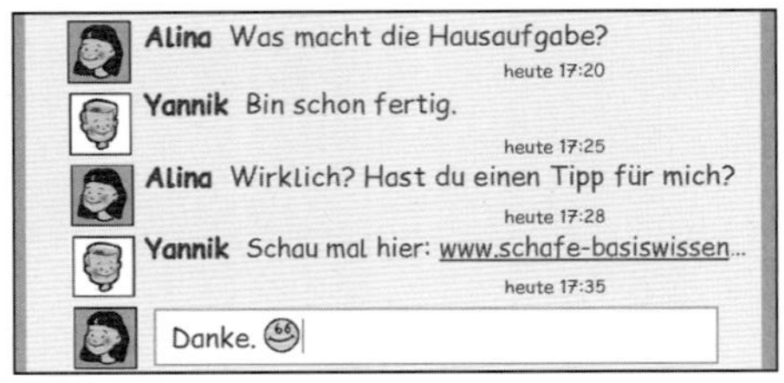

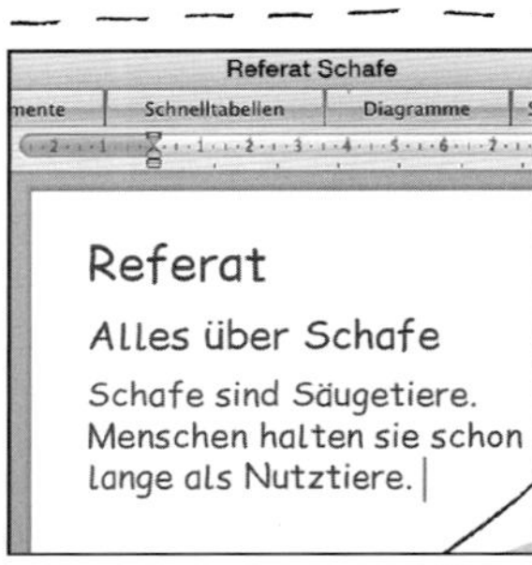

Comic © Achim Schulte

Alina fasst die neuen Infos in eigene Worte und fügt sie ihrem Referat hinzu.

Mit einer Suchmaschine sucht sie Informationen.

Alina schreibt ein Referat über Schafe.

Nachdem Alina den ganzen Abend an Schafe gedacht hat, träumt sie sogar von ihnen.

Beim Chatten mit ihrem Schulfreund Yannik bekommt sie einen Hinweis für eine nützliche Webseite.

Im Internet findet Alina lustige Schafsbilder. Sie helfen ihr nicht weiter, bringen sie aber zum Lachen.

Dschonghi und der Computer
Ein Zukunftsmärchen

Kompetenzbereiche

Texte verstehen / Umgangsformen mit Texten

Autor

Reinhold Ziegler, geb. 1955 in Erlangen, Bayern, ist ein deutscher Schriftsteller und Journalist. Er schreibt vor allem Jugendbücher.

Inhalt und Thematik

Der Junge Dschonghi findet einen todkranken kleinen Computer, nimmt ihn mit nach Hause und bringt ihn mit Strom wieder zum Leben. Nachdem sich das Gerät wieder erholt hat, fängt es an, Fakten herunterzurasseln. Dschonghi unterbricht ihn, denn diese Fakten interessieren ihn nicht, er will „etwas Wichtiges" wissen. Eine Antwort auf die Frage zum Beispiel, warum er manchmal einfach traurig sei. Der Computer ist mit dieser Art von Fragen überfordert, ihm fehlen die Programme dafür.

Enttäuscht von dieser Unfähigkeit will der Junge wissen, ob ihm der Computer, quasi als Roboter, Arbeiten abnehmen und Handlanger-Dienste leisten kann, wie zum Beispiel Rasenmähen oder der kleinen quengelnden Schwester den Schnuller geben. Wieder ist das Gerät überfordert und wiederholt trotzig sein begrenztes Wissen. Enttäuscht zieht Dschongi den Stecker, der Computer erlischt.

Dschonghi begegnet dem Computer wie einem Lebewesen – wie es in einem Märchen gut möglich ist –, das er jedoch wie ein Gerät an- und ausschalten kann. Er erwartet Antworten von ihm, die letztlich nicht naturwissenschaftlich, also „computergemäß" gegeben werden können, sondern menschliche Vorstellungskraft und Einfühlungsvermögen verlangen oder auch einen gedanklichen Austausch erfordern. Ähnliches gilt für die Tätigkeiten, die er vom Computer als Roboter erwartet. Ein Roboter kann zwar den Rasen mähen, aber es braucht menschliche Zuwendung, der kleinen Schwester den Schnuller zu geben.

Hinweise zum Unterricht

Die Schüler erfahren durch den Text die Grenzen eines Computers. Obwohl das Gerät mit seinen Möglichkeiten kaum aus dem heutigen Leben wegzudenken ist, gilt es, darauf hinzuweisen, dass eine Fixierung darauf nicht erstrebenswert ist.

⇢ Fragen zum Text: LB-Seite 169

Arbeitsheft / Kopiervorlage

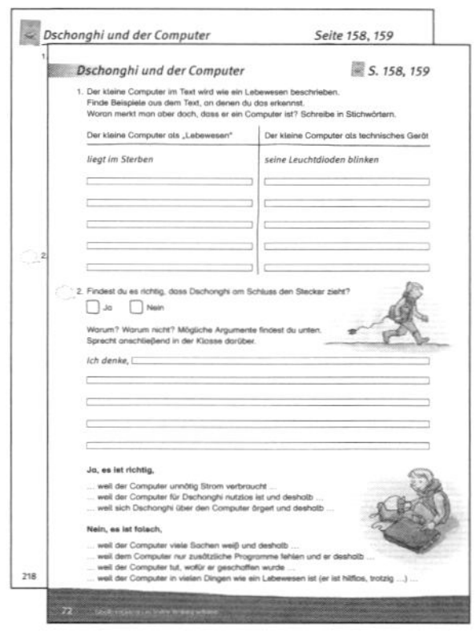
Dschonghi und der Computer

AH LB S. 72
KV 102
Lösungen S. 325

Dschonghi und der Computer

Das Arbeitsblatt **Dschonghi und der Computer** greift die Dualität des beschriebenen Computers auf, der zum einen wie ein Mensch reagiert und handelt, zum anderen aber eine Maschine ist. Woran kann man diese beiden Wesenszüge erkennen? Es schließt sich eine Auseinandersetzung mit der Rechtmäßigkeit der Handlung Dschonghis an: War es richtig, dass er beim Computer den Stecker gezogen hat? Hierbei ist zu beachten, dass beide Argumentationsweisen legitim sind, es also kein richtig oder falsch gibt.

Dschonghi und der Computer

1. Der kleine Computer im Text wird wie ein Lebewesen beschrieben.
   Finde Beispiele aus dem Text, an denen du das erkennst.
   Woran merkt man aber doch, dass er ein Computer ist? Schreibe in Stichwörtern.

Der kleine Computer als „Lebewesen“	Der kleine Computer als technisches Gerät
liegt im Sterben	*seine Leuchtdioden blinken*

2. Findest du es richtig, dass Dschonghi am Schluss den Stecker zieht?

   ☐ Ja ☐ Nein

Warum? Warum nicht? Mögliche Argumente findest du unten.
Sprecht anschließend in der Klasse darüber.

Ich denke,

Ja, es ist richtig,

… weil der Computer unnötig Strom verbraucht …
… weil der Computer für Dschonghi nutzlos ist und deshalb …
… weil sich Dschonghi über den Computer ärgert und deshalb …

Nein, es ist falsch,

… weil der Computer viele Sachen weiß und deshalb …
… weil dem Computer nur zusätzliche Programme fehlen und er deshalb …
… weil der Computer tut, wofür er geschaffen wurde …
… weil der Computer in vielen Dingen wie ein Lebewesen ist (er ist hilflos, trotzig …) …

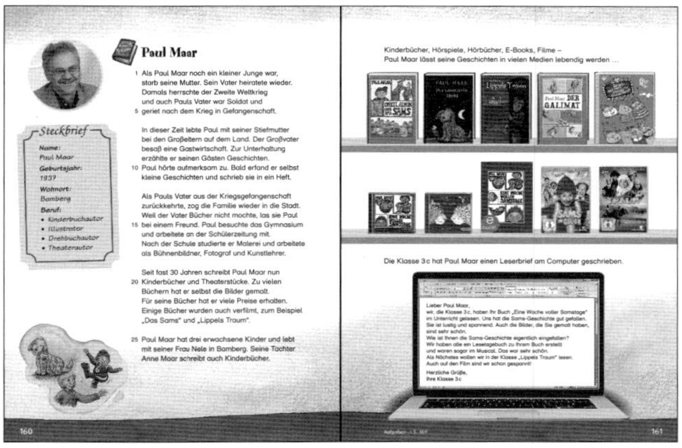

Kompetenzbereiche

Texte verstehen / Umgangsformen mit Texten

Inhalt und Thematik

Die kurze Biografie enthält vor allem Informationen zu Paul Maars Werdegang als Kinderbuchautor.

Paul Maars Mutter stirbt früh. Er wird durch Hausmädchen betreut, bis der Vater wieder heiratet. Das Interesse des Jungen an Geschichten wird von seinem Großvater geweckt und unterstützt. Sein Interesse an Büchern vertieft sich in seiner Schulzeit trotz der ablehnenden Haltung seines Vaters. Er arbeitet an der Schülerzeitung mit und lernt dabei seine spätere Frau kennen, die heute bekannte Autorin Nele Ballhaus. Nach dem Studium ist er mehrere Jahre lang als Kunsterzieher tätig.

Paul Maar hat drei erwachsene Kinder und lebt mit seiner Frau in Bamberg. Seine Tochter Anne Maar schreibt ebenfalls Kinderbücher.

Zum Schreiben des ersten Theaterstücks „Der König in der Kiste" (1970) kommt er durch seine Beziehung zum Theater. Seine erste Geschichtensammlung ist „Der tätowierte Hund" (1967), es folgen das „Summelsarium oder dreizehn wahre Lügengeschichten" und „Eine Woche voller Samstage". Paul Maars Bearbeitungen für die „Augsburger Puppenkiste" sind zu Klassikern geworden. Von all seinen Kinderbüchern hält er „Lippels Traum" und „Anne will ein Zwilling werden" für die am besten gelungenen.

Auf LB-Seite 161 ist eine Auswahl von Büchern und Medien – basierend auf dem Werk Paul Maars – zusammengestellt. Ob Kinderbuch, Hörbuch, E-Book oder Film – den Kindern wird bewusst, dass Paul Maar seine Geschichten in vielen Medien lebendig werden lässt. Das bringt mit sich, dass sich eine literarische Figur wie das Sams oftmals im Medienverbund präsentiert, sodass ein direkter Vergleich zwischen den verschiedenen Medien auch im Unterricht möglich ist.

Die auf LB-Seite 161 vorgestellten Medien können für die Schüler zum Anlass werden, über bereits bekannte Werke zu sprechen oder eine Buchpräsentation zu halten.

Hinweise zum Unterricht

Der fiktive Leserbrief kann zum spontanen Schreiben eines Briefs an Paul Maar oder an einen anderen Autor, der im Unterricht behandelt wird, anregen. Viele Autoren bieten im Internet auch eine eigene Webseite mit „Gästebuch" an – dort können die Kinder ihre Meinung zum Gelesenen äußern und Kommentare anderer Leser begutachten.

Weitere Aktivitäten, die im Leserbrief genannt werden, geben Impulse für den Unterricht:

Welche Informationen sollte ich bei einer Buchpräsentation vorbringen? Was ist eine Lesekiste und wie kann sie mir bei einer Buchvorstellung helfen? In diesem Zusammenhang bietet es sich auch an, die Bibliothek vor Ort zu besuchen bzw. einen Autor oder eine Autorin im Rahmen einer Lesung näher kennenzulernen.

···› Fragen zum Text: LB-Seite 169

Kopiervorlage

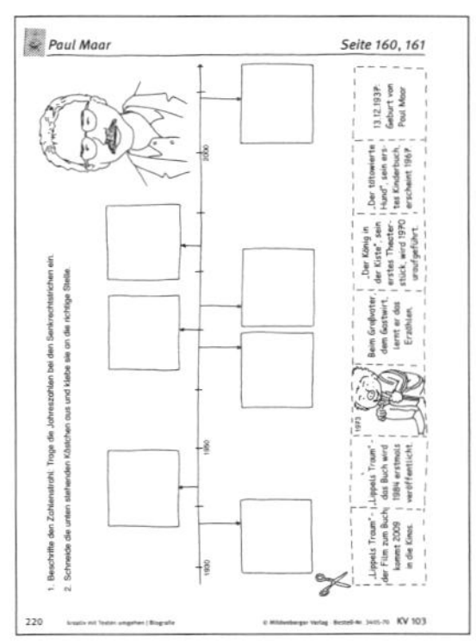

KV 103
Lösungen S. 326

Paul Maar

Das Arbeitsblatt **Paul Maar** vollzieht die Biografie des Autors Paul Maar nach. Text- und Bildbausteine werden ausgeschnitten und an die richtige Stelle im Zahlenstrahl geklebt. Die Informationen können größtenteils dem Text entnommen werden.

1. Beschrifte den Zahlenstrahl: Trage die Jahreszahlen bei den Senkrechtstrichen ein.
2. Schneide die unten stehenden Kästchen aus und klebe sie an die richtige Stelle.

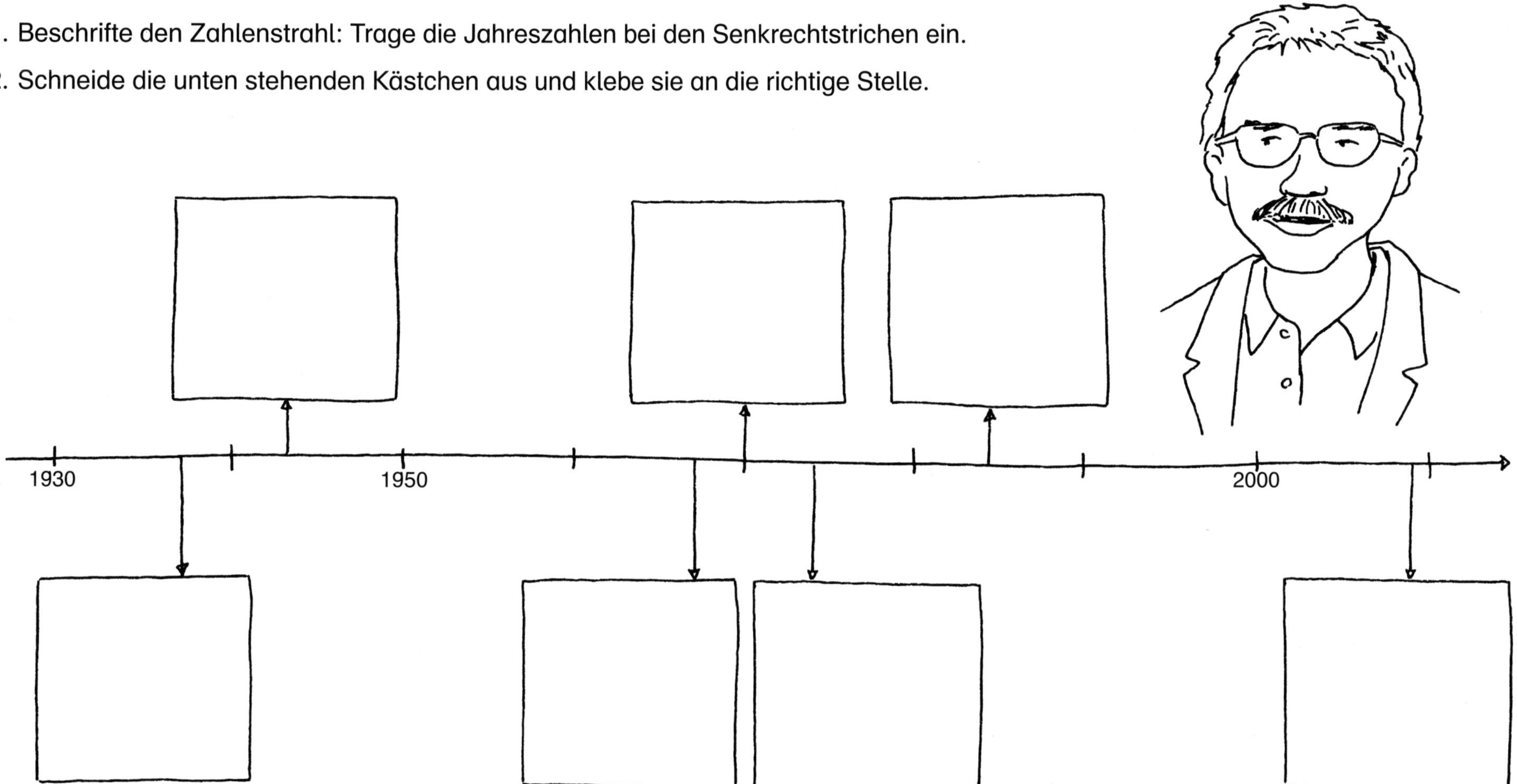

„Lippels Traum“ – der Film zum Buch kommt 2009 in die Kinos.

„Lippels Traum“ – das Buch wird 1984 erstmals veröffentlicht.

Beim Großvater, dem Gastwirt, lernt er das Erzählen.

„Der König in der Kiste“, sein erstes Theaterstück, wird 1970 uraufgeführt.

„Der tätowierte Hund“, sein erstes Kinderbuch, erscheint 1967.

13.12.1937: Geburt von Paul Maar

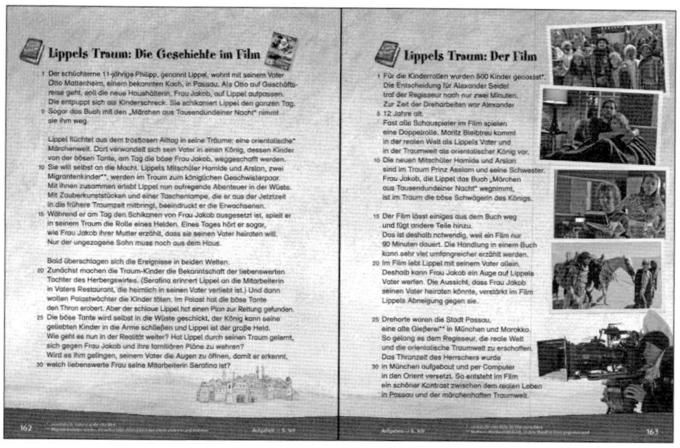

Lippels Traum: Die Geschichte im Film

Der schüchterne 11-jährige Philipp, genannt Lippel, wohnt mit seinem Vater Otto Mattenheim, einem bekannten Koch, in Passau. Als Otto auf Geschäftsreise geht, soll die neue Haushälterin, Frau Jakob, auf Lippel aufpassen. Die entpuppt sich als Kinderschreck. Sie schikaniert Lippel den ganzen Tag. Sogar das Buch mit den „Märchen aus Tausendundeiner Nacht“ nimmt sie ihm weg.

Lippel flüchtet aus dem trostlosen Alltag in seine Träume: eine orientalische* Märchenwelt. Dort verwandelt sich sein Vater in einen König, dessen Kinder von der bösen Tante, am Tag die böse Frau Jakob, weggeschafft werden. Sie will selbst an die Macht. Lippels Mitschüler Hamide und Arslan, zwei Migrantenkinder**, werden im Traum zum königlichen Geschwisterpaar. Mit ihnen zusammen erlebt Lippel nun aufregende Abenteuer in der Wüste. Mit Zauberkunststücken und einer Taschenlampe, die er aus der Jetztzeit in die frühere Traumzeit mitbringt, beeindruckt er die Erwachsenen. Während er am Tag den Schikanen von Frau Jakob ausgesetzt ist, spielt er in seinem Traum die Rolle eines Helden. Eines Tages hört er sogar, wie Frau Jakob ihrer Mutter erzählt, dass sie seinen Vater heiraten will. Nur der ungezogene Sohn muss noch aus dem Haus.

Bald überschlagen sich die Ereignisse in beiden Welten. Zunächst machen die Traum-Kinder die Bekanntschaft der liebenswerten Tochter des Herbergswirtes. (Serafina erinnert Lippel an die Mitarbeiterin in Vaters Restaurant, die heimlich in seinen Vater verliebt ist.) Und dann wollen Palastwächter die Kinder töten. Im Palast hat die böse Tante den Thron erobert. Aber der schlaue Lippel hat einen Plan zur Rettung gefunden. Die böse Tante wird selbst in die Wüste geschickt, der König kann seine geliebten Kinder in die Arme schließen und Lippel ist der große Held. Wie geht es nun in der Realität weiter? Hat Lippel durch seinen Traum gelernt, sich gegen Frau Jakob und ihre familiären Pläne zu wehren? Wird es ihm gelingen, seinem Vater die Augen zu öffnen, damit er erkennt, welch liebenswerte Frau seine Mitarbeiterin Serafina ist?

162 Aufgaben → S. 169

Lippels Traum: Der Film

Für die Kinderrollen wurden 500 Kinder gecastet*. Die Entscheidung für Alexander Seidel traf der Regisseur nach nur zwei Minuten. Zur Zeit der Dreharbeiten war Alexander 12 Jahre alt. Fast alle Schauspieler im Film spielen eine Doppelrolle. Moritz Bleibtreu kommt in der realen Welt als Lippels Vater und in der Traumwelt als orientalischer König vor. Die neuen Mitschüler Hamide und Arslan sind im Traum Prinz Asslam und seine Schwester. Frau Jakob, die Lippel das Buch „Märchen aus Tausendundeiner Nacht“ wegnimmt, ist im Traum die böse Schwägerin des Königs.

Der Film lässt einiges aus dem Buch weg und fügt andere Teile hinzu. Das ist deshalb notwendig, weil ein Film nur 90 Minuten dauert. Die Handlung in einem Buch kann sehr viel umfangreicher erzählt werden. Im Film lebt Lippel mit seinem Vater allein. Deshalb kann Frau Jakob ein Auge auf Lippels Vater werfen. Die Aussicht, dass Frau Jakob seinen Vater heiraten könnte, verstärkt im Film Lippels Abneigung gegen sie.

Drehorte waren die Stadt Passau, eine alte Gießerei** in München und Marokko. So gelang es dem Regisseur, die reale Welt und die orientalische Traumwelt zu erschaffen. Das Thronzelt des Herrschers wurde in München aufgebaut und per Computer in den Orient versetzt. So entsteht im Film ein schöner Kontrast zwischen dem realen Leben in Passau und der märchenhaften Traumwelt.

163

Kompetenzbereiche

Texte verstehen / Umgangsformen mit Texten

Inhalt und Thematik

Zum Projekt Buch / Film „Lippels Traum“ werden im Kapitel „Medien“ drei Texte angeboten, denen eine Biografie des Autors Paul Maar samt einer Auswahl seiner Bücher und Medien vorangestellt ist (LB-Seite 160, 161).

Zwei Texte befassen sich mit dem Film (LB-Seite 162, 163), der dritte ist ein Auszug aus dem Kinderbuch (LB-Seite 164, 165).

Außerdem wurden zwei Buchauszüge unter anderer Thematik ins Lesebuch aufgenommen, die dazu beitragen, Lippel näher kennenzulernen. Im Text „Die Neuen“ (LB-Seite 38 – 41) begegnet er den türkischstämmigen neuen Mitschülern Hamide und Arslan.

Zur Information:
Überblick über den Inhalt des Kinderbuchs

Im dritten Kapitel des Buchs lernt der Leser Lippel und seine Eltern kennen. Sein ungewöhnlicher Name wird erklärt; der Leser erfährt von seiner Lesefreude, von seiner Vorliebe für alles „Morgenländische“ und von seiner guten Bekanntschaft mit der Nachbarin Frau Jeschke.

Weil seine Eltern verreisen, kommt Frau Jakob ins Haus, sie soll den Jungen versorgen. Es beginnt die Woche von ‚Lippels Traum‘.

Am Montagmorgen – es ist der erste Tag ohne die Eltern – lernt Lippel in der Schule das Geschwisterpaar Arslan und Hamide kennen, zwei neue Mitschüler türkischer Herkunft. Am Montagnachmittag findet Lippel nach der Schule in seinem Zimmer als Überraschungsgeschenk seiner Eltern das Buch „Die Erzählungen aus Tausendundeiner Nacht“. Frau Jakob hat kein Verständnis für Lippels wiederholte Versuche, das Buch zu lesen, und nimmt es ihm schließlich weg. In der Nacht träumt sich Lippel in eine angefangene Erzählung hinein. Es vermischen sich Ereignisse des Tages mit Abenteuern im Traum. Der Leser erfährt in zwei parallel erzählten und verschränkten Geschichten, was sich in dieser Woche Tag für Tag real ereignet und wie Lippels Traumgeschichte Nacht für Nacht verläuft.

In der realen Welt erfährt Lippel durch Frau Jakob, die für ihre Aufgabe ungeeignet ist, immer stärkere Einschränkungen. Er freut sich über einen kleinen, ihm zugelaufenen Hund, den er Muck nennt, Frau Jakob gibt ihn ins Tierheim. Lippels Freundschaft mit Hamide und Arslan vertieft sich, Frau Jakob lehnt den Kontakt aus fremdenfeindlichen Gründen ab. In der Nachbarin Frau Jeschke dagegen hat Lippel eine gute Freundin und Vertraute. Sie ist es, die die Eltern informiert, als sich der Junge schließlich von der Strenge Frau Jakobs bedroht fühlt. Frau Jakob wird vorzeitig entlassen und Frau Jeschke übernimmt deren Rolle am letzten Tag.

In Lippels Traumgeschichte, die den breiteren Raum im Kinderbuch einnimmt, verwandeln sich die beiden neuen Mitschüler Hamide und Arslan in die morgenländischen Königskinder Prinzessin Hamide und Prinz Asslam. Sie werden von ihrer bösen Tante, dem Pendant zur realen Frau Jakob, beim König verleumdet und müssen aus dem Schloss in die Wüste fliehen. Lippels Rolle im Traum ist die des mutigen, unersetzlichen Freundes der beiden während ihrer abenteuerlichen Flucht vor den Wächtern bzw. Schergen der Tante. Durch seine und die Hilfe einer wohlwollenden Wirtin (alias Frau Jeschke) können die Geschwister am Ende in den Königspalast zurückkehren.

Lippel versetzt nicht nur Personen, sondern auch Ereignisse und Dinge des realen Lebens in seine märchenhafte Traumwelt: Der kleine Hund Muck begleitet die Kinder und ist bei ihrer Vorführung auf dem orientalischen Bazar dabei, wo Lippel die Zuschauer mit Taschenlampen-Zaubertricks zu höchstem Erstaunen bringt (Text LB-Seite 164, 165).

Die „reale“ Geschichte ist mit der Rückkehr von Lippels Eltern beendet. Die „morgenländische“ Geschichte wird von seiner Mutter zum guten Abschluss gebracht, nachdem Lippel alles erzählt hat.

Hinweise zum Unterricht

⇢ Fragen zum Text: LB-Seite 169

Kopiervorlagen (Fortsetzung)

Lippels Traum – 1 Seite 160 – 165

KV 104 a / b
Lösungen S. 326

Lippels Traum – 1

Das Arbeitsblatt **Lippels Traum – 1** fragt mithilfe der Fragen auf **Lippels Traum – 2** die Informationen aus allen Untertexten zum Medienprojekt „Lippels Traum“ in Form eines Kreuzworträtsels ab. Es liegt in zwei Schwierigkeitsgraden vor.

Ⓓ In der Variante KV 104 a erleichtern vorgegebene Buchstaben das Finden der Lösungen.

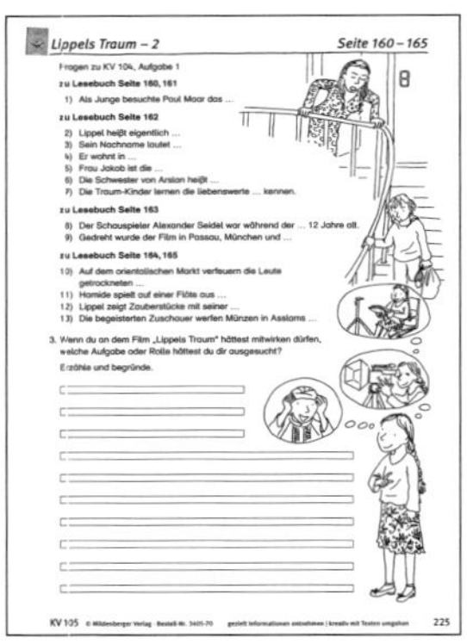
Lippels Traum – 2 Seite 160 – 165

KV 105

Lippels Traum – 2

Auf dem Arbeitsblatt **Lippels Traum – 2** begründen die Schüler, welche Rolle oder Aufgabe sie bei dem Film „Lippels Traum“ gewählt hätten.

1. Beantworte die Fragen von KV 105 mithilfe des Lesebuches und trage die Lösungen ein.

2. Die Buchstaben in den markierten Kästchen aus Aufgabe 1 ergeben in der Reihenfolge der Zahlen in diesen Kästchen das Lösungswort.

Lösungswort:

1	2	3	4	5	6	7	8	9	10	11	12	13	14	15

Als Kind hat Paul Maar gerne in der ________________ „Tausendundeine Nacht“ gelesen.

Lippels Traum – 1

1. Beantworte die Fragen von KV 105 mithilfe des Lesebuches und trage die Lösungen ein.

2. Die Buchstaben in den markierten Kästchen aus Aufgabe 1 ergeben in der Reihenfolge der Zahlen in diesen Kästchen das Lösungswort.

Lösungswort: ☐ ☐ ☐ ☐ ☐ ☐ ☐ ☐ ☐ ☐ ☐ ☐ ☐ ☐ ☐

1 2 3 4 5 6 7 8 9 10 11 12 13 14 15

Als Kind hat Paul Maar gerne in der ______________ „Tausendundeine Nacht“ gelesen.

Fragen zu KV 104, Aufgabe 1

zu Lesebuch Seite 160, 161

1) Als Junge besuchte Paul Maar das …

zu Lesebuch Seite 162

2) Lippel heißt eigentlich …
3) Sein Nachname lautet …
4) Er wohnt in …
5) Frau Jakob ist die …
6) Die Schwester von Arslan heißt …
7) Die Traum-Kinder lernen die liebenswerte … kennen.

zu Lesebuch Seite 163

8) Der Schauspieler Alexander Seidel war während der … 12 Jahre alt.
9) Gedreht wurde der Film in Passau, München und …

zu Lesebuch Seite 164, 165

10) Auf dem orientalischen Markt verfeuern die Leute getrockneten …
11) Hamide spielt auf einer Flöte aus …
12) Lippel zeigt Zauberstücke mit seiner …
13) Die begeisterten Zuschauer werfen Münzen in Asslams …

3. Wenn du an dem Film „Lippels Traum“ hättest mitwirken dürfen, welche Aufgabe oder Rolle hättest du dir ausgesucht?

Erzähle und begründe.

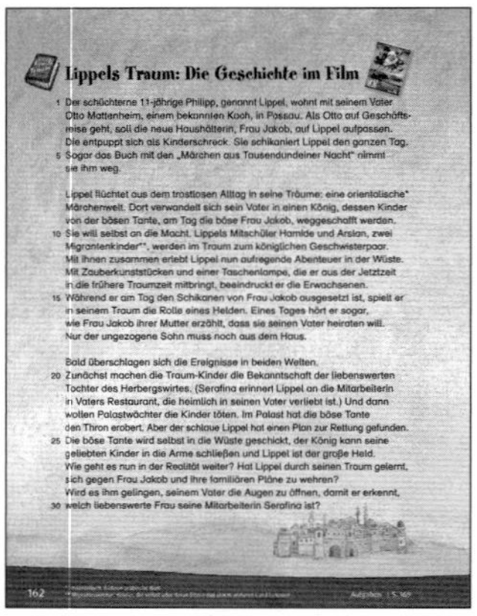

Lippels Traum: Die Geschichte im Film

Der schüchterne 11-jährige Philipp, genannt Lippel, wohnt mit seinem Vater Otto Mattenheim, einem bekannten Koch, in Passau. Als Otto auf Geschäftsreise geht, soll die neue Haushälterin, Frau Jakob, auf Lippel aufpassen. Die entpuppt sich als Kinderschreck. Sie schikaniert Lippel den ganzen Tag. Sogar das Buch mit den „Märchen aus Tausendundeiner Nacht" nimmt sie ihm weg.

Lippel flüchtet aus dem trostlosen Alltag in seine Träume: eine orientalische* Märchenwelt. Dort verwandelt sich sein Vater in einen König, dessen Kinder von der bösen Tante, am Tag die böse Frau Jakob, weggeschafft werden. Sie will selbst an die Macht. Lippels Mitschüler Hamide und Arslan, zwei Migrantenkinder**, werden im Traum zum königlichen Geschwisterpaar. Mit ihnen zusammen erlebt Lippel nun aufregende Abenteuer in der Wüste. Mit Zauberkunststücken und einer Taschenlampe, die er aus der Jetztzeit in die frühere Traumzeit mitbringt, beeindruckt er die Erwachsenen. Während er am Tag den Schikanen von Frau Jakob ausgesetzt ist, spielt er in seinem Traum die Rolle eines Helden. Eines Tages hört er sogar, wie Frau Jakob ihrer Mutter erzählt, dass sie seinen Vater heiraten will. Nur der ungezogene Sohn muss noch aus dem Haus.

Bald überschlagen sich die Ereignisse in beiden Welten. Zunächst machen die Traum-Kinder die Bekanntschaft der liebenswerten Tochter des Herbergswirtes. (Serafina erinnert Lippel an die Mitarbeiterin in Vaters Restaurant, die heimlich in seinen Vater verliebt ist.) Und dann wollen Palastwächter die Kinder töten. Im Palast hat die böse Tante den Thron erobert. Aber der schlaue Lippel hat einen Plan zur Rettung gefunden. Die böse Tante wird selbst in die Wüste geschickt, der König kann seine geliebten Kinder in die Arme schließen und Lippel ist der große Held. Wie geht es nun in der Realität weiter? Hat Lippel durch seinen Traum gelernt, sich gegen Frau Jakob und ihre familiären Pläne zu wehren? Wird es ihm gelingen, seinem Vater die Augen zu öffnen, damit er erkennt, welch liebenswerte Frau seine Mitarbeiterin Serafina ist?

162

Kompetenzbereiche

Texte verstehen / Umgangsformen mit Texten

Inhalt und Thematik

Der Text gibt einen Überblick über die Handlung des Films „Lippels Traum", ohne das Ende vorwegzunehmen.

Im ersten Abschnitt wird die Ausgangssituation skizziert: Lippels im Film alleinerziehender Vater, ein bekannter Koch in Passau, geht auf Geschäftsreise und stellt Frau Jakob ein, die für den schüchternen Sohn sorgen soll. Sie tyrannisiert ihn und nimmt ihm das Buch weg.

Der zweite Abschnitt beschreibt die Verschmelzung der Wirklichkeit mit Lippels Träumen. Er weist auf Abenteuer der Kinder in der Wüste hin und auf Lippels Zaubertrick mit der Taschenlampe. Erwähnt wird zudem die Absicht Frau Jakobs, seinen Vater zu heiraten.

Der letzte Abschnitt befasst sich mit dem Höhepunkt und Schluss der Traumgeschichte. Die liebenswerte Serafina, Pendant zu einer in den Vater verliebten Restaurant-Mitarbeiterin, kommt ins Spiel. Es gelingt ihr und den Kindern dank Lippels Mut, ins Schloss zum König zu gelangen und die böse Tante zu verjagen.

Stimulierende Fragen zum Ausgang der „realen" Filmgeschichte beenden den Text.

Kopiervorlage

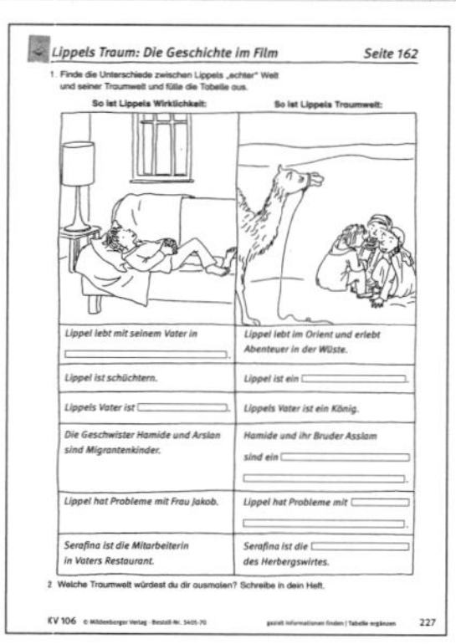

Lippels Traum: Die Geschichte im Film Seite 162

1. Finde die Unterschiede zwischen Lippels „echter" Welt und seiner Traumwelt und fülle die Tabelle aus.

So ist Lippels Wirklichkeit:	So ist Lippels Traumwelt:
Lippel lebt mit seinem Vater in ______.	Lippel lebt im Orient und erlebt Abenteuer in der Wüste.
Lippel ist schüchtern.	Lippel ist ein ______.
Lippels Vater ist ______.	Lippels Vater ist ein König.
Die Geschwister Hamide und Arslan sind Migrantenkinder.	Hamide und ihr Bruder Asslam sind ein ______ ______.
Lippel hat Probleme mit Frau Jakob.	Lippel hat Probleme mit ______ ______.
Serafina ist die Mitarbeiterin in Vaters Restaurant.	Serafina ist die ______ des Herbergswirtes.

2. Welche Traumwelt würdest du dir ausmalen? Schreibe in dein Heft.

KV 106 © Mildenberger Verlag · Bestell-Nr. 5405-70 gezielt Informationen finden | Tabelle ergänzen 227

KV 106
Lösungen S. 327

Lippels Traum

Das Arbeitsblatt **Lippels Traum: Die Geschichte im Film** kontrastiert Lippels Wirklichkeit mit seiner Traumwelt. Die Unterschiede und Gemeinsamkeiten dieser beiden Lebenswelten werden so herausgearbeitet.

1. Finde die Unterschiede zwischen Lippels „echter" Welt und seiner Traumwelt und fülle die Tabelle aus.

So ist Lippels Wirklichkeit:	**So ist Lippels Traumwelt:**

Lippel lebt mit seinem Vater in ______________.	*Lippel lebt im Orient und erlebt Abenteuer in der Wüste.*
Lippel ist schüchtern.	*Lippel ist ein* ______________.
Lippels Vater ist ______________.	*Lippels Vater ist ein König.*
Die Geschwister Hamide und Arslan sind Migrantenkinder.	*Hamide und ihr Bruder Asslam sind ein* ______________ ______________.
Lippel hat Probleme mit Frau Jakob.	*Lippel hat Probleme mit* ______________ ______________.
Serafina ist die Mitarbeiterin in Vaters Restaurant.	*Serafina ist die* ______________ *des Herbergswirtes.*

2. Welche Traumwelt würdest du dir ausmalen? Schreibe in dein Heft.

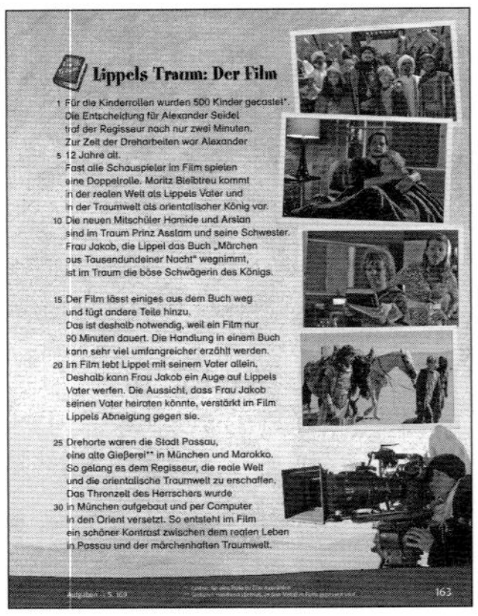

Kompetenzbereiche

Texte verstehen / Umgangsformen mit Texten

Inhalt und Thematik

Der Text informiert über das Casting und die Doppelrollen des Films sowie über Unterschiede zwischen Buch und Film:

1. Die zeitliche Beschränkung des Films auf 90 Minuten verlangt Kürzungen.
2. Frau Jakobs Interesse an Lippels alleinstehendem Vater verstärkt die Abneigung des Jungen.

Informationen zu den Drehorten Passau, München und Marokko und zur Computerbearbeitung des Films schließen den Text ab.

Arbeitsheft / Kopiervorlagen

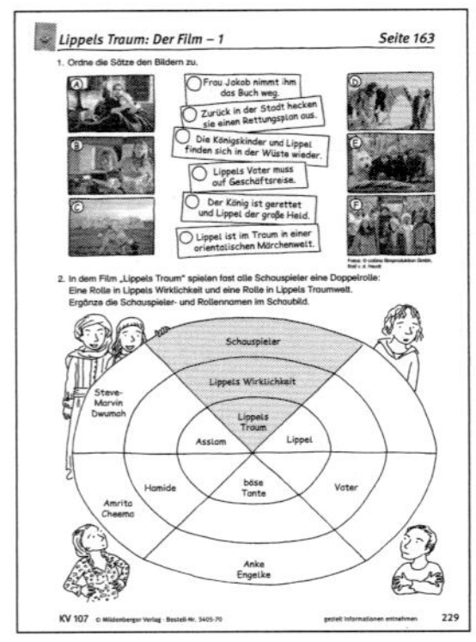

KV 107
Lösungen S. 327

Lippels Traum: Der Film – 1

Das Arbeitsblatt **Lippels Traum: Der Film – 1** vollzieht die Handlung anhand der Filmbilder nach. Auch müssen in einem Schaubild die Namen der Schauspieler und die der Doppelrollen ergänzt werden. Die Schauspielernamen, die nicht im Text enthalten sind, und einige weitere Angaben sind vorgegeben.

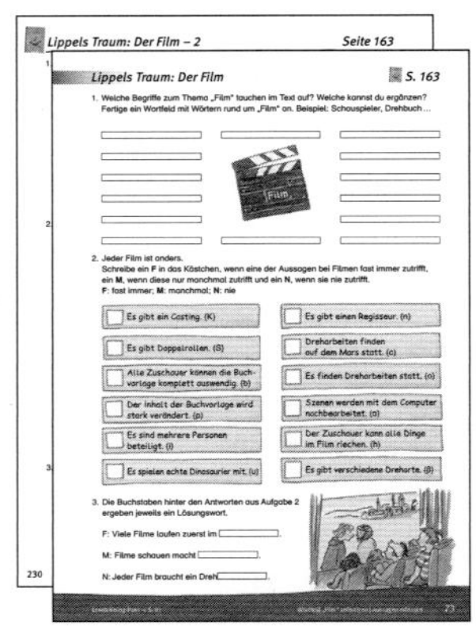

AH LB S. 73
KV 108
Lösungen S. 328

Lippels Traum: Der Film – 2

Auf dem Arbeitsblatt **Lippels Traum: Der Film – 2** wird ein Wortfeld zum Thema Film angelegt, Aussagen zum Thema Film werden auf ihre Richtigkeit überprüft.

1. Ordne die Sätze den Bildern zu.

- ◯ Frau Jakob nimmt ihm das Buch weg.
- ◯ Zurück in der Stadt hecken sie einen Rettungsplan aus.
- ◯ Die Königskinder und Lippel finden sich in der Wüste wieder.
- ◯ Lippels Vater muss auf Geschäftsreise.
- ◯ Der König ist gerettet und Lippel der große Held.
- ◯ Lippel ist im Traum in einer orientalischen Märchenwelt.

Fotos: © collina filmproduktion Gmbh, Rolf v. d. Heydt

2. In dem Film „Lippels Traum“ spielen fast alle Schauspieler eine Doppelrolle: Eine Rolle in Lippels Wirklichkeit und eine Rolle in Lippels Traumwelt. Ergänze die Schauspieler- und Rollennamen im Schaubild.

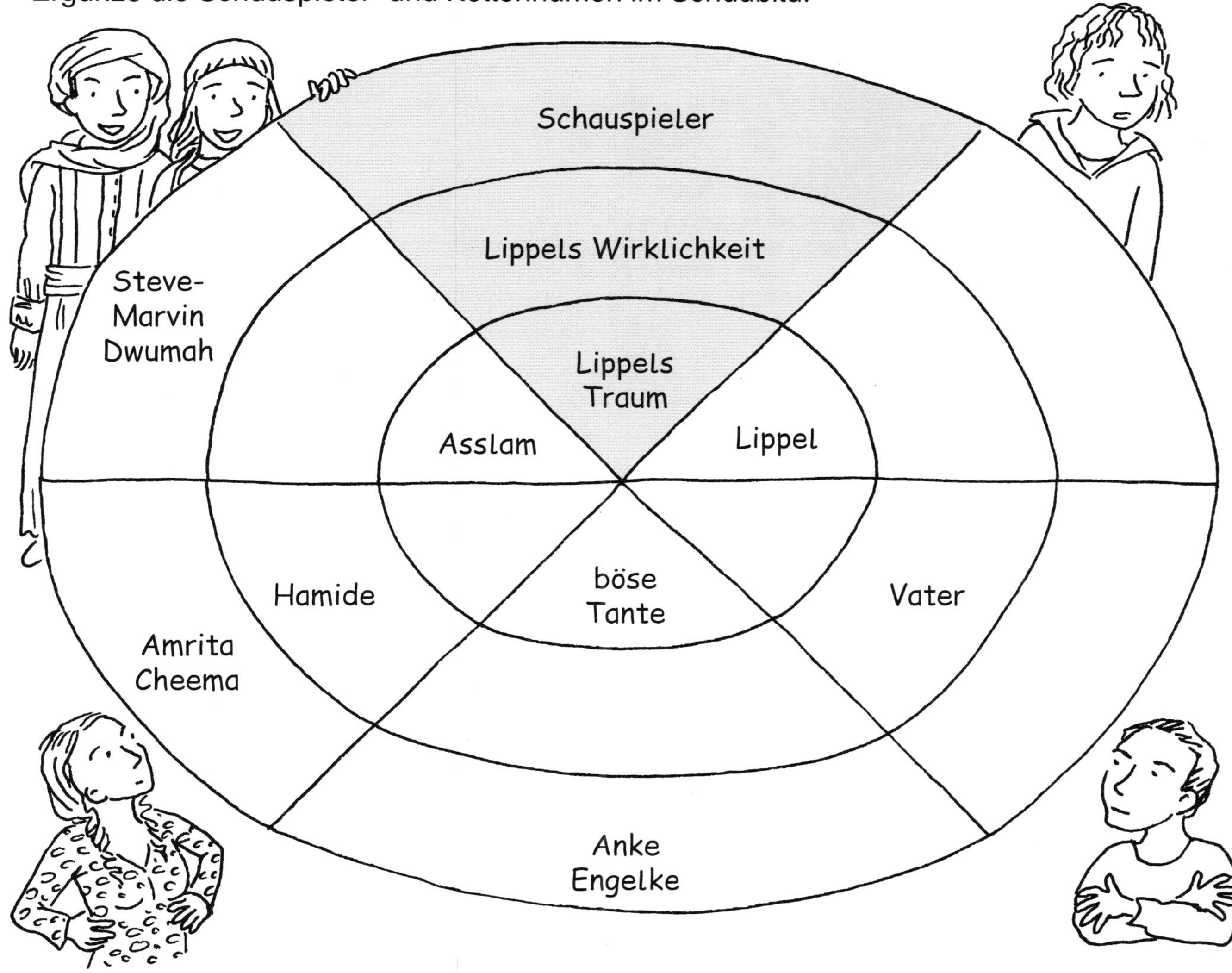

1. Welche Begriffe zum Thema „Film“ tauchen im Text auf? Welche kannst du ergänzen? Fertige ein Wortfeld mit Wörtern rund um „Film“ an. Beispiel: Schauspieler, Drehbuch …

2. Jeder Film ist anders.
Schreibe ein **F** in das Kästchen, wenn eine der Aussagen bei Filmen fast immer zutrifft, ein **M**, wenn diese nur manchmal zutrifft, und ein **N**, wenn sie nie zutrifft.
F: fast immer; **M**: manchmal; **N**: nie

☐ Es gibt ein Casting. (K)	☐ Es gibt einen Regisseur. (n)
☐ Es gibt Doppelrollen. (S)	☐ Dreharbeiten finden auf dem Mars statt. (c)
☐ Alle Zuschauer können die Buchvorlage komplett auswendig. (b)	☐ Es finden Dreharbeiten statt. (o)
☐ Der Inhalt der Buchvorlage wird stark verändert. (p)	☐ Szenen werden mit dem Computer nachbearbeitet. (a)
☐ Es sind mehrere Personen beteiligt. (i)	☐ Der Zuschauer kann alle Dinge im Film riechen. (h)
☐ Es spielen echte Dinosaurier mit. (u)	☐ Es gibt verschiedene Drehorte. (ß)

3. Die Buchstaben hinter den Antworten aus Aufgabe 2 ergeben jeweils ein Lösungswort.

F: Viele Filme laufen zuerst im ____________.

M: Filme schauen macht ____________.

N: Jeder Film braucht ein Dreh____________.

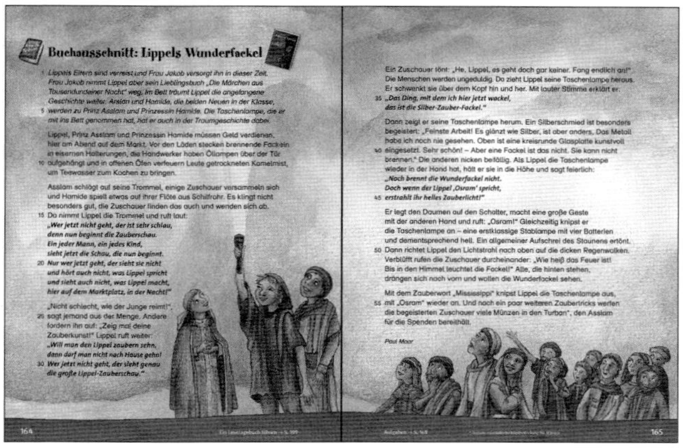

Buchausschnitt: Lippels Wunderfackel

Lippels Eltern sind verreist und Frau Jakob versorgt ihn in dieser Zeit. Frau Jakob nimmt Lippel aber sein Lieblingsbuch „Die Märchen aus Tausendundeiner Nacht" weg. Im Bett träumt Lippel die angefangene Geschichte weiter. Arslan und Hamide, die beiden Neuen in der Klasse, werden zu Prinz Asslam und Prinzessin Hamide. Die Taschenlampe, die er mit ins Bett genommen hat, hat er auch in der Traumgeschichte dabei.

Lippel, Prinz Asslam und Prinzessin Hamide müssen Geld verdienen, hier am Abend auf dem Markt. Vor den Läden stecken brennende Fackeln in eisernen Halterungen, die Handwerker haben Öllampen über der Tür aufgehängt und in offenen Öfen verfeuern Leute getrockneten Kamelmist, um Teewasser zum Kochen zu bringen.

Asslam schlägt auf seine Trommel, einige Zuschauer versammeln sich und Hamide spielt etwas auf ihrer Flöte aus Schilfrohr. Es klingt nicht besonders gut, die Zuschauer finden das auch und wenden sich ab. Da nimmt Lippel die Trommel und ruft laut:

„Wer jetzt nicht geht, der ist sehr schlau,
denn nun beginnt die Zauberschau.
Ein jeder Mann, ein jedes Kind,
sieht jetzt die Schau, die nun beginnt.
Nur wer jetzt geht, der sieht sie nicht
und hört auch nicht, was Lippel spricht
und sieht auch nicht, was Lippel macht,
hier auf dem Marktplatz, in der Nacht!"

„Nicht schlecht, wie der Junge reimt!", sagt jemand aus der Menge. Andere fordern ihn auf: „Zeig mal deine Zauberkunst!" Lippel ruft weiter:

„Will man den Lippel zaubern sehn,
dann darf man nicht nach Hause gehn!
Wer jetzt nicht geht, der sieht genau
die große Lippel-Zauberschau."

Ein Zuschauer tönt: „He, Lippel, es geht doch gar keiner. Fang endlich an!" Die Menschen werden ungeduldig. Da zieht Lippel seine Taschenlampe heraus. Er schwenkt sie über dem Kopf hin und her. Mit lauter Stimme erklärt er:

„Das Ding, mit dem ich hier jetzt wackel,
das ist die Silber-Zauber-Fackel."

Dann zeigt er seine Taschenlampe herum. Ein Silberschmied ist besonders begeistert: „Feinste Arbeit! Es glänzt wie Silber, ist aber anders. Das Metall habe ich noch nie gesehen. Oben ist eine kreisrunde Glasplatte kunstvoll eingesetzt. Sehr schön! – Aber eine Fackel ist das nicht. Sie kann nicht brennen." Die anderen nicken beifällig. Als Lippel die Taschenlampe wieder in der Hand hat, hält er sie in die Höhe und sagt feierlich:

„Noch brennt die Wunderfackel nicht.
Doch wenn der Lippel ‚Osram' spricht,
erstrahlt ihr helles Zauberlicht!"

Er legt den Daumen auf den Schalter, macht eine große Geste mit der anderen Hand und ruft: „Osram!" Gleichzeitig knipst er die Taschenlampe an – eine erstklassige Stablampe mit vier Batterien und dementsprechend hell. Ein allgemeiner Aufschrei des Staunens ertönt. Dann richtet Lippel den Lichtstrahl nach oben auf die dicken Regenwolken. Verblüfft rufen die Zuschauer durcheinander: „Wie heiß das Feuer ist! Bis in den Himmel leuchtet die Fackel!" Alle, die hinten stehen, drängen sich nach vorn und wollen die Wunderfackel sehen.

Mit dem Zauberwort „Mississippi" knipst Lippel die Taschenlampe aus, mit „Osram" wieder an. Und nach ein paar weiteren Zaubertricks werfen die begeisterten Zuschauer viele Münzen in den Turban*, den Asslam für die Spenden bereithält.

Paul Maar

164 165

Kompetenzbereiche

Texte verstehen / Umgangsformen mit Texten

Inhalt und Thematik

In dem Auszug gelingt es Lippel, Geld auf dem Bazar zu verdienen. Seine Wortgewandtheit lockt die Marktleute an, seine Taschenlampen-Tricks ziehen sie in Bann, gern geben sie ihre Münzen hin für diese Zauberei.

Nach einer kurzen Information zur Vorgeschichte beginnt der Auszug mit einer Schilderung des abendlichen Bazars, wo Lippel, Prinz Asslam und Prinzessin Hamide Geld verdienen müssen. Der Versuch der Geschwister, das Interesse der Marktleute zu wecken, schlägt fehl und Lippel springt ein. Lauthals kündigt er in eingängigen Reimen seine Zauberschau an, was den Markleuten gleich gefällt, und fährt fort, seine Vorführung zu preisen. Bald hat Lippel seine Zuschauer beisammen. Er zeigt die „Wunderfackel" herum, es ist seine mit vier Batterien ausgestattete Taschenlampe. Ein Silberschmied bewundert das fein bearbeitete, aber unbekannte Gerät, hält es aber nicht für eine Fackel, die brennen kann. Alle anderen stimmen ihm zu. Dann eröffnet Lippel mit feierlich gesprochenen Versen seine Vorführung, sagt das Zauberwort „Osram" und knipst im selben Moment die Taschenlampe an. Ihr helles Licht verblüfft und begeistert die Zuschauer. Gern zahlen sie ihren „Obolus" dafür.

Der Text zeigt Lippels „märchenhafte" Überlegenheit, wenn es gilt, ein Problem zu lösen. Sein Heldentum ist voller Witz und Gewandtheit, die Sympathie der Schüler ist ihm gewiss.

Arbeitsheft / Kopiervorlage

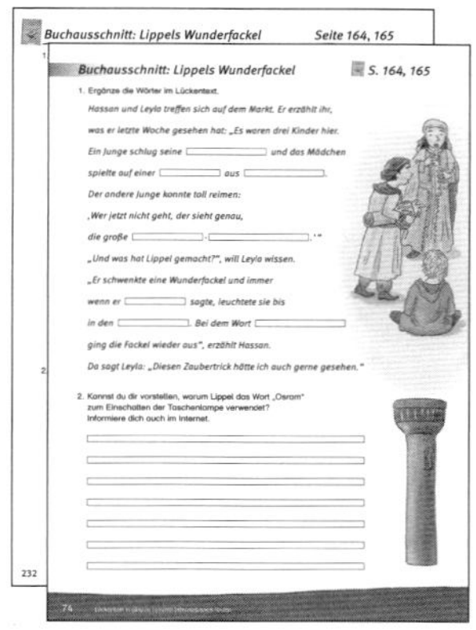

Buchausschnitt: Lippels Wunderfackel Seite 164, 165

Buchausschnitt: Lippels Wunderfackel S. 164, 165

1. Ergänze die Wörter im Lückentext.

Hassan und Leyla treffen sich auf dem Markt. Er erzählt ihr, was er letzte Woche gesehen hat: „Es waren drei Kinder hier. Ein Junge schlug seine ______ und das Mädchen spielte auf einer ______ aus ______. Der andere Junge konnte toll reimen: ‚Wer jetzt nicht geht, der sieht genau, die große ______-______.'" „Und was hat Lippel gemacht?", will Leyla wissen. „Er schwenkte eine Wunderfackel und immer wenn er ______ sagte, leuchtete sie bis in den ______. Bei dem Wort ______ ging die Fackel wieder aus", erzählt Hassan. Da sagt Leyla: „Diesen Zaubertrick hätte ich auch gerne gesehen."

2. Konnst du dir vorstellen, warum Lippel das Wort „Osram" zum Einschalten der Taschenlampe verwendet? Informiere dich auch im Internet.

232 74

AH LB S. 74
KV 109
Lösungen S. 328

Buchausschnitt: Lippels Wunderfackel

Das Arbeitsblatt **Buchausschnitt: Lippels Wunderfackel** vollzieht die Handlung aus der Perspektive eines Marktbesuchers nach. Der Inhalt der Lücken lässt sich wortwörtlich dem Text entnehmen.

1. Ergänze die Wörter im Lückentext.

Hassan und Leyla treffen sich auf dem Markt. Er erzählt ihr, was er letzte Woche gesehen hat: „Es waren drei Kinder hier. Ein Junge schlug seine ________ und das Mädchen spielte auf einer ________ aus ________. Der andere Junge konnte toll reimen: ‚Wer jetzt nicht geht, der sieht genau, die große ________ - ________.‘ “

„Und was hat Lippel gemacht?“, will Leyla wissen.

„Er schwenkte eine Wunderfackel und immer wenn er ________ sagte, leuchtete sie bis in den ________. Bei dem Wort ________ ging die Fackel wieder aus“, erzählt Hassan.

Da sagt Leyla: „Diesen Zaubertrick hätte ich auch gerne gesehen.“

2. Kannst du dir vorstellen, warum Lippel das Wort „Osram“ zum Einschalten der Taschenlampe verwendet? Informiere dich auch im Internet.

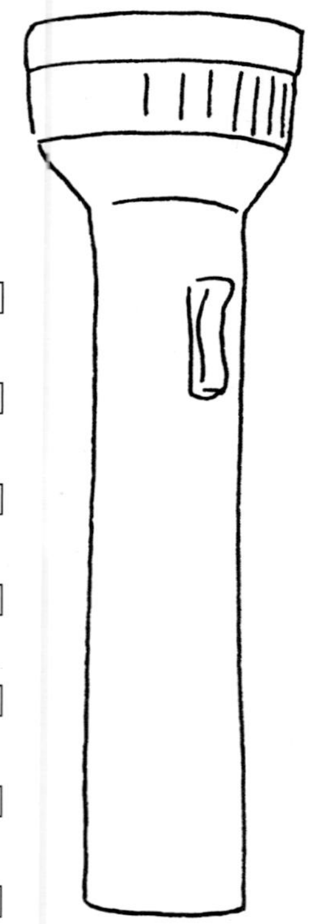

____

____

____

____

____

____

____

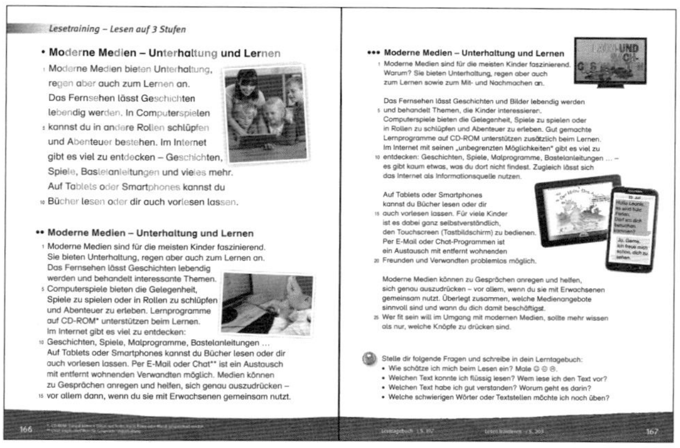

Kompetenzbereiche

Texte verstehen / Umgangsformen mit Texten

Inhalt und Thematik

Mit den drei Texten „Moderne Medien – Unterhaltung und Lernen“ wird das Kapitel rund um Medien abgerundet. Für die meisten Kinder dürften moderne Medien wie Fernsehen, Computer, Tablet und Smartphone gleich in mehrerer Hinsicht faszinierend sein:

- Durch die neuen Formen der Darbietung bieten moderne Medien Unterhaltung, tragen aber auch zu einer hohen Motivation beim Lernen bei.
- Moderne Medien, wie z. B. Lernprogramme auf CD-ROM, unterstützen das selbstorganisierte Lernen und verändern somit die Rolle von Lernenden und Lehrenden.
- Digitale Medien ermöglichen auf ihre je eigene Art, Geschichten lebendig werden zu lassen und aktiv in andere Rollen zu schlüpfen, z. B. im Rahmen von Computerspielen.
- Moderne Medien stellen weltweit Wissen zur Verfügung: Ganz gleich, ob Geschichten, Lexikonartikel, Spiele oder Bastelanleitungen – im Internet mit seinen „unbegrenzten Möglichkeiten“ gibt es viel zu entdecken, nicht nur für Kinder.
- Moderne Medien erlauben eine neue Form der Kommunikation: Per E-Mail oder Chat-Programmen ist rund um den Globus und unabhängig von der Zeit mit jedermann ein Austausch möglich.

Medien bedeuten einerseits zwar eine Vereinfachung alltäglicher Abläufe sowie eine grundlegende Erneuerung des Bildungswesens, bringen andererseits aber auch gewisse Risiken mit sich – vor allem bei übermäßigem Konsum und mangelnder Kompetenz, Medien und ihre Inhalte den eigenen Zielen und Bedürfnissen entsprechend sachkundig zu nutzen.

Es liegt im Ermessen der Lehrkraft, inwieweit sie diesen Aspekt im Unterricht aufgreift und vertieft.

Hinweise zum Unterricht

Die Verbesserung der Lesefähigkeit steht im Fokus. Jedes Kind kann entsprechend seines Lernstands ein passendes Leseangebot aus den drei Texten auswählen. Das Anforderungsniveau der Texte ist auf den Seiten zum Lesetraining mit einem Punktesystem markiert:

- • Stufe 1: Mindeststandard
- •• Stufe 2: Regelstandard
- ••• Stufe 3: Expertenstandard

Durch eine größere Schrift sowie die zweifarbige Kennzeichnung der einzelnen Silben im Text auf Lesestufe 1 werden die Kinder beim Lesen unterstützt.

Wer auf Lesestufe 1 bzw. 2 liest, kann durch nachhaltiges Üben dazu angeregt und motiviert werden, auch die nächste Lesestufe zu bewältigen.

Ein Lerntagebuch bzw. Lerngespräch mit den Schülern dient dazu, die Selbstreflexion der Kinder über ihre Lernprozesse anzuregen und Gedanken, Erfolge und Schwierigkeiten beim Lesen und Vorlesen der Texte (schriftlich) festzuhalten. Die Fragen unterhalb des Textes auf Lesestufe 3 geben den Kindern Impulse, Eintragungen in ihrem Lerntagebuch vorzunehmen. Hilfen zum Führen eines Lerntagebuchs werden im Lesebuch, Werkstatt-Teil, Seite 197 angeboten.

Weitere Anregungen zum Einsatz der Lesetraining-Seiten finden Sie im Handbuch, Seite 15 ff.

Arbeitsheft / Kopiervorlage

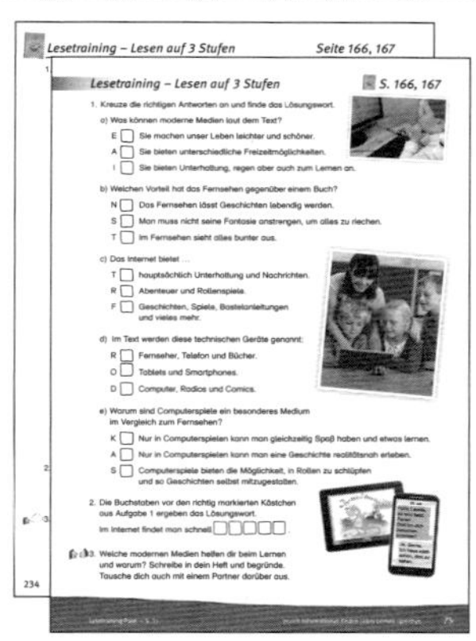

AH LB S. 75
KV 110
Lösungen S. 329

Lesetraining – Lesen auf 3 Stufen

Das Arbeitsblatt fragt mittels Multiple-Choice Informationen aus dem Text ab.
Nach einem zweiten Lesen des Textes kann das Arbeitsblatt als selbstständige Verständniskontrolle bearbeitet werden.

Lösungswort: INFOS

1. Kreuze die richtigen Antworten an und finde das Lösungswort.

a) Was können moderne Medien laut dem Text?

E ☐ Sie machen unser Leben leichter und schöner.

A ☐ Sie bieten unterschiedliche Freizeitmöglichkeiten.

I ☐ Sie bieten Unterhaltung, regen aber auch zum Lernen an.

b) Welchen Vorteil hat das Fernsehen gegenüber einem Buch?

N ☐ Das Fernsehen lässt Geschichten lebendig werden.

S ☐ Man muss nicht seine Fantasie anstrengen, um alles zu riechen.

T ☐ Im Fernsehen sieht alles bunter aus.

c) Das Internet bietet …

T ☐ hauptsächlich Unterhaltung und Nachrichten.

R ☐ Abenteuer und Rollenspiele.

F ☐ Geschichten, Spiele, Bastelanleitungen und vieles mehr.

d) Im Text werden diese technischen Geräte genannt:

R ☐ Fernseher, Telefon und Bücher.

O ☐ Tablets und Smartphones.

D ☐ Computer, Radios und Comics.

e) Warum sind Computerspiele ein besonderes Medium im Vergleich zum Fernsehen?

K ☐ Nur in Computerspielen kann man gleichzeitig Spaß haben und etwas lernen.

A ☐ Nur in Computerspielen kann man eine Geschichte realitätsnah erleben.

S ☐ Computerspiele bieten die Möglichkeit, in Rollen zu schlüpfen und so Geschichten selbst mitzugestalten.

2. Die Buchstaben vor den richtig markierten Kästchen aus Aufgabe 1 ergeben das Lösungswort.

Im Internet findet man schnell ☐☐☐☐☐ .

3. Welche modernen Medien helfen dir beim Lernen und warum? Schreibe in dein Heft und begründe. Tausche dich auch mit einem Partner darüber aus.

Die vier Jahreszeiten – 2 Seite 170, 171

Frische Düfte liegen in der Luft
Rotkehlchen zwitschern
Überall wachsen Blumen
Hasen hoppeln durch das Gras
Lachende Menschen gehen umher
Igel beenden ihren Winterschlaf
Narzissen, Tulpen, Rosen blühen
Ganz langsam wird es warm

1. Lies den Text zum Frühling. Was fällt dir auf?

2. Schreibe selbst ein Akrostichon zu einer der anderen drei Jahreszeiten.

   Schreibe die Jahreszeit von oben nach unten und achte darauf, dass die Wörter, die du suchst, zur Jahreszeit passen.

> ***Akrostichon***
>
> Beim Akrostichon bilden die Anfangsbuchstaben der Zeilen ein Wort.

Herbst

Kompetenzbereiche

Texte verstehen / Umgangsformen mit Texten

Autor

Dr. Ilse Kleberger, geb. 1921 in Potsdam, gest. 2012 in Berlin, war Ärztin und Autorin von Kinder- und Jugendbüchern sowie Biografien und Reiseliteratur.

Inhalt und Thematik

Das Gedicht fordert dazu auf, diese Jahreszeit aktiv zu erleben und sich den Freuden und Genüssen zu widmen, die nur der Herbst bieten kann.

In vier Strophen wird beschrieben, was man im Herbst gerne macht, ja machen „muss", denn nur diese Jahreszeit macht es möglich:

- Man muss Kastanien sammeln und sie auffädeln.
- Man muss Haselnüsse essen und sich damit beeilen, denn Eichhörnchen haben schnell einen Strauch abgeerntet.
- Man muss Äpfel und Birnen essen – die eigenen! Die aus Nachbars Garten nicht oder nur heimlich.
- Man muss den Drachen steigen lassen und schauen, wohin er fliegt.

Das Gedicht schildert die herbstlichen Aktivitäten in eingängiger Sprache. Die Tätigkeiten werden nicht idealisiert, sondern dargestellt, wie sie wirklich geschehen könnten. So gibt es zum Beispiel die gewisse „Sammelwut" beim Kastanien-Sammeln oder das Verlangen nach dem schöneren Obst in Nachbars Garten.

Hinweise zum Unterricht

Je nachdem, wo die Schüler wohnen bzw. ihre Freizeit verbringen, werden sie die aufgeführten Tätigkeiten wiedererkennen, können sie bestätigen oder durch eigene Erlebnisse ergänzen. Dank der ungekünstelten Sprache und des gut verständlichen Inhalts eignet sich das Gedicht dazu, auswendig gelernt zu werden. Es kann auch zu einem eigenen Gedicht über den Herbst anregen.

··> Fragen zum Text: LB-Seite 187

Kopiervorlage

KV 113

Herbst

Das Arbeitsblatt **Herbst** beschäftigt sich mit typischen Beschäftigungen, denen man in den verschiedenen Jahreszeiten nachkommt. Das Gedicht selbst hat dies für den Herbst vorgemacht; die anderen drei Jahreszeiten sind hier Gegenstand der Überlegungen.
Die Sammlung erfolgt in Stichwörtern.

Im Gedicht stehen viele „Herbst-Dinge“ und was man mit ihnen tun soll.
Was soll man deiner Meinung nach in den anderen Jahreszeiten tun?
Schreibe auch hier in Stichwörtern.

1. Im Frühling „muss“ man …

2. Im Sommer „muss“ man …

3. Im Winter „muss“ man …

Halloween

In der Nacht vom 31. Oktober auf den 1. November huschen schaurig verkleidete Kinder durch die Straßen und klingeln an Haustüren. Kürbis-Laternen zieren Gärten und Balkone. Auch Halloween-Partys werden gefeiert. Was hat es mit all dem auf sich?

Vermutlich geht Halloween auf eine Tradition der Kelten* zurück. Sie unterschieden nur zwei Jahreszeiten. Der Sommer war die Zeit des Lebens, der Winter die Zeit des Todes. In der Nacht vom 31. Oktober auf den 1. November feierten sie ein Fest für ihre Toten. Viele Iren, Nachfahren der Kelten, sind in die USA ausgewandert. So verbreitete sich dieser Brauch vor allem dort.

Am 1. November feiern die Katholiken seit über tausend Jahren das Fest „Allerheiligen", im Englischen „All Hallows". Der Abend davor, der „All Hallows Evening", wurde mit „Halloween" abgekürzt. Die als Fledermäuse, Geister, Hexen, Skelette oder Vampire verkleideten Kinder greifen den Brauch der Kelten wieder auf. Sie verlangen von den Bewohnern an den Haustüren Süßigkeiten. Bekommen sie keine, drohen sie mit einem – allerdings harmlosen – Streich. Trick-or-treat! Gib Süßes oder es gibt Saures! Die Kürbis-Fratze sollte böse Geister vom Haus fernhalten.

Noch heute erzählt man sich die schaurige Legende von Jack Oldfield, einem Bösewicht. Er soll einmal den Teufel überlistet haben. Jack schwatzte ihm das Versprechen ab, nach seinem Tod nicht in die Hölle zu müssen. Als Jack O starb, blieb ihm aber der Zugang zum Himmel wegen seiner Schandtaten verwehrt. Er musste von da an als Untoter einsam durch das Dunkel wandern. Aus Mitleid erhielt er vom Teufel ein Stück glühende Kohle. Jack legte sie in eine ausgehöhlte Rübe, die fortan seinen Weg beleuchtete. Daher heißen die Kürbis- oder Rüben-Laternen auch Jack O'Lantern.

173

Kompetenzbereiche

Texte verstehen / Umgangsformen mit Texten

Autor

Bettina Erdmann, geb. 1971 in Mutlangen bei Schwäbisch-Gmünd, Baden-Württemberg, ist Lehrerin und Verfasserin von Kinderbüchern sowie Unterrichtshilfen.

Inhalt und Thematik

Der Text enthält Informationen zu „Halloween“, einem Brauch aus den USA, der seit dem späten 20. Jahrhundert auch bei uns seine Anhänger hat.

Die Inhalte in Kürze:

- Halloween geht vermutlich auch auf ein keltisches Fest für die Toten zurück, das am Ende des Sommers begangen wurde. Der zuerst vor allem in Irland ausgeübte Brauch wurde durch die vielen ausgewanderten Iren in den USA belebt und verbreitete sich dort.
- Der Name bezeichnet den Abend vor dem katholisch-christlichen Fest Allerheiligen am 1. November, übersetzt: „All Hallows Evening“.
- Zu Halloween verkleiden sich die Kinder mit gespenstischen Kostümen und erheischen an den Türen Süßigkeiten mit dem Spruch „Trick-or-treat!“ bzw. „Gib Süßes oder es gibt Saures!“
- Die Kürbis-Fratze soll böse Geister fernhalten. Ihr Name „Jack O’Lantern“ geht auf die Legende von dem Bösewicht Jack Oldfield zurück, dem eine ausgehöhlte Rübe, bestückt mit einem Kohlestück vom Teufel, als leuchtende Laterne auf seinem dunklen Weg zwischen Himmel und Hölle dient.

Halloween gehört zu den Bräuchen, deren Ursprünge kaum eine Rolle mehr spielen. Es hat sich verselbstständigt wie Fastnacht bzw. Karneval und ähnelt diesen „tollen Tagen“ zum Ende des Winters in mancher Weise, wie z. B. im Verkleiden bzw. der Maskierung oder dem Erheischen von Süßigkeiten. Die naturmagische Bedeutung dieser Feste und deren Verbindung mit christlich-katholischen Gedenktagen ist jedoch eine historische Gegebenheit, die nicht vergessen werden sollte. Auch ihre Ausschmückung durch Legenden gehört dazu.

Hinweise zum Unterricht

Die Schüler erfahren Hintergründe zu dem inzwischen verbreiteten Kindervergnügen „Halloween“, zusammen mit der Erklärung des aus der irischen Legende hergeleiteten Namens für ausgehöhlte und beleuchtete Rüben bzw. Kürbisse.

··➤ Fragen zum Text: LB-Seite 187

Arbeitsheft / Kopiervorlage

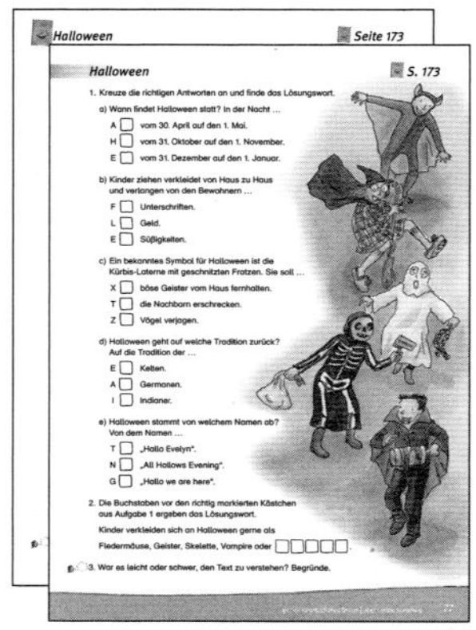

Halloween — Seite 173

Halloween — S. 173

1. Kreuze die richtigen Antworten an und finde das Lösungswort.

a) Wann findet Halloween statt? In der Nacht …
- A ☐ vom 30. April auf den 1. Mai.
- H ☐ vom 31. Oktober auf den 1. November.
- E ☐ vom 31. Dezember auf den 1. Januar.

b) Kinder ziehen verkleidet von Haus zu Haus und verlangen von den Bewohnern …
- F ☐ Unterschriften.
- L ☐ Geld.
- E ☐ Süßigkeiten.

c) Ein bekanntes Symbol für Halloween ist die Kürbis-Laterne mit geschnitzten Fratzen. Sie soll …
- X ☐ böse Geister vom Haus fernhalten.
- T ☐ die Nachbarn erschrecken.
- Z ☐ Vögel verjagen.

d) Halloween geht auf welche Tradition zurück? Auf die Tradition der …
- E ☐ Kelten.
- A ☐ Germanen.
- I ☐ Indianer.

e) Halloween stammt von welchem Namen ab? Von dem Namen …
- T ☐ „Hallo Evelyn".
- N ☐ „All Hallows Evening".
- G ☐ „Hallo we are here".

2. Die Buchstaben vor den richtig markierten Kästchen aus Aufgabe 1 ergeben das Lösungswort.

Kinder verkleiden sich an Halloween gerne als Fledermäuse, Geister, Skelette, Vampire oder ☐☐☐☐☐.

3. War es leicht oder schwer, den Text zu verstehen? Begründe.

AH LB S. 77
KV 114
Lösungen S. 330

Halloween

Das Arbeitsblatt **Halloween** fragt mittels Multiple-Choice Informationen aus dem Text ab.

Halloween

1. Kreuze die richtigen Antworten an und finde das Lösungswort.

   a) Wann findet Halloween statt? In der Nacht …

   A ☐ vom 30. April auf den 1. Mai.

   H ☐ vom 31. Oktober auf den 1. November.

   E ☐ vom 31. Dezember auf den 1. Januar.

   b) Kinder ziehen verkleidet von Haus zu Haus und verlangen von den Bewohnern …

   F ☐ Unterschriften.

   L ☐ Geld.

   E ☐ Süßigkeiten.

   c) Ein bekanntes Symbol für Halloween ist die Kürbis-Laterne mit geschnitzten Fratzen. Sie soll …

   X ☐ böse Geister vom Haus fernhalten.

   T ☐ die Nachbarn erschrecken.

   Z ☐ Vögel verjagen.

   d) Halloween geht auf welche Tradition zurück? Auf die Tradition der …

   E ☐ Kelten.

   A ☐ Germanen.

   I ☐ Indianer.

   e) Halloween stammt von welchem Namen ab? Von dem Namen …

   T ☐ „Hallo Evelyn".

   N ☐ „All Hallows Evening".

   G ☐ „Hallo we are here".

2. Die Buchstaben vor den richtig markierten Kästchen aus Aufgabe 1 ergeben das Lösungswort.

   Kinder verkleiden sich an Halloween gerne als

   Fledermäuse, Geister, Skelette, Vampire oder ☐☐☐☐☐.

3. War es leicht oder schwer, den Text zu verstehen? Begründe.

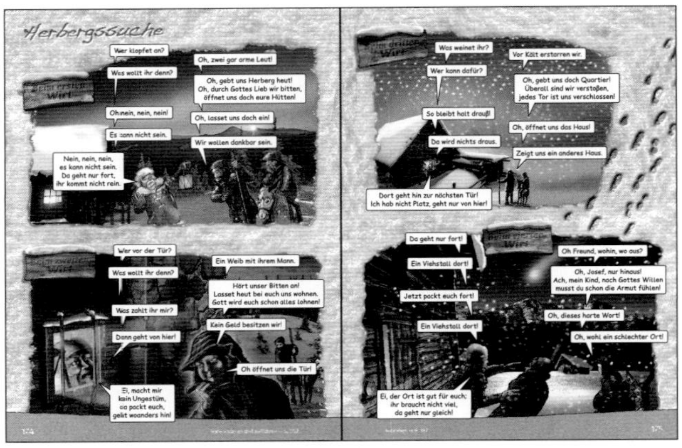

Kompetenzbereiche

Texte verstehen / Umgangsformen mit Texten

Inhalt und Thematik

Es ist ein alter christlicher Brauch, in der Adventszeit die „Herbergssuche" nachzuspielen, also die vergebliche Suche von Maria und Josef nach einer Unterkunft in Bethlehem vor der Geburt Christi. Dieser Brauch des Nachspielens wird bis heute in Familien und Gottesdiensten gepflegt. Dabei übernehmen zwei Kinder die Rollen von Josef und Maria, während der Vater oder ein älteres Kind die abweisenden Herbergsväter spielt.

Im Lesebuch ist der traditionelle Text des Liedes „Wer klopfet an" auf moderne, comicartige Weise dargestellt. Der klassische Wechselgesang wird als Rede- und Antwortsprechblasen aufgeschlüsselt und ist somit besonders für die jungen Leser gut nachvollziehbar.

Hinweise zum Unterricht

Es bietet sich an, das Lied in der klassischen Form mithilfe des Liedblatts (KV 116) zu singen.

Darüber hinaus kann die Aktualität der Situation im Zusammenhang mit Flüchtlingen und Asylbewerbern diskutiert werden. Wenn man Maria und Josef durch ein Flüchtlingspaar ersetzt: Würden wir diese bei uns herzlich willkommen heißen? Wie könnte man den Obdachsuchenden helfen, ihnen eine neue Heimat zu gewähren und sich gut einzuleben?

⇢ Fragen zum Text: LB-Seite 187

Kopiervorlagen

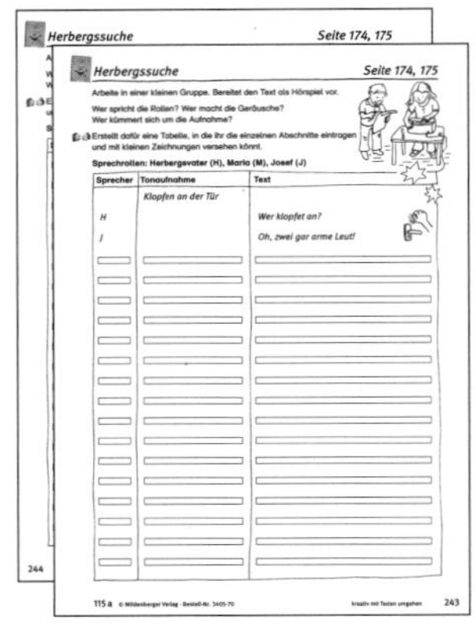

KV 115 a/b
Lösungen S. 331

KV 116

Herbergssuche

Das Arbeitsblatt **Herbergssuche** animiert die Kinder, den Text in Kleingruppen als Hörspiel vorzubereiten.
Es empfiehlt sich, KV 115 b je nach Bedarf mehrfach zu kopieren, um den Schülern genügend Platz zum Schreiben zu ermöglichen.

Ⓓ In der Variante KV 115 a ist der Anfang als Einstiegshilfe bereits vorgegeben.

Wer klopfet an?

Das Lied **Wer klopfet an** kann zum einen bei Hörspielaufnahmen eingebunden werden, bietet sich zum anderen aber auch als musikalische Untermalung im Rahmen eines Rollenspiels bzw. einer Theateraufführung an.

Herbergssuche

Seite 174, 175

Arbeite in einer kleinen Gruppe. Bereitet den Text als Hörspiel vor.

Wer spricht die Rollen? Wer macht die Geräusche?
Wer kümmert sich um die Aufnahme?

Erstellt dafür eine Tabelle, in die ihr die einzelnen Abschnitte eintragen und mit kleinen Zeichnungen versehen könnt.

Sprechrollen: Herbergsvater (H), Maria (M), Josef (J)

Sprecher	Tonaufnahme	Text
	Klopfen an der Tür	
H		*Wer klopfet an?*
J		*Oh, zwei gar arme Leut!*

Herbergssuche

Seite 174, 175

Arbeite in einer kleinen Gruppe. Bereitet den Text als Hörspiel vor.

Wer spricht die Rollen? Wer macht die Geräusche?
Wer kümmert sich um die Aufnahme?

Erstellt dafür eine Tabelle, in die ihr die einzelnen Abschnitte eintragen und mit kleinen Zeichnungen versehen könnt.

Sprechrollen: Herbergsvater (H), Maria (M), Josef (J)

Sprecher	Tonaufnahme	Text

Lied: Wer klopfet an? Seite 174, 175

2. (beim 2. Wirt)
„Wer vor der Tür?“ „Ein Weib mit ihrem Mann.“ „Was wollt denn ihr?“
„Hört unser Bitten an! Lasset heut bei euch uns wohnen. Gott wird euch schon alles lohnen!“
„Was zahlt ihr mir?“ „Kein Geld besitzen wir!“ „Dann geht von hier!“ „O öffnet uns die Tür!“
„Ei, macht mir kein Ungestüm, da packt euch, geht woanders hin!“

3. (beim 3. Wirt)
„Was weinet ihr?“ „Vor Kält erstarren wir.“ „Wer kann dafür?“
„O gebt uns doch Quartier! Überall sind wir verstoßen, jedes Tor ist uns verschlossen!“
„So bleibt halt drauß!“ „O öffnet uns das Haus!“ „Da wird nichts draus.“ „Zeigt uns ein andres Haus.“
„Dort geht hin zur nächsten Tür! Ich hab nicht Platz, geht nur von hier!“

4. (beim 4. Wirt)
„Da geht nur fort!“ „O Freund, wohin, wo aus?“ „Ein Viehstall dort!“
„O Josef, nur hinaus! Ach mein Kind, nach Gottes Willen musst du schon die Armut fühlen!“
„Jetzt packt euch fort!“ „O dieses harte Wort!“ „Zum Viehstall dort!“ „O wohl ein schlechter Ort!“
„Ei, der Ort ist gut für euch; ihr braucht nicht viel, da geht nur gleich!“

Melodie und Text: aus Oberbayern um 1800

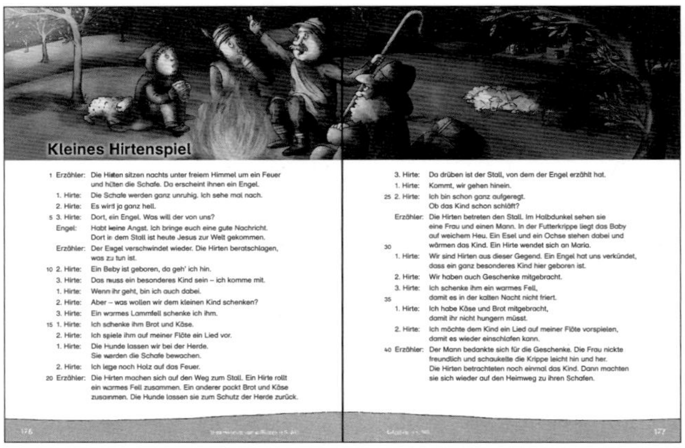

Kleines Hirtenspiel

Erzähler: Die Hirten sitzen nachts unter freiem Himmel um ein Feuer und hüten die Schafe. Da erscheint ihnen ein Engel.
1. Hirte: Die Schafe werden ganz unruhig. Ich sehe mal nach.
2. Hirte: Es wird ja ganz hell.
3. Hirte: Dort, ein Engel. Was will der von uns?
Engel: Habt keine Angst. Ich bringe euch eine gute Nachricht. Dort in dem Stall ist heute Jesus zur Welt gekommen.
Erzähler: Der Engel verschwindet wieder. Die Hirten beratschlagen, was zu tun ist.
2. Hirte: Ein Baby ist geboren, da geh' ich hin.
3. Hirte: Das muss ein besonderes Kind sein – ich komme mit.
1. Hirte: Wenn ihr geht, bin ich auch dabei.
2. Hirte: Aber – was wollen wir dem kleinen Kind schenken?
3. Hirte: Ein warmes Lammfell schenke ich ihm.
1. Hirte: Ich schenke ihm Brot und Käse.
2. Hirte: Ich spiele ihm auf meiner Flöte ein Lied vor.
1. Hirte: Die Hunde lassen wir bei der Herde. Sie werden die Schafe bewachen.
2. Hirte: Ich lege noch Holz auf das Feuer.
Erzähler: Die Hirten machen sich auf den Weg zum Stall. Ein Hirte rollt ein warmes Fell zusammen. Ein anderer packt Brot und Käse zusammen. Die Hunde lassen sie zum Schutz der Herde zurück.
3. Hirte: Da drüben ist der Stall, von dem der Engel erzählt hat.
1. Hirte: Kommt, wir gehen hinein.
2. Hirte: Ich bin schon ganz aufgeregt. Ob das Kind schon schläft?
Erzähler: Die Hirten betreten den Stall. Im Halbdunkel sehen sie eine Frau und einen Mann. In der Futterkrippe liegt das Baby auf weichem Heu. Ein Esel und ein Ochse stehen dabei und wärmen das Kind. Ein Hirte wendet sich an Maria.
1. Hirte: Wir sind Hirten aus dieser Gegend. Ein Engel hat uns verkündet, dass ein ganz besonderes Kind hier geboren ist.
2. Hirte: Wir haben auch Geschenke mitgebracht.
3. Hirte: Ich schenke ihm ein warmes Fell, damit es in der kalten Nacht nicht friert.
1. Hirte: Ich habe Käse und Brot mitgebracht, damit ihr nicht hungern müsst.
2. Hirte: Ich möchte dem Kind ein Lied auf meiner Flöte vorspielen, damit es wieder einschlafen kann.
Erzähler: Der Mann bedankte sich für die Geschenke. Die Frau nickte freundlich und schaukelte die Krippe leicht hin und her. Die Hirten betrachteten noch einmal das Kind. Dann machten sie sich wieder auf den Heimweg zu ihren Schafen.

176 177

Kompetenzbereiche

Texte verstehen / Umgangsformen mit Texten

Inhalt und Thematik

Das Hirtenspiel ist eine Sonderform des Krippenspiels, in dem die Weihnachtsgeschichte, die von der Geburt Jesu handelt, dargestellt wird. Traditionellerweise wird ein solches Weihnachtsspiel meist am Heiligabend in der Kirche aufgeführt.

Beim Hirtenspiel liegt der Fokus aber nicht auf dem Geschehen an der Krippe und der Interaktion von Josef, Maria und den Heiligen Drei Königen mit dem Jesuskind, sondern auf der Verkündung der Geburt durch einen Engel.

In der vorliegenden Ausgestaltung spielt der Engel jedoch nur eine Nebenrolle; die Hirten überlegen vielmehr gemeinsam, was sie dem Jesuskind mitbringen wollen und was sie mit den Schafen machen. Dann brechen sie gemeinsam zum Stall auf.

Im zweiten Teil des Hirtenspiels sind die Hirten bei der Krippe und der Heiligen Familie angekommen, übergeben ihre Geschenke und erläutern ihre Gedanken, die sie sich dazu gemacht haben. Nach einem weiteren und letzten Blick auf das Kind machen sie sich wieder auf den Heimweg.

Sowohl in der sprachlichen Ausgestaltung als auch in dem, was die Hirten für Gedanken austauschen, drückt sich eine besondere Bodenständigkeit aus. Es sind einfache Leute, die von der Geburt Jesu erfahren haben und sich überlegen, was das Neugeborene und seine armen Eltern gebrauchen könnten. Dennoch sind sich die Hirten bewusst, dass ein göttliches Kind geboren wurde („Es muss ein besonderes Kind sein.“) und dass ihr Ziel dorthin alles andere als gewöhnlich ist. Auf diese Weise wird die duale Natur Jesu, die Menschliches und Göttliches gleichermaßen miteinander vereint, deutlich.

Hinweise zum Unterricht

Der als Rollenspiel aufbereitete Text bietet sich nicht nur zum Lesen in verteilten Rollen an, sondern kann auch im Rahmen einer Weihnachtsfeier aufgeführt werden. Weiterführende Hinweise zu einem gelungenen Zusammenspiel finden sich auf LB-Seite 202.

···› Fragen zum Text: LB-Seite 188

Kopiervorlagen

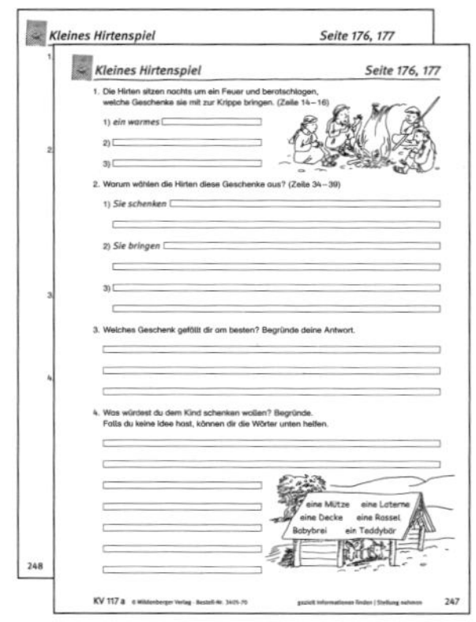

KV 117 a / b
Lösungen S. 332

Kleines Hirtenspiel

Das Arbeitsblatt **Kleines Hirtenspiel** fragt die Geschenke der Hirten ab und fasst Gründe für die Auswahl zusammen. Den Kindern wird Raum gegeben, die Geschenke zu bewerten und abschließend ein eigenes Geschenk zu benennen. Das Arbeitsblatt liegt in zwei Schwierigkeitsgraden vor.

In der Variante KV 117 a wird die Beantwortung von Aufgabe 1 und 2 mit Zeilenangaben unterstützt. Aufgabe 3 fragt nach dem besten Geschenk der Hirten anstatt die allgemeine Sinnhaftigkeit der Geschenke wie in der Variante KV 117 b zu hinterfragen.
Die Beantwortung von Aufgabe 4 wird in der Variante KV 117 a mithilfe eines Wörterpools erleichtert.

1. Die Hirten sitzen nachts um ein Feuer und beratschlagen, welche Geschenke sie mit zur Krippe bringen. (Zeile 14–16)

1) *ein warmes* ____________________

2) ____________________

3) ____________________

2. Warum wählen die Hirten diese Geschenke aus? (Zeile 34–39)

1) *Sie schenken* ____________________

____

2) *Sie bringen* ____________________

____

3) ____________________

____

3. Welches Geschenk gefällt dir am besten? Begründe deine Antwort.

____

____

____

4. Was würdest du dem Kind schenken wollen? Begründe. Falls du keine Idee hast, können dir die Wörter unten helfen.

____

____

____

____

____

____

____

1. Die Hirten sitzen nachts um ein Feuer und beratschlagen, welche Geschenke sie mit zur Krippe bringen.

1) *ein warmes*

2)

3)

2. Warum wählen die Hirten diese Geschenke aus?

1) *Sie schenken*

2) *Sie bringen*

3)

3. Findest du, dass die Geschenke passend sind? Begründe deine Antwort.

4. Was würdest du dem Kind schenken wollen? Begründe.

Kompetenzbereiche

Texte verstehen / Umgangsformen mit Texten

Autor

Paul Maar, geb. 1937 in Schweinfurt, Bayern, ist ein deutscher Kinderbuchautor. Er arbeitet außerdem als Illustrator, Übersetzer, Drehbuch- und Theaterautor.

Inhalt und Thematik

Die zwei kurzen Gedichte schließen das Jahresende bzw. Schuljahr mit den Gedanken an noch ausstehende Klassenarbeiten und den Schuljahresendnoten ab.
Wie mystische Zauberlehrlinge wünschen sich sicherlich manche Schüler, dass sie sich eine gute Note herbeizaubern könnten.

Eine besonders humoristische Note bekommen beide Gedichte im Wechselspiel miteinander: So wird deutlich, dass der eine sich die Höchstnote wünscht, während der andere davon überzeugt ist, dass er die Note 2 bekommen wird.

Hinweise zum Unterricht

Die Schüler gehen mit bildhafter Sprache um und erkennen Reimwörter. Das Vortragen der beiden Gedichte wie Zauberformeln animiert sicherlich dazu, kreativ mit dem Text umzugehen und diesen in ähnlicher Weise durch eigene Zauberformeln zu erweitern.

··› Fragen zum Text: LB-Seite 188

Kopiervorlage

KV 118
Lösungen S. 332

Tipps fürs neue Jahr

Mit dem Arbeitsblatt **Tipps fürs neue Jahr** wird die Bildsprache der beiden kurzen Gedichte in Form eines Bilderrätsels herausgearbeitet. Die Gedichte im Lesebuch bilden eine literarische Vorlage für eigene Zauberformeln.

Tipps fürs neue Jahr

1. Löse das Rätsel mithilfe der Seite 178 im Lesebuch.

2. Trage das Lösungswort ein.
   Das war

1)	2)	3)	4)	5)	6)	7)	8)	9)

3. Denke dir eine Zauberformel wie im Lesebuch auf Seite 178 aus. Schreibe sie auf.

Kompetenzbereiche

Texte verstehen / Umgangsformen mit Texten

Autor

Erwin Moser, geb. 1954 in Wien, ist ein österreichischer Kinder- und Jugendbuchautor.

Inhalt und Thematik

Das Gedicht schildert in knappen Zeilen sehr bildhaft das Heranziehen, den Verlauf und das Abziehen eines Sommergewitters.

Das Gewitter zieht auf: Der Himmel verfärbt sich von blau zu grau; Windböen fegen herbei; man hört keinen Vogelgesang, sondern einzelne Schreie der Vögel; der Himmel wird schwarz; die Tiere suchen Schutz.

Das Gewitter beginnt: Ein Blitz fährt hernieder, der Donner kracht, einzelne schwere Tropfen fallen. Dann bricht es aus in einem Tumult von prasselnden Regen, scharfen Blitzen und dröhnenden Donnern. Es dauert an, eine bange – aber auch spannende – Zeit.

Das Gewitter zieht ab: Der Donner wird schwächer, der Regen dünner, die Luft ist frisch und der Himmel wird wieder blau.

Das Gewitter im Gedicht wird durch die sprachliche Gestaltung zu einem kompakten Erlebnis. Der Reim verbindet die Zeilen und damit die Ereignisse, die wie im Stakkato unmittelbar registriert und berichtet werden. Das geschieht beim heranziehenden Gewitter vor allem durch Nomen mit Adjektiven in bildhafter Weise. Denn es wird von den Menschen nur bedingt miterlebt, es wird beobachtet. Anders die Darstellung des Gewitters „über uns“, in der lebendige und lautmalerische Verben das Unwetter hör-, seh- und fühlbar machen. Einem abziehenden Gewitter wiederum schauen Menschen eher nach, die Schilderung dieser Situation im Gedicht ist wieder bildhafter.

Hinweise zum Unterricht

Der Text ist wegen seiner Ausdruckskraft gut geeignet, von Schülern vorgetragen zu werden. Eine szenenhafte Darstellung mit einer oder mehreren Stimmen und der Geräuschkulisse ist für Kinder eine reizvolle Aufgabe.

Ein wirkliches Gewitter darf man nicht verharmlosen. Jedoch sollte eine allgemeine Angst davor verhindert bzw. abgeschwächt werden. Im Gedicht bezieht sich Zeile 20 darauf. Sie beschreibt keine wirkliche Angst, sondern eher eine abenteuerliche Spannung, womit dem Unwetter ein Teil seiner Unheimlichkeit genommen wird.

···› Fragen zum Text: LB-Seite 188

Arbeitsheft / Kopiervorlagen

KV 119
Lösungen S. 333

Gewitter – 1

Das Arbeitsblatt **Gewitter – 1** beschäftigt sich mit der Gliederung des Gedichts. Eigene Erfahrungen mit Gewittern werden beschrieben.

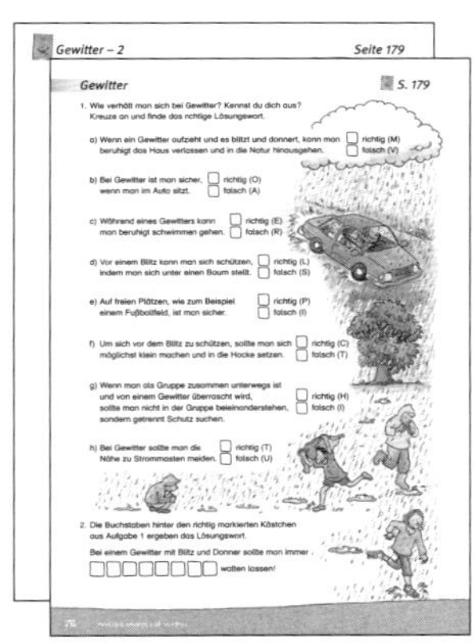

AH LB S. 78
KV 120
Lösungen S. 333

Gewitter – 2

Auf dem Arbeitsblatt **Gewitter – 2** werden richtige Verhaltensweisen bei einem Gewitter abgefragt.

1. Das Gedicht lässt sich in drei Teile gliedern.
   Kreise die Reimpaare in den entsprechenden Farben ein.
   grau: heraufziehendes Gewitter
   gelb: Gewitter
   grün: abziehendes Gewitter

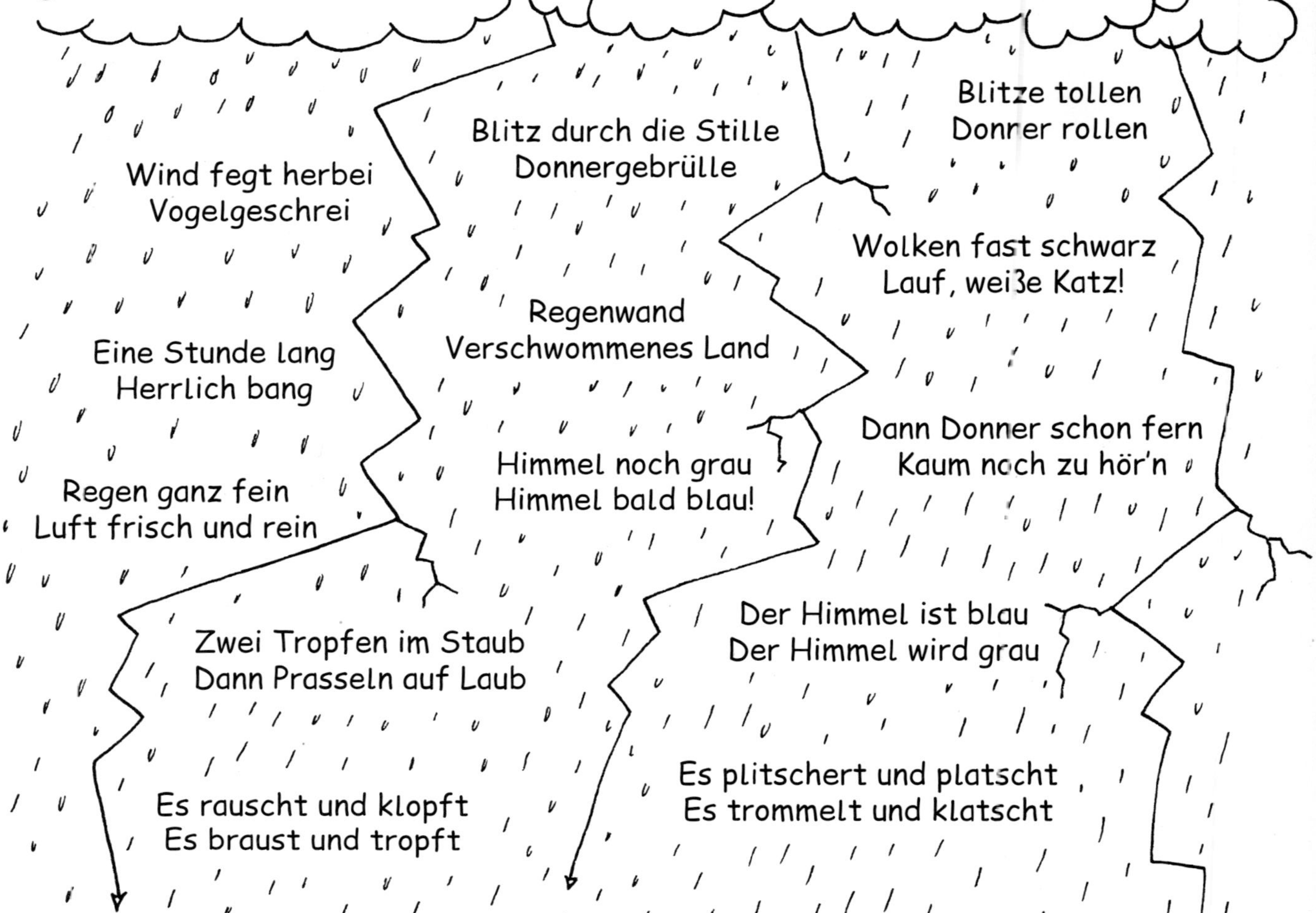

2. Sicherlich hast du auch schon ein Gewitter erlebt. Wie war das für dich?
   Beschreibe dein Gewitter.

1. Wie verhält man sich bei Gewitter? Kennst du dich aus?
   Kreuze an und finde das richtige Lösungswort.

a) Wenn ein Gewitter aufzieht und es blitzt und donnert, kann man beruhigt das Haus verlassen und in die Natur hinausgehen.
   ☐ richtig (M)
   ☐ falsch (V)

b) Bei Gewitter ist man sicher, wenn man im Auto sitzt.
   ☐ richtig (O)
   ☐ falsch (A)

c) Während eines Gewitters kann man beruhigt schwimmen gehen.
   ☐ richtig (E)
   ☐ falsch (R)

d) Vor einem Blitz kann man sich schützen, indem man sich unter einen Baum stellt.
   ☐ richtig (L)
   ☐ falsch (S)

e) Auf freien Plätzen, wie zum Beispiel einem Fußballfeld, ist man sicher.
   ☐ richtig (P)
   ☐ falsch (I)

f) Um sich vor dem Blitz zu schützen, sollte man sich möglichst klein machen und in die Hocke setzen.
   ☐ richtig (C)
   ☐ falsch (T)

g) Wenn man als Gruppe zusammen unterwegs ist und von einem Gewitter überrascht wird, sollte man nicht in der Gruppe beieinanderstehen, sondern getrennt Schutz suchen.
   ☐ richtig (H)
   ☐ falsch (I)

h) Bei Gewitter sollte man die Nähe zu Strommasten meiden.
   ☐ richtig (T)
   ☐ falsch (U)

2. Die Buchstaben hinter den richtig markierten Kästchen aus Aufgabe 1 ergeben das Lösungswort.

   Bei einem Gewitter mit Blitz und Donner sollte man immer

   ☐☐☐☐☐☐☐☐ walten lassen!

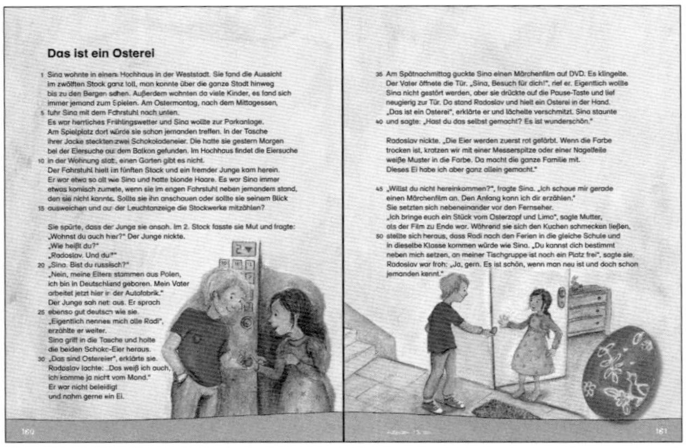

Das ist ein Osterei

Sina wohnte in einem Hochhaus in der Weststadt. Sie fand die Aussicht im zwölften Stock ganz toll, man konnte über die ganze Stadt hinweg bis zu den Bergen sehen. Außerdem wohnten da viele Kinder, es fand sich immer jemand zum Spielen. Am Ostermontag, nach dem Mittagessen, fuhr Sina mit dem Fahrstuhl nach unten.

Es war herrliches Frühlingswetter und Sina wollte zur Parkanlage. Am Spielplatz dort würde sie schon jemanden treffen. In der Tasche ihrer Jacke steckten zwei Schokoladeneier. Die hatte sie gestern Morgen bei der Eiersuche auf dem Balkon gefunden. Im Hochhaus findet die Eiersuche in der Wohnung statt, einen Garten gibt es nicht.

Der Fahrstuhl hielt im fünften Stock und ein fremder Junge kam herein. Er war etwa so alt wie Sina und hatte blonde Haare. Es war Sina immer etwas komisch zumute, wenn sie im engen Fahrstuhl neben jemandem stand, den sie nicht kannte. Sollte sie ihn anschauen oder sollte sie seinem Blick ausweichen und auf der Leuchtanzeige die Stockwerke mitzählen?

Sie spürte, dass der Junge sie ansah. Im 2. Stock fasste sie Mut und fragte: „Wohnst du auch hier?" Der Junge nickte.
„Wie heißt du?"
„Radoslav. Und du?"
„Sina. Bist du russisch?"
„Nein, meine Eltern stammen aus Polen, ich bin in Deutschland geboren. Mein Vater arbeitet jetzt hier in der Autofabrik."
Der Junge sah nett aus. Er sprach ebenso gut deutsch wie sie.
„Eigentlich nennen mich alle Radi", erzählte er weiter.
Sina griff in die Tasche und holte die beiden Schoko-Eier heraus.
„Das sind Ostereier", erklärte sie.
Radoslav lachte: „Das weiß ich auch, ich komme ja nicht vom Mond."
Er war nicht beleidigt und nahm gerne ein Ei.

Am Spätnachmittag guckte Sina einen Märchenfilm auf DVD. Es klingelte. Der Vater öffnete die Tür. „Sina, Besuch für dich!", rief er. Eigentlich wollte Sina nicht gestört werden, aber sie drückte auf die Pause-Taste und lief neugierig zur Tür. Da stand Radoslav und hielt ein Osterei in der Hand. „Das ist ein Osterei", erklärte er und lächelte verschmitzt. Sina staunte und sagte: „Hast du das selbst gemacht? Es ist wunderschön."

Radoslav nickte. „Die Eier werden zuerst rot gefärbt. Wenn die Farbe trocken ist, kratzen wir mit einer Messerspitze oder einer Nagelfeile weiße Muster in die Farbe. Da macht die ganze Familie mit. Dieses Ei habe ich aber ganz allein gemacht."

„Willst du nicht hereinkommen?", fragte Sina. „Ich schaue mir gerade einen Märchenfilm an. Den Anfang kann ich dir erzählen."
Sie setzten sich nebeneinander vor den Fernseher.
„Ich bringe euch ein Stück vom Osterzopf und Limo", sagte Mutter, als der Film zu Ende war. Während sie sich den Kuchen schmecken ließen, stellte sich heraus, dass Radi nach den Ferien in die gleiche Schule und in dieselbe Klasse kommen würde wie Sina. „Du kannst dich bestimmt neben mich setzen, an meiner Tischgruppe ist noch ein Platz frei", sagte sie. Radoslav war froh: „Ja, gern. Es ist schön, wenn man neu ist und doch schon jemanden kennt."

180 181

Hinweise zum Unterricht

Der Text kann dazu anregen, von Osterbräuchen zu erzählen und sich über das Fest weiter zu informieren, z.B. im Internet.

··· Fragen zum Text: LB-Seite 188

Kompetenzbereiche

Texte verstehen / Umgangsformen mit Texten

Inhalt und Thematik

Die Geschichte erzählt ein kleines Beispiel, wie eine Erfolg versprechende Integration von Migranten beginnen kann. Sie spielt zu Ostern. Aufgenommen ist der Brauch, Eier zu verstecken, und eine kurze Anleitung, wie man gefärbte Eier durch Einritzen verziert.

Es ist Ostermontag. Sina, ein deutsches Mädchen, ist mit zwei Schoko-Eiern in der Tasche unterwegs zum Spielplatz. Im Fahrstuhl des Hochhauses, in dem sie wohnt, trifft sie einen ihr fremden Jungen. Die beiden kommen ins Gespräch und es stellt sich heraus, dass er zwar hier geboren ist, aber seine Eltern aus Polen stammen. Der Junge heißt Radoslav und ist mit seiner Familie neu hergezogen. Sina holt ihre beiden Schoko-Eier heraus mit der Erklärung „Das sind Ostereier". Radi, so sein Kurzname, lacht über die für ihn unnötige Information, nimmt aber gern ein Ei an.
Am Nachmittag klingelt er bei Sina und bietet ihr seinerseits ein selbst verziertes „echtes" Osterei an mit derselben Erklärung, wie Sina sie im Fahrstuhl gegeben hat. Das Ei gefällt Sina sehr und Radi erzählt vom traditionellen Eier-Verzieren in seiner Familie. Sina lädt Radi ein, noch zu bleiben, und erfährt in der weiteren Unterhaltung, dass er nach den Ferien neu in ihre Klasse kommen wird. Sie glaubt, sie könnten dann nebeneinander sitzen, und Radi ist froh, schon jemanden aus seiner neuen Klasse zu kennen.

Gegenseitige Freundlichkeit und Aufgeschlossenheit kennzeichnen die Begegnung der beiden Kinder trotz Sinas leichter Überheblichkeit, die Radoslav nicht übelnimmt, sondern in einem Gegenzug pariert. Sina zeigt Interesse und Wertschätzung für Radis Familientradition. Seine Erleichterung, in der neuen Klasse nicht allein zu sein, ist sehr verständlich.

Arbeitsheft / Kopiervorlage

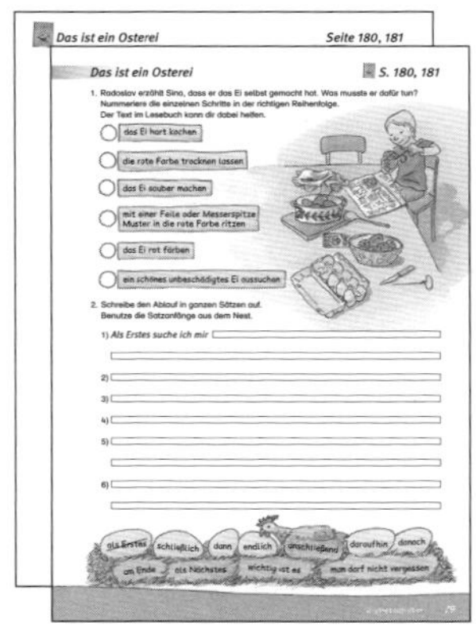

Das ist ein Osterei Seite 180, 181

Das ist ein Osterei S. 180, 181

1. Radoslav erzählt Sina, dass er das Ei selbst gemacht hat. Was musste er dafür tun? Nummeriere die einzelnen Schritte in der richtigen Reihenfolge. Der Text im Lesebuch kann dir dabei helfen.

- das Ei hart kochen
- die rote Farbe trocknen lassen
- das Ei sauber machen
- mit einer Feile oder Messerspitze Muster in die rote Farbe ritzen
- das Ei rot färben
- ein schönes unbeschädigtes Ei aussuchen

2. Schreibe den Ablauf in ganzen Sätzen auf. Benutze die Satzanfänge aus dem Nest.

1) *Als Erstes suche ich mir*
2)
3)
4)
5)
6)

AH LB S. 79
KV 121
Lösungen S. 334

Das ist ein Osterei

Auf dem Arbeitsblatt **Das ist ein Osterei** wird der Vorgang aus der Ich-Perspektive beschrieben, wie ein traditionelles polnisches Osterei, ein *Kraszanki*, hergestellt wird.

Das ist ein Osterei

1. Radoslav erzählt Sina, dass er das Ei selbst gemacht hat. Was musste er dafür tun? Nummeriere die einzelnen Schritte in der richtigen Reihenfolge. Der Text im Lesebuch kann dir dabei helfen.

◯ das Ei hart kochen

◯ die rote Farbe trocknen lassen

◯ das Ei sauber machen

◯ mit einer Feile oder Messerspitze Muster in die rote Farbe ritzen

◯ das Ei rot färben

◯ ein schönes unbeschädigtes Ei aussuchen

2. Schreibe den Ablauf in ganzen Sätzen auf. Benutze die Satzanfänge aus dem Nest.

1) *Als Erstes suche ich mir* ______________________

____

2) ______________________

3) ______________________

4) ______________________

5) ______________________

____

6) ______________________

____

Meine liebe Mutter du

Meine liebe Mutter du,
ich will dir Blumen schenken.
Was ich dir sagen will dazu,
das kannst du dir schon denken:

Ich wünsch' dir Glück und Fröhlichkeit,
die Sonne soll dir lachen!
So gut ich kann und allezeit
will ich dir Freude machen.

Denn Muttertage, das ist wahr,
die sind an allen Tagen.
Ich hab' dich lieb das ganze Jahr!
Das wollte ich dir sagen.

Ursula Wölfel

Supermann

Mein Papa ist ein Supermann,
der einfach alles richten kann.

Er weiß ganz viel – ist echt gescheit,
zum Spielen mit mir gern bereit.

Ist groß und stark, fast wie ein Bär,
trägt auf der Schulter mich umher.

Er wirft mich hoch und fängt mich auf –
und ich verlasse mich darauf,

weil Papa eben alles kann,
denn schließlich ist er Supermann.

Anita Menger

Kompetenzbereiche

Texte verstehen / Umgangsformen mit Texten

Autor

Ursula Wölfel, geb. 1922 in Hamborn, heute Stadtteil von Duisburg, gest. 2014 in Heidelberg, war eine deutsche Kinderbuchautorin.
Anita Menger, geb. 1959 in Roth / Mittelfranken, ist eine deutsche Lyrikerin.

Inhalt und Thematik

„Meine liebe Mutter du" ist ein dreistrophiges Gedicht mit einem einfachen Reimschema. Jeweils zwei Kreuzreime bilden eine Strophe.

Inhaltlich geht es um die Bekräftigung einer liebevollen Mutter-Kind-Beziehung. In Strophe 1 werden die traditionellen Blumen als Geschenk genannt. In Strophe 2 geht es um immaterielle Dinge wie Glück, Fröhlichkeit, Sonnenschein, die der Mutter gewünscht werden. Das Kind möchte sein eigenes Ding hinzutun und der Mutter selbst Freude machen.
Die letzte Strophe bekräftigt noch einmal die herzliche Verbindung von Mutter und Kind. Nicht nur am Muttertag, sondern im ganzen Jahr liebt das Kind seine Mutter und nutzt nun den Ehrentag, um dies kundzutun.

„Supermann" weist ebenfalls ein einfaches Reimschema auf. Jeweils ein Endreim bildet eine Strophe. Das Besondere an diesem Gedicht ist die inhaltliche Gliederung:

In Strophe 1 wird die Gleichsetzung des Vaters mit einem Superhelden postuliert, in Strophe 2 seine geistigen Fähigkeiten genannt, in Strophe 3 die körperlichen.
In Strophe 4 kommt die besondere Verbindung und das Vertrauensverhältnis von Vater und Kind zum Ausdruck.
In Strophe 5 wird das Thema von Strophe 1 variiert und die Gleichsetzung des Vaters mit einem Superhelden wiederholt und bekräftigt.

Die Verfasserin des Gedichts „Supermann" wählt also einen anderen Ansatz als die in „Meine liebe Mutter du". Es werden die Dinge beschrieben, die der Vater besonders gut kann („kann alles richten"), Eigenschaften genannt, die das Kind an ihm besonders schätzt („ist stark, fast wie ein Bär"), und die besondere Verbindung der beiden beschrieben („Er wirft mich hoch und fängt mich auf – und ich verlasse mich darauf ...").

Die Überhöhung der genannten Eigenschaften wie bei einem Superhelden aus einem Comic passen dabei zu einer frühkindlichen Wahrnehmung der Eltern und unterstreichen die naive, aber herzlich ernst gemeinte Bewunderung des Vaters.

Die einfachen Worte, die in beiden Gedichten Verwendung finden, untermauern die Glaubwürdigkeit der Kinderperspektive.

Hinweise zum Unterricht

Nicht nur der Mutter- und Vatertag bietet den Kindern Anlass, sich mit kleinen selbst gebastelten Geschenken, einem Brief oder dem Aufsagen eines Gedichts bei ihren Eltern zu bedanken. Selbstverständlich steht es den Kindern frei, auch andere Personen, die ihnen nahestehen, bei der Danksagung zu würdigen.

⇢ Fragen zum Text: LB-Seite 189

Kopiervorlage

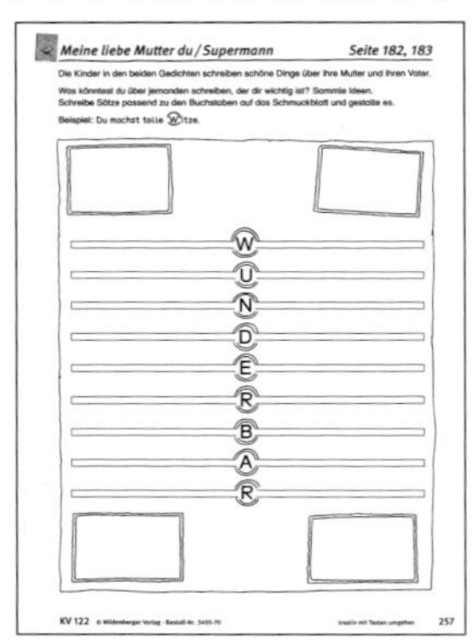

KV 122

Meine liebe Mutter du / Supermann

Das Arbeitsblatt **Meine liebe Mutter du / Supermann** knüpft an die beiden Gedichte an und bietet in einer beinahe lyrischen Form die Möglichkeit, schöne Dinge über Mutter und Vater oder eine andere, den Kindern nahestehende Person zu schreiben.

Die Kinder in den beiden Gedichten schreiben schöne Dinge über ihre Mutter und ihren Vater.

Was könntest du über jemanden schreiben, der dir wichtig ist? Sammle Ideen.
Schreibe Sätze passend zu den Buchstaben auf das Schmuckblatt und gestalte es.

Beispiel: Du machst tolle Witze.

W

U

N

D

E

R

B

A

R

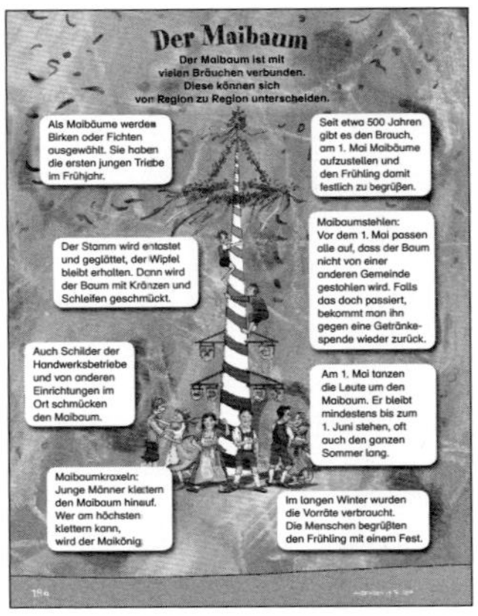

Der Maibaum

Der Maibaum ist mit vielen Bräuchen verbunden. Diese können sich von Region zu Region unterscheiden.

Als Maibäume werden Birken oder Fichten ausgewählt. Sie haben die ersten jungen Triebe im Frühjahr.

Seit etwa 500 Jahren gibt es den Brauch, am 1. Mai Maibäume aufzustellen und den Frühling damit festlich zu begrüßen.

Der Stamm wird entastet und geglättet, der Wipfel bleibt erhalten. Dann wird der Baum mit Kränzen und Schleifen geschmückt.

Maibaumstehlen: Vor dem 1. Mai passen alle auf, dass der Baum nicht von einer anderen Gemeinde gestohlen wird. Falls das doch passiert, bekommt man ihn gegen eine Getränkespende wieder zurück.

Auch Schilder der Handwerksbetriebe und von anderen Einrichtungen im Ort schmücken den Maibaum.

Am 1. Mai tanzen die Leute um den Maibaum. Er bleibt mindestens bis zum 1. Juni stehen, oft auch den ganzen Sommer lang.

Maibaumkraxeln: Junge Männer klettern den Maibaum hinauf. Wer am höchsten klettern kann, wird der Maikönig.

Im langen Winter wurden die Vorräte verbraucht. Die Menschen begrüßten den Frühling mit einem Fest.

Arbeitsheft / Kopiervorlage

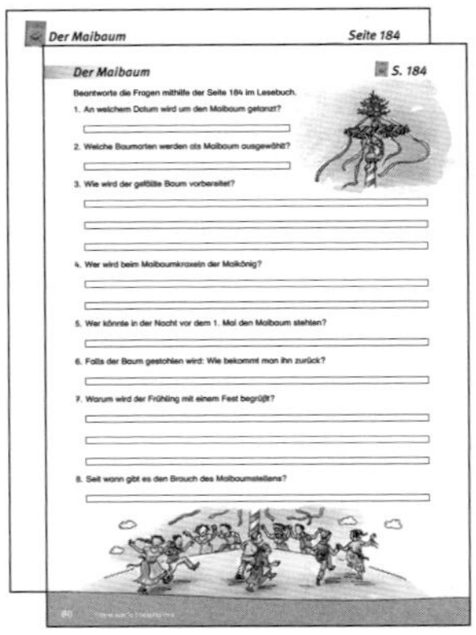

Der Maibaum — Seite 184

Der Maibaum — S. 184

Beantworte die Fragen mithilfe der Seite 184 im Lesebuch.

1. An welchem Datum wird um den Maibaum getanzt?
2. Welche Baumarten werden als Maibaum ausgewählt?
3. Wie wird der gefällte Baum vorbereitet?
4. Wer wird beim Maibaumkraxeln der Maikönig?
5. Wer könnte in der Nacht vor dem 1. Mai den Maibaum stehlen?
6. Falls der Baum gestohlen wird: Wie bekommt man ihn zurück?
7. Warum wird der Frühling mit einem Fest begrüßt?
8. Seit wann gibt es den Brauch des Maibaumstellens?

AH LB S. 80
KV 123
Lösungen S. 334

Der Maibaum

Das Arbeitsblatt **Der Maibaum** greift die Tradition rund um das Stellen des Maibaums auf und fragt das im Text vermittelte Wissen ab. Die Schüler können die Fragen mithilfe des Lesebuchs beantworten.

Kompetenzbereiche

Texte verstehen / Umgangsformen mit Texten

Inhalt und Thematik

Acht Textboxen vermitteln verschiedene Wissensbausteine rund um das Stellen des Maibaums.

Diese Tradition ist nach wie vor sehr lebendig, vielfältig und regional verschieden. Es bietet sich an, sich im Unterricht mit diesem Thema über die kleinen Textinhalte hinaus zu beschäftigen.

Folgende Fragen werden in den Texten behandelt:

- Welche Bäume sind als Maibaum geeignet?
- Wie wird der Baum vorbereitet?
- Womit ist der Maibaum geschmückt?
- Was ist „Maibaumkraxeln“?
- Seit wann gibt es diesen Brauch und warum?
- Was hat es mit dem „Maibaumstehlen“ auf sich?
- Was passiert am 1. Mai und wie lange bleibt der Baum stehen?
- Warum wird der Frühling mit einem Fest begrüßt?

Hinweise zum Unterricht

Die Kinder sollten im Unterricht Gelegenheit haben, von ihren Erfahrungen rund um den Maibaum zu berichten.

⇢ Fragen zum Text: LB-Seite 189

Beantworte die Fragen mithilfe der Seite 184 im Lesebuch.

1. An welchem Datum wird um den Maibaum getanzt?

2. Welche Baumarten werden als Maibaum ausgewählt?

3. Wie wird der gefällte Baum vorbereitet?

4. Wer wird beim Maibaumkraxeln der Maikönig?

5. Wer könnte in der Nacht vor dem 1. Mai den Maibaum stehlen?

6. Falls der Baum gestohlen wird: Wie bekommt man ihn zurück?

7. Warum wird der Frühling mit einem Fest begrüßt?

8. Seit wann gibt es den Brauch des Maibaumstellens?

Kompetenzbereiche

Texte verstehen / Umgangsformen mit Texten

Autor

Volker Rosin, geb. 1956 in Rheinkamp / Nordrhein-Westfalen, ist ein deutscher Liedermacher für Kindermusik.

Inhalt und Thematik

Das Lied „Schwimmbad“ stimmt auf die warme Jahreszeit ein. Für die meisten Kinder zählt im Sommer der Besuch eines Schwimmbads oder ein Ausflug zum Badesee zu einer beliebten Freizeitaktivität.

Im Lied stehen verschiedene Tiere, die im Schwimmbad ihren Badespaß haben, strophenweise im Vordergrund: Auf humorvolle Art und in bilderreicher Sprache wird geschildert, welche „tollen Sachen“ zu sehen sind, „wenn die Tiere schwimmen geh’n“: Da gibt es z. B. Tauben, die Badehauben tragen, einen Regenwurm, der vom Zehnmeterturm springt und Katzen auf Matratzen.

Hinweise zum Unterricht

Die Kinder lernen unter Anleitung des Lehrers die Melodie des Liedes kennen – die Synkopen in den Takten 2 und 4 bringen den Rhythmus in Schwung. Wer möchte, kann das Lied auch auswendig lernen.

Ausgehend von den einzelnen Strophen bietet sich ein Rollenspiel bzw. eine Visualisierung der im Lied vorgestellten „Badegäste“ an. Die Kinder gehen in Gruppen zusammen und ahmen die Aktionen der Tiere nach bzw. gestalten gemeinsam ein Plakat. Ist geplant, das Lied in einer Abschlussfeier zur Aufführung zu bringen, werden Präsentation und Gesang mehrmals geübt.

Die Kinder können auch weitere Tiere auswählen und passende Strophen schreiben.

Über einen kreativ-spielerischen Zugang zum Lied hinaus lässt sich im Unterricht auch darauf eingehen, dass nicht allen Tieren die Fähigkeit angeboren ist, zu schwimmen. Giraffen z. B. können sich mit ihren Beinen im Wasser schwimmend nicht fortbewegen und auch Insekten ertrinken schnell, wenn sie ins Wasser geraten.

···› Fragen zum Text: LB-Seite 189

Kopiervorlage

KV 124

Schwimmbad

Das Arbeitsblatt **Schwimmbad** erleichtert den Kindern das Auswendiglernen des Liedtextes und bietet Anregung zur Plakat- bzw. Rollengestaltung, wenn die Aktionen der Tiere von den Kindern nachgeahmt werden.

1. Wenn die Tiere schwimmen geh'n,
kann man tolle Sachen seh'n.
Seht einmal, die Tauben
tragen Badehauben.

Refrain:
Schwimmbad, Schwimmbad,
alle geh'n ins Schwimmbad,
Schwimmbad, Schwimmbad,
alle gehen mit.

2. Wenn die Tiere …
Seht einmal, die Hunde
schwimmen eine Runde.
Schwimmbad …

3. Wenn die Tiere …
Seht einmal, der Regenwurm
springt von dem Zehnmeterturm
Schwimmbad …

4. Wenn die Tiere …
Seht einmal, die Hasen
liegen auf dem Rasen.
Schwimmbad …

5. Wenn die Tiere …
Seht, die Krokodile
machen Wasserspiele.
Schwimmbad …

6. Wenn die Tiere …
Seht einmal, die Kröte
spielt im Wasser Flöte.
Schwimmbad …

7. Wenn die Tiere …
Seht mal, die Mimose
trägt 'ne Badehose.
Schwimmbad …

8. Wenn die Tiere …
Seht mal, wie der bunte Hahn
unter Wasser schnorcheln kann.
Schwimmbad …

9. Wenn die Tiere …
Seht einmal, die Schweine
zeigen ihre Beine.
Schwimmbad …

10. Wenn die Tiere …
Seht einmal, die Katzen
liegen auf Matratzen.
Schwimmbad …

Text und Melodie: Volker Rosin

Ohne Worte Seite 186

Der zweite Comic „Der Blumenstrauß“ bezieht seinen Witz aus einer einfachen Verwechslung: Ein Mädchen pflückt Blumen und wird am Ende von der täuschend echten Blumendekoration eines Damenhutes genarrt.

Das dritte Comic „Die Rache des Sparschweins“ behandelt ein fantastisches Thema. Ein Sparschwein soll zwecks Plünderung zerschlagen werden, ihm gelingt jedoch die Flucht. Es wird von der Besitzerin bis in einen Wald verfolgt und kann sich dort hinter einem Wildschwein in Sicherheit bringen. Die junge Verfolgerin steht nun überraschend dem wütend dreinschauenden Tier gegenüber. Wie könnte die weitere Rache des Sparschweins aussehen?

Kompetenzbereiche

Texte verstehen / Umgangsformen mit Texten

Autor

Ecki, eigentlich Eckhard Lange, geb. 1943 in Hamburg, lebt in Südfrankreich und Oldenburg.

Inhalt und Thematik

Comics gehören zur willkommenen Lektüre besonders für Kinder und Jugendliche. Unter dem Titel „Ohne Worte“ sind auf Seite 186 drei Comics angeboten.

Das Comic wird heute als eigene Kunstform gesehen. Es vereinigt Bilder oder Bildfolgen mit verschiedenen Text- und Lautmitteilungen in Sprechblasen oder Textsequenzen. Inhaltlich ist es verwandt mit der Karikatur (Comic 1 – „Mein treues Känguru), mit einem pointierten Kurzfilm (Comic 2 – „Der Blumenstrauß“), mit einer lehrhaften Fabel oder es erzählt einfach eine Geschichte (Comic 3 – „Die Rache des Sparschweins“).

Der Begriff „Comic“ stammt aus dem Englischen und bedeutet als Adjektiv „lustig“, „komisch“. Im 18. Jahrhundert wurden Witzzeichnungen mit „Comic Prints“ bezeichnet; im 19. Jahrhundert erschienen Zeitschriften, die das Adjektiv als Teil ihres Namens verwendeten und Bildwitze sowie Bildergeschichten mit und ohne Text enthielten. Die Bildergeschichten nannte man „Comic Strips“ (Streifen) wegen ihrer gereihten Anordnung. Im 20. Jahrhundert wurde das Adjektiv zum Nomen und zu einem eigenständigen Begriff.

Im ersten Comic „Mein treues Känguru“ wird ein absurder Gedanke konsequent weitergesponnen: Wie wäre es, wenn wir Kängurus als Haustiere haben könnten? Eine Frau bringt ihr angeleintes Beuteltier mit in den Supermarkt und wird dabei von einer weiteren Kundin beobachtet, die ihren Hund vor der Tür anbindet. Während diese ihre Einkäufe im nächsten Bild wie üblich in einem Einkaufswagen verstaut, zeigt sich im letzten Bild der Witz des eingangs genannten Gedankenexperiments: Die Einkäufe der Kängurubesitzerin werden praktischerweise im Beutel des Haustieres verstaut.

Hinweise zum Unterricht

Die Schüler schauen sich gemeinsam die Comics an, kommentieren sie und wählen in einer Kleingruppe ein Comic zur weiteren Bearbeitung aus. Die Gruppe klärt den Inhalt.

Mithilfe der Bilderfolge können die Schüler eine kurze Geschichte konzipieren und je nach Möglichkeiten schriftlich ausformulieren.

Darüber hinaus bietet diese Seite auch Anlass, mehr über Comics zu sprechen: Welche Comics kennen die Kinder? Was sind ihre Lieblingscomics und warum?

⇢ Fragen zum Text: LB-Seite 189

Kopiervorlage

KV 125

Ohne Worte

Auf dem Arbeitsblatt **Ohne Worte** füllen die Schüler in Aufgabe 1 Denkblasen aus und versetzen sich somit in die verschiedenen handelnden Personen hinein. In Aufgabe 2 schreiben sie ihre Meinung zum bevorzugten Comic auf.

1. a) Was denken das Mädchen und das Sparschwein in den Bildern 1–3?
   Fülle die Denkblasen aus. Du kannst auch Laute hinzufügen.

b) Was denken das Mädchen und die Schweine? Fülle die Denkblasen aus.

Bildergeschichte
© Ecki

2. Welches der Comics auf Seite 186 gefällt dir am besten? Begründe deine Antwort.

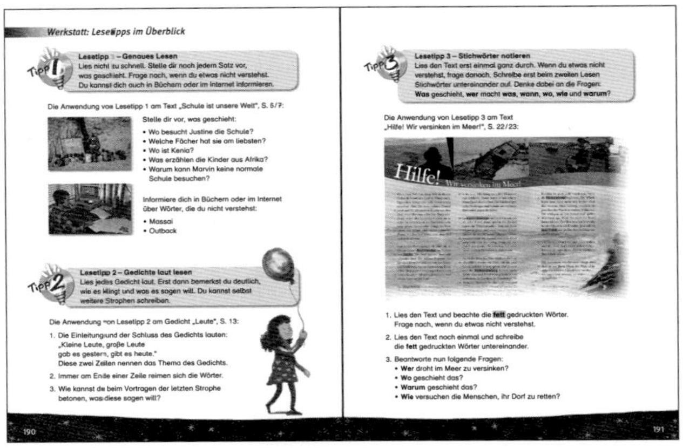
Werkstatt: Lesetipps im Überblick

Tipp 1 – Lesetipp 1 – Genaues Lesen
Lies nicht zu schnell. Stelle dir nach jedem Satz vor, was geschieht. Frage nach, wenn du etwas nicht verstehst. Du kannst dich auch in Büchern oder im Internet informieren.

Die Anwendung von Lesetipp 1 am Text „Schule ist unsere Welt“, S. 6/7:

Stelle dir vor, was geschieht:
- Wo besucht Justine die Schule?
- Welche Fächer hat sie am liebsten?
- Wo ist Kenia?
- Was erzählen die Kinder aus Afrika?
- Warum kann Marvin keine normale Schule besuchen?

Informiere dich in Büchern oder im Internet über Wörter, die du nicht verstehst:
- Massai
- Outback

Tipp 2 – Lesetipp 2 – Gedichte laut lesen
Lies jedes Gedicht laut. Erst dann bemerkst du deutlich, wie es klingt und was es sagen will. Du kannst selbst weitere Strophen schreiben.

Die Anwendung von Lesetipp 2 am Gedicht „Leute“, S. 13:
1. Die Einleitung und der Schluss des Gedichts lauten: „Kleine Leute, große Leute gab es gestern, gibt es heute.“ Diese zwei Zeilen nennen das Thema des Gedichts.
2. Immer am Ende einer Zeile reimen sich die Wörter.
3. Wie kannst du beim Vortragen der letzten Strophe betonen, was diese sagen will?

Tipp 3 – Lesetipp 3 – Stichwörter notieren
Lies den Text erst einmal ganz durch. Wenn du etwas nicht verstehst, frage danach. Schreibe erst beim zweiten Lesen Stichwörter untereinander auf. Denke dabei an die Fragen: **Was** geschieht, **wer** macht **was**, **wann**, **wo**, **wie** und **warum**?

Die Anwendung von Lesetipp 3 am Text „Hilfe! Wir versinken im Meer!“, S. 22/23:

Hilfe! Wir versinken im Meer!

1. Lies den Text und beachte die **fett** gedruckten Wörter. Frage nach, wenn du etwas nicht verstehst.
2. Lies den Text noch einmal und schreibe die **fett** gedruckten Wörter untereinander.
3. Beantworte nun folgende Fragen:
   - **Wer** droht im Meer zu versinken?
   - **Wo** geschieht das?
   - **Warum** geschieht das?
   - **Wie** versuchen die Menschen, ihr Dorf zu retten?

190 191

Kompetenzbereiche

Texte verstehen / Umgangsformen mit Texten

Inhalt und Thematik

Im Werkstatt-Teil des Lesebuchs (LB-Seite 190 – 203) werden hilfreiche Lesetipps und Techniken vorgestellt, die das Lesen an sich und das Textverständnis erleichtern.

Lesetipps im Überblick

Neun Lesetipps werden Kapitel für Kapitel auf den Seiten „Mit Texten umgehen“ in den Kontext von Aufgaben gestellt und im Werkstatt-Teil des Lesebuchs noch einmal anwendungsbezogen an einem Beispiel erklärt. In den Fußnoten unterhalb der Lesetexte findet sich jeweils ein Hinweis auf den Lesetipp, der beim Lesen des Textes berücksichtigt werden soll.

Ein Lerntagebuch führen

Auf LB-Seite 197 werden Hilfen zum Führen eines Lerntagebuchs angeboten. Ein Lerntagebuch bzw. Lerngespräch mit den Schülern dient dazu, die Selbstreflexion der Kinder über ihre Lernprozesse anzuregen und Gedanken, Erfolge und Schwierigkeiten beim Lesen und Vorlesen der Texte (schriftlich) festzuhalten. Die Fragen unterhalb des Textes auf Lesestufe 3 geben den Kindern Impulse, Eintragungen in ihrem Lerntagebuch vorzunehmen.

Eine Lesekonferenz durchführen

Auf LB-Seite 198 wird in acht Schritten erklärt, wie eine Lesekonferenz durchgeführt werden kann. Über allgemeine Gesprächsregeln (jeder muss zu Wort kommen; einer muss Protokoll führen) bis zu wichtigen Vorgängen (still lesen; jeder sagt, was er zum Text meint; schwierige Stellen klären) wird Schritt für Schritt und kindgerecht die Lesekonferenz eingeführt.

Ein Lesetagebuch führen

Eine weitere bewährte Methode, sich mit Literatur auseinanderzusetzen, ist das Führen eines Lesetagebuchs. Auf LB-Seite 199 werden die verschiedenen Möglichkeiten zusammengefasst, was man in einem Lesetagebuch alles notieren kann (tolle Textstellen abschreiben; Steckbriefe zu Protagonisten erstellen; Zeichnungen anfertigen ...). Die Methode wird anhand eines Beispiels für ein Lesetagebuch-Eintrag abgerundet, in dem der Text „Lippels Traum“ (siehe LB-Seite 164, 165) in der Ich-Form auszugsweise abgedruckt ist.

Ein Buch vorstellen

LB-Seite 200 beschäftigt sich mit der Präsentation von Büchern im schulischen Kontext. Welche Informationen sollten bei einer Buchpräsentation vorgebracht werden? Was ist eine Lesekiste und wie kann sie bei einer Buchvorstellung helfen?

Texte umsetzen

Wie man einen Text so umgestaltet, dass daraus ein anderer wird – dieses Thema steht auf LB-Seite 201 im Vordergrund. Ganz gleich, ob ein Text mit verschiedenen Materialien gestaltet oder vertont wird, ob er aus der Sicht einer anderen Person erzählt wird, als Comic gestaltet ist oder in eine andere Textart verwandelt wird – es werden verschiedene Möglichkeiten für die Umsetzung von Texten aufgezeigt und Anstöße zur kreativen Weiterarbeit gegeben.

Texte vorlesen und aufführen

LB-Seite 202 widmet sich der Texterschließung in einer Gruppe, indem der Text als Dialogtext bzw. Rollenspiel vorgelesen oder aufgeführt wird. Wichtige Hinweise zu den Vorbereitungen werden gegeben (erst einmal in verteilten Rollen sprechen; jeder übt seinen Sprechpart so lange, bis er seine Einsätze kennt ...), ebenso Denkanstöße zur Inszenierung: Werden Requisiten benötigt? Wie bewegt sich eine Figur in dem Stück? ...

Lesen trainieren

Auf LB-Seite 203 geht es weniger um die Texterschließung als um die Lesetechnik selbst. Auch wenn Kinder, die in der ersten und zweiten Klasse mithilfe der Silbenmethode das Lesen gelernt haben, gute und flüssige Leser sind, werden auf dieser Seite Tipps und Ideen zusammengestellt, die allen neuen Lesern zugute kommen können.

Im Fokus der Überlegungen steht das Erfassen von Wörtern auf einen einzigen Blick. Je mehr Wörter man auf den ersten Blick erfassen kann, desto schneller kann man insgesamt lesen. Um diese Fähigkeit zu trainieren, werden verschiedene Möglichkeiten aufgezeigt:

- Lesen wie im Altertum: Texte nur in Großschreibung, ohne Leerzeichen und Interpunktion zwingen den Leser dazu, nach bekannten Wörtern Ausschau zu halten.
- Suchspiel mit einem Partner: Zusammen mit einem Partner muss ein Text so schnell wie möglich nach festgelegten Wörtern durchsucht werden.
- Karteikarten: Durch die Bearbeitung von schwierigen und langen Wörtern mithilfe von Karteikarten und der Silbenschreibweise werden diese fehlerfreier und flüssiger erlesen.

Hinweise zum Unterricht

Die Lesetipps und Lesemethoden sollten immer wieder ins Gedächtnis der Schüler gerufen und anhand verschiedener Texte erprobt und geübt werden. Gerade der handlungs- und produktionsorientierte Ansatz hilft den Kindern, sich aktiv mit dem Gelesenen auseinanderzusetzen und literarische Inhalte intensiv zu durchdringen.

Kopiervorlage

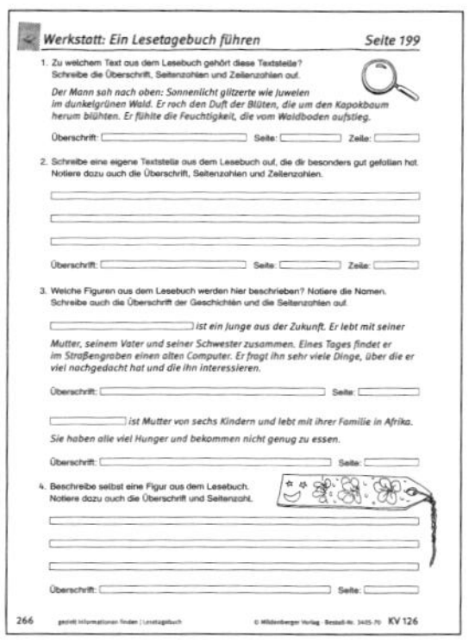
Werkstatt: Ein Lesetagebuch führen Seite 199

1. Zu welchem Text aus dem Lesebuch gehört diese Textstelle? Schreibe die Überschrift, Seitenzahlen und Zeilenzahlen auf.

Der Mann sah nach oben: Sonnenlicht glitzerte wie Juwelen im dunkelgrünen Wald. Er roch den Duft der Blüten, die um den Kapokbaum herum blühten. Er fühlte die Feuchtigkeit, die vom Waldboden aufstieg.

Überschrift: ______ Seite: ______ Zeile: ______

2. Schreibe eine eigene Textstelle aus dem Lesebuch auf, die dir besonders gut gefallen hat. Notiere dazu auch die Überschrift, Seitenzahlen und Zeilenzahlen.

Überschrift: ______ Seite: ______ Zeile: ______

3. Welche Figuren aus dem Lesebuch werden hier beschrieben? Notiere die Namen. Schreibe auch die Überschrift der Geschichten und die Seitenzahlen auf.

______ *ist ein Junge aus der Zukunft. Er lebt mit seiner Mutter, seinem Vater und seiner Schwester zusammen. Eines Tages findet er im Straßengraben einen alten Computer. Er fragt ihn sehr viele Dinge, über die er viel nachgedacht hat und die ihn interessieren.*

Überschrift: ______ Seite: ______

______ *ist Mutter von sechs Kindern und lebt mit ihrer Familie in Afrika. Sie haben alle viel Hunger und bekommen nicht genug zu essen.*

Überschrift: ______ Seite: ______

4. Beschreibe selbst eine Figur aus dem Lesebuch. Notiere dazu auch die Überschrift und Seitenzahl.

Überschrift: ______ Seite: ______

266 © Mildenberger Verlag KV 126

KV 126
Lösungen S. 335

Werkstatt: Ein Lerntagebuch führen

Mit dem Arbeitsblatt **Werkstatt: Ein Lesetagebuch führen** wird das Führen eines Lesetagebuchs anhand von Texten aus dem Lesebuch beispielhaft geübt. Die Aufgaben geben den Schülern Anregungen, in welcher Form sie einen Eintrag in ihr Lesetagebuch vornehmen können.

1. Zu welchem Text aus dem Lesebuch gehört diese Textstelle?
   Schreibe die Überschrift, Seitenzahlen und Zeilenzahlen auf.

Der Mann sah nach oben: Sonnenlicht glitzerte wie Juwelen im dunkelgrünen Wald. Er roch den Duft der Blüten, die um den Kapokbaum herum blühten. Er fühlte die Feuchtigkeit, die vom Waldboden aufstieg.

Überschrift: ____________________ Seite: __________ Zeile: __________

2. Schreibe eine eigene Textstelle aus dem Lesebuch auf, die dir besonders gut gefallen hat.
   Notiere dazu auch die Überschrift, Seitenzahlen und Zeilenzahlen.

____

____

____

Überschrift: ____________________ Seite: __________ Zeile: __________

3. Welche Figuren aus dem Lesebuch werden hier beschrieben? Notiere die Namen.
   Schreibe auch die Überschrift der Geschichten und die Seitenzahlen auf.

____________________ *ist ein Junge aus der Zukunft. Er lebt mit seiner Mutter, seinem Vater und seiner Schwester zusammen. Eines Tages findet er im Straßengraben einen alten Computer. Er fragt ihn sehr viele Dinge, über die er viel nachgedacht hat und die ihn interessieren.*

Überschrift: ______________________________ Seite: __________

____________________ *ist Mutter von sechs Kindern und lebt mit ihrer Familie in Afrika. Sie haben alle viel Hunger und bekommen nicht genug zu essen.*

Überschrift: ______________________________ Seite: __________

4. Beschreibe selbst eine Figur aus dem Lesebuch.
   Notiere dazu auch die Überschrift und Seitenzahl.

____

____

____

Überschrift: ______________________________ Seite: __________

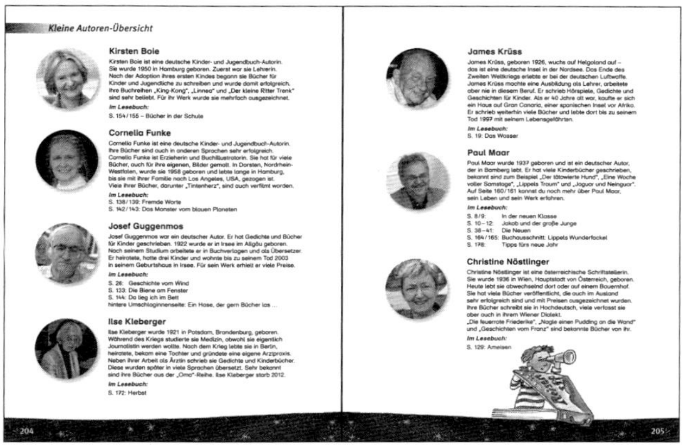

Kompetenzbereiche

Texte verstehen / Umgangsformen mit Texten

Inhalt und Thematik

Auf der Doppelseite werden sieben Autorinnen und Autoren vorgestellt, die zum einen im Lesebuch mit ihren Texten vertreten sind, zum anderen eine wichtige Rolle in der deutschen Kinder- und Jugendbuchlandschaft einnehmen. Es sind anerkannte Künstler, die Kinder und Erwachsene gleichermaßen mit ihren Büchern berührt und beeinflusst haben.

Jeder Autor wird mit seinen Lebensdaten und seinem Werdegang vorgestellt. Außerdem wird auf die Stellen im Lesebuch verwiesen, wo die jeweiligen Autorentexte zu finden sind.

Hinweise zum Unterricht

Im Rahmen einer Buchvorstellung bzw. im Zuge der Auseinandersetzung mit einem Text im Lesebuch bietet es sich an, dass sich die Schüler über den Autor und dessen Leben sowie über weitere Werke informieren. Dies kann einerseits über das kurze Autorenporträt im Lesebuch erfolgen, zum anderen aber auch über eine Recherche im Lexikon oder im Internet.

Kopiervorlagen

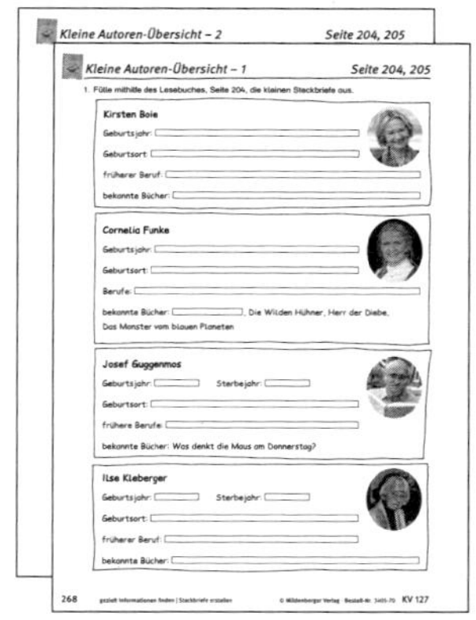

KV 127, 128
Lösungen S. 335, 336

Kleine Autoren-Übersicht – 1 und – 2

Die Arbeitsblätter **Kleine Autoren-Übersicht – 1** und **– 2** fragen Informationen über die Lebensdaten und den Werdegang der Autorinnen und Autoren ab, die im Lesebuch vertreten sind. Die Schüler füllen die Steckbriefe aus und ergänzen die fehlenden Angaben.

1. Fülle mithilfe des Lesebuches, Seite 204, die kleinen Steckbriefe aus.

Kirsten Boie

Geburtsjahr: ______

Geburtsort: ______

früherer Beruf: ______

bekannte Bücher: ______

Cornelia Funke

Geburtsjahr: ______

Geburtsort: ______

Berufe: ______

bekannte Bücher: ______, Die Wilden Hühner, Herr der Diebe, Das Monster vom blauen Planeten

Josef Guggenmos

Geburtsjahr: ______ Sterbejahr: ______

Geburtsort: ______

frühere Berufe: ______

bekannte Bücher: Was denkt die Maus am Donnerstag?

Ilse Kleberger

Geburtsjahr: ______ Sterbejahr: ______

Geburtsort: ______

früherer Beruf: ______

bekannte Bücher: ______

Kleine Autoren-Übersicht – 2

1. Fülle mithilfe des Lesebuches, Seite 205, die kleinen Steckbriefe aus.

James Krüss

Geburtsjahr: ______

Sterbejahr: ______

Geburtsort: ______

Ausbildung: ______

Berufe: ______

______

bekannte Bücher:
Timm Thaler, Der Leuchtturm auf den Hummerklippen

Christine Nöstlinger

Geburtsjahr: ______

Geburtsort: ______

______

früherer Beruf: Grafikerin

bekannte Bücher: ______

______

______

______

______

Paul Maar

Geburtsjahr: ______

Wohnort:

______

frühere Berufe:

______

______

bekannte Bücher: ______

______

______

Name: ______

Geburtsjahr: ______

Geburtsort: ______

(früherer) Beruf: ______

______

bekannte Bücher: ______

______

______

______

2. Erstelle für deinen Lieblingsautor oder deine Lieblingsautorin einen Steckbrief und trage ihn im letzten Kasten ein.

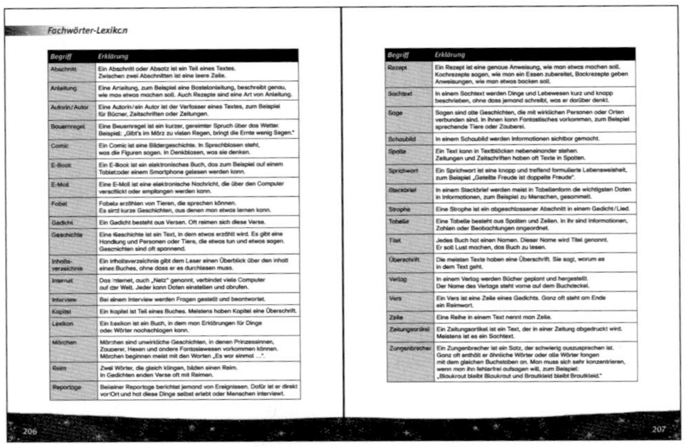

Fachwörter-Lexikon

Begriff	Erklärung
Abschnitt	Ein Abschnitt oder Absatz ist ein Teil eines Textes. Zwischen zwei Abschnitten ist eine leere Zeile.
Anleitung	Eine Anleitung, zum Beispiel eine Bastelanleitung, beschreibt genau, wie man etwas machen soll. Auch Rezepte sind eine Art von Anleitung.
Autorin / Autor	Eine Autorin / ein Autor ist der Verfasser eines Textes, zum Beispiel für Bücher, Zeitschriften oder Zeitungen.
Bauernregel	Eine Bauernregel ist ein kurzer, gereimter Spruch über das Wetter. Beispiel: „Gibt's im März zu vielen Regen, bringt die Ernte wenig Segen."
Comic	Ein Comic ist eine Bildergeschichte. In Sprechblasen steht, was die Figuren sagen. In Denkblasen, was sie denken.
E-Book	Ein E-Book ist ein elektronisches Buch, das zum Beispiel auf einem Tablet oder einem Smartphone gelesen werden kann.
E-Mail	Eine E-Mail ist eine elektronische Nachricht, die über den Computer verschickt oder empfangen werden kann.
Fabel	Fabeln erzählen von Tieren, die sprechen können. Es sind kurze Geschichten, aus denen man etwas lernen kann.
Gedicht	Ein Gedicht besteht aus Versen. Oft reimen sich diese Verse.
Geschichte	Eine Geschichte ist ein Text, in dem etwas erzählt wird. Es gibt eine Handlung und Personen oder Tiere, die etwas tun und etwas sagen. Geschichten sind oft spannend.
Inhalts-verzeichnis	Ein Inhaltsverzeichnis gibt dem Leser einen Überblick über den Inhalt eines Buches, ohne dass er es durchlesen muss.
Internet	Das Internet, auch „Netz" genannt, verbindet viele Computer auf der Welt. Jeder kann Daten einstellen und abrufen.
Interview	Bei einem Interview werden Fragen gestellt und beantwortet.
Kapitel	Ein Kapitel ist Teil eines Buches. Meistens haben Kapitel eine Überschrift.
Lexikon	Ein Lexikon ist ein Buch, in dem man Erklärungen für Dinge oder Wörter nachschlagen kann.
Märchen	Märchen sind unwirkliche Geschichten, in denen Prinzessinnen, Zauberer, Hexen und andere Fantasiewesen vorkommen können. Märchen beginnen meist mit den Worten „Es war einmal ...".
Reim	Zwei Wörter, die gleich klingen, bilden einen Reim. In Gedichten enden Verse oft mit Reimen.
Reportage	Bei einer Reportage berichtet jemand von Ereignissen. Dafür ist er direkt vor Ort und hat diese Dinge selbst erlebt oder Menschen interviewt.

206

Begriff	Erklärung
Rezept	Ein Rezept ist eine genaue Anweisung, wie man etwas machen soll. Kochrezepte sagen, wie man ein Essen zubereitet, Backrezepte geben Anweisungen, wie man etwas backen soll.
Sachtext	In einem Sachtext werden Dinge und Lebewesen kurz und knapp beschrieben, ohne dass jemand schreibt, was er darüber denkt.
Sage	Sagen sind alte Geschichten, die mit wirklichen Personen oder Orten verbunden sind. In ihnen kann Fantastisches vorkommen, zum Beispiel sprechende Tiere oder Zauberei.
Schaubild	In einem Schaubild werden Informationen sichtbar gemacht.
Spalte	Ein Text kann in Textblöcken nebeneinander stehen. Zeitungen und Zeitschriften haben oft Texte in Spalten.
Sprichwort	Ein Sprichwort ist eine knapp und treffend formulierte Lebensweisheit, zum Beispiel „Geteilte Freude ist doppelte Freude".
Steckbrief	In einem Steckbrief werden meist in Tabellenform die wichtigsten Daten in Informationen, zum Beispiel zu Menschen, gesammelt.
Strophe	Eine Strophe ist ein abgeschlossener Abschnitt in einem Gedicht / Lied.
Tabelle	Eine Tabelle besteht aus Spalten und Zeilen. In ihr sind Informationen, Zahlen oder Beobachtungen angeordnet.
Titel	Jedes Buch hat einen Namen. Dieser Name wird Titel genannt. Er soll Lust machen, das Buch zu lesen.
Überschrift	Die meisten Texte haben eine Überschrift. Sie sagt, worum es in dem Text geht.
Verlag	In einem Verlag werden Bücher geplant und hergestellt. Der Name des Verlags steht vorne auf dem Buchdeckel.
Vers	Ein Vers ist eine Zeile eines Gedichts. Ganz oft steht am Ende ein Reimwort.
Zeile	Eine Reihe in einem Text nennt man Zeile.
Zeitungsartikel	Ein Zeitungsartikel ist ein Text, der in einer Zeitung abgedruckt wird. Meistens ist es ein Sachtext.
Zungenbrecher	Ein Zungenbrecher ist ein Satz, der schwierig auszusprechen ist. Ganz oft enthält er ähnliche Wörter oder alle Wörter fangen mit dem gleichen Buchstaben an. Man muss sich sehr konzentrieren, wenn man ihn fehlerfrei aufsagen will, zum Beispiel: „Blaukraut bleibt Blaukraut und Brautkleid bleibt Brautkleid."

207

Kompetenzbereiche

Texte verstehen / Umgangsformen mit Texten

Inhalt und Thematik

Alle Fachwörter, die innerhalb des Lesebuchs genannt werden, sind hier nochmals übersichtlich zusammengestellt und kindgerecht erklärt.

Die Fachbegriffe reichen von Textgliederungsbegriffen (Abschnitt, Kapitel, Spalte ...) bis zu Gattungsbegriffen (Fabel, Gedicht, Märchen ...).

Hinweise zum Unterricht

Im Unterricht sollte immer wieder Platz dafür eingeräumt werden, die Fachwörter zu thematisieren und an geeigneten Stellen anwendungsbezogen zu wiederholen bzw. zu vertiefen. Hierzu finden sich im Aufgabenteil „Mit Texten umgehen" auch Aufgaben, welche die Schüler dazu anleiten, Textsorten zu benennen und von Textgliederungsbegriffen Gebrauch zu machen.

Kopiervorlagen

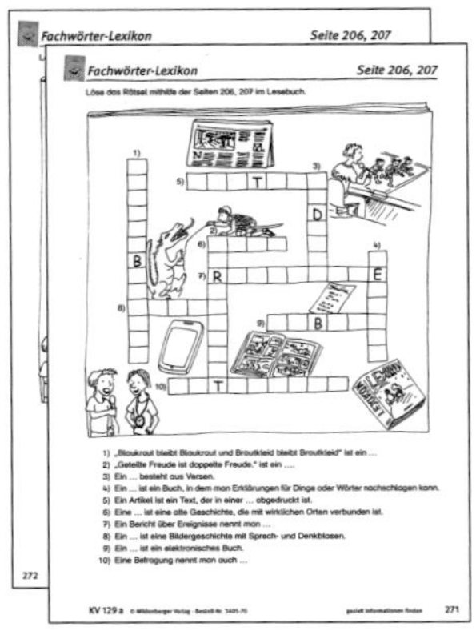

Fachwörter-Lexikon Seite 206, 207

Löse das Rätsel mithilfe der Seiten 206, 207 im Lesebuch.

1) „Blaukraut bleibt Blaukraut und Brautkleid bleibt Brautkleid" ist ein ...
2) „Geteilte Freude ist doppelte Freude." ist ein ....
3) Ein ... besteht aus Versen.
4) Ein ... ist ein Buch, in dem man Erklärungen für Dinge oder Wörter nachschlagen kann.
5) Ein Artikel ist ein Text, der in einer ... abgedruckt ist.
6) Eine ... ist eine alte Geschichte, die mit wirklichen Orten verbunden ist.
7) Ein Bericht über Ereignisse nennt man ...
8) Ein ... ist eine Bildergeschichte mit Sprech- und Denkblasen.
9) Ein ... ist ein elektronisches Buch.
10) Eine Befragung nennt man auch ...

KV 129 a 271

KV 129 a / b
Lösungen S. 336

Fachwörter-Lexikon

Mit dem Arbeitsblatt **Fachwörter-Lexikon** werden in Form eines Kreuzworträtsels wichtige Textsorten rekapituliert, die zur Textverständigung beitragen und sich den Schülern als Fachbegriff einprägen sollten.

Das Arbeitsblatt liegt in zwei Schwierigkeitsgraden vor.

Ⓓ In der Variante KV 129 a erleichtern vorgegebene Buchstaben das Finden der Lösungen.

Löse das Rätsel mithilfe der Seiten 206, 207 im Lesebuch.

1) „Blaukraut bleibt Blaukraut und Brautkleid bleibt Brautkleid" ist ein …
2) „Geteilte Freude ist doppelte Freude." ist ein ….
3) Ein … besteht aus Versen.
4) Ein … ist ein Buch, in dem man Erklärungen für Dinge oder Wörter nachschlagen kann.
5) Ein Artikel ist ein Text, der in einer … abgedruckt ist.
6) Eine … ist eine alte Geschichte, die mit wirklichen Orten verbunden ist.
7) Ein Bericht über Ereignisse nennt man …
8) Ein … ist eine Bildergeschichte mit Sprech- und Denkblasen.
9) Ein … ist ein elektronisches Buch.
10) Eine Befragung nennt man auch …

Fachwörter-Lexikon — Seite 206, 207

Löse das Rätsel mithilfe der Seiten 206, 207 im Lesebuch.

1) „Blaukraut bleibt Blaukraut und Brautkleid bleibt Brautkleid“ ist ein …
2) „Geteilte Freude ist doppelte Freude.“ ist ein ….
3) Ein … besteht aus Versen.
4) Ein … ist ein Buch, in dem man Erklärungen für Dinge oder Wörter nachschlagen kann.
5) Ein Artikel ist ein Text, der in einer … abgedruckt ist.
6) Eine … ist eine alte Geschichte, die mit wirklichen Orten verbunden ist.
7) Ein Bericht über Ereignisse nennt man …
8) Ein … ist eine Bildergeschichte mit Sprech- und Denkblasen.
9) Ein … ist ein elektronisches Buch.
10) Eine Befragung nennt man auch …

Schule ist unsere Welt – 1 Seite 6, 7

Schule ist auch deine Welt. Wie ist es bei dir?

1. Beschreibe deinen Schultag.

– individuelle Lösung –

2. Fülle die Tabelle aus.

	Justine	Massaikinder	Marvin	ich
Länge des Schulweges	5 Minuten zu Fuß	keine Angabe	1000 Kilometer	– *individuelle Lösung* –
Schülerzahl der Klasse	23	keine Angabe	allein	
Dauer des Unterrichts	von 8.00 bis 16.15 Uhr	von morgens bis abends	keine Angabe	
Lernmittel/ Bücher/ Schulkantine	5 Bücher/ warme Mahlzeit	Tafel, keine Hefte und Stifte	Computer, Internet	
Besondere Umstände	Justine wohnt nahe bei der Schule	Schule ist im Freien	Marvin lernt zu Hause	

Schule ist unsere Welt – 2 Seite 6, 7

1. Lies den Text.

Das Leben der Massaikinder

Massai haben eine eigene Sprache „Maa“. Sie leben als Nomaden in Kenia und Tansania. In der weiten Savanne suchen sie die Weideplätze für ihre Rinder und Ziegen. Alles, was sie zum Überleben wissen müssen, lernen sie von ihren Eltern und Großeltern. Lesen, schreiben und rechnen lernen sie nicht. Nur ein Kind wird von der Großfamilie ausgewählt, um die Schule zu besuchen. Meist werden nur Jungen auf die Schule geschickt. Die Mädchen und die anderen Jungen müssen Ziegen und Rinder hüten oder Wasser holen.

In der Schule müssen sich die kleinen Massai an strenge Regeln gewöhnen. Für ein Nomadenkind ist es sehr schwierig, den ganzen Tag still zu sitzen. Buchstaben und Zahlen schreiben fällt ihnen schwer. Auch müssen sie eine neue Sprache lernen, Suaheli. Später kommt Englisch dazu.

Der Unterricht dauert den ganzen Tag. Manchmal liegt die Schule ein oder zwei Stunden Fußweg entfernt. Dann dauert ein Schultag oft zwölf Stunden. Die Schulkinder wissen, dass ihre Kenntnisse für die Großfamilie wertvoll sind. Sie unterrichten ihre Geschwister im Rechnen und Schreiben und in Suaheli.

2. Bildet Zweiergruppen und stellt euch gegenseitig Fragen zum Text.

- Wie heißt die Sprache der Massai?
- In welchen Ländern leben sie?
- Wovon leben die Nomaden?
- Wer darf meist zur Schule gehen?
- Warum wird nur ein Kind der Großfamilie zur Schule geschickt?
- Wie lange dauert der Schultag?
- …

3. Schreibe vier Antworten auf.

Die Sprache der Massai heißt „Maa“.

Massai leben als Nomaden in Kenia und Tansania.

Sie leben von Rindern und Ziegen.

Meist werden nur Jungen auf die Schule geschickt.

– *Mehrere Lösungen sind möglich.* –

In der neuen Klasse – 1 **Seite 8, 9**

Robert, Simone und Frank gehen in eine Klasse.
Robert ist neu in der Klasse und hat noch keine Freunde gefunden.

1. So fühlen sich die Kinder in der Klasse.

Robert fühlt sich noch nicht wohl, weil er noch keine Freunde gefunden hat.

Simone fühlt sich in der Pause unwohl, wenn es eine Schlägerei gibt.

Frank fühlt sich wohl, weil er der Stärkste in der Klasse ist.

2. So denken die Kinder über die Rauferei von Frank und Jürgen in der Pause.

Robert denkt, dass Simone Frank unterstützen müsste, weil Frank mit ihr befreundet ist.

Simone meint, dass es ihr egal ist, wer gewinnt.

Frank will zeigen, dass er der Stärkste in der Klasse ist.

3. Das halten die Kinder von dem Vorfall mit den Pfefferminzbonbons.

Robert ist wütend, weil alle lachen, sogar Simone.

Simone lacht zwar wie die anderen, aber sie findet es doof von Frank.

Frank findet es lustig und fühlt sich stark.

In der neuen Klasse – 2 **Seite 8, 9**

1. Kannst du dir vorstellen, warum Frank Robert die Dose mit den Pfefferminzbonbons aus den Händen geschlagen hat?
Kreuze an, warum er es getan haben könnte.

(X) Angeberei ◯ Eifersucht ◯ Wut ◯ Spaß ◯ Tollpatschigkeit

2. Begründe deine Auswahl.

– individuelle Lösung –

3. Stell dir vor, Frank hätte nicht „dazwischengefunkt", als Robert Simone ein Bonbon angeboten hat. Wie hätte die Geschichte weitergehen können? Die Tipps können dir helfen.

Simone greift in die Dose und probiert ein Bonbon. „Die schmecken lecker", sagt sie. Robert erzählt, dass seine Mutter ihm die Bonbons an der Raststätte gekauft hatte, als sie mit dem Möbelwagen unterwegs waren. „Wo hast du denn vorher gewohnt?", will Simone wissen. „In Bremen", antwortet er, „es ist schön da." „Wenn du magst, kann ich dir nach der Schule ein bisschen die Gegend zeigen", schlägt Simone vor. Sie verabreden sich für vier Uhr.

– Mehrere Lösungen sind möglich. –

- *Robert erzählt in der Pause mehr von sich. Sie lernen sich besser kennen.*
- *Simone und Robert freunden sich an, Frank ist eifersüchtig ...*

Jakob und der große Junge – 1 Seite 10 – 12

1. Warum hat Jakob Angst, zur Schule zu gehen?

   Fast jeden Tag wartet auf dem Weg ein großer Junge und schubst ihn herum.

2. Die Geschichte heißt zwar „Jakob und der große Junge“. Es gibt aber noch eine wichtige Hauptperson. Welche?

   Ein Mädchen, das ihm hilft.

3. Verhalten sich die drei Kinder richtig (☺) oder falsch (☹)? Kreuze an.

Der große Junge	Jakob	Das große Mädchen
Er wartet jeden Tag auf Jakob, schubst ihn und ist gemein und böse. ☐ ☺ ☒ ☹	Jakob beißt die Zähne zusammen, um nicht weinen zu müssen. ☒ ☺ ☐ ☹	Das große Mädchen hilft Jakob. ☒ ☺ ☐ ☹
Er nimmt Jakob die Mütze weg. ☐ ☺ ☒ ☹	Jakob läuft weg. ☒ ☺ ☐ ☹	Sie hat keine Angst vor dem Jungen. ☒ ☺ ☐ ☹
Er äfft ihn nach. ☐ ☺ ☒ ☹	Jakob bittet das große Mädchen um Hilfe. ☒ ☺ ☐ ☹	Sie ist selbstsicher und lässt sich von dem Jungen nicht einschüchtern. ☒ ☺ ☐ ☹
Er hält Jakob an den Haaren fest und tut ihm weh. ☐ ☺ ☒ ☹	Jakob bezweifelt, dass das Mädchen ihm helfen kann, weil es ein Mädchen ist. ☐ ☺ ☒ ☹	Das große Mädchen fordert den Jungen auf, Jakob in Ruhe zu lassen. ☒ ☺ ☐ ☹
Er droht Jakob und auch später dem Mädchen. ☐ ☺ ☒ ☹	Jakob lobt das große Mädchen. ☒ ☺ ☐ ☹	Als der große Junge sich mit Worten nicht abwehren lässt, packt das Mädchen ihn am Arm und schleudert ihn zu Boden. ☒ ☺ ☐ ☹
Er stürzt sich angriffslustig auf das Mädchen. ☐ ☺ ☒ ☹	Jakob bedankt sich bei dem Mädchen für die Hilfe. ☒ ☺ ☐ ☹	Das große Mädchen ermutigt Jakob, sich von dem doofen Jungen nicht unterkriegen zu lassen. ☒ ☺ ☐ ☹

Jakob und der große Junge – 2 Seite 10 – 12

4. Bildet Zweiergruppen und vergleicht, was ihr auf KV 5 angekreuzt habt.

5. Wie sollte man sich am besten verhalten, wenn man von anderen gehänselt, geärgert oder belästigt wird? Kreuze an und sprich mit einem Partner darüber.

   Man sollte …

   ☒ lieber gar nichts tun und abwarten. Irgendwann hören sie schon wieder auf.
   ☒ sich jemandem anvertrauen.
   ☐ jemanden um Hilfe bitten.
   ☐ sich mit den Fäusten wehren.
   ☐ mit Kleineren genau das Gleiche tun.
   ☒ versuchen, mit ihnen zu sprechen.

6. Hast du andere Vorschläge, wie man sich in einer solchen Situation verhalten könnte?

   – individuelle Lösung –

7. Hast du auch schon so etwas erlebt?

   – individuelle Lösung –

Leute – 1 Seite 13

Kleine Leute, große Leute
gab es gestern, gibt es heute …

1. Betrachte das Bild. Wie sehen die Leute aus?
   Schreibe so:

Manche Leute sind groß.

Manche Leute sind klein.

Manche Leute sind alt.

Manche Leute sind jung.

Manche Leute sind dick.

Manche Leute sind dünn.

2. „Klein und groß sagt gar nichts aus …“
   Was ist das Wichtigste für alle? Lies die Zeilen 13–15.
   Tausche dich anschließend mit einem Partner aus.

Das Wichtigste ist für alle, dass man anderen hilft und den anderen stützt, und nicht nur sich selber nützt.

Leute – 2 Seite 13

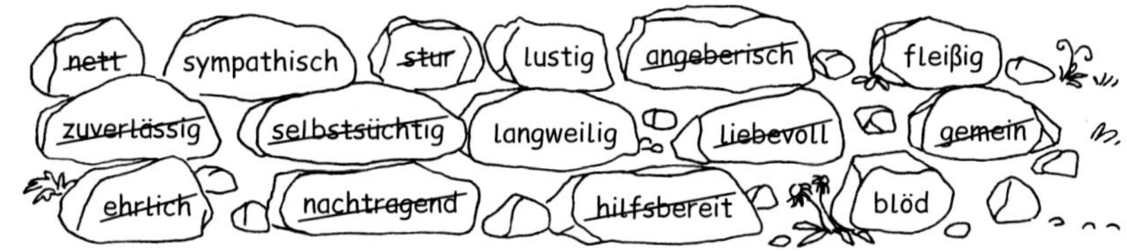

1. Welche Eigenschaften hat jemand, der für dich das „richtige Format“ hat?
   Schreibe fünf Sätze.

Ich mag es, wenn jemand nett zu mir ist.

Ich mag es, wenn jemand zuverlässig ist.

Ich mag es, wenn jemand ehrlich ist.

Ich mag es, wenn jemand hilfsbereit ist.

Ich mag es, wenn jemand liebevoll ist.

– Mehrere Lösungen sind möglich. –

2. Welche Eigenschaften hat jemand, der nicht das richtige Format hat?
   Schreibe fünf Sätze.

Ich mag es nicht, wenn jemand angeberisch ist.

Ich mag es nicht, wenn jemand selbstsüchtig ist.

Ich mag es nicht, wenn jemand stur ist.

Ich mag es nicht, wenn jemand nachtragend ist.

Ich mag es nicht, wenn jemand gemein ist.

3. Wie kannst du in der Klasse jemand anderem helfen?

Ich kann helfen, wenn ich jemandem einen Stift ausleihe.

Ich kann helfen, wenn ich jemandem die Hausaufgaben erkläre.

Ich tröste jemanden, der wegen der Schule traurig ist.

Lesetraining – Lesen auf 3 Stufen Seite 14, 15

1. Kreuze die richtigen Antworten an und finde das Lösungswort.

a) Die Bücherbrücke gibt es zwischen den Ländern …

- L [X] Deutschland und Mongolei.
- R [ ] England und Deutschland.
- S [ ] England und Mongolei.

b) Die Hilfsaktion „Bookbridge“ sammelt bei uns …

- D [ ] Geld aus allen Ländern.
- E [X] gebrauchte englische Bücher.
- I [ ] verschiedene Hilfsgüter.

c) Wie könnt ihr bei der Aktion mitmachen?

- N [ ] Ihr könnt selbst englischsprachige Bücher in die Mongolei schicken.
- S [X] Ihr könnt englischsprachige Bücher an Bookbridge spenden.
- U [ ] Ihr könnt eure Englisch-Schulbücher an Bookbridge spenden.

d) Bookbridge sammelt englisch- und nicht deutschsprachige Bücher, weil …

- E [X] in der Mongolei kaum jemand Deutsch spricht.
- R [ ] in der Mongolei nur Englisch gesprochen wird.
- T [ ] in Deutschland niemand englischsprachige Bücher braucht.

e) Bookbridge sammelt Bücher und nicht einfach Geld, denn …

- N [X] gebrauchte englischsprachige Bücher bekommen so ein „zweites Leben“.
- E [ ] es gibt gar nicht so viele englischsprachige Bücher zu kaufen.
- T [ ] wir würden die gebrauchten englischsprachigen Bücher sonst wegschmeißen.

2. Die Buchstaben vor den richtig markierten Kästchen aus Aufgabe 1 ergeben das Lösungswort.

[L][E][S][E][N] macht Spaß
und verbindet Menschen aus aller Welt.

3. Überlegt gemeinsam, wie man eine Büchersammelaktion an eurer Schule organisieren könnte.

– individuelle Lösung –

Bauernregeln zum Wetter Seite 18

1. Noch mehr Bauernregeln! Leider sind sie durcheinandergeraten.
Verbinde, was zusammengehört. Die Reimwörter helfen dir.

1) Alltäglicher Regen ist ungelegen,	wird der Winter stürmen und toben. (t)
2) Wenn's um Neujahr Regen gibt,	siehst du schon den Frühling winken. (t)
3) Konnte man den Herbst loben,	wird der Mai, dass Gott erbarm'. (h)
4) Hüpfen Eichhörnlein und Finken,	hofft man auf ein fruchtbar Jahr. (e)
5) Ist die Weihnacht hell und klar,	kannst du getrost auf schön' Wetter bauen. (a)
6) Dreht mehrmals sich der Wetterhahn,	oft um Ostern Schnee noch liegt. (e)
7) Ist der Oktober noch heiter und warm,	am Tage Wasser macht. (h)
8) Siehst du Nebel auf Seen und Auen,	zuweilen ein Regen ist ein Segen. (w)
9) Wind in der Nacht –	desto länger bleibt das Wetter schön. (n)
10) Je weißer die Schäfchen am Himmel gehen,	so zeigt er Sturm und Regen an. (r)

2. Trage die Buchstaben aus Aufgabe 1 richtig ein, dann ergibt sich das Lösungswort.

1)	2)	3)	4)	5)	6)	7)	8)	9)	10)
W	e	t	t	e	r	h	a	h	n

Es dreht sich im Wind der Wetterhahn.

Das Wasser **Seite 19**

Bildet 6er-Gruppen und lernt gemeinsam das Gedicht auswendig.
Jeder wählt eine Strophe aus, die er bearbeitet.

1. Lest euch zuerst das Gedicht vor – jeder seine Strophe.
   Dann wisst ihr, was nacheinander geschieht.
2. Lernt dann eure Strophe auswendig. Der Tipp hilft euch dabei.

> ***Ein Gedicht auswendig lernen*** — Tipp
>
> - *Lies die Zeilen des Gedichtes laut und nicht nur mit den Augen.*
> - *Stell dir genau vor, um was es in der Strophe geht.*
> - *Schreibe und male deine eigene Erinnerungshilfe für jede Zeile:*
>
> *erstes Wort + ein Signalwort oder eine Zeichnung + das Reimwort*
>
> *Beispiel: Vom* [Wolke] *Regen*

Schreibe und male deine Strophe, wie es im Tipp vorgeschlagen wird.

Die [Sonne] Runde
in altgewohntem Lauf
und saugt Munde
das [Wasser] auf

Decke mit einem Blatt immer mehr Hilfen ab,
bis du deine Strophe auswendig kannst. – *Mehrere Lösungen sind möglich.* –

3. Übt miteinander das Gedicht gut vorzutragen.
   Sprecht deutlich und macht Gesten dazu.
4. Tragt euer Gedicht – jeder seine Strophe – der Klasse vor.
5. Tauscht eure Erinnerungshilfen aus und lernt damit auch die anderen Strophen.
   Schafft ihr es, das ganze Gedicht auswendig zu lernen?

Heiliges Wasser **Seite 20, 21**

1. Beantworte die Fragen und trage die Lösungen in Großbuchstaben ein.

1)	WÜSTENGEBIETEN
2)	GANGES
3)	SEGEN
4)	MOSCHEE
5)	QUELLE
6)	GRUNDWASSER
7)	STIRN
8)	SYNAGOGE
9)	TAUFPATEN
10)	ELLENBOGEN
11)	ELEMENTEN
12)	KÜBEL
13)	NEUJAHRSFEST
14)	KNÖCHELN

Markierte Spalte: WASSERISTLEBEN

1) Wo sind große Weltreligionen entstanden? In …
2) Welcher Fluss ist im Hinduismus heilig?
3) Wasser ist ein Zeichen für Reinheit, Ewigkeit, Lebensquelle, …, Heilung und Fruchtbarkeit.
4) Wie heißt das muslimische Gebetshaus?
5) Im Hinduismus gilt Wasser als … des Lebens.
6) Im Judentum verwendet man frisches … oder Regenwasser.
7) Bei der Taufe im Christentum wird das Wasser über die … gegossen.
8) Wie heißt das jüdische Gebetshaus?
9) Im Christentum suchen die Eltern zwei … aus.
10) Im Islam wäscht man sich die Arme bis zu den ….
11) Im Buddhismus zählt Wasser neben Feuer, Erde und Luft zu den vier großen …
12) Womit schüttet man im Buddhismus den Menschen Wasser über den Kopf?
13) Bei welchem wichtigen buddhistischen Fest passiert dies?
14) Im Islam wäscht man sich die Füße bis zu den …

2. Die Buchstaben in den markierten Kästchen aus Aufgabe 1 ergeben den Lösungssatz.

1)	2)	3)	4)	5)	6)	7)	8)	9)	10)	11)	12)	13)	14)
W	A	S	S	E	R	I	S	T	L	E	B	E	N

Lösungssatz: Wasser ist Leben

Hilfe! Wir versinken im Meer! – 1 Seite 22, 23

1. Was erfährst du über Sam?

Sammle die Informationen aus dem Text. Notiere die Zeilen, in denen du die Antwort findest.

		Zeilen
Alter	11 Jahre alt	13
Wohnort	Dorf Kivalina im Norden von Alaska	14, 15
Ernährung	Robben, Fische und Rentiere	19, 20
Fortbewegungsmittel	Schneemobil	24
bester Freund	Jared	27
Kleidung im Winter	Pelzkragen und Schuhe aus Robbenfell	28, 29
Kleidung im Sommer	T-Shirt	32

2. Lies noch einmal die angegebenen Zeilen und schreibe die Antwort.

a) Zeile 42–46: Erkläre, wie es zu der Erderwärmung kommt.

Es wird immer mehr Kohle, Gas und Erdöl gebraucht und verbrannt: in Fabriken, in Haushalten, im Verkehr. Dadurch ist die Luft und sind die Meere wärmer geworden.

b) Zeile 48–56: Warum ist die Erderwärmung für die Bewohner der Insel ein Problem?

Das Meer ist noch nicht zugefroren, wenn die Herbststürme beginnen. Dann peitscht der Wind das Wasser zu Wellen und diese spülen Sand ins Meer. Die Insel wird immer kleiner.

c) Zeile 57–59: Wie versuchen die Inselbewohner, sich vor dem Wasser zu schützen?

Ein neuer Deich aus großen Steinbrocken soll das Dorf schützen.

Hilfe! Wir versinken im Meer! – 2 Seite 22, 23

Sam ist verzweifelt. Er weiß, dass der Deich das Meer nicht aufhalten kann. Alle Inselbewohner werden irgendwann umziehen müssen. Trotzdem möchte er nichts unversucht lassen. Er bittet eine Zeitung in Deutschland, seinen Brief zu veröffentlichen. Er hofft, dass es vielleicht doch noch irgendeine Hilfe gibt.

1. In seinem Brief an die Leser stellt er zuerst sich vor und schildert dann sein Problem. Schreibe den Brief.

Kivalina, den ______

Liebe Leserinnen und Leser,

mein Name ist Sam. Ich bin 11 Jahre alt und lebe (Z. 14, 15)
im Dorf Kivalina im Norden von Alaska.

Die meisten Dorfbewohner leben wie früher: (Z. 18 – 21)
Sie jagen Robben, fangen Fische und halten Rentiere. Manchmal darf ich schon meinen Vater auf die Jagd begleiten.

Seit einigen Jahren haben wir ein großes Problem: (Z. 9, 10)
Das Meer steigt an der Küste immer höher, unser Strand wird immer schmaler.

Früher schützte ein Eispanzer unsere Insel im Winter. Aber (Z. 40 – 42)
seit ein paar Jahren gefriert das Wasser erst später. Das kommt von der Erderwärmung.

Die heftigen Herbststürme treffen ungebremst auf den Strand und (Z. 54, 55)
spülen den Sand ins Meer.

Könnt ihr etwas gegen die Erderwärmung tun?

Euer Sam

Hilfe! Wir versinken im Meer! – 2 — Seite 22, 23

Sam ist verzweifelt. Er weiß, dass der Deich das Meer nicht aufhalten kann. Alle Inselbewohner werden irgendwann umziehen müssen. Trotzdem möchte er nichts unversucht lassen. Er bittet eine Zeitung in Deutschland, seinen Brief zu veröffentlichen. Er hofft, dass es vielleicht doch noch irgendeine Hilfe gibt.

1. In seinem Brief an die Leser stellt er zuerst sich vor und schildert dann sein Problem. Schreibe den Brief.

Kivalina, den ________

Liebe Leserinnen und Leser,

mein Name ist Sam.

Ich bin 11 Jahre alt und lebe im Dorf Kivalina im Norden von Alaska. Die meisten Dorfbewohner leben wie früher: Sie jagen Robben, fangen Fische und halten Rentiere. Manchmal darf ich schon meinen Vater auf die Jagd begleiten. Seit einigen Jahren haben wir ein großes Problem: Das Meer steigt an der Küste immer höher, unser Strand wird immer schmaler. Früher schützte ein Eispanzer unsere Insel im Winter. Aber seit ein paar Jahren gefriert das Wasser erst später. Das kommt von der Erderwärmung. Die heftigen Herbststürme treffen ungebremst auf den Strand und spülen den Sand ins Meer.

Könnt Ihr etwas gegen die Erderwärmung tun?

– Mehrere Lösungen sind möglich. –

Euer Sam

Klimawandel — Seite 24, 25

Im Lesebuch auf Seite 25 findest du Hinweise, wie du zum Klimaschutz beitragen kannst.

1. Welcher Hinweis passt zu welchem Beispiel? Umrahme die zusammengehörenden Kästchen mit derselben Farbe.

rot: Energiesparlampen und LED brauchen weniger Strom und halten länger.

blau: Geht man zu Fuß oder fährt man mit dem Fahrrad zur Schule, wird kein CO_2 durch ein Auto produziert.

gelb: Verpackt man sein Pausenbrot in einer Aludose, wird kein Verpackungsmüll produziert.

grün: Flugzeuge produzieren viel CO_2.

– rot – Leuchtmittel

– gelb – Schulverpflegung

– blau – Schulweg

– gelb – Verpackung

– grün – Fernreisen

– rot – Zimmerlicht

– rot – elektrische Geräte

– blau – Sonntagsausflüge

2. Wie trägst du zum Klimaschutz bei? Schaue dir die Fotos auf Seite 25 im Lesebuch an und schreibe auf, was du davon umsetzt. Tausche dich auch mit einem Partner aus.

– individuelle Lösung –

Geschichte vom Wind

Seite 26

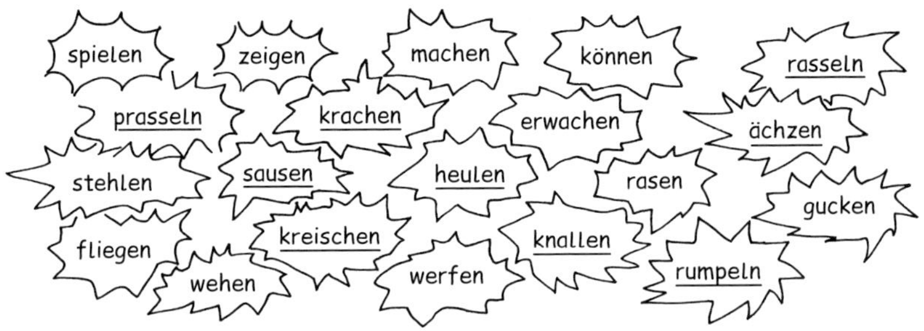

1. Entscheide, welche Verben ein Geräusch ausdrücken und unterstreiche sie.
2. Schreibe zu fünf Verben, die du unterstrichen hast, einen Satz auf, der gut zu dem Geräusch passt. – *Mehrere Lösungen sind möglich.* –

Das Gespenst Leopold rasselt mit seinen Lieblingsketten.

Auf das Dach prasselt der Regen.

Timo knallt wütend die Tür zu.

Das Modellflugzeug kracht auf den Boden.

Der Wind heult im Kamin.

Es rumpelt in meinem Bauch.

3. Suche dir nun drei dieser Verben aus und male wie in einem Comic ein Bild.

Krach!

Hui!

Prassel!

– *Mehrere Lösungen sind möglich.* –

Der fliegende Robert

Seite 27

1. Finde die passenden Reimwörter aus dem Gedicht und denke dir jeweils ein weiteres aus.

1. Reimwort Gedicht	2. Reimwort Gedicht	eigenes Reimwort
niederbraust	*durchsaust*	*wegschaust*
Buben	Stuben	Gruben
Nein	sein	klein
er	umher	Bär
Wind	geschwind	Kind
weit	schreit	Kleid
schon	davon	Thron
dort	immerfort	Sport
voran	an	Zahn
hingetragen	sagen	fragen

– *Mehrere Lösungen sind möglich.* –

2. Nach seinem abenteuerlichen und gefährlichen Flug durch den Sturm kommt Robert völlig durchnässt und erschöpft wieder zu Hause an. Seine Mutter hat sich große Sorgen gemacht.

Schreibe auf, was Robert seiner Mutter antwortet.

Mutter sagt: „Robert, mein Junge. Gott sei Dank, dass du wieder da bist! Was hast du dir nur dabei gedacht, bei diesem Wetter rauszugehen?“

Robert antwortet: „Ich hatte mir vorgestellt, wie herrlich es draußen sein müsste. Und am Anfang hat es viel Spaß gemacht, in den Pfützen herumzupatschen. Aber dann wurde ich in die Luft gehoben. Da habe ich geschrien.“

Lesetraining – Lesen auf 3 Stufen *Seite 28, 29*

1. Kreuze die richtigen Antworten an und finde das Lösungswort.

a) Was für ein Unwetter gab es in Dramfeld?

S ☐ Es gab ein heftiges Gewitter.
N ☒ Es gab einen Wirbelsturm.
I ☐ Es gab eine Flutwelle.

b) Was für eine Textart liegt hier vor?

A ☒ Es handelt sich um einen Zeitungsbericht.
L ☐ Es handelt sich um einen Augenzeugenbericht.
E ☐ Es handelt sich um einen Romanausschnitt.

c) Was bedeutet der Ausdruck „Dächer wurden abgedeckt"?

S ☐ Der Wind hat das ganze Dach fortgeweht.
T ☒ Die Dachziegel auf dem Dach wurden heruntergeweht.
N ☐ Das Dach ist eingebrochen.

d) Hatten die Menschen Glück, dass sie nicht auch mitgerissen wurden?

F ☐ Nein, ein Sturm wäre nicht stark genug, einen Menschen fortzublasen.
U ☒ Ja, denn wenn der Wind stark genug ist, Baumstämme umzuknicken, könnte er auch einen erwachsenen Menschen mitreißen.
B ☐ Ja, aber nur Babys wären leicht genug, um weggeweht zu werden.

e) Der Verkehr in der Hauptstraße musste umgeleitet werden, weil …

S ☐ niemand zum Helfen angereist war.
A ☐ sich die Straße durch den Sturm in einen Fluss verwandelt hat.
R ☒ die Straße bedeckt war von den Dingen, die herumgewirbelt worden sind: Möbelstücke, Äste, Baumstämme …

2. Die Buchstaben vor den richtig markierten Kästchen aus Aufgabe 1 ergeben das Lösungswort.
In der N A T U R gibt es gewaltige Kräfte.

3. Fiel es dir leicht, die beschriebenen Ereignisse nachzuvollziehen? Hast du alles verstanden? Sprich mit einem Partner darüber und begründe.

– individuelle Lösung –

Ich bin glücklich *Seite 34*

1. Glück ist ein Gefühl. Ob du glücklich bist, merkt man an deinem Gesichtsausdruck. Erkennst du auch andere Gefühle?
Verbinde den jeweiligen Gesichtsausdruck mit dem passenden Gefühl.

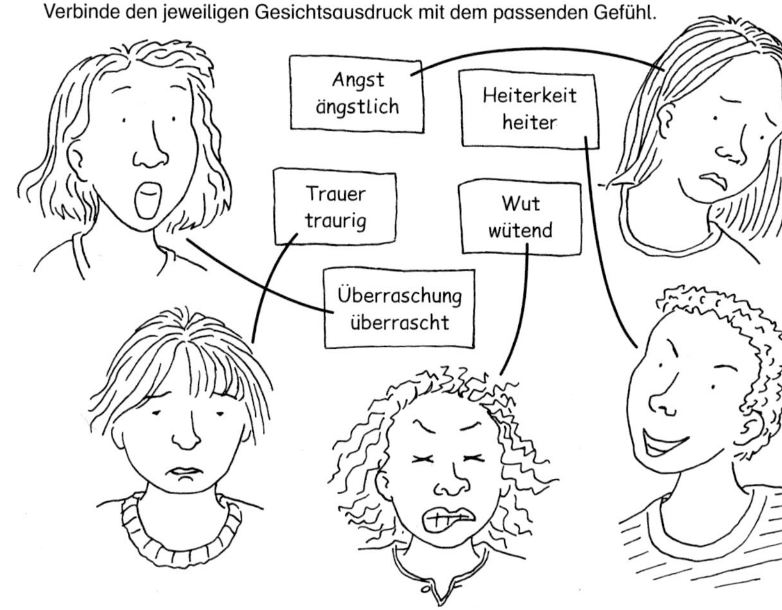

2. Wann bist du glücklich? Schreibe auf, in welcher Situation du glücklich bist. Suche dir zwei weitere Gefühle aus und beschreibe, wann du dich so fühlst.

a) *Ich bin glücklich, wenn* ______

b) *Ich bin* ______ *, wenn* ______

– individuelle Lösung –

c) *Ich bin* ______ *, wenn* ______

Der Sprung ins Wasser – 1

1. Welche der folgenden Formulierungen drücken aus, dass jemand Angst hat? Kreuze an.

   - [x] Mir rutscht das Herz in die Hose.
   - [ ] Ich könnte Luftsprünge machen.
   - [ ] Mir lacht das Herz.
   - [x] Ich habe Bammel.
   - [x] Mir schlägt das Herz bis zum Hals.

2. Lies noch einmal die Zeilen 1–5 sowie 15–20 und finde die Ausdrücke heraus, die zeigen, dass Eva Angst hat.
   Schreibe in ganzen Sätzen und unterstreiche das wichtigste Wort.

   Z. 1: Sie steigt langsam die Sprossen hinauf.

   Z. 2, 3: Eva klammert sich an die Haltebügel.

   Z. 4, 5: Eva hat große Angst vor Wasser, es ist ihr unheimlich.

   Z. 15: Eva geht ein winziges Schrittchen nach vorne.

   Z. 19: Eva geht mit klopfendem Herzen nach vorne.

   Z. 20: Eva zittert vor Kälte und Angst.

   – Mehrere Lösungen sind möglich. –

3. Was hätten Evas Freundinnen und die Lehrerin sagen können, um ihr Mut zu machen? Schreibe die Zeilen 6–14 um.

   *„Du schaffst das!", ruft Stefanie. „Du musst nur noch ein kleines Stück nach vorne gehen!" „*Wir warten hier auf dich*", ruft Frau Vogt* geduldig*. „*Du musst nicht, du kannst auch wieder runterkommen*." Eva dreht den Kopf zur Seite und schaut hinter sich wieder zurück. Sie bewegt sich nicht. „*Du schaffst das schon*",* sagt *Jana* aufmunternd*.*
   *„*Pass auf, danach bist du ganz stolz auf dich*", sagt Jessica, sie ist Evas beste Freundin.*

   – Mehrere Lösungen sind möglich. –

Der Sprung ins Wasser – 2

4. Wie fühlt sich Eva nach dem Sprung? Beschreibe.

   Sie ist sauer auf die anderen und geht wortlos hinaus.

5. Was denkt Eva über Kathrin, als sie nach dem Schwimmen neben ihr zur Schule geht?
   Was denkt sie über Jana und Stefanie, als sie sie fröhlich lachen hört?
   Schreibe in der Ich-Form.

   Über Kathrin denkt sie:

   Kathrin ist wirklich nett. Es tut mir leid, dass ich so oft eklig zu ihr war. Vielleicht kann ich mal etwas mit ihr unternehmen.

   – Mehrere Lösungen sind möglich. –

   Über Jana und Stefanie denkt sie:

   Jana und Stefanie sind nicht sehr nett zu mir. Sie lachen unbeschwert, während ich bedrückt bin, und sie schauen nicht nach mir.

   – Mehrere Lösungen sind möglich. –

Die Neuen – 1

Seite 38 – 41

Lippel erzählt seinen Eltern von der Begegnung mit den „Neuen".

Als die beiden mit Frau Klobe die Klasse betraten, blieben sie zunächst vorne stehen und blickten verlegen auf den Boden.

1. Überlege mit einem Partner: Warum waren die beiden verlegen?

– individuelle Lösung –

Hamide und Arslan sind die Neuen. Sie sind etwas Besonderes.

2. Was weißt du über sie? Fülle die Tabelle aus.

Wie heißen sie?	Hamide und Arslan
Was weißt du über ihr Alter?	Arslan ist ein Jahr älter als Hamide.
Wo sind sie geboren?	Arslan ist in der Türkei, Hamide ist in Deutschland geboren.
Wo sind sie vorher zur Schule gegangen?	in Sindelfingen
Warum sind sie neu in der Klasse?	Ihr Vater ist umgezogen, da mussten die Kinder mit umziehen.

Die Neuen – 2

Seite 38 – 41

3. Warum spricht Arslan nicht so viel wie seine Schwester?

Er spricht nicht so viel, weil er …

- [ ] nicht will.
- [ ] Angst hat.
- [x] nur wenig Deutsch kann.

Als der Unterricht zu Ende war, griff Arslan, bevor er ging, in seine Jackentasche und holte drei Bonbons heraus. Eines gab er Hamide, eines wickelte er für sich selbst aus dem Papier, das dritte hielt er mir hin.

4. Obwohl Arslan noch nicht mit Lippel gesprochen hatte, schenkte er ihm ein Bonbon. Was wollte er ihm damit zeigen?

Er möchte damit zeigen, …

- [x] dass er ihn nett findet.
- [ ] wie Bonbons aussehen.
- [ ] was er alles in der Tasche hat.

5. Warum ist das Bonbonpapier für Lippel so besonders?

Es ist besonders, weil …

- [ ] er Türkisch lernen will.
- [x] so ein Papier aus der Türkei selten ist.
- [ ] er gerne Süßes isst.

Die Neuen – 2 Seite 38 – 41

3. Warum spricht Arslan nicht so viel wie seine Schwester?

Er spricht nicht so viel, weil er nur wenig Deutsch kann.

> Als der Unterricht zu Ende war, griff Arslan, bevor er ging, in seine Jackentasche und holte drei Bonbons heraus. Eines gab er Hamide, eines wickelte er für sich selbst aus dem Papier, das dritte hielt er mir hin.

4. Obwohl Arslan noch nicht mit Lippel gesprochen hatte, schenkte er ihm ein Bonbon. Was wollte er ihm damit zeigen?

Er möchte Lippel damit zeigen, dass er ihn nett findet.

5. Warum ist das Bonbonpapier für Lippel so besonders?

Es ist besonders, weil so ein Bonbonpapier aus der Türkei selten ist.

Ich will dich heut nicht sehen Seite 42

1. In dem Gedicht sagt eine Person zu einer anderen, dass sie diese heute nicht sehen will und warum nicht. Was meinst du: Ist diese Person gemein oder kannst du verstehen, wie sie sich fühlt? Begründe.

– individuelle Lösung –

2. In dem Gedicht kommen Redensarten vor. Was bedeuten sie? Kreuze an.

jemanden nicht riechen können

- [ ] Jemand hat seinen Geruchssinn verloren.
- [x] Diese Person ist jemandem unsympathisch und er mag sie nicht.
- [ ] Diese Person ist jemandem rätselhaft. Er versteht nicht, was sie will.

eine Fliege machen

- [x] Jemand soll verschwinden.
- [ ] Jemand soll sich so schnell wie eine Fliege bewegen.
- [ ] Jemand soll pantomimisch eine Fliege nachmachen.

3. Kennst du eigene Redensarten? Schreibe zwei auf und erkläre. Wenn dir keine einfallen, können dir die Beispiele unten helfen.

Schwein haben: Glück haben

einen Bären aufbinden: jemanden dazu bringen, etwas Unwahres zu glauben

die Katze aus dem Sack lassen: jemandem etwas verraten

– Mehrere Lösungen sind möglich. –

Langeweile? Tu was! — Seite 43

1. Welche Zeile aus dem Gedicht passt zu dem dargestellten Gegenstand? Schreibe sie auf.

Roll möpse (Z. 1)

Bau klötze (Z. 5)

Lösch blätter (Z. 8)

Weck gläser (Z. 10)

Füll hörner (Z. 13)

Wähl scheiben (Z. 14)

Schaukel pferde (Z. 27)

Kneif zangen (Z. 29)

2. Aus jeder Zeile des Gedichts lassen sich zusammengesetzte Nomen bilden. Welche zusammengesetzten Nomen aus dem Gedicht werden hier beschrieben? Trage sie ein.

Speiseeis gibt es in verschiedenen Geschmacksrichtungen, am Stiel oder in der Waffel. Fangkörbe braucht man als Fischer oder sind am Rasenmäher. Backerbsen sind kein Gemüse, sondern werden aus Mehl, Eiern, Milch und Wasser gemacht.

In einem Zerrspiegel kannst du kleiner oder größer aussehen.

Kneifzangen sind wichtige Werkzeuge.

3. Fallen dir eigene Beispiele ein, die auch in dem Gedicht hätten stehen können? Schreibe so: – Mehrere Lösungen sind möglich. –

Schreib tische

Koch töpfe

Lenk drachen

Bade tücher

Der Rollstuhl – 1 — Seite 44, 45

1. Michaela soll lernen, allein mit dem Rollstuhl zu fahren. Wie hat sie sich bis jetzt fortbewegt?

Sie wurde in einem Wägelchen gezogen.

2. Warum sollte Michaela lernen, mit dem Rollstuhl zu fahren?

Damit sie in die Schule gehen kann.

3. Michaela will keinen Rollstuhl und schreit ihn an. Schreibe auf, was sie dem Rollstuhl alles zuruft. Die Zeilenangaben helfen dir dabei.

Meine Mutter sagt, dass ich lernen muss alleine mit dir zu fahren *(Zeile 2).*

Das will ich aber nicht. Ich hasse dich, weil ich auf eigenen Beinen stehen will *(Zeile 4, 5)*

oder zumindest mein Wägelchen wiederhaben will. Ich sehe gar nicht ein, dass ich mich auch noch selber schiebe *(Zeile 7).*

Im Sportwägelchen hat keiner gesehen, dass ich behindert bin.

Du machst alles so deutlich *(Zeile 18).*

Ich will dich einfach nicht!

Der Rollstuhl – 2 Seite 44, 45

4. Schließlich lernt Michaela doch das Rollstuhlfahren.
   Wie kommt es dazu? Lies in den Zeilen 24–39 nach.

Die Straße stand unter Wasser. Michaela stand plötzlich alleine im Rollstuhl da. Sie bekam Angst. Ihre Hände griffen wie von selbst nach den metallenen Reifen. Sie löste die Bremsen und fuhr im Rollstuhl los.

5. Jetzt denkt sie ganz anders über ihren Rollstuhl.
   Wieder sitzt sie in ihrem Zimmer auf dem Bett und schaut ihn an.
   Schreibe auf, was sie jetzt zu ihm sagt.

Ich sehe ein, dass …

Mit deiner Hilfe …

Mit dir fühle ich mich …

Ich will …

Ich sehe ein, dass ich auf dich angewiesen bin. Mit deiner Hilfe konnte ich mich bei dem Regen in Sicherheit bringen. Mit dir fühle ich mich wieder frei. Ich will nie mehr stillstehen.

– Mehrere Lösungen sind möglich. –

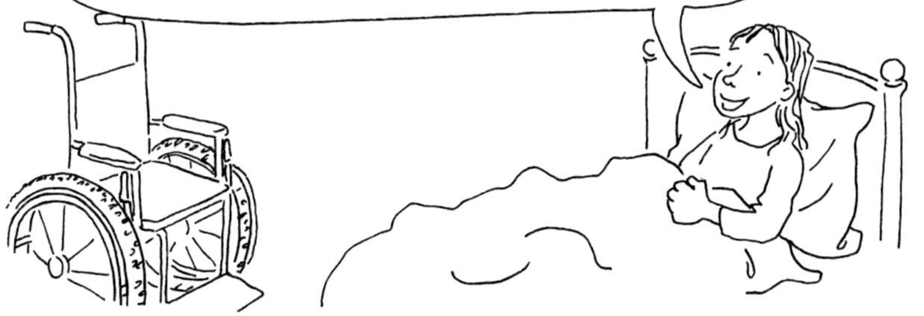

Lesetraining – Lesen auf 3 Stufen Seite 46, 47

1. Kreuze die richtigen Antworten an und finde das Lösungswort.

a) Mit wem ist Nora im Zirkus?

- S ☐ Nora ist mit ihrer Mutter im Zirkus.
- D ☐ Nora ist mit ihrer Klasse im Zirkus.
- M ☒ Nora ist mit ihrer Oma im Zirkus.

b) Wie trägt die Zirkusdirektorin die Schlange herum?

- U ☒ Sie trägt sie um den Hals.
- A ☐ Sie hält sie in den Händen.
- E ☐ Sie schlingt sie sich um den Bauch.

c) Nora hat Angst, …

- F ☐ nachdem sie die Schlange berührt hat.
- T ☒ noch bevor sie die Schlange anfasst.
- I ☐ während sie die Schlange anfasst.

d) Hat Nora Angst vor der Schlange, weil diese sich eklig anfühlt?

- H ☐ Ja, Nora mag die trockene Haut nicht.
- I ☒ Nein, Nora hat die Schlange ja gar nicht berührt.
- E ☐ Nein, Schlangen fühlen sich nicht eklig an.

e) Ist Nora mutig?

- L ☐ Nein, sie versucht die Schlange nicht anzufassen.
- G ☒ Ja, sie gibt vor allen Leuten zu, Angst zu haben.
- N ☐ Ja, sie überwindet ihre Angst und fasst die Schlange an.

2. Die Buchstaben vor den richtig markierten Kästchen aus Aufgabe 1 ergeben das Lösungswort.
   Man muss M U T I G sein,
   um seine Angst zuzugeben.

3. Wann hattest du schon einmal Angst?
   Wer oder was hat dir in einer solchen Situation geholfen?
   Erzähle einem Partner davon oder schreibe in dein Heft.
   Du kannst auch ein Bild dazu malen.

– individuelle Lösung –

Uhren zeigen die Zeit an – früher und heute *Seite 52, 53*

1. Stell dir vor, du bist Zeitreisender und hast keine eigene Uhr dabei, die dir die Tageszeit verraten kann. Welche der Uhrentypen, die im Lesebuch vorgestellt werden, würdest du benutzen?

Wo bist du als Zeitreisender?	Welcher Uhrentyp könnte dir die Zeit verraten?
Du bist im alten Ägypten. Es ist mitten am Tag.	die Sonnenuhr
Du bist mitten in der Nacht bei den alten Ägyptern.	die Wasseruhr
Du bist in der Schweizer Stadt Bern im Mittelalter.	die Turmuhr im Zytgloggeturm
Du bist in Nürnberg im 16. Jahrhundert.	das Nürnberger Ei
Du bist im Schwarzwald im 19. Jahrhundert.	die Kuckucksuhr

2. Ergänze den Lückentext.

Vergangenheit

Vor 4 000 Jahren bauten die Ägypter die ersten ***Sonnenuhren.*** *Der* Schatten *des Stabes zeigt die Uhrzeit an.*

Etwa zur selben Zeit wurden auch die ***Wasseruhren*** *erfunden. Dafür läuft das Wasser aus dem oberen in das untere* Gefäß.

Vor 600 Jahren wurde in Bern im Zytgloggeturm die ***Turmuhr*** *gebaut. Das Uhrwerk wird durch schwere* Gewichte *angetrieben.*

Vor 500 Jahren wurde in Nürnberg die erste ***Taschenuhr*** *gebaut. Das Uhrwerk wird durch eine gespannte* Feder *angetrieben.*

Vor 200 Jahren begann man mit der Massenproduktion von Uhren. Das Uhrwerk *wurde durch zwei Gewichte angetrieben. Eine solche Uhr war die* ***Kuckucksuhr.***

Die Uhrwerke von heutigen ***Armbanduhren*** *werden meist durch einen Elektromotor angetrieben, der von einer* Batterie *mit Strom versorgt wird.*

Gegenwart

Rapunzel – Der lange Weg zum Glück – 1 *Seite 54 – 57*

1. a) Woran erkennst du, dass „Rapunzel" ein Märchen ist? Kreuze die Merkmale an, die auf „Rapunzel" zutreffen.

- [x] Das Märchen beginnt oft in dieser Art: „Es war einmal ..." Häufig lautet der letzte Satz: „Wenn sie nicht gestorben sind, leben sie noch heute."
- [x] In Märchen kommen Zauberwesen, Zauberdinge oder Zaubersprüche vor.
- [x] Am Anfang steht oft ein Ereignis, das den Märchenhelden oder die Märchenheldin in eine außergewöhnliche Situation bringt.
- [x] Die gute Märchengestalt muss sich gegenüber einer bösen Märchenfigur behaupten. Oftmals hilft ihr ein Retter in der Not.
- [x] Am Ende siegt das Gute über das Böse. Es gibt also ein „Happy End".

b) Tausche dich mit einem Partner aus und überprüft eure Ergebnisse.

c) Tragt eure Ergebnisse in der Klasse zusammen und begründet sie.

2. Wie lauten Märchenanfang und -ende von „Rapunzel"?

Anfang: Es waren einmal ein Mann und eine Frau. Sie wünschten sich von ganzem Herzen ein Kind.

Ende: Er führte Rapunzel in sein Reich und sie lebten noch lange und vergnügt.

© Mildenberger Verlag · Bestell-Nr. 3405-70

Rapunzel – Der lange Weg zum Glück – 2 Seite 54 – 57

1. Welches Zauberwesen kommt im Märchen vor? (Zeile 6, 7)

Eine böse Zauberin, vor der sich alle fürchteten.

2. Warum holt die böse Zauberin das Neugeborene zu sich? (Zeile 29 – 42)

Der Mann hatte in ihrem Garten Rapunzeln gestohlen und durfte so viele nehmen, wie er wollte, musste ihr aber das Kind dafür geben.

3. Was macht die böse Zauberin mit Rapunzel, als sie zwölf ist? (Zeile 47 – 51) Kannst du dir vorstellen, warum sie das tut?

Sie schloss Rapunzel in einen Turm, der in einem Wald stand und weder Treppe noch Türe hatte, damit sie ihr niemand wegholte.

– Mehrere Lösungen sind möglich. –

4. Welcher Spruch taucht immer wieder auf? (Zeile 53, 54) Zu welchem Zweck wird er gesprochen? (Zeile 55 – 58)

Rapunzel, Rapunzel, lass dein Haar herunter.

Die Zauberin kletterte daran zu Rapunzel hinauf.

Rapunzel – Der lange Weg zum Glück – 3 Seite 54 – 57

5. Wer hilft Rapunzel und wie wurde derjenige auf sie aufmerksam? (Zeile 59 – 65)

Ein Königssohn, der im Wald auf der Jagd war, sah Rapunzel am Fenster und verliebte sich in sie. Am Abend kehrte er zu ihr zurück.

6. Wie erfährt die böse Zauberin vom Königssohn? (Zeile 93)

Sie entdeckte die Leiter unter dem Bett von Rapunzel und wurde sehr zornig, sodass ihr Rapunzel alles gestehen musste.

7. Wie bestraft die Zauberin Rapunzel? (Zeile 95, 96)

Sie packte Rapunzels Haare, nahm eine Schere und schnitt die Haare ab. Dann schickte sie Rapunzel in die Wüste, wo Rapunzel in großem Elend leben musste.

8. Aber wie kommt es doch zu einem glücklichen Ende? (Zeile 116 – 125)

Der blinde Königssohn kam auch in die Wüste und fand Rapunzel. Durch ihre Tränen konnte er wieder sehen und führte sie in sein Königreich.

– Mehrere Lösungen sind möglich. –

Margarete Steiff – 1 **Seite 58, 59**

1. Vervollständige den Text.
   Die fehlenden Angaben findest du alle im Lesebuch auf den Seiten 58 und 59.

Das Elefäntle erzählt

Ich bin das „Elefäntle". Eigentlich bin ich ein Nadelkissen *in Form eines Elefanten, aber ich fühle mich als mehr als das. Ich bin stolz darauf, dass es mich gibt und dass ich von einer so bemerkenswerten Frau erschaffen wurde.*

Das war im Jahre 1874, Margarete *Steiff war damals* 27 *Jahre alt. Ihr Vater baute das Elternhaus in der Stadt* Giengen *um und richtete dort ein Arbeitszimmer für sie und ihre Schwestern ein. Margarete war nicht wie die anderen Mädchen zu dieser Zeit. Sie hatte es nicht leicht, denn sie musste mit einer Behinderung leben, die im frühen Kindesalter durch eine* Kinderlähmung *hervorgerufen wurde. Seitdem saß sie im Rollstuhl. Davon ließ sie sich nicht unterkriegen. Mit großer Freude besuchte sie schon früh eine Nähschule und schaffte schließlich mit mir den Durchbruch! Na ja, eigentlich gibt es jemanden, der noch viel berühmter geworden ist als ich: Bis heute lieben alle Kinder meinen Freund, den* Teddy*. Er wurde nach einem damals sehr berühmten Mann benannt:* Theodore Roosevelt*, dem Präsidenten der USA, genannt* Teddy.

Durch den Erfolg mit dem Bären vergrößerte sich Margaretes Schneiderei und wuchs zu einer richtig großen Firma heran. Im Jahr 1907 hatte die Firma Steiff 400 *Mitarbeiter und 1800* Heimarbeiterinnen.
Damit erreichte Margarete etwas, das für die damalige Zeit noch ziemlich außergewöhnlich war: Sie ermöglichte auch Frauen, etwas für ihre Familien dazuzuverdienen.

Margarete Steiff – 2 **Seite 58, 59**

Margarete war eine tolle Chefin, obwohl sie auch ziemlich streng *sein konnte. Zum Beispiel duldete sie es nicht, wenn ihre Arbeiterinnen während der Arbeit zu viel miteinander redeten.*

Aber vor allem hatte sie ein großes Herz. An Weihnachten steckte sie den Frauen *fünf Mark mehr* in die Lohntüte, *wenn deren Familien in Not waren.*

Margarete Steiff mochte Kinder sehr gern. Ein Satz, den sie oft erwähnte, lautete: „Für Kinder ist nur das Beste gut genug."

Und damit hat sie uns gemeint, mich, das Elefäntle, und meinen Freund Teddy und die vielen, vielen anderen Stofftiere, die uns gefolgt sind. Wir sind das Beste und freuen uns wie Margarete, wenn uns ein freudestrahlendes Kind in die Arme schließt und am liebsten nie wieder hergeben würde!

2. Hast du die Lösungen im Text schnell gefunden?
   Was kann dir dabei helfen? Sprich mit einem Partner darüber. – *individuelle Lösung* –

3. Hast du auch Stofftiere? Welches ist dein Lieblingsstofftier?
   Zu welcher Gelegenheit hast du es bekommen? Schreibe auf.

– *individuelle Lösung* –

Hertha hat Geburtstag – 1

Seite 60 – 62

1. Lies noch einmal den Text. Betrachte dabei die zwei Fotos und die Bilder im Lesebuch. Woran erkennst du, dass Hertha nicht in der heutigen Zeit lebt?

Finde drei Beispiele. Schreibe ganze Sätze.

a) Es teilen sich sechs Geschwister ein Etagenbett.

b) Das Wasser wird vom Pumpbrunnen im Hof geholt.

c) Die Familie verwendet einen Holzofen zum Kochen und Heizen.

2. Was hätte man zeichnen oder fotografieren müssen, wenn Hertha heute leben würde? Schreibe ganze Sätze zu deinen Beispielen aus Aufgabe 1.

a) Jedes Kind hat ein eigenes Bett.

b) Das Wasser kommt aus der Leitung.

c) Die Familie kocht auf einem Ceranfeld, Induktions- oder Gaskochfeld und hat in jedem Raum eine Heizung.

Hertha hat Geburtstag – 2

Seite 60 – 62

3. Seit der Zeit, in der Hertha lebte, und heute hat sich in Deutschland vieles verändert. Fülle die Tabelle aus. Die Informationen für die linke Spalte findest du im Lesebuch.

 *So war es früher*	 *So ist es heute*
Hertha lebte in einer Großfamilie und hatte neun *Geschwister (Zeile 3, 4). So war es bei fast allen Familien.*	Heute sind die Familien kleiner.
Zum Frühstück gab es nur Haferbrei *(Zeile 15).*	Zum Frühstück gibt es oft Toast oder Müsli.
Als Geschenk bekam Hertha ein Nachthemd, das Agnes nicht mehr passte, eine aus einem alten Kleid genähte Schürze*, ein Paar Wollstrümpfe und gebrauchte Schuhe von Agnes (Zeile 20 – 31).*	Als Geschenk bekommt man meist das, was man sich wünscht: Spielzeug, Bücher, Elektrogeräte.
In Herthas Klasse gingen 57 *Kinder (Zeile 33).*	*In meine Klasse gehen* ___ *Kinder.* – individuelle Lösung –
Man schrieb mit Griffel auf Schiefertafeln.	Man schreibt mit Stiften ins Heft.
Am Nachmittag spielten die Kinder im Hof oder mussten in der Fabrik arbeiten.	*Am Nachmittag gehen die Kinder auf Spielplätze, schauen fern oder sitzen vor dem Computer …*

– Mehrere Lösungen sind möglich. –

Die Zeit – 1 — Seite 63

1. Lies noch einmal das Gedicht und schreibe heraus, was man mit der Zeit tun und nicht tun kann. Beachte jeweils nur die ersten zwei Zeilen jeder Strophe.

Man kann die Zeit ...	Man kann die Zeit nicht ...
vergeuden	riechen
vergessen	schmecken
gut nutzen	kaufen
schenken	borgen

2. Schreibe drei Sätze aus der Uhr und erkläre, wann man sie sagt.
Schreibe so: – *Mehrere Lösungen sind möglich.* –
Die Zeit läuft. Erklärung: Die Tage gehen zu schnell vorbei.

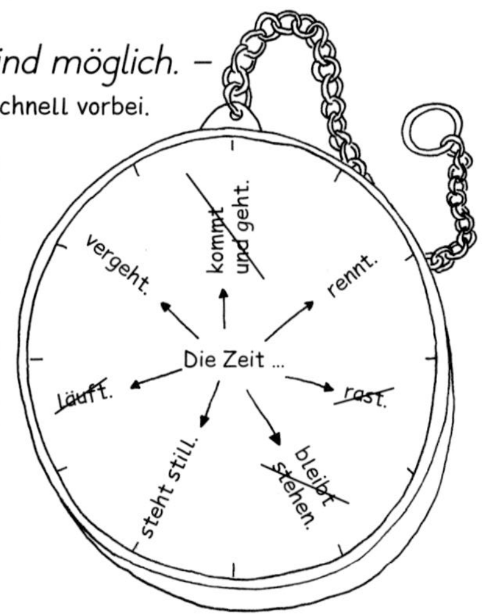

Die Zeit rast.
Erklärung: Die Stunden gehen
viel zu schnell vorbei.

Die Zeit bleibt stehen.
Erklärung: Die Stunden scheinen
überhaupt nicht vorbeizugehen.

Die Zeit kommt und geht.
Erklärung: Manchmal spürt man den Druck der vergehenden
Zeit, manchmal nicht.

Die Zeit – 2 — Seite 63

1. In den folgenden Wörtern steckt jeweils das Wort „Zeit“. Weißt du, was damit gemeint ist? Kreuze an.

a) Fußball ist mein liebster **Zeit**vertreib.

- [x] Fußball ist mein liebstes Hobby.
- [ ] Mit dem Fußball verjage ich die Zeit.
- [ ] Fußball lasse ich am liebsten ausfallen.

b) Am Meer gibt es Ge**zeit**en.

- [ ] Die Gezeiten sind die Zeiten, zu denen man ans Meer geht.
- [ ] Gezeiten sind Tiere, die es nur am Meer gibt.
- [x] Die Gezeiten sind Ebbe und Flut.

c) Vater bereitet die nächste Mahl**zeit** vor.

- [ ] Mahlzeit ist, wenn das Mehl gemahlen wird.
- [x] Eine Mahlzeit ist ein Essen.
- [ ] Zur Mahlzeit wird gezeichnet.

2. Finde noch andere zusammengesetzte Wörter mit „Zeit“.
Die Bälle unten helfen dir. Schreibe so:

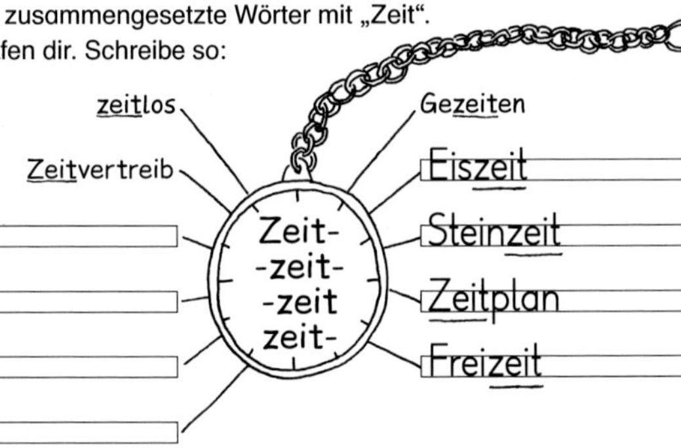

Zeitnot
zeitlich
zeitnah
zeitig

Eiszeit
Steinzeit
Zeitplan
Freizeit

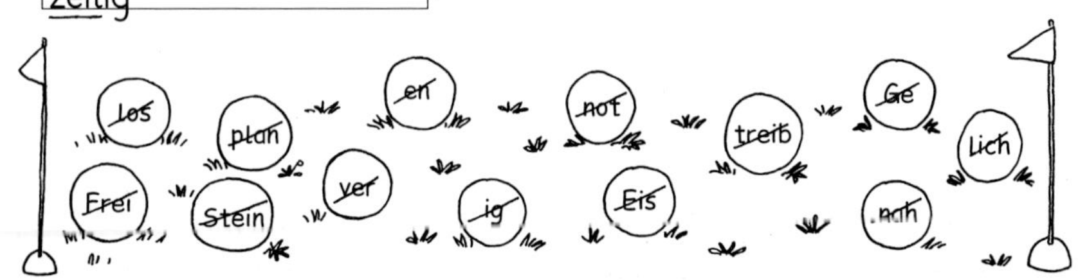

Lesetraining – Lesen auf 3 Stufen — Seite 64, 65

1. Kreuze die richtigen Antworten an und finde das Lösungswort.

a) Woran kannst du erkennen, dass die Texte Tagebucheinträge sind?

- I ☐ Es wird berichtet, was in der Woche passiert ist.
- A ☐ Es sind viele Fotos abgebildet.
- E ☒ Die Texte sind in der Ich-Perspektive geschrieben.

b) In dem Tagebucheintrag, den du gelesen hast, wird erwähnt, …

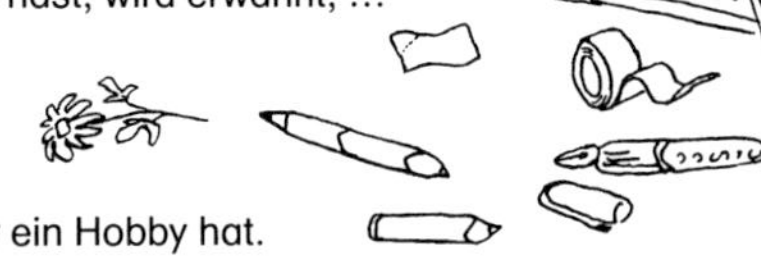

- I ☒ was es zu essen gibt.
- T ☐ wie die Eltern heißen.
- L ☐ was die Tagebuchschreiberin für ein Hobby hat.

2. Beantworte die Frage zu dem Text, den du gelesen hast, und finde das Lösungswort.

● **Sofies Tagebuch**: Wohnt Nazim weit weg?

- R ☐ Ja, Sofie kann ihn nur per Internet erreichen.
- T ☐ Nein, Sofie und Nazim wohnen im gleichen Haus.
- S ☒ Nein, Nazim kann seine Freundin einfach besuchen.

●● **Tanjas Tagebuch**: Tanja wird von Anna geweckt, weil …

- T ☐ Anna so laut ist, dass es in der ganzen Wohnung zu hören ist.
- S ☒ die beiden Schwestern sich ein Zimmer teilen.
- R ☐ Anna ihre Schwester ärgern wollte.

●●● **Ingrids Tagebuch**: Sind Ingrids Eltern reich?

- T ☐ Ja, die Eltern können die vier Kinder gut versorgen.
- S ☒ Nein, Ingrid bekommt etwas Gebrauchtes zum Geburtstag und muss im Haushalt helfen.
- R ☐ Nein, die Kinder bekommen niemals Fleisch zu essen.

3. Die Buchstaben vor den richtig markierten Kästchen aus Aufgabe 1 und 2 ergeben das Lösungswort.

Egal in welchem Jahrzehnt – Kinder essen gerne [E][I][S].

4. Schreibe einen eigenen Tagebucheintrag mit deinen Erlebnissen ins Heft. Du kannst auch ein Bild dazu malen.

– individuelle Lösung –

Vom Schlaraffenland – 1 — Seite 70, 71

1. Das Gedicht hat fünf Strophen. Jeder der folgenden Sätze beschreibt eine davon. Ordne zu und trage die richtige Nummer der Strophe ein.

2. Nenne Gründe, warum es schön wäre, im Schlaraffenland zu leben. Lies dazu noch einmal das Gedicht. Dort sind schon Gründe genannt.

Es lässt sich billig zechen. Alles ist umsonst. Man kann umsonst lustig sein, es ist zum Entzücken. Keiner darf sich mühen und bücken …

– Mehrere Lösungen sind möglich. –

Vom dicken fetten Pfannekuchen — Seite 72, 73

1. Entwirre den Buchstabensalat und verbinde das Tier mit seinem Spitznamen.
   Der Text im Lesebuch hilft dir dabei.

Tier	Spitzname
EIGZE ZIEGE	HAOGNRL LANGOHR
USA SAU	ZCHAANFHSR SCHARFZAHN
SHENÄHC HÄSCHEN	TOZRTAELBT ZOTTELBART
DEFPR PFERD	NIGHREALZCSWN RINGELSCHWANZ
LFWO WOLF	LUATPβTF PLATTFUβ

2. Findest du es richtig, dass der Pfannekuchen sich von den Kindern hat essen lassen?
   Was hätte der Pfannekuchen deiner Meinung nach tun sollen? Begründe.

– individuelle Lösung –

Hunger in der Welt – 1 — Seite 74, 75

Lies den Text im Lesebuch noch einmal und mache dann den Test.
Du kannst auch mehrere Antworten ankreuzen.

1. Etwa eine Milliarde Menschen in der Welt hungern.

   - [x] Das sind zwölfmal so viele Menschen wie in ganz Deutschland leben.
   - [ ] Das sind dreimal so viele Menschen wie in ganz Deutschland leben.
   - [ ] Das sind zwanzigmal so viele Menschen wie in ganz Deutschland leben.

2. Hunger und Armut können viele Ursachen haben – z. B. schlechte Ernte, Regierungen, denen es nur um Macht geht, oder Wirtschaftsunternehmen, denen es nur ums Geld geht.
   Zwei wesentliche Ursachen, die im Text genannt werden, fehlen hier. Welche?

   Naturkatastrophen, Kriege

3. Siah lebt in …

   - [ ] Asien.
   - [ ] Europa.
   - [x] Afrika.
   - [ ] Amerika.

4. Welche der folgenden Länder liegen in Afrika?

   - [x] Benin
   - [ ] Türkei
   - [x] Mosambik
   - [ ] Spanien
   - [ ] Portugal
   - [x] Äthiopien
   - [ ] Sri Lanka
   - [ ] Chile

5. Trage die Namen der Länder richtig ein.

Benin
Äthiopien
Mosambik

Hunger in der Welt – 2

6. Siahs Frühstück besteht aus …

einem Schluck Wasser und einem Rest Getreidebrei.

7. Am Nachmittag gibt es …

Maniokwurzel und eine dünne Soße.

8. Ergänze den Text.

Wenn man an Hunger leidet, ist man schwach *und wird* schnell müde*. Man wächst und entwickelt sich langsamer, deswegen sind Siahs Kinder* kleiner als andere *im selben Alter.*

Man ist anfällig für Krankheiten *und man* stirbt *früher.*

9. Die Menschen in den ärmsten Ländern von Afrika haben mit vielen Problemen zu kämpfen. Welche werden in Schaubild A benannt?
Ordne die Oberbegriffe richtig zu:

Trinkwassermangel, Geldmangel, Unterernährung, schlechte Hygienebedingungen.

Geldmangel	Unterernährung
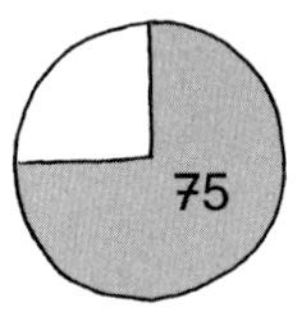 75 von 100 Menschen haben weniger als 1,50 Euro pro Tag.	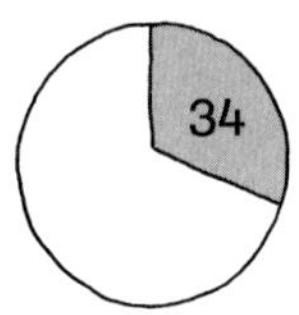 34 von 100 Kleinkindern sind unterernährt.
schlechte Hygienebedingungen	Trinkwassermangel
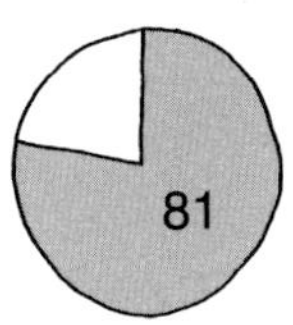 81 von 100 Menschen haben keinen Zugang zu Sanitäranlagen.	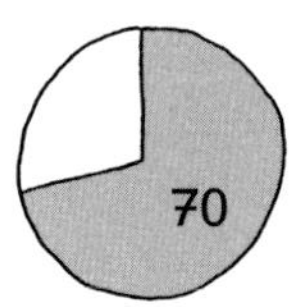 70 von 100 Menschen haben keinen Zugang zu sauberem Wasser.

Die Möhre – 1

1. „Die Möhre“ ist eine wahre Geschichte. Sie ist tatsächlich so jemandem passiert.
   a) Wann könnte die Geschichte gespielt haben?

   Sie spielt am Ende des Zweiten Weltkrieges.

   b) Informiert euch in Büchern und im Internet über die Zeit nach dem Zweiten Weltkrieg.
   c) Tauscht euch in der Klasse darüber aus.

2. Viele Menschen waren auf der Flucht. Welche Schwierigkeiten hatten sie?

   Sie mussten lange nach einem Zimmer suchen, in dem sie zu fünft wohnten. Es gab keine Betten und sie hatten Hunger.

3. Einmal hatte Otto zwei Tage lang nichts gegessen. Welche Lösung hatte seine Mutter?

   Sie gab ihm einen Schnürsenkel, auf dem er kauen konnte.

4. Lies noch einmal die Zeilen 36–39.
   Wie denkst du über das Verhalten des Hausbesitzers?

   Ich finde, das Verhalten des Hausbesitzers war

   – individuelle Lösung –

Die Möhre – 2 — Seite 76, 77

5. Als Otto nach Hause kommt, wird er von seiner Mutter ausgeschimpft. Er erzählt ihr aber nicht, was passiert ist. Warum nicht?

Kreuze die Antworten an, die du für am wahrscheinlichsten hältst.
Sprecht anschließend in der Klasse darüber. – *Mehrere Lösungen sind möglich.* –

- [x] Er sagt nichts, weil er heimlich plant, noch einmal in den Garten zu gehen.
- [x] Er schämt sich dafür, dass der Hunger ihn dazu gebracht hat, zu stehlen.
- [ ] Er hat Angst vor einer Bestrafung.
- [x] Er hat Angst, dass seine Mutter sich mit dem Hausbesitzer anlegt, und möchte sie schützen.
- [ ] Er hat kein Vertrauen zu seiner Mutter und erzählt ihr nie etwas.
- [x] Er befürchtet, dass seine Mutter noch trauriger wird, wenn sie merkt, wie verzweifelt er war.

6. Versetze dich in Otto hinein. Hättest du es deiner Mutter erzählt? Begründe.

– individuelle Lösung –

7. Otto wird nie wieder vergessen, wie sich Hunger anfühlt. Deshalb wird er später anderen Menschen, die an Hunger leiden, helfen, zum Beispiel in Afrika.
Informiere dich im Internet über die Organisationen, die es sich zur Aufgabe gemacht haben, Kindern in Not zu helfen, wie zum Beispiel UNICEF.

8. Entwickelt gemeinsam Ideen, wie ihr beitragen könnt, Kinder in Not zu unterstützen.

– individuelle Lösung –

Heute kocht Nele – 1 — Seite 78, 79

1. Nele verwendet frische Zutaten für ihre Tomatensoße. Das können Gewürze, Gemüse oder Kräuter sein.

Kennst du dich aus? Schreibe ein **G** in das Kästchen, wenn es sich um ein Gemüse handelt, und ein **K**, wenn du denkst, dass es ein Gewürz ist bzw. Kräuter sind.

G	Tomaten (g)	K	Pfeffer (k)
K	Oregano (l)	K	Petersilie (e)
K	Basilikum (e)	G	Zucchini (u)
K	Muskat (c)	G	Gurke (n)
G	Aubergine (e)	K	Rosmarin (r)
G	Lauch (s)	G	Karotten (d)

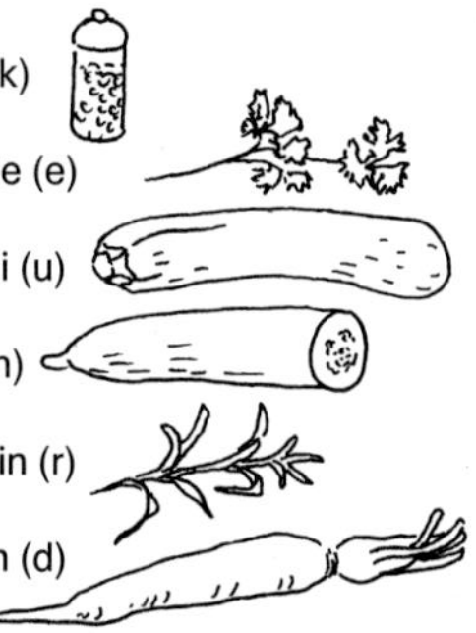

2. Die Buchstaben in den Klammern aus Aufgabe 1 ergeben die Lösungswörter.

G: Gemüse ist gesund.

K: Die Soße schmeckt lecker.

3. Gemüse, Obst und frische Kräuter sind verderbliche Lebensmittel.
Damit meint man, dass sie schnell schlecht werden können.
Welche Lebensmittel sind schnell verderblich, welche halten sich länger?
Trage in die Tabelle ein.

leicht verderblich	haltbar
Eier	Nudeln
Bananen	Reis
Salat	Mehl
Äpfel	Essig
Milch	Öl

Heute kocht Nele – 2 Seite 78, 79

4. Vielleicht möchtest du auch einmal für deine Eltern kochen.
An was musst du alles denken?
Lege die richtige Reihenfolge fest.
Der Text im Lesebuch kann dir dabei helfen.

(2) nachsehen, welche Zutaten noch fehlen
(3) fehlende Zutaten einkaufen
(1) Rezept aussuchen
(4) kochen
(7) Essen servieren
(6) Essen auf dem Teller anrichten
(5) Tisch decken
(10) abspülen
(9) Tisch abräumen
(8) gemeinsam gemütlich essen

5. Schreibe den Ablauf in ganzen Sätzen auf.
Benutze die Satzanfänge aus dem Wörterpool.

1 *Zuerst suche ich mir ein Rezept aus.*
2 Dann sehe ich nach, welche Zutaten noch fehlen.
3 Anschließend gehe ich die fehlenden Zutaten einkaufen.
4 Schließlich koche ich.
5 Daraufhin decke ich den Tisch.
6 Danach richte ich das Essen auf dem Teller an.
7 Als Nächstes serviere ich das Essen.
8 Endlich essen wir gemeinsam gemütlich.
9 Hinterher wird der Tisch abgeräumt.
10 Zum Schluss spüle ich ab.

– Mehrere Lösungen sind möglich. –

Lesetraining – Lesen auf 3 Stufen Seite 80, 81

1. Kreuze die richtigen Antworten an und finde das Lösungswort.

a) Woran kannst du erkennen, dass der Text, den du gelesen hast, ein Rezept ist?

F ☐ Es steht in der Überschrift.
G ☒ Es werden zuerst die Zutaten genannt und dann wird die Zubereitung beschrieben.
K ☐ Es wird alles Schritt für Schritt erklärt.

b) Ist die Suppe in deinem Text vegetarisch?

U ☒ Ja, es wird kein Fleisch verwendet.
E ☐ Nein, die Suppe muss erwärmt werden.
A ☐ Ja, es gibt keine tierischen Zutaten wie Milch oder Eier.

2. Beantworte die Frage zu dem Text, den du gelesen hast, und finde das Lösungswort.

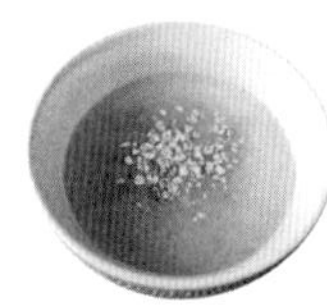

● **Haferflockensuppe**: Die Suppe ist ...

T ☒ süß, denn sie wird mit Zimt und Zucker gewürzt.
N ☐ herzhaft, denn es wird Salz verwendet.
S ☐ süß, denn sie wird erhitzt.

●● **Kürbiscremesuppe**: Welchen Teil der Zubereitung kann man auch mit „glasig dünsten“ umschreiben?

T ☒ Die Zwiebel braten, bis sie fast durchsichtig ist.
N ☐ Die Suppe pürieren.
S ☐ Die Suppe mit Salz und Pfeffer abschmecken.

●●● **Borschtsch**: Die Suppe ist ...

S ☐ süß, denn es wird kein Salz verwendet.
N ☐ süß, denn sie wird mit Zucker abgeschmeckt.
T ☒ herzhaft, denn sie wird mit Salz und anderen Gewürzen abgeschmeckt.

3. Die Buchstaben vor den richtig markierten Kästchen aus Aufgabe 1 und 2 ergeben das Lösungswort.
Eine selbst gemachte Suppe schmeckt G U T !

4. Fiel es dir leicht, die beschriebenen Vorgänge nachzuvollziehen und so das Rezept zu verstehen? Sprich darüber und begründe.

Die Heinzelmännchen – 1

1. Fülle die Tabelle aus.
   Der Text im Lesebuch hilft dir dabei.

Wir wohnen nicht in Düsseldorf,	*sondern* in Köln.
Wir werden nicht Josefswichtel genannt,	*sondern* Heinzelmännchen.
Wir sind für die Menschen nicht sichtbar,	*sondern* unsichtbar.
Wir sind ganz und gar nicht faul,	*sondern* eifrig und emsig.
Wir arbeiten nicht am Tag,	*sondern* über Nacht.
Wenn wir arbeiten, dann tun wir es nicht offen,	*sondern* immer heimlich.
Die Menschen haben uns keine Statue zur Erinnerung gebaut,	*sondern* einen Brunnen.

Die Heinzelmännchen – 2

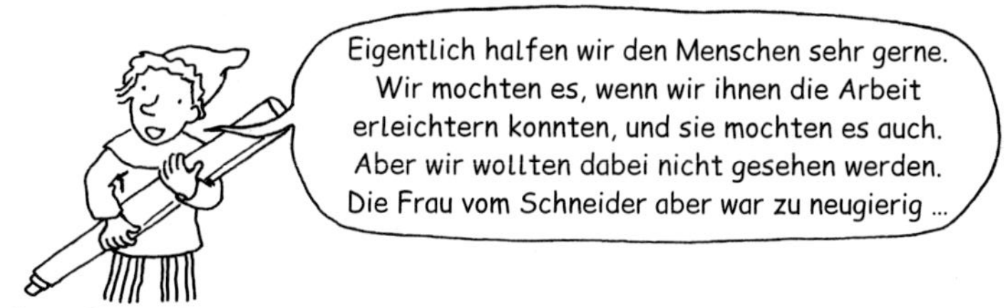

2. Schreibe auf, was die Frau des Schneiders getan hat, um die Heinzelmännchen zu überlisten.

Eines Abends legte sie getrocknete Erbsen auf die Treppe, versteckte sich und lauschte. Als die Heinzelmännchen stolperten und rutschten, eilte sie zur Treppe.

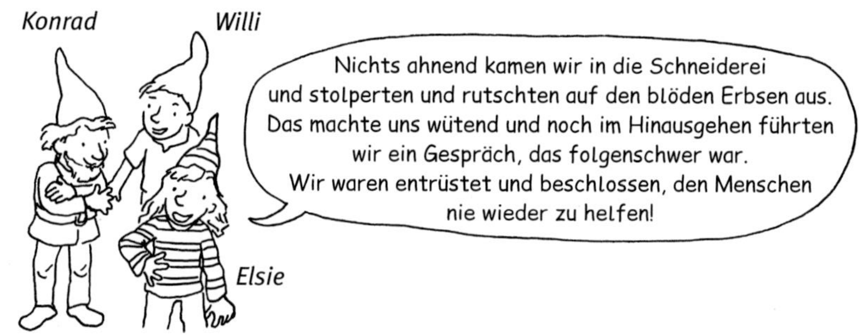

3. Schreibe das Gespräch der Heinzelmännchen.

Nachdem die Heinzelmännchen Konrad, Willi und Elsie Hals über Kopf aus der Schneiderei geflohen sind, sagt Elsie empört: „So eine dumme Gans, die Schneiderfrau!“ Willi nickt: „Wir wollen nur helfen und sie stellt uns eine Falle.“ „So lassen wir uns nicht behandeln!“, ruft Konrad empört. „Wenn die Menschen und so behandeln“, schlägt Elsie vor, „sollten wir ihnen nie wieder helfen.“

– Mehrere Losungen sind möglich. –

Zimmerer – ein Beruf mit Tradition und Zukunft Seite 86, 87

1. Löse das Rätsel.

1) Zimmerer bauen kunstvolle …
2) Vor 600 Jahren gründeten die Handwerker ihre …
3) Als Teil ihrer Ausbildung gehen Zimmerer auf die …
4) Dabei tragen sie eine Kluft, einen schwarzen …
5) und am linken Ohr einen …
6) Ist bei einem neuen Haus der Dachbalken gesetzt, feiert man das …
7) Zimmerer ist ein Beruf mit … und Zukunft.

2. Junge Zimmerleute gehen auf die Walz, um in verschiedenen Zimmerei-Betrieben zu arbeiten und Erfahrungen zu sammeln. Findest du das eine gute Tradition? Begründe.

– individuelle Lösung –

Der Brief – 1 Seite 88, 89

1. Zeile 1–23: Was erfährst du über die Familienmitglieder der Familie Tosch? Trage ein.

Name Hubert Tosch

Spitzname Schubert

arbeitet als Busfahrer bei der Stadt

Was denkt er über seinen Arbeitsplatz?

Er denkt, dass es ein guter Arbeitsplatz ist, um den ihn sogar einige Freunde beneiden.

Wohin schickt er seinen Sohn nach dem Frühstück?

Er schickt ihn zum Briefkasten, die Post holen.

Name Olli

Was denkt sie über den Arbeitsplatz ihres Mannes?

Sie möchte, dass er sich versetzen lässt, damit sie mehr Zeit füreinander haben.

Name Oskar

Hört er immer, wenn er mit seinem Namen gerufen wird?

Er hört nur darauf, wenn er hören will.

Was wünscht er sich von seinen Eltern?

Er wünscht sich ein neues Fahrrad.

Der Brief – 2

Seite 88, 89

2. Zeile 30–47: Dann kommt der Brief. Schubert wird seine Arbeit verlieren, weil seine Buslinie durch eine U-Bahn-Linie ersetzt wurde. Wie reagieren die drei?

Vater: Er ringt nach Worten und kann es nicht glauben.

Mutter: Sie wird blass und glaubt, Schubert macht einen Scherz.

Sohn: Oskar läuft es heiß den Rücken hinunter.

3. Zeile 48–50: Die Mutter Olli fängt sich schnell wieder und schließt ihren Mann in die Arme. Was zeigt diese Umarmung und warum ist sie wichtig für Schubert und für die ganze Familie?

Die Umarmung zeigt, dass sie in dieser schwierigen Situation für ihn da ist und die Familie zusammenhält. Es tröstet alle ein bisschen, dass sie es zusammen schaffen werden.

– *Mehrere Lösungen sind möglich.* –

4. Oskar ist geschockt. Sein Vater hat seine Arbeit verloren. Das ist schlimm. Und ausgerechnet jetzt, wo er ihm ein Fahrrad versprochen hat. Das Fahrrad und die Reaktionen seiner Eltern gehen ihm nicht aus dem Kopf. Er zieht sich zurück und schreibt seine Gedanken in sein Tagebuch. Stell dir vor, du bist Oskar. Schreibe den Tagebucheintrag in dein Heft.

– *individuelle Lösung* –

Samira Bologna – 1

Seite 90, 91

1. Samira Bologna ist Fußball-Schiedsrichterin. Erkläre mit eigenen Worten, was ein Schiedsrichter während eines Fußballspiels machen muss.

Er muss schnelle Entscheidungen treffen und sie durchsetzen. Er muss auf dem Spielfeld immer ruhig und gelassen bleiben, auch wenn Zuschauer oder Spieler schimpfen und protestieren.

2. Samira verwendet das Wort „unparteiisch". Weißt du, was das bedeutet? Erkläre es mit deinen Worten. – *Mehrere Lösungen sind möglich.* –

Unparteiisch zu sein bedeutet, nicht die eine oder andere Mannschaft zu mögen, sondern sich unabhängig eine Meinung zu bilden.

3. Wie entdeckte Samira ihre Begeisterung für den Fußball?

Ihr Vater und ihre Brüder waren Fußballer. Sie wurde von deren Begeisterung angesteckt.

4. Was lernt man in den Kursen der Schiedsrichterausbildung?

Man lernt alle Fußball-Regeln und was ein Schiedsrichter noch beachten muss: das Spielfeld, den Ball, die Schuhe und vieles mehr. Man wird auch geprüft, wie fit man im Laufen ist.

Samira Bologna – 2 — Seite 90, 91

1. Wofür steht die Abkürzung DFB?

   Deutscher Fußball-Bund

2. Welche Vorteile hat man, wenn man Schiedsrichter ist?

   Man macht viel Sport, man kommt viel herum, man reist durch ganz Deutschland und lernt viele Menschen und Städte kennen.

3. Welche Spiele „pfeift“ Samira Bologna?

   Sie ist Schiedsrichterin in der Verbandsliga der Männer.

4. Welches Missgeschick ist Samira eines Tages vor lauter Aufregung passiert? Wie konnte ihr geholfen werden?

   Einmal hatte sie vor Aufregung ihre Pfeife vergessen. Ihr Assistent hatte zum Glück eine Ersatzpfeife und half ihr aus der Patsche.

Samira Bologna – 3 — Seite 90, 91

1. Fertige ein Wortfeld zum Thema „Fußball“ an. Welche Begriffe tauchen schon im Interview auf? Welche kannst du ergänzen?

   – Mehrere Lösungen sind möglich. –

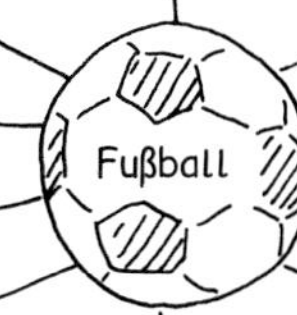

- Fußball-Ligen
- Schiedsrichterin
- Fußball-Regeln
- Spielfeld
- Ball
- Fußballschuhe
- Bundesliga
- DFB
- Verbandsliga
- Spielbeginn

2. Bist du auch ein Fußballfan? Hast du eine Lieblingsmannschaft? Suche dir einen Spieler oder eine Spielerin daraus aus und fertige einen Steckbrief von ihm oder von ihr an.
   Suche dazu Informationen im Internet oder in Zeitschriften.
   Wenn du kein Fußballfan bist, kannst du auch einen anderen Sportler oder eine Sportlerin vorstellen. Passe, wenn nötig, den Steckbrief an.

Steckbrief

Name ______

geboren in ______ Alter ______

spielt als ______

gewonnene Titel ______

aktueller Verein ______

Liga ______

aktueller Tabellenplatz ______

Sonstiges ______

– individuelle Lösung –

Tierpflegerin für einen Tag

Seite 92–94

1. Caroline beschreibt in ihrem Tagebuch den Tag im Zoo.
   Vervollständige den Text. Die fehlenden Angaben findest du im Lesebuch.

Liebes Tagebuch,

heute war endlich mein Tag im Zoo. Ich musste rutschfeste Gummistiefel und eine lange Hose anziehen und Gummihandschuhe mitbringen.

Morgens um 8 Uhr wurde ich von Sofie *abgeholt.*

Sie ist die Robben*-Pflegerin im Zoo.*

Zuerst haben wir das Außengehege *gereinigt. Sofie hat den Boden mit einem* Schlauch *abgespritzt. Ich habe mit einem* Besen *die getrockneten Kotreste entfernt. Das war anstrengend!*

In der Futterküche *haben wir die Fische in Eimer verteilt.*

Bei der Schaufütterung durfte ich dann den Eimer halten *und* Sofie *hat die Fische ins Wasser geworfen. Die Robben sind ganz schnell geschwommen, um zu dem Fisch zu kommen.*

Nach der Mittagspause *haben wir die kleinen Robben trainiert.*

*Die Robbe Nelly hat gelernt „*Pfötchen *zu geben". Das ist wichtig, damit sie versorgt werden kann, falls sie mal* krank *wird.*

Tierpfleger ist ein sehr schöner Beruf*, aber es war auch* anstrengend*!*

2. Welche Tiere würdest du gerne näher kennenlernen, wenn du bei dem Programm „Mein Tag im Zoo" teilnehmen könntest? Begründe deine Wahl.

– individuelle Lösung –

Koch – ein vielseitiger Beruf

Seite 95

1. Was macht ein Koch?
   Ergänze die Tabelle.

selten	eine Speisekarte zusammenstellen
oft	Zutaten bei einem Lieferanten bestellen
nach dem Kochen	Küche aufräumen und putzen
mehrmals am Tag	braten und kochen

2. a) Male die Flaggen der Länder richtig aus.

b) Trage jeweils das richtige Wort für „Koch" in der Landessprache ein.

3. Was gefällt dir am Beruf „Koch"? Was gefällt dir nicht? Begründe deine Meinung.

– individuelle Lösung –

4. Koch/Köchin ist für viele ein Traumberuf. Welchen Beruf findest du interessant? Schreibe auf, was man in diesem Beruf macht. Dein Partner soll den Beruf erraten.

– individuelle Lösung –

Lesetraining – Lesen auf 3 Stufen   Seite 96, 97

1. Kreuze die richtigen Antworten an und finde das Lösungswort.

a) Was sind die Aufgaben von Christian, dem Taxifahrer?

- S ☐ Er fährt seine Kinder zur Schule und hilft mit dem Gepäck.
- H ☐ Er wartet am Bahnhof auf Fahrgäste und hilft beim Umsteigen.
- F ☒ Er bringt Kinder zur Schule oder wartet am Bahnhof auf Fahrgäste. Er hilft beim Einsteigen und mit dem Gepäck.

b) Christian hat manchmal besondere Fahrgäste. Wer sind sie?

- A ☒ Er holt Kinder mit Behinderung von zu Hause ab und bringt sie zur Schule.
- I ☐ Er holt Touristen am Bahnhof ab und zeigt ihnen die Sehenswürdigkeiten.
- E ☐ Er fährt Bahnreisende in andere Städte, wenn ihr Zug ausfällt.

c) Worüber reden die Fahrgäste oft mit Christian?

- N ☐ Sie reden, wie er Auto fahren soll.
- H ☒ Sie reden über ihr Leben oder ihre Sorgen.
- D ☐ Sie reden über das Wetter und ihre Fahrt.

d) Gehört es zu Christians Beruf, den Menschen zuzuhören und ihnen einen Rat zu geben?

- T ☐ Ja, die Menschen zahlen extra dafür.
- N ☐ Ja, jeder Taxifahrer muss einem Fahrgast zuhören und ihm Ratschläge erteilen.
- R ☒ Nein, er macht es freiwillig und hilft gerne.

e) Christian hat eine Gehbehinderung. Ist Taxifahrer ein geeigneter Beruf für ihn?

- D ☐ Nein, die Ausübung kostet Christian viel Mühe und deswegen fährt er auch nicht gerne Taxi.
- E ☐ Ja, er sitzt immer nur im Auto und muss nie aufstehen oder gehen.
- T ☒ Ja, beim Autofahren spielt die Behinderung keine Rolle. Falls er die Fahrgäste beim Einsteigen oder Gepäck unterstützen muss, weiß er sich zu helfen.

2. Die Buchstaben vor den richtig markierten Kästchen aus Aufgabe 1 ergeben das Lösungswort.

Gute F A H R T !

3. Was gefällt dir an Christians Beruf? Was gefällt dir nicht? Erzähle es einem Partner oder schreibe in dein Heft.

– individuelle Lösung –

„Wie das Auto auf die Straße kam“ ... – 1   Seite 102, 103

1. Im Text findest du drei Jahreszahlen.
Was ist in diesen Jahren im Leben von Karl Benz geschehen?

1885: Karl Benz tüftelte in seiner Werkstatt an einem Fahrzeug.

1886: Er konstruierte das erste Auto: den „Benz Patent-Motorwagen Nummer 1“.

1888: Bertha Benz beschloss, die Erfindung vorzuführen. Sie fuhr mit ihren beiden Söhnen von Mannheim nach Pforzheim.

2. Wie bewegten sich die Menschen damals in der Stadt fort?

In der Stadt fuhr man noch mit Pferdekutschen und transportierte Waren in Pferdewagen.

3. Welches Fortbewegungsmittel nutzten sie für längere Reisen?

Für längere Reisen nutzte man nicht die Postkutsche, sondern die Eisenbahn.

4. Karl Benz erfand die erste Fahrmaschine.
Doch nicht alle waren begeistert. Warum nicht?

Sie fürchteten die Fahrmaschine. Das laute Knattern machte die Pferde scheu.

„Wie das Auto auf die Straße kam“ … – 2 Seite 102, 103

5. Lies noch einmal die Zeilen 27–41 und beschreibe dann, was auf den Bildern geschieht.

– *Mehrere Lösungen sind möglich.* –

Das Benzin ging aus. In der Apotheke kaufte Bertha Leichtbenzin, mit dem man Flecken aus Kleidung entfernte.

Es gab keine Straßenkarten oder Wegweiser. Sie fuhren deshalb entlang der Eisenbahnlinie.

Ein Schmied richtete die ausgeleierte Antriebskette.

Ein Schuster nagelte dickes Leder auf die abgenutzten Bremsklötze.

Der Klettverschluss – 1 Seite 104, 105

1. Was bedeutet der Ausdruck „etwas patentieren lassen“? Schaue im Lesebuch oder im Internet nach und erkläre in eigenen Worten. – *Mehrere Lösungen sind möglich.* –

Wenn man eine Erfindung gemacht hat, kann man sich diese schützen lassen. Niemand darf dann die Erfindung ohne Erlaubnis verwenden.

2. Du willst vor deiner Klasse einen Vortrag über Georges de Mestral halten. Erstelle dazu einen Steckbrief.

Steckbrief

Name	Georges de Mestral
geboren am	19. Juni 1907
geboren in	der Schweiz
gestorben am	8. Februar 1990
Was erfand er im Alter von 12 Jahren?	ein Modellflugzeug
Was studierte er?	Technik
Als was arbeitete er?	als Ingenieur
Welche Firma gründete er?	„Velcro“
Wann kam der erste Klettverschluss auf den Markt?	1959
Wie viele Mitarbeiter sind heute in seiner Firma beschäftigt?	mehr als 3 000 Mitarbeiter auf vier Kontinenten

Der Klettverschluss – 2 Seite 104, 105

3. Wie kam es zu der Erfindung des Klettverschlusses? Fertige einen Stichwortzettel an.

Georges ging mit seinem Hund wandern …
in den Bergen.

Nach der Wanderung …
war das Fell des Hundes voller Kletten.

Auch an seiner …
Kleidung hingen überall Kletten.

Fragte sich, …
warum sie so fest haften.

Betrachtete die …
Kletten unter dem Mikroskop.

Entdeckte, dass …
die Stacheln am Ende zu Häkchen gekrümmt waren.

Raffiniert, weil …
sie sich so in Fellhaaren oder Fasern verhakten.

Entdeckte auch, dass …
die Häkchen beim Herausreißen nicht abbrechen.

Beschloss, …
das nachzumachen.

Es gelang ihm, …
den Klettverschluss herzustellen.

4. Wo werden bei euch zu Hause Klettverschlüsse verwendet?
Vergleicht und denkt euch danach lustige Möglichkeiten aus, wo man Klettverschlüsse noch einsetzen könnte.

Sechs Punkte – damit die Hände lesen können – 1 Seite 106, 107

1. Die Blindenschrift setzte sich nach dem Tod ihres Erfinders Louis Braille durch.
Wie verlief das Leben von Louis Braille?

1809	*… wird Louis Braille in Coupvray bei Paris* geboren.
1813, mit vier Jahren,	*… verletzt er sich am* Auge.
1819, im Alter von zehn Jahren,	*… nimmt ihn die* Blindenschule *in Paris auf.*
1825	*… erfindet Louis Braille in Paris die* Blindenschrift.
1828	*… wird Louis Braille* Hilfslehrer *an der Pariser Blindenschule.*
1852	*…* stirbt *Louis Braille in Paris.*

2. Finde heraus, was das Wort in Blindenschrift bedeutet.
Die Buchstabentafel im Lesebuch auf Seite 107 hilft dir dabei.

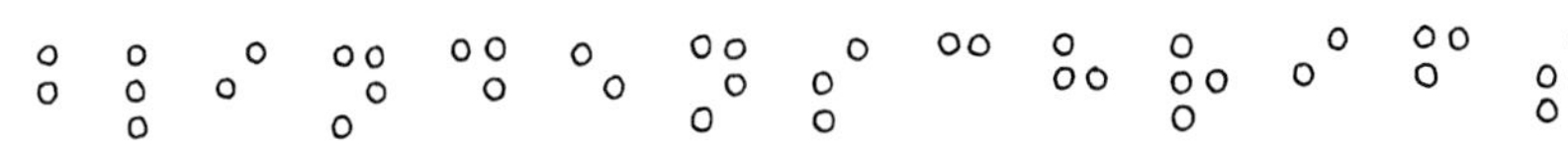

Lösung: Blindenschrift

Sechs Punkte – damit die Hände lesen können – 2 Seite 106, 107

3. Beantworte die Fragen mithilfe des Lesebuches und trage die Lösungen ein.

			1)	B	r	a	i	l	l	e					
	2)	P	a	r	i	s									
		3)	H	i	l	f	s	l	e	h	r	e	r		
4)	B	l	i	n	d	e	n	s	c	h	r	i	f	t	
			5)	R	u	n	d	k	o	p	f	n	ä	g	e	l
		6)	P	u	n	k	t	e	n						
	7)	F	i	n	g	e	r	n							

1) Der Erfinder der Blindenschrift hieß Louis …
2) Im Alter von zehn Jahren nahm ihn die Blindenschule in … auf.
3) Schon bald wurde Louis dort als … eingestellt.
4) Dort arbeitete er zielstrebig daran, eine brauchbare … zu entwickeln.
5) Louis erinnerte sich an seinen Spielwürfel zu Hause. Nach seiner Erblindung hatte sein Vater kleine … in einen Würfel geschlagen, damit er die Zahlen fühlen konnte.
6) So legte Louis für jeden Buchstaben ein Muster mit höchstens sechs … fest.
7) Diese waren leicht erkennbar und mit den … gut abzutasten.

4. Die Buchstaben in den markierten Kästchen aus Aufgabe 3 ergeben das Lösungswort.

Für Blinde ist die Sechs-Punkte-Schrift

das Tor zur B i l d u n g .
(1) 2) 3) 4) 5) 6) 7))

5. Hast du die Lösungen im Text schnell gefunden? Was kann dir dabei helfen? Sprich mit einem Partner darüber.

Ralph Caspers – Moderator, Drehbuchautor … Seite 108, 109

1. Kreuze an. Die richtigen Antworten ergeben ein Lösungswort.
Achtung: Es können mehrere Antworten richtig sein.

a) Wer ist Ralph Caspers?

A [x] Ein Moderator von „Die Sendung mit der Maus“.
N [x] Ein Moderator von „Wissen macht Ah!“.

b) „Wissen macht Ah!“ ist eine Kindersendung, bei der

T [x] Rätsel des Alltags erklärt werden.
R [ ] Mannschaften gegeneinander antreten und Fragen beantworten müssen.
W [x] ungefährliche Experimente mit Haushaltsgegenständen gezeigt werden, die man zu Hause nachmachen kann.
O [x] vorgeführt wird, wie man praktische Dinge, zum Beispiel Kleber, selbst herstellen kann.

c) Um sich auf die Sendung vorzubereiten,

O [ ] macht Ralph Caspers viele Kreuzworträtsel.
R [x] liest er viele Bücher.
U [ ] geht er blind durch die Welt und interessiert sich für nichts.
T [x] unterhält er sich mit Leuten, die sich gut auskennen.
E [x] geht er in die Bücherei und schaut sich viele Experimentierbücher an.
N [x] geht er mit offenen Augen durch den Alltag.

Lösungswort:
„Wissen macht Ah!“ gibt A N T W O R T E N auf spannende Fragen.

2. Schaue dir die fünf Lektionen von Ralph Caspers im grünen Kasten an. Welche Lektion gefällt dir am besten? Warum? Tausche dich mit einem Partner aus. Du kannst auch ein Beispiel dazu erzählen oder in dein Heft schreiben.

– individuelle Lösung –

Lesetraining – Lesen auf 3 Stufen

1. Kreuze die richtigen Antworten an und finde das Lösungswort.

a) Wann hat Mary Anderson den Scheibenwischer erfunden?

S ☐ Sie hat ihn vor weniger als 50 Jahren erfunden.
P ☒ Sie hat ihn vor mehr als 100 Jahren erfunden.
N ☐ Sie hat ihn vor 200 Jahren erfunden.

b) In welcher Jahreszeit hat Mary Anderson den Scheibenwischer erfunden?

O ☐ Im Sommer – Der Straßenbahnfahrer hatte mit Gewitter zu kämpfen.
I ☐ Im Herbst – Durch die Herbststürme konnte der Fahrer nichts sehen.
A ☒ Im Winter – Der Schneeregen nahm dem Fahrer die Sicht.

c) Hat Mary Anderson den Scheibenwischer sofort erfunden?

B ☐ Ja, noch als sie in der Straßenbahn saß.
C ☐ Nein, aber in einem Straßencafé, nachdem sie ausgestiegen war.
T ☒ Nein, sie skizzierte ihn bei sich zu Hause.

d) Was war in der Straßenbahn früher anders als bei modernen Straßenbahnen?

I ☐ Der Straßenbahnfahrer fuhr mit geöffneten Seitenfenstern.
E ☒ Der Straßenbahnfahrer fuhr mit geöffneter Windschutzscheibe.
O ☐ Es gab überhaupt keine Fensterscheiben.

e) Der Straßenbahnfahrer konnte nicht durch die Windschutzscheibe sehen, weil …

N ☒ der Schneefall ihm die Sicht nahm.
L ☐ die Windschutzscheibe von innen immer beschlug.
R ☐ durch die Temperatur das Glas milchig wurde.

f) Funktioniert der Scheibenwischer heutzutage immer noch so wie früher?

T ☒ Im Prinzip ja, aber nicht mehr von Hand, sondern ein Motor erledigt die Arbeit.
E ☐ Ja, es hat sich überhaupt nichts geändert.
A ☐ Nein, Scheibenwischer haben keine Arme mehr.

2. Die Buchstaben vor den richtig markierten Kästchen aus Aufgabe 1 ergeben das Lösungswort.
Den gesetzlichen Schutz einer Erfindung nennt man P A T E N T.

Der große Auftritt – 1

1. Kennst du diese Begriffe aus der Pferdewelt?
Schlage nach und schreibe in eigenen Worten.

traben: Der Trab ist eine mittelschnelle Gangart, in der sich das Pferd in zügigem Tempo über sehr große Distanzen fortbewegt.

Longe: Die Longe ist eine Laufleine. Das Pferd läuft daran angebunden im Kreis.

Voltigiergurt: Der Voltigiergurt ist eine Haltevorrichtung am Pferd, an der der Sportler „turnen" kann.

2. Im Text wird das Wort „Lampenfieber" verwendet.
Wie wird der Begriff im Text erklärt?
Lies die Zeilen 11–15 und beschreibe in eigenen Worten.

Wenn man „Lampenfieber" hat, ist man sehr aufgeregt und man fühlt sich, als würde man ohnmächtig werden.

3. Kennst du Lampenfieber? Was hilft dir dagegen? Schreibe deine Tipps auf.

– individuelle Lösung –

Der große Auftritt – 2 — Seite 114, 115

1. Gleich am nächsten Tag schreibt Maja ihrer besten Freundin eine E-Mail.
   Sie schickt ihr Bilder von ihrem Auftritt und berichtet, wie sie sich dabei gefühlt hat.
   Schreibe die E-Mail. *– Mehrere Lösungen sind möglich. –*

Nachricht

senden

An.. biene@internet.de

CC..

Betreff: Mein Auftritt

Hallo Biene,
gestern hatte ich mit Möhrchen
einen Auftritt im Zirkus. Ich war
vorher sehr nervös!

Aber in der Manege hat alles
gut geklappt und ich stand
sogar zum ersten Mal
freihändig auf Möhrchens
Rücken.

Am Ende haben wir viel
Applaus bekommen.
Liebe Grüße,
deine Maja

Wie ein Supermarkt in der Wüste — Seite 116

Beantworte die Fragen zum Text.

1. Was ist die Sahara und wo liegt sie?
   Die Sahara ist eine große Wüste in Afrika.

2. Was erfährst du im Text über die Temperaturen in der Sahara?
   Tagsüber ist es oft über 40 Grad heiß, nachts kühlt es stark ab.

3. Das Kamel ist ein wichtiges Tier für die Nomaden.
   a) Lies die Zeilen 21–23 und beschrifte.

   b) Warum ist ein Kamel wie ein „Supermarkt in der Wüste"?
   Weil ein Kamel den Nomaden alles Nötige zum Leben liefert.
   – Mehrere Lösungen sind möglich. –

Lebensraum Wüste
Seite 117

1. Welche Merkmale zeigen, dass das Kamel optimal an das Leben in der Wüste angepasst ist? Ergänze den Stichwortzettel.

Fell: kurz, damit die Kamele sich nicht aufheizen

Beine: lang, damit ihr Körper vom heißen Boden weg ist

Höcker: zum Fettspeichern, für Energie in schlechten Zeiten

trinken: nehmen in einer Viertelstunde 200 Liter Wasser auf

2. Erkläre den Unterschied zwischen Nomaden und Halbnomaden. (Zeile 8–15)

Nomaden ziehen mit Familie und Tieren das ganze Jahr durch das Land. Bei Halbnomaden wandert nur ein Teil der Familie mit den Tieren.

Warum sich Raben streiten
Seite 118

1. Finde im Gitternetz die Reimwörter aus dem Gedicht.
Sie können senkrecht oder waagerecht angeordnet sein.

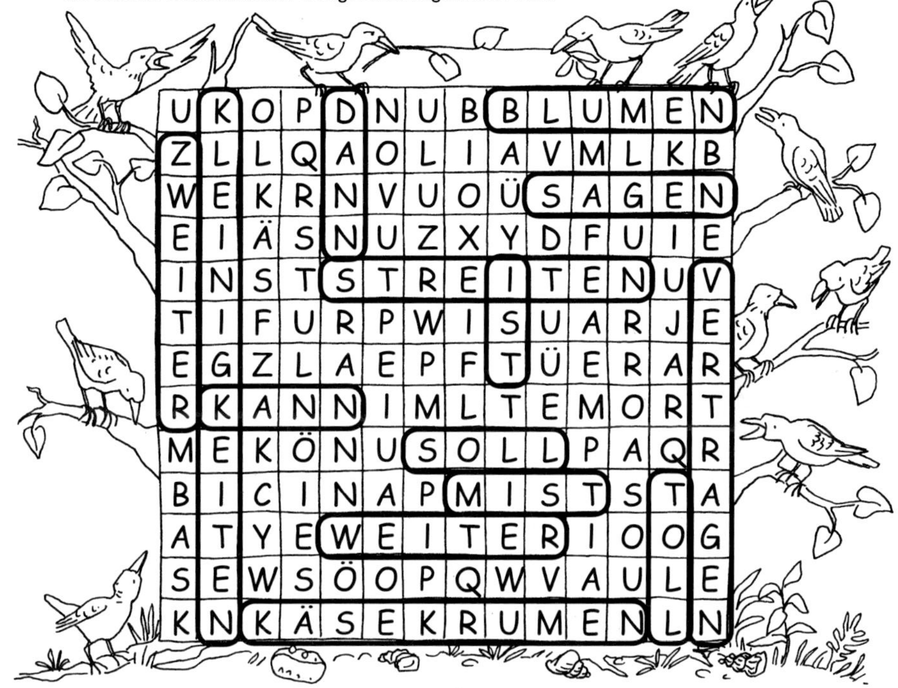

U	K	O	P	D	N	U	B	B	L	U	M	E	N
Z	L	L	Q	A	O	L	I	A	V	M	L	K	B
W	E	K	R	N	V	U	O	Ü	S	A	G	E	N
E	I	Ä	S	N	U	Z	X	Y	D	F	U	I	E
I	N	S	T	S	T	R	E	I	T	E	N	U	V
T	I	F	U	R	P	W	I	S	U	A	R	J	E
E	G	Z	L	A	E	P	F	T	Ü	E	R	A	R
R	K	A	N	N	I	M	L	T	E	M	O	R	T
M	E	K	Ö	N	U	S	O	L	L	P	A	Q	R
B	I	C	I	N	A	P	M	I	S	T	S	T	A
A	T	Y	E	W	E	I	T	E	R	I	O	O	G
S	E	W	S	Ö	O	P	Q	W	V	A	U	L	E
K	N	K	Ä	S	E	K	R	U	M	E	N	L	N

2. Schreibe die Reimwörter zu den passenden Strophen.

1. Strophe: streiten, Kleinigkeiten
2. Strophe: Blumen, Käsekrumen
3. Strophe: dann, kann
4. Strophe: toll, soll
5. Strophe: Zweiter, weiter
6. Strophe: Mist, ist
7. Strophe: sagen, vertragen

Tiger-Jagd

Seite 119

1. Ordne den Abbildungen die Tiger aus dem Gedicht (Zeile 7–14) zu.
   Welcher Tiger gehört zu welchem Adjektiv? Schreibe die Namen.

- Lus-Tiger
- Bors-Tiger
- Läs-Tiger
- Mäch-Tiger
- Präch-Tiger

- Kan-Tiger
- Saf-Tiger
- Kräf-Tiger
- Bär-Tiger
- Ar-Tiger

2. Können aus diesen genannten Adjektiven auch Tiger werden?
   Wenn ja, schreibe ihren Tiger-Namen auf, ansonsten machst du einen Strich.

fertig	fest
Fer-Tiger	Fes-Tiger
deftig	fettig
Def-Tiger	Fet-Tiger
diesig	listig
–	Lis-Tiger
dürftig	rostig
Dürf-Tiger	Ros-Tiger
eifrig	wichtig
–	Wich-Tiger

3. Kennst du noch eigene „Tiger", die man im Wörterbuch finden kann? Schreibe sie auf.

Gif-Tiger, Rüs-Tiger, Fros-Tiger

– Mehrere Lösungen sind möglich. –

Romulus und Remus

Seite 120, 121

1. Löse das Kreuzworträtsel zu Romulus und Remus mithilfe des Lesebuches.
   1) Der Fluss, an dem Romulus und Remus gefunden wurden, hieß …
   2) Sie wurden gesäugt von einer …
   3) Aufgezogen wurden sie von einem …
   4) Seine Frau meinte, es wären wohl …
   5) Romulus' und Remus' Großvater war der frühere … des Landes.
   6) Der Vater der Kinder war Mars, der …
   7) Mit ihrem Großvater gewannen Romulus und Remus dessen … zurück.
   8) Sie gründeten eine neue Stadt mit dem Namen …

2. Die fett umrandeten Buchstaben ergeben in der richtigen Reihenfolge das Lösungswort.

   Romulus und Remus wurden in einem K O R B ausgesetzt.

Lesetraining – Lesen auf 3 Stufen — Seite 122, 123

1. Kreuze die richtigen Antworten an und finde das Lösungswort.

a) Warum hieß der Menschenjunge Mowgli?

- E ☐ Das war der Spitzname, den er von seinen Freunden bekommen hatte.
- A ☐ So hatten ihn seine Menscheneltern genannt.
- I ☒ Er bekam den Namen von seiner Wolfsfamilie.

b) „Mowgli" übersetzt heißt …

- I ☐ flinkes Kind.
- N ☒ nackter Frosch.
- B ☐ kleiner Mensch.

c) Welche Freunde hatte Mowgli neben seiner Wolfsfamilie?

- F ☐ Er war mit dem Tiger befreundet.
- D ☒ Er hatte einen Bären und Panther zum Freund.
- L ☐ Sein bester Freund war ein Affe.

d) Wie alt war Mowgli bei dem ersten Tigerangriff?

- A ☐ Er war noch ein Baby, sonst hätte er anschließend nach Hause gefunden.
- I ☒ Er war ein Kind, das eine Familie zum Überleben brauchte.
- H ☐ Er war ein junger Erwachsener, weil er sich im Wolfsrudel durchsetzen konnte.

e) Warum war es gut, dass Mowgli im Wolfsrudel aufgenommen wurde?

- E ☒ So konnte er bei seiner Wolfsfamilie bleiben und war geschützt.
- N ☐ Er musste nicht zurück zu den Menschen.
- H ☐ Der Tiger hätte sonst das Wolfsrudel übernommen.

f) Handelte der Tiger böse?

- M ☐ Nein, es liegt in seiner Natur, Beute zu schlagen.
- D ☐ Ja, weil er sich vegetarisch hätte ernähren können.
- N ☒ Ja, weil er vom Wolfsrudel forderte, Mowgli herzugeben.

2. Die Buchstaben vor den richtig markierten Kästchen aus Aufgabe 1 ergeben das Lösungswort.

Die Geschichte von Mowgli spielt im Dschungel von I N D I E N.

3. Denke dir ein Abenteuer mit Mowgli aus. Schreibe es in dein Heft.

– individuelle Lösung –

Über die Erde – 1 — Seite 128

1. Schneidet die Bildkarten von KV 78 aus. Jeder hat dann zwei Bildkartensätze. Betrachtet die Bilder. Stellt euch die Dinge aus dem Wald vor: Wie fühlen sie sich an?

2. Sortiere die Bildkarten von weich nach hart. Was ist am weichsten? Was ist am härtesten?

3. Sortiere die Bildkarten von angenehm nach unangenehm. Was fühlt sich angenehm an, wenn du es anfasst? Was fühlt sich unangenehm an?

4. Sprecht über eure Ergebnisse. Begründet eure Zuordnungen. Kann auch etwas Hartes angenehm sein?

– Mehrere Lösungen sind möglich. –

Über die Erde – 2

Seite 128

5. In dem Gedicht geht es darum, die Natur mit den Füßen zu erspüren.
   Sammle Argumente für und gegen das Barfußgehen.

Ich gehe gern barfuß, weil

– individuelle Lösung –

Ich gehe nicht gern barfuß, weil

– individuelle Lösung –

6. In der letzten Strophe heißt es „Und dann ist die Erde ganz nah bei dir, und du weißt: Du bist ein Teil von allem und gehörst dazu.“
   Was könnte damit gemeint sein? Erkläre.

Auch der Mensch ist Teil der Natur.

– Mehrere Lösungen sind möglich. –

Ameisen – 1

Seite 129

1. Beantworte die Fragen zum Text.
   a) Was ist Gerhards Lieblingsbeschäftigung? (Zeile 2)

   Er schaut den Ameisen zu.

   b) Wie viel Zeit verbringt Gerhard damit? (Zeile 2)

   Er verbringt jeden Tag viele Stunden.

   c) Was sagen Hubert und die anderen Kinder zu Gerhards Lieblingsbeschäftigung?
   Was denken sie darüber? (Zeile 12, 13)

   Sie verstehen es nicht. Sie denken: „So was von stumpfsinniger Glotzerei“.

   d) Warum fragt ihn niemand danach? (Zeile 9, 10)

   Gerhard kann nicht richtig reden.

   e) Woran erkennst du, dass Hubert insgeheim doch glaubt, dass Gerhard etwas Aufregendes beobachtet? (Zeile 13–15)

   Weil er sich manchmal, wenn sonst niemand da ist, auch zu den Mülleimern setzt und den Ameisen zuschaut.

   f) Was machen die Ameisen?
   Was könnte daran aufregend und interessant sein?

   Sie tragen verschiedene kleine Stückchen Abfall aus den Mülltonnen weg.

   – Mehrere Lösungen sind möglich. –

2. Vergleicht eure Antworten in einer Gruppe oder in der Klasse.

Ameisen – 2

3. Gerhard findet Ameisen sehr spannend.
Informiere dich in Büchern oder im Internet über sie und beantworte die Fragen.

a) Wie schwer ist eine Ameise? je nach Art ca. 6 - 10 mg

b) Was fressen Ameisen? Pflanzensäfte, tote Insekten, den Tau („Honig“) von Blattläusen

c) Wie alt werden Ameisen? Arbeiterinnen 1 - 3 Jahre, Königinnen bis rund 30 Jahre

d) Wie groß können Ameisen werden? 7 - 11 mm, Königinnen bis zu 2 cm

e) Wie ist der Körper einer Ameise aufgebaut? Beschrifte.

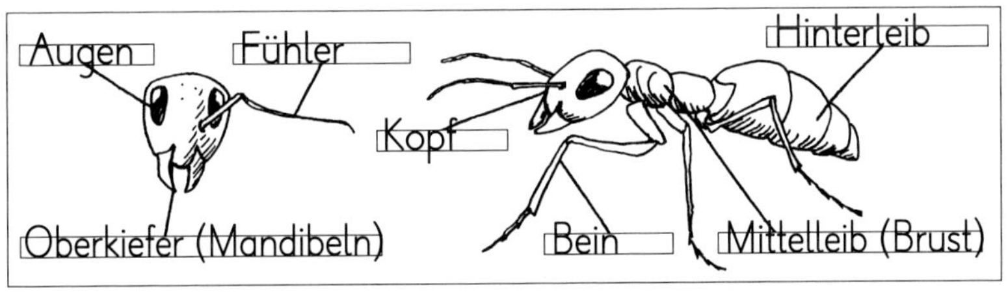

f) Wie leben Ameisen? Ameisen leben in einem Ameisenstaat. Der Ameisenstaat ist sehr gut organisiert, jede Ameise hat eine feste Aufgabe.

g) Wie verständigen sich Ameisen? Sie verständigen sich durch Duftstoffe, die sie versprühen.

h) Ameisen sind wichtig für den Wald. Warum? Sie lockern den Waldboden auf, fressen Schädlinge, verbreiten Samen und sind selbst Nahrung für andere Tiere.

i) Ameisen sind sehr stark. Das Wievielfache ihres eigenen Gewichtes kann eine Ameise tragen? ca. das 10-fache

Ameisen

1. Beantworte die Fragen zum Text.

a) Was ist Gerhards Lieblingsbeschäftigung?
Er schaut den Ameisen zu.

b) Wie viel Zeit verbringt Gerhard damit?
Er verbringt jeden Tag viele Stunden.

c) Was sagen Hubert und die anderen Kinder zu Gerhards Lieblingsbeschäftigung? Was denken sie darüber?
Sie verstehen es nicht. Sie denken: „So was von stumpfsinniger Glotzerei“.

d) Woran erkennst du, dass Hubert insgeheim doch glaubt, dass Gerhard etwas Aufregendes beobachtet?
Weil er sich manchmal, wenn sonst niemand da ist, auch zu den Mülleimern setzt und den Ameisen zuschaut.

2. Gerhard findet Ameisen sehr spannend.
Informiere dich in Büchern oder im Internet über sie und beantworte die Fragen.

a) Wie schwer ist eine Ameise? je nach Art ca. 6 - 10 mg

b) Was essen Ameisen? Pflanzensäfte, tote Insekten, den Tau („Honig“) von Blattläusen

c) Wie alt werden Ameisen? Ameisen werden 1 - 3 Jahre alt.

d) Wie groß können Ameisen werden? 7 - 11 mm, Königinnen bis zu 2 cm

e) Wie ist der Körper einer Ameise aufgebaut? Beschrifte.

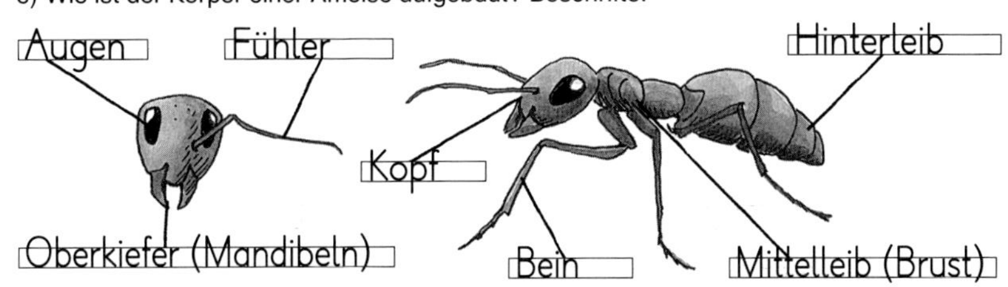

Der große Kapokbaum – 1

Seite 130, 131

1. Alle Tiere des Regenwaldes tragen dem Mann ihre Gründe vor, warum er den Baum nicht fällen soll. Doch wer sagt was? Verbinde.

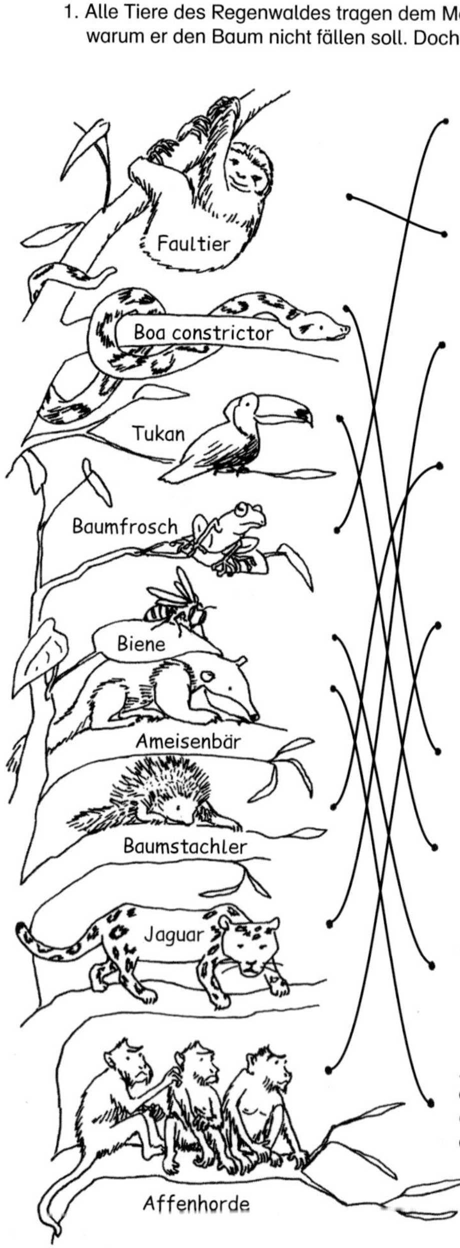

„Wenn ihr den Regenwald zerstört, zerstört ihr das Zuhause vieler Lebewesen."

„Wenn du die Schönheit des Regenwaldes zerstörst, woran soll sich dann dein Auge erfreuen?"

„In dem Kapokbaum leben viele Tiere. Wenn du ihn abschlägst, was soll ich dann fressen?"

„Weißt du, was Tiere und Menschen brauchen? Und weißt du, was die Bäume herstellen? Sauerstoff. Und Sauerstoff brauchen wir alle zum Atmen."

„Die Wurzeln verdorren und sterben. Nichts bleibt übrig, um die Erde festzuhalten.Wenn die großen Regen kommen, wird der Boden weggewaschen."

„Senhor, dieser Baum ist mein Zuhause."

„Für uns bleiben nur Baumstümpfe."

„In diesem Baum ist mein Bienenstock. Ich bestäube auch andere Bäume und Blumen im Regenwald."

„Der andere Mann befiehlt dir, einen Baum abzuschlagen. Dabei denkt er nicht an die Kinder, die morgen in einer Welt ohne Bäume leben müssen."

Der große Kapokbaum – 2

Seite 130, 131

2. Es spricht danach noch jemand zu dem Mann mit der Axt. Wer ist es?

Ein Kind aus dem Stamm der Yanomami-Indianer.

3. Was sagt es?

Wenn du jetzt aufwachst, bitte, sieh uns alle mit anderen Augen.

4. Die Tiere überzeugen den Mann, dass der Kapokbaum und der Regenwald geschützt werden müssen.

Was kannst du für den Regenwald tun? Kreuze die richtigen Antworten an. Du kannst …

- [x] eine Umweltschutzgruppe unterstützen.
- [ ] dein Zimmer aufräumen.
- [x] beim Kauf von Sachen aus Holz auf das FSC-Zeichen achten. Dieses verspricht eine umweltschonende Holzgewinnung.
- [x] ein Regenwaldprojekt in der Schule erarbeiten.
- [x] zu Fuß zur Schule gehen.
- [ ] weniger Obst essen.

5. a) Welches Argument eines Tieres findest du am besten? Erkläre.

– individuelle Lösung –

b) Tausche dich mit deinem Partner aus.

c) Präsentiert eure Ergebnisse in der Klasse.

Weitsprung

Seite 132

Der Wettkampf wird von zwei Sportkommentatoren begleitet, die sich miteinander unterhalten. Fülle die Lücken in den Sprechblasen aus. Der Text im Lesebuch hilft dir dabei.

Willkommen zu dem ungewöhnlichen Wettkampf im Weitsprung!

Wem wird der Rekord gelingen?

Der Mensch ist zuerst dran. Er springt das Fünffache seiner Körperlänge – gerade soeben.

Als Nächstes ist die Heuschrecke dran. Was für ein Sprung! Sie schafft das Dreißigfache ihrer Körperlänge!

Damit ist der Floh der eindeutige Sieger!

Teilnehmer sind ein Mensch, ein Frosch, eine Heuschrecke und ein Floh.

Es zählt ja nicht die absolute Weite, sondern die Weite in Zusammenhang mit der Körperlänge.

Jetzt springt der Frosch. Auch er hat Mühe. Er schafft das Zehnfache.

Sehr beeindruckend! Ob der Floh das übertreffen kann? Er springt los ... Was für eine Weite! Der Floh schafft das Zweihundertfache!

KV 83 Text fortführen 183

Die Biene am Fenster

Seite 133

Stell dir vor, wie die Biene zuerst von etwas Unsichtbarem aufgehalten wurde und wie ihr dann von einem Menschen geholfen wird.

1. Finde eine passende Überschrift.
2. Schreibe die Geschichte aus der Perspektive der Biene.
   Wenn du nicht mehr weiter weißt, helfen dir die Stichwörter unten auf der Seite.

Ein aufregendes Abenteuer

War das ein Tag heute! Noch immer bin ich ganz aufgeregt ...! Auf meinem Weg durch den Garten habe ich mich in einem Zimmer verirrt und bin plötzlich gefangen. Immer wieder versuche ich, einen Weg nach draußen zu finden. Aber keine Chance! Egal, wohin ich fliege – immer ist da eine unsichtbare Mauer! Ich schaffe es nie, denke ich, und mich überkommt Panik. Was, wenn ich für immer in dem Zimmer eingeschlossen bin? Wer wird mich vermissen? Verzweifelt lasse ich mich nieder und fange an zu weinen. Plötzlich nähert sich mir ein Stück Papier. Mit letzter Kraft krabble ich darauf und halte mich fest. Ein kräftiger Windstoß pustet mich hinaus – wie bin ich glücklich, endlich wieder frei zu sein. Das war Rettung in letzter Minute!

– individuelle Lösung –

verzweifelt · plötzlich gefangen · unsichtbare Mauer · kräftiger Windstoß · Abenteuer · fliegt davon · Panik · versucht es immer wieder · aufgeregt · glücklich, frei zu sein

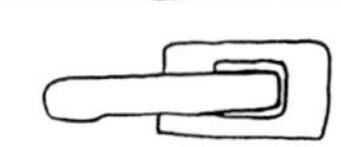

KV 84 a/b Text aus anderer Perspektive schreiben 185

Lesetraining – Lesen auf 3 Stufen — Seite 134, 135

1. Kreuze die richtigen Antworten an und finde das Lösungswort.

a) Wo finden Stadtbienen ihre Nahrung?

- E [ ] Sie finden sie nur auf den Dächern der Stadthäuser und in den Parks.
- I [x] Sie werden auf Dachterrassen, in Kleingärten und im Stadtpark fündig.
- U [ ] Es gibt ein paar Blumen auf Verkehrsinseln und in den Parks.

b) Welche guten Bedingungen für Bienen werden im Text genannt?

- M [x] In der Stadt ist es wärmer, es wird kein Pflanzenschutzmittel versprüht und fast das ganze Jahr über blüht etwas.
- S [ ] In der Stadt können Bienen sich selbst versorgen, werden nicht angebellt und es gibt kaum Pflanzenschutzmittel.
- O [ ] Es gibt überall Nahrung – auf Dachterrassen, in Kleingärten, im Stadtpark. Es ist schön warm und die Bienen passen gut zu Stadtmenschen.

c) Warum ist es für die Bienen gut, dass es in der Stadt wärmer ist als auf dem Land?

- E [ ] Durch die Wärme können die Bienen schneller fliegen und der Honig fließt geschmeidiger.
- I [ ] Durch die Wärme blühen die Blumen nachts länger und so können die Bienen pro Tag mehr Honig sammeln.
- K [x] Bienen lieben Wärme und so sammeln sie mehr Honig.

d) Warum passen Bienen gut ins Stadtleben?

- E [x] Bienen können sich selbst versorgen, finden in der Stadt reiche Nahrung und stören die Menschen nicht.
- M [ ] In einer Stadt geht es immer hektisch und arbeitsreich zu – wie in einem Bienenstaat.
- H [ ] Die Bienen sorgen dafür, dass es in der Stadt mehr Blumen gibt und so verschönern sie die Innenstädte.

e) Ist Stadthonig gesundheitsschädlich?

- T [ ] Ja, wegen der Abgase ist er giftig.
- R [x] Nein, wegen der fehlenden Pflanzenschutzmittel ist er genauso gesund wie der vom Land.
- H [ ] Ja, weil in der Stadt kaum Pflanzen wachsen, hat er keine gesunde Zusammensetzung.

2. Die Buchstaben vor den richtig markierten Kästchen aus Aufgabe 1 ergeben das Lösungswort.

Ein I M K E R kümmert sich um Bienen.

Fremde Worte – 1 — Seite 138, 139

1. Jule und Rosetta freunden sich an und verbringen gemeinsam ihre Zeit am Strand. Was tun sie? Lies die Zeilen 8–16 und beschreibe in eigenen Worten.

Sie rennen zusammen den Wellen entgegen und kichern, wenn ihnen das Wasser gegen den Bauch klatscht. Sie bauen eine Sandburg und verzieren sie mit Muscheln. Jule legt Herzen und Rosetta Blüten dazu.

2. Jule und Rosetta verstehen sich gut, obwohl sie nicht dieselbe Sprache sprechen. Wie sagst du etwas zu einer Person, ohne zu sprechen? Verbinde.

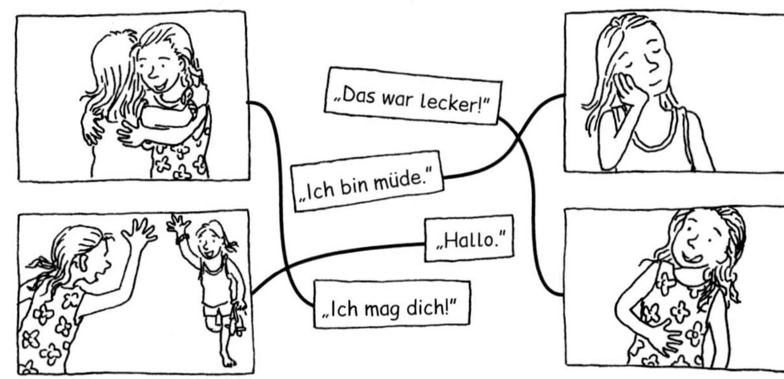

3. Kennst du noch mehr Dinge, die du anderen ohne Worte mitteilen kannst? Schreibe auf und male.

– individuelle Lösung –

Fremde Worte – 2   Seite 138, 139

4. Rosetta schenkt Jule zum Abschied ein Armband und gibt ihr ihre Adresse.
   Was möchte sie damit sagen?

   Dass sie sie mag und weiter mit ihr in Kontakt bleiben will.

   Dass sie ihr schreiben soll.

   – Mehrere Lösungen sind möglich. –

5. Kennst du außer „tanti saluti“ und „porcellino“ noch weitere italienische Wörter?
   Schaue nach oder rate und verbinde.

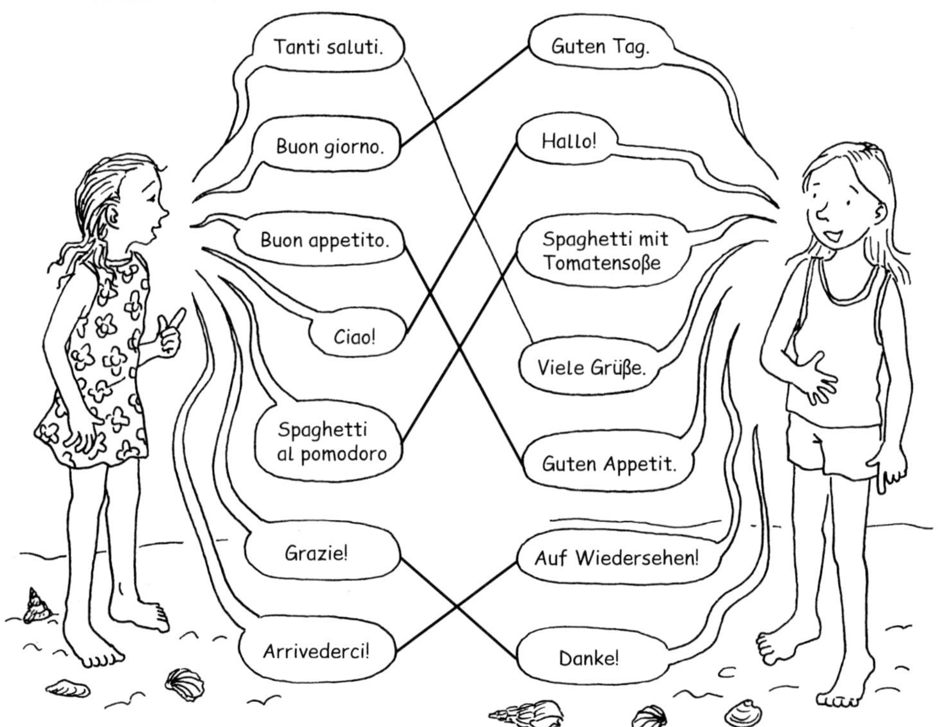

6. Kennst du diese Wörter auch in anderen Sprachen? Schreibe in dein Heft.

Inselferien – 1   Seite 140, 141

1. Pippas Vater überrascht sie mit einer besonderen Reise.
   Was erzählt Papa über die Reise?
   Lies noch einmal die Zeilen 5–18.

   a) Wie weit entfernt ist das Land von Pippas Zuhause?

   Es ist unendlich weit weg.

   b) Womit fahren sie in den Urlaub?

   Mit einer Rakete.

   c) Wie heißt das Urlaubsland?

   Balkonien, Südöstliches Dachterrassien,
   Insel der Daheimgebliebenen

2. Wie reagiert Pippa auf die Überraschung ihres Vaters?

   Sie ist erst gelangweilt und sauer, dann ganz aufgeregt und glücklich.

3. Pippa schreibt ihrer Freundin Daniela eine Postkarte. Was erzählt sie von ihren Ferien?

Hallo Daniela,
sonnige Grüße von der Insel der
Daheimgebliebenen. Papa und
ich machen hier Urlaub.
Wir zelten und essen Ravioli,
die wir mit dem Gaskocher
erwärmt haben.

Liebe Grüße,
Pippa

Daniela Nachtnebel
Bachstelzenwinkel 7
84026 Landshut

– Mehrere Lösungen sind möglich. –

Das Monster vom blauen Planeten – 1 Seite 142, 143

1. Was weißt du über Gobo? Antworte in ganzen Sätzen.
   Lies noch einmal die Zeilen 1–6.

   a) Wo wohnt Gobo?

   Gobo wohnt auf dem Planeten Galabrazolus.

   b) Wie alt ist er?

   Er ist 200 Jahre alt.

   c) Was war sein Geburtstagsgeschenk?

   Er bekam ein Raumschiff geschenkt.

   d) Welches Haustier hätte er gerne?

   Er hätte gerne ein fellloses Monster mit zwei Augen und Armen von der Erde.

2. Was meint Gobo, wenn er von den folgenden Dingen auf der Erde spricht?
   Lies noch einmal die Zeilen 4–15 und 30, wenn du es nicht weißt.

   felllose Monster mit zwei Augen: Menschen

   Steinwürfel: *Häuser*

   graue Schlangen mit Blechkäfern: *Straßen mit Autos*

   merkwürdige Lappen: *Kleidung*

   struppiges, gelbes Fell auf dem Kopf: *Haare*

   scheußliche Beule im Gesicht: *Nase*

   silbrige Tropfen, die aus den Augen quillen: *Tränen*

3. Gib Gobos „Erdenmonster“ einen Namen. Wie erlebte die Geschichte?
   Erzähle sie aus seiner Sicht und schreibe in dein Heft.

   – individuelle Lösung –

Das Monster vom blauen Planeten – 2 Seite 142, 143

1. Warum empfindet Gobo aus seiner Sicht den Menschenjungen als Monster?

   Weil er ganz anders aussieht als er selbst und weil er Dinge tut, die er nicht kennt, z. B. weinen.

2. Warum hat Gobo den Menschenjungen wieder zurück auf die Erde gebracht?

   Weil er fand, dass die Augen des „Monsters“ aussahen wie Sterne und er ihn mochte und nicht mehr als Haustier sah.

3. Der Nachbarplanet von Galabrazolus heißt Furisnantilus.
   Wie könnten die Umgebung und die Bewohner dort aussehen?
   Beschreibe und male.

   – individuelle Lösung –

– Aufgabe 1 und 2: Mehrere Lösungen sind möglich. –

Da lieg ich im Bett

1. Das Gedicht hat sieben Strophen. Jeder der folgenden Sätze passt zu einer davon. Ordne zu und trage die richtige Nummer der Strophe ein.

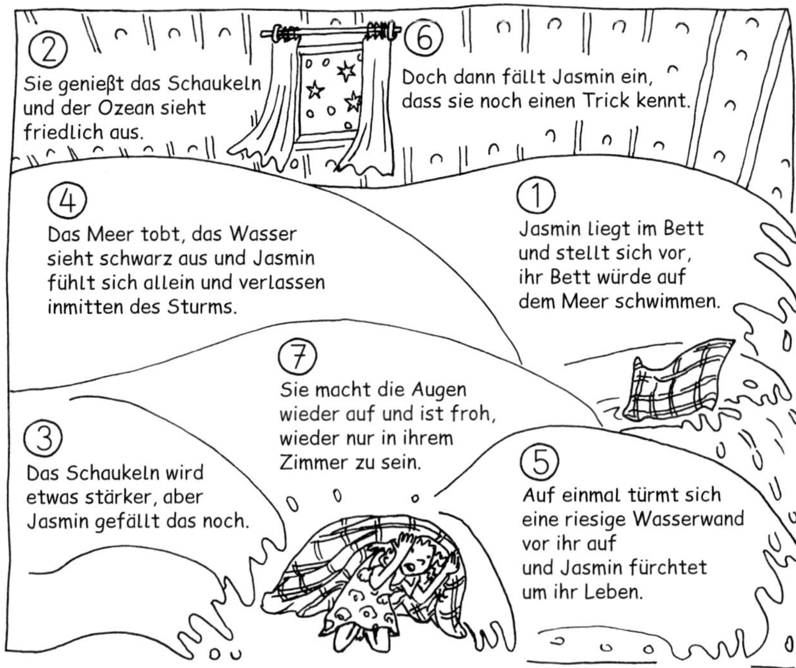

2. Schreibe eine eigene Traumreise und setze den Text fort.

Ich liege im Bett und habe die Augen zu. Ich stelle mir vor, mein Bett rollt langsam durch die Wüste. Ich kann die Wärme der Sonne spüren und öffne meine Augen.

– individuelle Lösung –

Nuri und der Geschichtenteppich – 1

Ordne die Texte in der richtigen Reihenfolge an.

Nuri und der Geschichtenteppich – 3

Seite 145 – 147

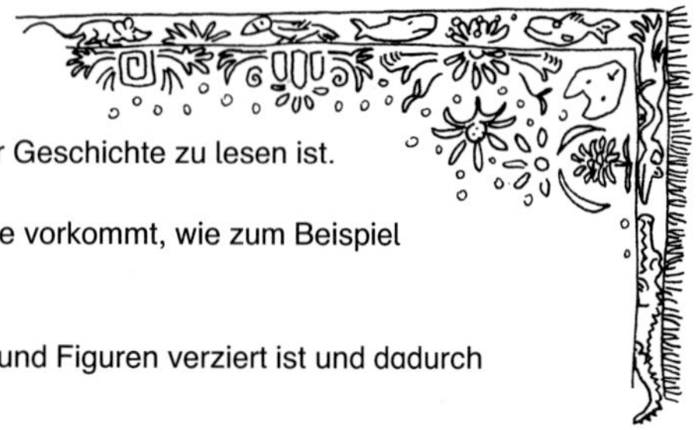

1. Was ist ein Geschichtenteppich?
   Ein Geschichtenteppich ist …

   ☐ ein Teppich, auf dem der Text einer Geschichte zu lesen ist.

   ☐ ein Teppich, der in einer Geschichte vorkommt, wie zum Beispiel der fliegende Teppich.

   ☒ ein Teppich, der mit vielen Bildern und Figuren verziert ist und dadurch zum Geschichtenerzählen anregt.

2. Warum wünscht sich Nuri einen Geschichtenteppich?

   Weil man so schöne Geschichten von ihm bekommt und der Teppich bei ihr ohne Geschichten ist.

3. Nuri erfindet die Schwarzzahnmonster-Geschichte.
   Warum erzählt sie die Geschichte ihrer Mutter?

   Weil sie oft weint und alle vermisst, die weg sind. Sie vermisst auch Bagdad.

4. Wie findet die Lehrerin die Geschichte?

   Die Lehrerin findet die Geschichte ganz toll.

5. Wie findet die Klasse die Geschichte …

   a) nach dem Vorlesen?

   Sie gefiel allen.

   b) nachdem Nuri erzählt hat, dass sie die Geschichte in einem Teppich gesehen hat?

   Sie lachen Nuri aus.

Nuri und der Geschichtenteppich – 4

Seite 145 – 147

6. Warum erzählt Nuri Patrick auf dem Heimweg, wie die Geschichte weitergeht?
   Wie reagiert er?

   Weil er sie festhält und die Tante gesagt hat, dass Geschichtenerzählen Leben retten kann. Der Junge fängt an zu lachen und lässt sie gehen.

7. Wie könnte die Geschichte weitergehen? Schreibe entweder die Geschichte der Schwarzzahnmonster oder die Geschichte von Nuri und Patrick weiter.

– individuelle Lösung –

1. Kreuze die richtigen Antworten an und finde das Lösungswort.

a) Wie heißt das Hallenbad?

F [x] Der Name steht nicht im Text.
D [ ] Der Name steht auf dem Schild vor der Kasse.
E [ ] Tom nennt es „Städtisches Hallenbad".

b) Können die Kinder alle Sprachen auf dem Schild verstehen?

I [ ] Ja, sie sprechen alle Sprachen, die abgebildet sind.
R [x] Nein, sie erkennen ein paar Sprachen und verstehen die Bilder.
M [ ] Nein, sie haben keine Ahnung, was das Schild ihnen sagen will.

c) War Latif schon einmal in diesem Hallenbad?

E [x] Nein, sonst wüsste er, dass es eine Wasserrutsche gibt.
U [ ] Ja, er war schon mehrmals da und erinnert sich, wie groß es ist.
V [ ] Ja, aber das ist schon zwanzig Jahre her.

d) Freuen sich die Jungen auf den Besuch im Hallenbad?

S [ ] Nein, sie stehen lieber vor dem Schild mit den Baderegeln, als ins Bad zu gehen.
U [x] Ja, Latif ist begeistert von der Größe und Felix schwärmt von der Wasserrutsche.
F [ ] Ja, sie stürmen gleich in das Bad, ohne auf irgendetwas zu achten.

e) Woher weiß Latif, dass das Bad groß ist?

N [x] Er sieht die Größe des Gebäudes von außen.
R [ ] Es steht auf dem Schild vor der Kasse.
E [ ] Die beiden anderen Jungen erzählen es ihm.

f) Welche Baderegel ist auf dem Schild nicht abgebildet?

T [ ] Niemanden vom Beckenrand schubsen.
F [ ] Keine Straßenschuhe im Nassbereich tragen.
D [x] Immer eine Badekappe im Wasser tragen.

2. Die Buchstaben vor den richtig markierten Kästchen aus Aufgabe 1 ergeben das Lösungswort.

Latif ist ein F R E U N D von Tom und Felix.

3. Schreibe die Baderegeln auf dem Schild in eigenen Worten auf. Arbeite mit einem Partner zusammen.

– siehe rechte Seite –

3. Schreibe die Baderegeln auf dem Schild in eigenen Worten auf. Arbeite mit einem Partner zusammen.

- Folge den Anweisungen der Bademeister.
- Trage passende Schwimmkleidung.
- Dusche vor dem Betreten des Schwimmbeckens.

- Bleibe im Nichtschwimmerbereich, wenn du nicht schwimmen kannst.
- Springe nicht vom Beckenrand.
- Stoße niemanden ins Wasser.

- Verriegele die Spindtür.
- Fotografieren ist verboten.
- Essen im Nassbereich ist verboten.

- Glasbehälter sind wegen der Verletzungsgefahr verboten.
- Alkohol und Tabak sind verboten.
- Straßenschuhe sind verboten.

Baderegeln © Spring Werbeagentur;
Quelle: Deutsche Gesellschaft für das Badewesen e.V.

– Mehrere Lösungen sind möglich. –

Bücher in der Schule – 1 — Seite 154, 155

1. Ordne zu.

Autogramm	Zusammenfassung der Handlung auf der Buchrückseite
Klappentext	Unterschrift einer berühmten Person
Cover	Vorstellung
Steckbrief	Titelseite
Präsentation	Liste mit Daten zu einer Person

K R D R I E M A I T S

2. Die Buchstaben aus Aufgabe 1, die nicht durchgestrichen sind, ergeben von oben nach unten ein Lösungswort.

K R I M I S sind immer so spannend!

3. Erstelle einen Steckbrief zu deiner Lieblingsautorin oder deinem Lieblingsautor. Warum gefällt sie / er dir so gut? Begründe.

Name
Geburtstag
Wohnort
Beruf
erfolgreiche Bücher

Begründung

– individuelle Lösung –

Bücher in der Bibliothek — Seite 156

1. Richtig oder falsch? Kreuze an.

	richtig	falsch	
In einer Bibliothek findest du Märchen und Sagen.	×		Bü
In einer Bibliothek sind auch Kinderfilme zu finden.	×		cher
Das Wort „Bibliothek“ kommt aus dem Lateinischen.		×	Fa
„Bibliothek“ bedeutet „Büchersammler“.		×	le
In einer Bibliothek findet man nie Zeitungen und Zeitschriften.		×	ma
Du brauchst einen Leih-Ausweis, um Bücher mit nach Hause zu nehmen.	×		sind
In einer Bibliothek kannst du so viel in den Büchern lesen, wie du willst.	×		toll

Die Silben hinter den richtigen Antworten verraten dir den Lösungssatz.

Bücher sind toll.

2. Findest du die Textstellen im Buch?
Schreibe die passende Textart auf: Märchen, Sage, Sachtext, Gedicht, Brief.

Es waren einmal ein Mann und eine Frau. Sie wünschten sich von ganzem Herzen ein Kind.
Märchen Seite 54

Vor langer Zeit gab es in der Stadt Köln kleine Männlein, die Heinzelmännchen genannt wurden. Sie halfen den Handwerkern bei der Arbeit – und sie taten es immer heimlich.
Sage Seite 84

Der Himmel ist blau
Der Himmel wird grau
Wind fegt herbei
Vogelgeschrei
Gedicht Seite 179

Der Klettverschluss ist eine tolle Sache: Mit einem Ruck ist er auf oder zu, und man kann ihn leicht enger oder weiter stellen.
Sachtext Seite 104

Liebe Tante,
nächste Woche gehe ich das erste Mal in eine Schule. Ich verstehe hier alles.
Brief Seite 145

Schafe im Internet

Seite 157

Schneide die Texte aus und ordne sie in der richtigen Reihenfolge an.

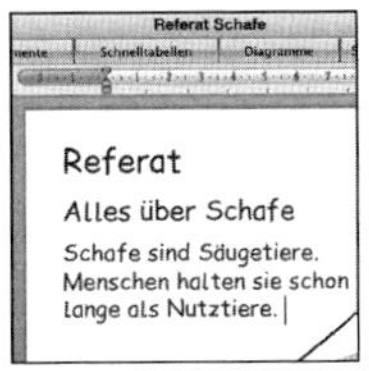

Alina schreibt ein Referat über Schafe.

Mit einer Suchmaschine sucht sie Informationen.

Im Internet findet Alina lustige Schafsbilder. Sie helfen ihr nicht weiter, bringen sie aber zum Lachen.

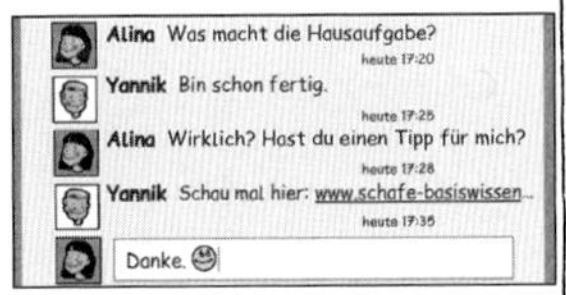

Beim Chatten mit ihrem Schulfreund Yannik bekommt sie einen Hinweis für eine nützliche Webseite.

Alina fasst die neuen Infos in eigene Worte und fügt sie ihrem Referat hinzu.

Nachdem Alina den ganzen Abend an Schafe gedacht hat, träumt sie sogar von ihnen.

Comic © Achim Schulte

Dschonghi und der Computer

Seite 158, 159

1. Der kleine Computer im Text wird wie ein Lebewesen beschrieben.
   Finde Beispiele aus dem Text, an denen du das erkennst.
   Woran merkt man aber doch, dass er ein Computer ist? Schreibe in Stichwörtern.

Der kleine Computer als „Lebewesen“	Der kleine Computer als technisches Gerät
liegt im Sterben	*seine Leuchtdioden blinken*
zu schwach zum Antworten	Bildschirm leuchtet matt
„Ups“, machte der Rechner	er rechnet
er sagt, fragt, murmelt	bootet vor sich hin
er ruft trotzig	Stecker rausziehen
	keine Programme

2. Findest du es richtig, dass Dschonghi am Schluss den Stecker zieht?
   ☐ Ja ☐ Nein *– individuelle Lösung –*

Warum? Warum nicht? Mögliche Argumente findest du unten.
Sprecht anschließend in der Klasse darüber.

Ich denke, ______________________

– individuelle Lösung –

Ja, es ist richtig,

... weil der Computer unnötig Strom verbraucht ...
... weil der Computer für Dschonghi nutzlos ist und deshalb ...
... weil sich Dschonghi über den Computer ärgert und deshalb ...

Nein, es ist falsch,

... weil der Computer viele Sachen weiß und deshalb ...
... weil dem Computer nur zusätzliche Programme fehlen und er deshalb ...
... weil der Computer tut, wofür er geschaffen wurde ...
... weil der Computer in vielen Dingen wie ein Lebewesen ist (er ist hilflos, trotzig ...) ...

Paul Maar

1. Beschrifte den Zahlenstrahl: Trage die Jahreszahlen bei den Senkrechtstrichen ein.
2. Schneide die unten stehenden Kästchen aus und klebe sie an die richtige Stelle.

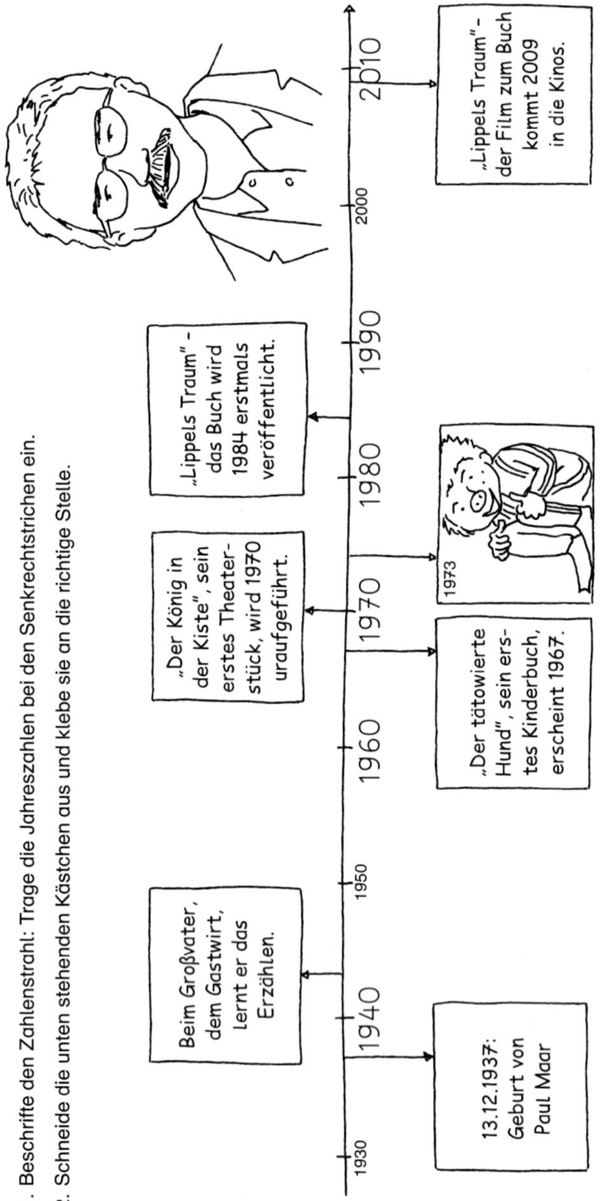

Lippels Traum – 1

1. Beantworte die Fragen von KV 105 mithilfe des Lesebuches und trage die Lösungen ein.

2. Die Buchstaben in den markierten Kästchen aus Aufgabe 1 ergeben in der Reihenfolge der Zahlen in diesen Kästchen das Lösungswort.

Lösungswort: M Ä R C H E N S A M M L U N G
1 2 3 4 5 6 7 8 9 10 11 12 13 14 15

Als Kind hat Paul Maar gerne in der Märchensammlung „Tausendundeine Nacht" gelesen.

Lippels Traum: Die Geschichte im Film

1. Finde die Unterschiede zwischen Lippels „echter“ Welt und seiner Traumwelt und fülle die Tabelle aus.

So ist Lippels Wirklichkeit:	So ist Lippels Traumwelt:
Lippel lebt mit seinem Vater in Passau.	*Lippel lebt im Orient und erlebt Abenteuer in der Wüste.*
Lippel ist schüchtern.	*Lippel ist ein* Held.
Lippels Vater ist Koch.	*Lippels Vater ist ein König.*
Die Geschwister Hamide und Arslan sind Migrantenkinder.	*Hamide und ihr Bruder Asslam sind ein* königliches Geschwisterpaar.
Lippel hat Probleme mit Frau Jakob.	*Lippel hat Probleme mit* der bösen Tante.
Serafina ist die Mitarbeiterin in Vaters Restaurant.	*Serafina ist die* Tochter *des Herbergswirtes.*

2. Welche Traumwelt würdest du dir ausmalen? Schreibe in dein Heft.

Lippels Traum: Der Film – 1

1. Ordne die Sätze den Bildern zu.

Ⓑ Frau Jakob nimmt ihm das Buch weg.

Ⓔ Zurück in der Stadt hecken sie einen Rettungsplan aus.

Ⓓ Die Königskinder und Lippel finden sich in der Wüste wieder.

Ⓐ Lippels Vater muss auf Geschäftsreise.

Ⓕ Der König ist gerettet und Lippel der große Held.

Ⓒ Lippel ist im Traum in einer orientalischen Märchenwelt.

Fotos: © collina filmproduktion Gmbh, Rolf v. d. Heydt

2. In dem Film „Lippels Traum“ spielen fast alle Schauspieler eine Doppelrolle: Eine Rolle in Lippels Wirklichkeit und eine Rolle in Lippels Traumwelt. Ergänze die Schauspieler- und Rollennamen im Schaubild.

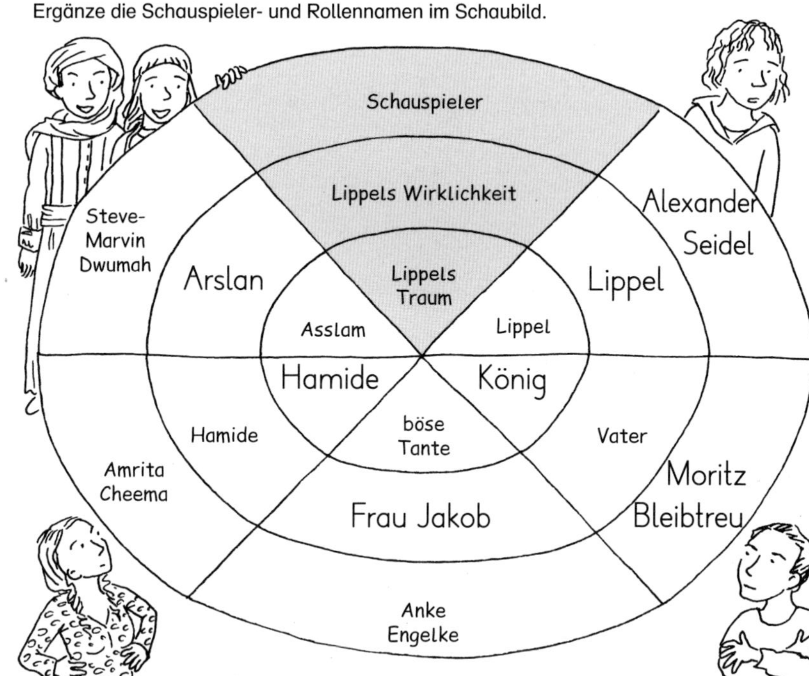

Lippels Traum: Der Film – 2 Seite 163

1. Welche Begriffe zum Thema „Film" tauchen im Text auf? Welche kannst du ergänzen? Fertige ein Wortfeld mit Wörtern rund um „Film" an. Beispiel: Schauspieler, Drehbuch …

– Mehrere Lösungen sind möglich. –

Film	Handlung	Drehorte
Regisseur		spielen
Kinderrolle		casten
Dreharbeiten		90 Minuten
Schauspieler		Cutter
Doppelrolle	Drehbuch	Produzent

2. Jeder Film ist anders.
Schreibe ein **F** in das Kästchen, wenn eine der Aussagen bei Filmen fast immer zutrifft, ein **M**, wenn diese nur manchmal zutrifft, und ein **N**, wenn sie nie zutrifft.
F: fast immer; **M**: manchmal; **N**: nie

- F Es gibt ein Casting. (K)
- M Es gibt Doppelrollen. (S)
- N Alle Zuschauer können die Buchvorlage komplett auswendig. (b)
- M Der Inhalt der Buchvorlage wird stark verändert. (p)
- F Es sind mehrere Personen beteiligt. (i)
- N Es spielen echte Dinosaurier mit. (u)
- F Es gibt einen Regisseur. (n)
- N Dreharbeiten finden auf dem Mars statt. (c)
- F Es finden Dreharbeiten statt. (o)
- M Szenen werden mit dem Computer nachbearbeitet. (a)
- N Der Zuschauer kann alle Dinge im Film riechen. (h)
- M Es gibt verschiedene Drehorte. (β)

3. Die Buchstaben hinter den Antworten aus Aufgabe 2 ergeben jeweils ein Lösungswort.

F: Viele Filme laufen zuerst im Kino.

M: Filme schauen macht Spaß.

N: Jeder Film braucht ein Drehbuch.

Buchausschnitt: Lippels Wunderfackel Seite 164, 165

1. Ergänze die Wörter im Lückentext.

Hassan und Leyla treffen sich auf dem Markt. Er erzählt ihr, was er letzte Woche gesehen hat: „Es waren drei Kinder hier. Ein Junge schlug seine Trommel *und das Mädchen spielte auf einer* Flöte *aus* Schilfrohr.

Der andere Junge konnte toll reimen:

‚Wer jetzt nicht geht, der sieht genau, die große Lippel*-*Zauberschau*.'"*

„Und was hat Lippel gemacht?", will Leyla wissen.

„Er schwenkte eine Wunderfackel und immer wenn er Osram *sagte, leuchtete sie bis in den* Himmel*. Bei dem Wort* Mississippi *ging die Fackel wieder aus", erzählt Hassan.*

Da sagt Leyla: „Diesen Zaubertrick hätte ich auch gerne gesehen."

2. Kannst du dir vorstellen, warum Lippel das Wort „Osram" zum Einschalten der Taschenlampe verwendet?
Informiere dich auch im Internet.

„Osram" ist eine große Firma, die Glühbirnen und Taschenlampen und Ähnliches herstellt.
„Osram" ist ein Kofferwort aus den chemischen Elementen Osmium (OS) und Wolfram (RAM).

– Mehrere Lösungen sind möglich. –

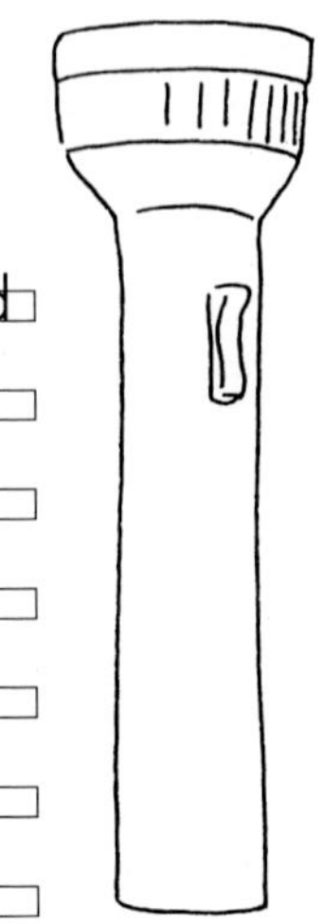

Lesetraining – Lesen auf 3 Stufen

Seite 166, 167

1. Kreuze die richtigen Antworten an und finde das Lösungswort.

a) Was können moderne Medien laut dem Text?

E ☐ Sie machen unser Leben leichter und schöner.
A ☐ Sie bieten unterschiedliche Freizeitmöglichkeiten.
I ☒ Sie bieten Unterhaltung, regen aber auch zum Lernen an.

b) Welchen Vorteil hat das Fernsehen gegenüber einem Buch?

N ☒ Das Fernsehen lässt Geschichten lebendig werden.
S ☐ Man muss nicht seine Fantasie anstrengen, um alles zu riechen.
T ☐ Im Fernsehen sieht alles bunter aus.

c) Das Internet bietet …

T ☐ hauptsächlich Unterhaltung und Nachrichten.
R ☐ Abenteuer und Rollenspiele.
F ☒ Geschichten, Spiele, Bastelanleitungen und vieles mehr.

d) Im Text werden diese technischen Geräte genannt:

R ☐ Fernseher, Telefon und Bücher.
O ☒ Tablets und Smartphones.
D ☐ Computer, Radios und Comics.

e) Warum sind Computerspiele ein besonderes Medium im Vergleich zum Fernsehen?

K ☐ Nur in Computerspielen kann man gleichzeitig Spaß haben und etwas lernen.
A ☐ Nur in Computerspielen kann man eine Geschichte realitätsnah erleben.
S ☒ Computerspiele bieten die Möglichkeit, in Rollen zu schlüpfen und so Geschichten selbst mitzugestalten.

2. Die Buchstaben vor den richtig markierten Kästchen aus Aufgabe 1 ergeben das Lösungswort.
Im Internet findet man schnell I N F O S.

3. Welche modernen Medien helfen dir beim Lernen und warum? Schreibe in dein Heft und begründe. Tausche dich auch mit einem Partner darüber aus.

– individuelle Lösung –

Die vier Jahreszeiten – 1

Seite 170, 171

1. Lies noch einmal die Gedichte zu den vier Jahreszeiten.
Was ist typisch für die Jahreszeiten? Fülle die Tabelle stichwortartig aus.

2. Ergänze die Tabelle mit eigenen Ideen. Du kannst auch mit einem Partner arbeiten.

Frühling	Sommer
duftende Veilchen	Erbsen
holzbraune Käfer	Kirschen
Schwalben	Rosen
Bienen	Wellen, Meer, Delfine
Hyazinthen	duftende Wiesen
Ostern	Jasmin
Garten bepflanzen	Eis essen
Eisheilige	schwimmen gehen

Herbst	Winter
raue Winde	Pelzkappe
welke Wälder	Schnee, Eiszapfen
grauer Nebel	Weihnachten, Silvester
Vögel gehen auf Winterreise	Schnupfen, Halsweh
Gummischuhe	Karneval
Drachen steigen lassen	Schlitten
Igel	Vögel füttern im Garten
basteln mit Kastanien	Schlittschuh laufen

– Mehrere Lösungen sind möglich. –

Die vier Jahreszeiten – 2 Seite 170, 171

Frische Düfte liegen in der Luft

Rotkehlchen zwitschern

Überall wachsen Blumen

Hasen hoppeln durch das Gras

Lachende Menschen gehen umher

Igel beenden ihren Winterschlaf

Narzissen, Tulpen, Rosen blühen

Ganz langsam wird es warm

1. Lies den Text zum Frühling. Was fällt dir auf?

Die Anfangsbuchstaben ergeben das Wort „Frühling".

2. Schreibe selbst ein Akrostichon zu einer der anderen drei Jahreszeiten.

Schreibe die Jahreszeit von oben nach unten und achte darauf, dass die Wörter, die du suchst, zur Jahreszeit passen.

Akrostichon

Beim Akrostichon bilden die Anfangsbuchstaben der Zeilen ein Wort.

– individuelle Lösung –

Halloween Seite 173

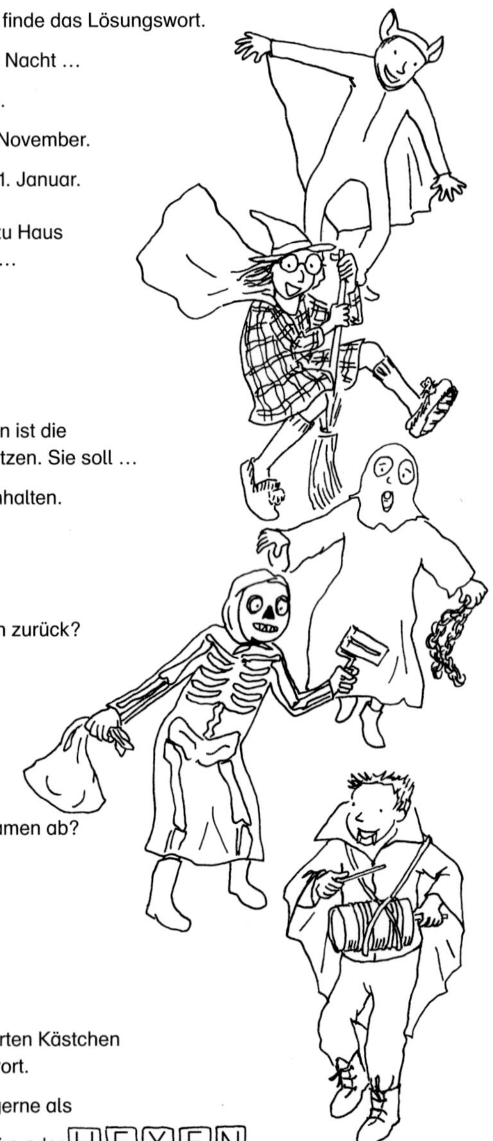

1. Kreuze die richtigen Antworten an und finde das Lösungswort.

a) Wann findet Halloween statt? In der Nacht …

- A ☐ vom 30. April auf den 1. Mai.
- H ☒ vom 31. Oktober auf den 1. November.
- E ☐ vom 31. Dezember auf den 1. Januar.

b) Kinder ziehen verkleidet von Haus zu Haus und verlangen von den Bewohnern …

- F ☐ Unterschriften.
- L ☐ Geld.
- E ☒ Süßigkeiten.

c) Ein bekanntes Symbol für Halloween ist die Kürbis-Laterne mit geschnitzten Fratzen. Sie soll …

- X ☒ böse Geister vom Haus fernhalten.
- T ☐ die Nachbarn erschrecken.
- Z ☐ Vögel verjagen.

d) Halloween geht auf welche Tradition zurück? Auf die Tradition der …

- E ☒ Kelten.
- A ☐ Germanen.
- I ☐ Indianer.

e) Halloween stammt von welchem Namen ab? Von dem Namen …

- T ☐ „Hallo Evelyn".
- N ☒ „All Hallows Evening".
- G ☐ „Hallo we are here".

2. Die Buchstaben vor den richtig markierten Kästchen aus Aufgabe 1 ergeben das Lösungswort.

Kinder verkleiden sich an Halloween gerne als Fledermäuse, Geister, Skelette, Vampire oder H E X E N.

3. War es leicht oder schwer, den Text zu verstehen? Begründe. – individuelle Lösung –

Herbergssuche

Seite 174, 175

Arbeite in einer kleinen Gruppe. Bereitet den Text als Hörspiel vor.

Wer spricht die Rollen? Wer macht die Geräusche?
Wer kümmert sich um die Aufnahme?

Erstellt dafür eine Tabelle, in die ihr die einzelnen Abschnitte eintragen und mit kleinen Zeichnungen versehen könnt.

Sprechrollen: Herbergsvater (H), Maria (M), Josef (J)

Sprecher	Tonaufnahme	Text
	Klopfen an der Tür	
H		Wer klopfet an?
J		Oh, zwei gar arme Leut!
H		Was wollt ihr denn?
J		Oh, gebt uns Herberg heut!
		Oh, durch Gottes Lieb wir bitten,
		öffnet uns doch eure Hütten!
H		Oh nein, nein, nein!
J		Oh, lasset uns doch ein!
H		Es kann nicht sein.
J		Wir wollen dankbar sein.
H		Nein, nein, nein, es kann nicht sein.
		Da geht nur fort, ihr kommt nicht rein.
	Klopfen an der Tür	
H		Wer vor der Tür?
M		Ein Weib mit ihrem Mann.
H		Was wollt ihr denn?
M		Hört unser Bitten an!
		Lasset heut bei euch uns wohnen.
		Gott wird euch schon alles lohnen!
H		Was zahlt ihr mir?
M		Kein Geld besitzen wir!
H		Dann geht von hier!
M		Oh öffnet uns die Tür!
H		Ei, macht mir kein Ungestüm,
		da packt euch, geht woanders hin!
	schluchzende Frau, Klopfen an der Tür	
H		Was weinet ihr?
M		Vor Kält erstarren wir.
H		Wer kann dafür?
J		Oh, gebt uns doch Quartier!
		Überall sind wir verstoßen,
		jedes Tor ist uns verschlossen!
H		So bleibt halt drauß!

Herbergssuche

Seite 174, 175

Arbeite in einer kleinen Gruppe. Bereitet den Text als Hörspiel vor.

Wer spricht die Rollen? Wer macht die Geräusche?
Wer kümmert sich um die Aufnahme?

Erstellt dafür eine Tabelle, in die ihr die einzelnen Abschnitte eintragen und mit kleinen Zeichnungen versehen könnt.

Sprechrollen: Herbergsvater (H), Maria (M), Josef (J)

Sprecher	Tonaufnahme	Text
J		Oh, öffnet uns das Haus!
H		Da wird nichts draus.
J		Zeigt uns ein anderes Haus.
H		Dort geht hin zur nächsten Tür!
		Ich hab nicht Platz, geht nur von hier!
	Klopfen an der Tür	
H		Da geht nur fort!
M		Oh Freund, wohin, wo aus?
H		Ein Viehstall dort!
M		Oh, Josef, nur hinaus!
		Ach, mein Kind nach Gottes Willen
		musst du schon die Armut fühlen!
H		Jetzt packt euch fort!
M		Oh, dieses harte Wort!
H		Ein Viehstall dort!
M		Oh, wohl ein schlechter Ort!
H		Ei, der Ort ist gut für euch;
		ihr braucht nicht viel, da geht nur gleich!
		– Mehrere Lösungen sind möglich. –

Kleines Hirtenspiel

Seite 176, 177

1. Die Hirten sitzen nachts um ein Feuer und beratschlagen, welche Geschenke sie mit zur Krippe bringen. (Zeile 14–16)

1) *ein warmes* Lammfell

2) Brot und Käse

3) ein Lied auf der Flöte

2. Warum wählen die Hirten diese Geschenke aus? (Zeile 34–39)

1) *Sie schenken* das warme Fell, damit das Kind in der kalten Nacht nicht friert.

2) *Sie bringen* Käse und Brot mit, damit die Familie nicht hungern muss.

3) Einer der Hirten spielt ein Lied auf der Flöte, damit das Kind wieder einschlafen kann.

3. Welches Geschenk gefällt dir am besten? Begründe deine Antwort.

– individuelle Lösung –

4. Was würdest du dem Kind schenken wollen? Begründe.
Falls du keine Idee hast, können dir die Wörter unten helfen.

– individuelle Lösung –

Tipps fürs neue Jahr

Seite 178

1. Löse das Rätsel mithilfe der Seite 178 im Lesebuch.

RÄU2)BER6)SÄBEL
RA8)BE5)NSCHNÄB7)EL
HIR9)SCHE
SCHW1)EINE
GOLD4)FISCH
ECHSEN3)EI

2. Trage das Lösungswort ein.
Das war

W	U	N	D	E	R	B	A	R
1)	2)	3)	4)	5)	6)	7)	8)	9)

3. Denke dir eine Zauberformel wie im Lesebuch auf Seite 178 aus. Schreibe sie auf.

– individuelle Lösung –

Gewitter – 1 Seite 179

1. Das Gedicht lässt sich in drei Teile gliedern.
   Kreise die Reimpaare in den entsprechenden Farben ein.
   grau: heraufziehendes Gewitter
   gelb: Gewitter
   grün: abziehendes Gewitter

Wind fegt herbei
Vogelgeschrei
– grau –

Eine Stunde lang
Herrlich bang
– gelb –

Regen ganz fein
Luft frisch und rein
– grün –

Zwei Tropfen im Staub
Dann Prasseln auf Laub
– gelb –

Es rauscht und klopft
Es braust und tropft
– gelb –

Blitz durch die Stille
Donnergebrülle
– gelb –

Regenwand
Verschwommenes Land
– gelb –

Himmel noch grau
Himmel bald blau!
– grün –

Blitze tollen
Donner rollen
– gelb –

Wolken fast schwarz
Lauf, weiße Katz!
– grau –

Dann Donner schon fern
Kaum noch zu hör'n
– grün –

Der Himmel ist blau
Der Himmel wird grau
– grau –

Es plitschert und platscht
Es trommelt und klatscht
– gelb –

2. Sicherlich hast du auch schon ein Gewitter erlebt. Wie war das für dich?
   Beschreibe dein Gewitter.

– individuelle Lösung –

Gewitter – 2 Seite 179

1. Wie verhält man sich bei Gewitter? Kennst du dich aus?
   Kreuze an und finde das richtige Lösungswort.

   a) Wenn ein Gewitter aufzieht und es blitzt und donnert, kann man beruhigt das Haus verlassen und in die Natur hinausgehen. [ ] richtig (M) [x] falsch (V)

   b) Bei Gewitter ist man sicher, wenn man im Auto sitzt. [x] richtig (O) [ ] falsch (A)

   c) Während eines Gewitters kann man beruhigt schwimmen gehen. [ ] richtig (E) [x] falsch (R)

   d) Vor einem Blitz kann man sich schützen, indem man sich unter einen Baum stellt. [ ] richtig (L) [x] falsch (S)

   e) Auf freien Plätzen, wie zum Beispiel einem Fußballfeld, ist man sicher. [ ] richtig (P) [x] falsch (I)

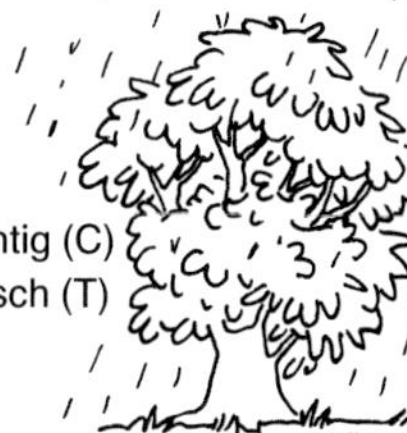

   f) Um sich vor dem Blitz zu schützen, sollte man sich möglichst klein machen und in die Hocke setzen. [x] richtig (C) [ ] falsch (T)

   g) Wenn man als Gruppe zusammen unterwegs ist und von einem Gewitter überrascht wird, sollte man nicht in der Gruppe beieinanderstehen, sondern getrennt Schutz suchen. [x] richtig (H) [ ] falsch (I)

   h) Bei Gewitter sollte man die Nähe zu Strommasten meiden. [x] richtig (T) [ ] falsch (U)

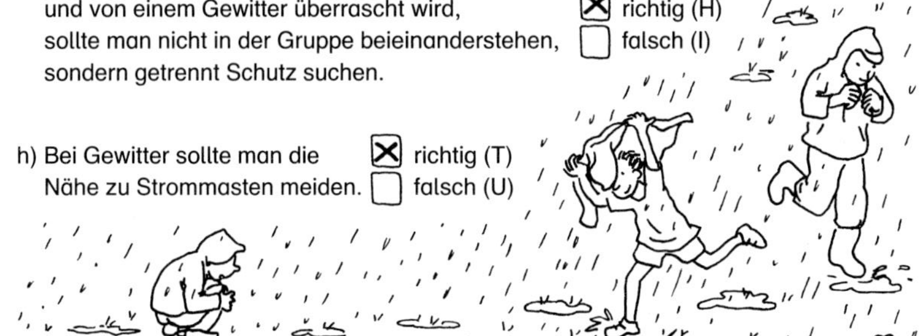

2. Die Buchstaben hinter den richtig markierten Kästchen aus Aufgabe 1 ergeben das Lösungswort.

   Bei einem Gewitter mit Blitz und Donner sollte man immer V O R S I C H T walten lassen!

Das ist ein Osterei — Seite 180, 181

1. Radoslav erzählt Sina, dass er das Ei selbst gemacht hat. Was musste er dafür tun?
   Nummeriere die einzelnen Schritte in der richtigen Reihenfolge.
   Der Text im Lesebuch kann dir dabei helfen.

(3) das Ei hart kochen

(5) die rote Farbe trocknen lassen

(2) das Ei sauber machen

(6) mit einer Feile oder Messerspitze Muster in die rote Farbe ritzen

(4) das Ei rot färben

(1) ein schönes unbeschädigtes Ei aussuchen

2. Schreibe den Ablauf in ganzen Sätzen auf.
   Benutze die Satzanfänge aus dem Nest.

1) *Als Erstes suche ich mir* ein schönes, unbeschädigtes Ei aus.

2) Als Nächstes mache ich das Ei sauber.

3) Dann koche ich das Ei hart.

4) Anschließend wird das Ei rot gefärbt.

5) Danach muss man die rote Farbe trocknen lassen.

6) Schließlich ritze ich mit einer Feile oder Messerspitze Muster in die rote Farbe.

– Mehrere Lösungen sind möglich. –

Der Maibaum — Seite 184

Beantworte die Fragen mithilfe der Seite 184 im Lesebuch.

1. An welchem Datum wird um den Maibaum getanzt?
   Am 1. Mai wird getanzt.
2. Welche Baumarten werden als Maibaum ausgewählt?
   Birken oder Fichten
3. Wie wird der gefällte Baum vorbereitet?
   Der Stamm wird entastet und geglättet, der Wipfel bleibt erhalten. Dann wird der Baum mit Kränzen und Schleifen geschmückt.
4. Wer wird beim Maibaumkraxeln der Maikönig?
   Wer am höchsten klettern kann, wird der Maikönig.
5. Wer könnte in der Nacht vor dem 1. Mai den Maibaum stehlen?
   Eine andere Gemeinde könnte den Maibaum stehlen.
6. Falls der Baum gestohlen wird: Wie bekommt man ihn zurück?
   Man bekommt ihn gegen eine Getränkespende zurück.
7. Warum wird der Frühling mit einem Fest begrüßt?
   Nach einem langen Winter sind die Vorräte verbraucht und der Frühling bringt neue Nahrungsquellen.
8. Seit wann gibt es den Brauch des Maibaumstellens?
   Den Brauch gibt es seit etwa 500 Jahren.